# 성인 ADHD
# 해설서

ADULT

이원익 지음

ADHD

# 성인 ADHD 해설서

ADHD를 진료하는 정신과 의사,
ADHD로 진단받고 약을 복용하는 사람을 위해

COMMENTARY

하나醫學社

## 일러두기

① 독자의 수준을 고려하여 영문 명칭과 용어를 무리하게 해석하지 않고 그대로 두려고 노력했다.

② 참고문헌은 다음과 같이 표시했다.

- 제1연구자와 발행 연도가 동일하지만 제목과 내용이 다르면 다음과 같이 표시: 예, Biederman 등, 2016, 2016a, 2016b

③ 참고문헌은 미국국립의학도서관(National Library of Medicine: NLM)의 약어를 사용했다(NLM에서 검색되지 않을 때는 원문 사용).

④ 각 chapter별로 참고문헌을 정리했기 때문에, 저자와 발행 연도가 동일해도 다른 문헌일 수 있다.

# Prologue

ADHD란 단어를 들으면 제일 먼저 무슨 생각이 들까? 대부분은 집중을 못해 실수를 많이 하고 충동적인 사고를 치는 모습이 떠오를 것이다. 그런데 ADHD는 집중을 못하는 것이 아니다. ADHD는 'Attention Deficit Hyperactivity Disorder'의 약어로, 주의력 결핍 과잉행동 장애다. 이 속에 집중력이란 개념은 없다. 최근에 다소 변화가 있지만, 실제 아직도 대부분의 일반인과 많은 정신과 의사조차 ADHD란 집중을 못하고 과잉행동을 보이며 충동적인 모습을 보이는 정신장애라고만 생각하고 있다. 간단히 말해 '정상과 비정상'의 이분법적인 개념으로만 접근한다. 이렇게 형성된 진단 방식을 사용해 진단하며, 그 증상을 없애기 위한 치료에 매달리면서 정작 중요한 인간의 본질은 간과된다. 앞서 필자는 이런 현상을 타파하기 위해 ADHD에 대한 개념을 설명한 『②번 그게 너야』라는 책을 냈다. 그리고 『성인 ADHD의 개념과 진단 그리고 치료를 위한 지침서』를 통해 그 당시까지 발표된 연구 논문과 임상경험을 거쳐 작성된 방대한 문헌을 고찰해 ADHD에 대한 거의 모든 것을 비교적 자세하게 소개했다.

그러나 아쉬움이 많다. 아직도 정상과 비정상 개념이 지배적이다. 하지만 위안으로 삼을 만한 게 있다. 지금도 ADHD에 관한 내용과 개념이 빠르게 변하고 있다는 사실이다. 집중 못하고 가만히 있지 못하거나 충동적이며 실수가 많다는 식으로 일반화돼 있는 기존의 단순한 관념에서 벗어나 인간 생활의 다양한 영역으로 시야가 확대되고 있는 것이다. ADHD가 애초에 알려진 것보다 더 광범위하게 인간 생활에 영향을 미치는 현상이라는 인식은 있었지만, 예상보다 훨씬 더, 아니 인간 생활 전반에 걸쳐 영향이 확대되고 있다. 따라서 이런 변화를 인식하고 대처하기 위해서는 단순히 정상과 비정상이라는 이분법적 개념의 정신장애가 아니라, 이를 넘어서는 새로운 개념이 필요할 것이며, 또 새로운 개념으로 탈바꿈할 것이다.

하지만 이런 기대만으로는 ADHD를 폭넓게 이해하지 못하고 해결하지 못한다. 더 적극적인 개념의 확장과 변화를 모색해야 한다. 이를 통해 의학 분야뿐 아니라 일상적인 생활 전체에 미치는 영향과 무게를 감당할 수 있어야 한다. ADHD는 단순한 정신장애가 아니라 인간의 본질 중에서도 가장 중요한 본질이며, 철학적 문제이기도 하기 때문이다. 따라서 ADHD에 대한 새로운 개념이 필요하다.

ADHD 진료에 집중하고 있는 필자는 이런 주제를 제안할 필요가 있다고 판단했고, 필자의 임상경험과 공부를 통해 얻은 다양한 지식을 좀 더 많은 사람과 공유해 개념의 변화를 이루고 싶어 이 책을 썼다. 그러기 위해서는 현재 존재하는 ADHD에 대한 개념을 비판하는 것이 우선이며, 그 대안을 제시해야 한다. 그렇다고 필자의 주관적인 견해만 내세울 수 없기 때문에 비교적 최신 지견을 근거로 새로운 개념에 대한 필요성을 주장했다. 이로 인해 다소 지루하고 재미없는 내용이 들어가 있지만, 전문가나 식견 있는 일반인은 무리 없이 소화할 수 있을 것이다.

이 책에서 필자가 주장하고자 하는 내용은 크게 두 가지로 요약할 수 있다. 첫째, ADHD에 대한 새로운 개념 정립이다. 새로운 개념 정립에 대한 결론은 "날로 먹자"다. 뜬금없겠지만, 자세히 살펴보면 충분히 이해가 될 것이다. 둘째, 미래의 ADHD에 대한 예측이다. 이에 대한 결론은 명확하지 않다. 하지만 새로운 개념이 적용되지 않는다면, ADHD의 위상은 지금과 크게 다르지 않을 것 같다는 게 필자의 예측이다. 여전히 부정적인 비정상으로 규정되고, 이로 인해 비난과 무시를 당할 것이다. 필자는 이런 현상이 나타나지 않게 하는 것이 최선이라고 생각하고 있으며, 이를 위해 미약하나마 필자가 알게 됐고 경험했던 것을 통해 나름 소상하게 ADHD에 관해 설명할 것이다.

이 책의 독자는 먼저 성인 ADHD를 진료하고 있는 정신과 의사가 되면 좋겠다는 생각이다. 왜냐하면 이 책에서는 ADHD의 진단기준과 증상을 나열하기보다는 진단기준과 증상에 대한 문제점과 이를 해결하기 위한 방안을 제시했기 때문이다. 이와 함께 ADHD를 진료할 때 관심 가져야 할 새로운 영역을 소개했으며, 약물과 관련된 여러 이슈를 다루었기 때문이다. 일반인은 이를 굳이 알 필요가 없겠지만, 정신과 의사라면 반드시 알아야 할 내용이다. 둘째, 성인 ADHD로 진단받고 치료약물, 특히 자극제를 복용 중인 사람들이다. 사실 사소한 증상만으로 ADHD로 진단받고 치료를 받으면서 증상 호전 여부에만 관심을 갖는 경우가 대부분이다. 따라서 ADHD에 대해 필자가 제시한 개념을 읽어보고 자신을 비춰봄으로써, 필자가 실제 임상을 토대로 기술한 변화과정을 자신에게 대입해 스스로 이해하고 설명할 수 있게 만들고 싶기 때문이다.

이런 생각에 따라 이 책은 2부로 나누어 구성했다. 1부는 이론적인 내용을 다루고, 참고문헌도 많다. 따라서 1부는 정신과 의사를 위한 내용이다. 2부는 ADHD에 대한 필자의 새로운 개념과 임상에서 자주 볼 수 있는 내용을 기술했다. 아울러 필자의 임상 모습도 간략하게 적었다. 마지막으로 미래의 ADHD를 상상하고 예측해봤다. 정신과 의사는 책 전체를 읽어보길 권한다. ADHD로 진단받고 약을 복용 중인 사람들은 굳이 1부를 읽을 필요는 없고, 2부만 읽어보길 바란다.

새로운 개념을 위해 최근 발표된 문헌을 두루 참고하였다. 더 많은 지식이 필요한 사람은 이 책에 실은 참고문헌을 잘 살펴보면 도움이 될 것이며, 좀 더 자세한 내용을 알고 싶다면, 이전에 필자가 발표한 『성인 ADHD의 개념과 진단 그리고 치료를 위한 지침서』를 보면 도움이 될 것이다.

# 목차

Prologue 5

PART 1

## 성인 ADHD를 진료하는 정신과 의사를 위한 해설서

**1 ADHD는 발전된 현대 문명 때문에 만들어진 인위적인 병일까?** 15

고대 그리스 문명 시대에도 ADHD는 존재했다 17

진화론으로 ADHD를 설명할 수 있을까? 21

음모론 — ADHD는 다국적 제약회사의 음모로 만들어졌다 25

현대 문명은 ADHD를 만들지 않았다, 그러나 문명은 ADHD를 만들었다 26

참고문헌 31

**2 ADHD는 어떻게 변해왔을까?** 33

현재까지의 변화 33

현재 사용 중인 진단기준과 동반장애 53

정상과 비정상으로만 구분하는 진단기준, 과연 타당한가? 60

정상과 비정상으로 구분한 진단기준, 변화가 필요하지 않을까? 70

정신과 의사도 잘 모르는 ADHD에서 간과된, 그러나 반드시 알고 있어야 할 중요한 영역 80

ADHD 연구의 역사 125

참고문헌 130

3 ADHD와 관련된 논란이 되는 이슈 157

원인과 진단 157
치료약물(자극제)과 관련된 논란 164
비약물치료는 효과가 있을까? 198
카페인은 효과가 있을까? 203
예술과 자본주의 그리고 ADHD 204
참고문헌 207

## PART 2
# ADHD로 진단받고 약을 복용하는 사람을 위한 해설서

4 ADHD에 대한 새로운 개념 — 그 본질은? 229

인간은 100% 산만하다 234
산만함의 실제 모습 239
ADHD는 산만한 사람이라는 증거 265
뇌와 의지 사이의 치열한 싸움 268
노력, 꼭 해야 하나? 272
그럼 어떻게 해야 하나? 275
산만함을 통해 개념을 확장해 보자 277
참고문헌 280

**5 필자의 임상 실제** 285

ADHD 개념 285
진단과 설명 288
변화 과정 290
안정기 291
종료기 293
요약 293
참고문헌 295

**6 미래세계와 ADHD** 297

변화 혹은 통제 300
새로운 가치 306
동전의 양면 325
참고문헌 336

Epilogue 337

# PART 1

# 성인 ADHD를 진료하는 정신과 의사를 위한 해설서

CHAPTER 1

# ADHD는 발전된 현대 문명 때문에 만들어진 인위적인 병일까?

아직도 많은 사람이 이 주제에 관심을 기울이며, 유사한 주장을 한다. 만일 ADHD가 어떤 것인지 정확히 정의됐다면 이에 대한 논쟁은 없었을 것이다. 실제 ADHD는 과학과 정신의학 분야 모두에서 정확히 정의되지 않았다. 하지만 실제 존재하는 문제다. 물론 사람들 대부분이 생각하는 정신장애라는 개념과 필자의 ADHD 개념은 좀 다르지만, ADHD는 전 세계적으로 권위를 가진 미국 정신의학회American Psychiatric Association[APA]와 세계보건기구World Health Organization[WHO]에서 인정한 정신장애다. 어떤 기준을 정해놓고 '정상과 비정상'을 따지는 정신장애의 개념으로 ADHD는 실제로 존재한다. 하지만 인간 모두를 대상으로 따져보면 ADHD는 존재하지 않는다고 할 수도 있다. 인간은 누구나 이런 성질을 갖고 있기 때문이다.

필자는 ADHD를 모든 인간이 가진 성질로 본다. 단지 그 정도의 차이만 있을 뿐이다. 현재는 이 성질이 얼마만큼 존재하느냐에 따라 정상과 비정상으로 구분하는데, 이로 인해 실제 비정상인 사람을 정상으로 보는 일이 많다. 하지만 비정상에 대한 낙인찍기가 빈번하며, 이로 인해 실제는 정상인데도 비정상에 해당되지 않으려고 많은 사람이 안간힘을 쓰는 불편한 현실이 만들어진다. 필자는 특정 기준으로 사람을 정상과 비정상을 구분해서 진단하고 치료하는 현재의 관행은 여러모로 타당하지 않다고 본다. 기준에 부합하는 정도가 중요한 것이 아니라, 자신이 가진 성질로 인해 이 사회에서 생활하는 것이 얼마나 '유리한지 불리한지'가 더 중요하다.

예를 들어보자. 만일 ADHD 성질을 많이 타고났는데, 이것이 예술활동이나 운동, 혹은 사업에 도움이 된다면 사람들은 어떤 반응을 보일까? ADHD 성질 덕에 세계적인 예술가나 운동선수 혹은 사업가가 됐을 때 다른 사람들이 이런 사람들을 'ADHD를 가진 비정상인 사람'이라고 낙인찍거나 비난하고 무시할까? 반대로 ADHD 성질을 많이 가지고 있지만, 유명인도 사업가도 되지 못한 평범한 사람들은 어떤 대접을 받을까? 대부분 'ADHD를 가진 비정상인 사람'이라고 낙인찍히거나 비난받고 좌절할 것이다. 똑같은 성질을 가졌지만 누구에게는 ADHD가 아무런 문제가 안 되고, 어느 누구는 큰 문제가 된다. 세상에 이런 병이 어디 있을까? 심각한 고혈압이 있다면, 세계적으로 유명한 사람이라도 약을 안 먹으면 뇌혈관이 터져 죽거나 반신불수가 된다. 평범한 사람도 마찬가지다. 정상과 비정상의 구분이 누구에게라도 동일하게 적용된다.

하지만 ADHD는 그렇지 않다. 어떤 사람에게는 비정상인 병이 아니고, 어떤 사람에게는 비정상인 정신장애가 된다. 필자가 어떤 주장을 하는 것인지 아직은 잘 모를 수도 있겠다. 방금 말한 ADHD의 새로운 개념에 관한 내용은 앞으로 자세히 풀어갈 것이다. 여기서는 기존의 정상과 비정상이라는 이분법적 개념의 ADHD를 기준으로 'ADHD는 현대 문명발전 때문에 만들어진 인위적인 병이다'란 주제로 얘기할 것이다.

이러한 이분법적 개념이 일반인과 많은 정신과 의사들이 알고 있고 가지고 있는 개념이다. 즉 미국 정신의학회의 진단분류 체계인 정신장애의 진단 및 통계편람-5diagnostic and statistical manual of mental disorders, fifth edition[DSM-5]에서 정의된 진단기준을 사용한 개념이다. 이에 따르면, 부주의와 과잉행동/충동성과 같은 핵심 증상 각각 9개 중 5개 이상(아동과 청소년은 6개 이상)의 유의한 증상, 학교 혹은 사회 및 직장에서의 핵심 증상으로 인한 유의한 장애impairment, 그리고 12세 이전 발병 등과 같은 기본 사항(이외에도 고려해야 할 것이 몇 가지 더 있음) 해당 여부로 정상과 비정상을 구분하고 진단한다. 해당 사항을 충족하면 ADHD로 진단하며, 이는 비정상에 해당한다. 이런 개념으로 'ADHD는 현대 문명발전 때문에 만들어진 인위적인 병이다'란 주제의 옳고 그름을 판정하려면 우선 ADHD의 역사를 살펴봐야 한다.

결론부터 말하자면, 'ADHD는 현대 문명발전 때문에 만들어진 인위적인 병이 아니다.' ADHD는 고대 문명 시대에도 존재했고, 지금까지 인류와 함께했기 때문이다. ADHD는 어느 시대에나 있었다. 단지 그 당시에는 ADHD란 용어를 알지 못해 사용하지 못했을 뿐이다.

## 고대 그리스 문명 시대에도 ADHD는 존재했다

우선 ADHD에 대한 가장 오래된 기록을 살펴보자. 물론 지금까지 발견된 것 중 가장 오래된 것을 의미한다. 놀랍게도 고대 그리스의 철학자로, 아리스토텔레스의 제자이기도 한 테오프라스토스Theophrastus(기원전 371년~기원전 287년)가 이를 책에 담았다. 현재 사용 중인 정상과 비정상의 ADHD에 대한 개념을 무려 기원전 4세기에 자신의 작품에서 정확하게 묘사했다. 『The Characters』라는 책이다. 이 작품은 기원전 4세기 후반 아테네의 거리를 거닐었던 다양한 사람들의 행태와 성격을 묘사한 짧은 모음집이다. 아리스토텔레스가 윤리학과 수사학을 위해 연구한 결과를 토대로 이끌어 낸 30가지의 인간 유형 분류를 더 진전시켜 간략하면서도 힘차게 개괄한 작품이다. 유럽 문학에 지대한 영향을 미칠 정도로 독창성을 인정받고 교본으로 사용됐다고 한다. 그가 이 책을 쓴 정확한 이유는 알려지지 않았지만, 처음에는 오락거리로 썼다가 나중에는 교육목적으로 그 용도가 변경됐을 가능성이 크다(Diggle, 2004). 그는 사람들에게서 나타나는 행동 유형을 10~15개 문구를 사용해서 간결하고 객관적인 스타일의 문체로 적었는데, 대부분 비난받을 만한 행동을 보이는 사람을 묘사했다. 오늘날에도 쉽게 볼 수 있는 이런 사람들은 소위 수다쟁이the talker, 뻔뻔한 사람the shameless, 역겨운 사람the repulsive, 겁쟁이the coward, 둔한 사람the obtuse man, 거만한 사람the arrogant man 등으로 불렸다.

이 가운데 이 책의 주제인 ADHD와 관련된 내용을 살펴보자. 어떤 사람들은 테오프라스토스의 『The Characters』가 제목에서 암시된 바와 같이 사람의 성격을 묘사한 작품이라고 말하는데, 틀린 말은 아니다. 정신과를 방문해 ADHD로 진단받은 사람들이 자신이 성격장애를 가진 것 같다고 말하는 경우가 많기 때문이다. 하지만 실제 ADHD는 성격장애가 아니라 뇌의 기질적 장애다. 『The Characters』의 14번째 장이며, 이 책의 중요한 관심사인 ADHD를 언급한 내용은 'The Obtuse Man(둔한 사람)'(The Stupid Man으로 번역한 경우도 있음)이다. 둔함obtuseness은 '정신적으로 느린 말과 행동'으로 정의할 수 있는데, 테오프라스토스는 일상생활에서 보이는 'The Obtuse Man'의 행동을 다음과 같이 묘사했다. 이 때문에 우리는 이를 ADHD를 기술한 첫 번째 역사적 문서라고 규정한다. 묘사한 내용을 살펴보자. 이 사람은 이렇게 행동한다.

① 물건을 사서 계산대에서 계산한 후 옆에 있는 사람에게 "이거 얼마죠?"라고 물어본다.
② 법적인 소송이 걸려 있어 법원에 가야 하는데 그것을 깜빡 잊고 시골로 놀러 간다.
③ 연극이 끝나 다른 관객이 다 떠난 후에도 제자리에 앉아서 그대로 잔다.
④ 저녁을 잘 먹은 후 밤중에 화장실에 가다가 이웃집 개에게 물린다(당시 그리스 아테네에서 욕실은 집 옥상에 있거나 집에서 조금 떨어진 곳에 위치했는데, 졸리고 주의성이 없는 이 사람이 길을 잘못 들어 이웃집 마당으로 가는 바람에 개한테 물렸다는 것을 의미함).
⑤ 어떤 물건을 찾아 잘 보관했는데, 나중에 어디에 두었는지 찾지 못한다.
⑥ 친구가 죽었다는 소식을 들은 후 장례식에 초대하는 메시지가 도착하자 슬퍼서 눈물을 흘리면서도 "그에게 행운을 빕니다!"라고 상황에 맞지 않는 엉뚱한 말을 한다.
⑦ 다른 사람이 자신에게 빚진 돈을 갚으러 왔을 때 자신을 도와줄 증인을 찾는다(당시 아테네 사람들은 대출을 받거나 빌린 돈을 상환할 때 증인을 세우는 것이 자연스러운 일이었음. 왜냐하면 채무자는 자신이 돈을 갚았다는 증거가 필요하기 때문임. 하지만 채권자는 돈을 받았다는 증거를 남기기 위해 증인을 부를 필요가 없음).
⑧ 겨울철에 오이를 사지 않았다고 노예에게 짜증을 낸다(지금은 비닐하

우스를 통해 겨울에도 오이를 재배하지만, 당시 아테네에서 오이는 여름용 작물이었음).

⑨ 자녀들과 같이 달리기를 하고 레슬링을 하여 자녀들을 녹초로 만든다.

⑩ 수프를 끓일 때 깜빡하고 냄비에 소금을 두 번 넣어 먹을 수 없게 만든다.

⑪ 비가 올 때, 다른 모든 사람이 '대지earth의 향기'라고 말할 때, 혼자서 "별star에서 나는 달콤한 냄새!"라고 말한다(대지를 별이라고 부르는 말실수를 함).

⑫ 어떤 사람이 "Erian Gate를 통해 얼마나 많은 시신이 묘지로 끌려나왔는지 상상도 할 수 없다"라고 말하면, "당신과 내가 그런 횡재를 하면 좋겠어요"라고 대답한다(Erian Gate는 실존하지 않았을 가능성이 크고, 존재했다면 아마 큰 묘지로 가는 길의 도시 성벽 북서쪽에 있었을 텐데, 이와 상관없이 상황에 전혀 맞지 않게 뜬금없는 말을 내뱉는 것을 묘사함).

테오프라스토스는 위와 같은 12개의 문장으로 'The Obtuse Man'을 묘사했다. 실제 'The Obtuse Man'이 보인 말과 행동을 현재 사용 중인 ADHD의 진단기준을 적용하면 다음과 같이 정리할 수 있다.

| DSM-5 ADHD 핵심 증상 | 부주의 증상 | ②, ⑤, ⑦, ⑩ |
|---|---|---|
| | 과잉행동/충동성 증상 | ⑨ |
| 실행기능 부전 | | ①, ⑧ |
| 수면문제 | | ③, ④ |
| 낮은 대화기술 | | ⑥, ⑪, ⑫ |

현대적인 개념이라고 여기는 ADHD를 무려 기원전 4세기 때 정확하게 묘사했다는 점이 놀랍다. 현재 ADHD에서 중요하게 여기는 핵심 증상을 자세히 묘사했고, 아직 큰 관심을 받지 못한 특징적인 증상 중 하나인 수면 문제를 언급했다는 사실이 더더욱 놀랍다. 특히 묘사의 대상이 성인기 연령에 해당하기 때문에 성인 ADHD에 대한 최초의 기록이라고 말하는 것이 더 정확하다. 묘사된 사람은 실수가 많고 상황을 정확히 파악하지 못하고 충동적인 행동을 하며 엉뚱한 말을 한다. 이렇게 산만하고 심지어 멍청해 보이는 사람이 놀랍게도 고대 그리스 시대의 중추 역할을 했던 시민계급이었다. 그 당시 시민계급이라는 것은 오늘날 생각하는 일반적인 시민이 아니라 귀족계급이었다. 아무나 될 수 없는 상류층 신분이었다. 물론 'The Obtuse Man'이 실제 인물은 아니었을 것이다. 테오프라스토스는 'The Obtuse Man'이라는 상류층 귀족 신분의 사람을 통해 그 시대의 기준을 제시했는데, 그 내용은 인간의 산만함을 경계하고 그러지 않게 노력을 통해 변화시키려는 시도로 보인다. 하여간 ADHD가 과거 오래전부터 사회적인 문제로 자리 잡았음을 알 수 있다.

이렇듯 고대 그리스 시대에 ADHD를 정확하게 묘사한 'The Obtuse Man'의 사례를 보면 ADHD가 현대에 인위적으로 만들어진 병은 아닐 수도 있겠다는 생각이 든다.

## 진화론으로 ADHD를 설명할 수 있을까?

ADHD의 존재를 인정하지만, ADHD가 문제행동을 유발하는 정신장애라는 사회의 편견으로부터 보호받고 싶고, 오히려 인류발전에 더 긍정적인 영향을 주었다는 식으로 딴지를 걸고 싶은 마음을 가진 사람들이 주장할 때 흔히 인용하는 가설이다. 이 가설은 인간의 특징분류를 근거로 만들었고, 한때 인기를 끌었다. 하지만 이런 진화론적인 가설은 타당함을 증명할 어떤 증거도 제시하지 못해 결국 사그라졌다. 그럼에도 불구하고, 필자의 견해로는 이런 가설 때문에 새로운 문제점이 노정되었다. 일반대중에게는 호기심을 끈 이론들이 더 각인돼 ADHD의 특징을 미화함으로써 정확한 진단과 치료를 받지 못하게 하는 경우가 많아지게 된 것이다. 큰 문제가 아닐 수 없다. 이런 근거도 없는 무리한 주장을 토대로 ADHD가 인간의 독창성과 창의성을 향상시키는 진화적 기전을 구성한다는 개념을 만들었기 때문에, ADHD는 신경학적 '결함'을 의미하는 것이 아니라, 오히려 개인차에 대한 '사회적 관용의 결여'로 인해 개인에게 해로운 영향을 미치는 변형된 기질을 구성한다는 주장이 대두됐다. 필자는 결함이 아닌 기질의 특징, 혹은 특질일 뿐이라는 주장에 동의한다. 나중에 '산만함'이란 용어를 사용하여 ADHD가 결함이 아닌 기질의 특징이라는 것에 대해 자세히 설명할 것이다.

정확한 근거도 없이 ADHD가 인류를 유리한 방향으로 이끈 진화의 원동력이라고 인용됐던 두 가지 가설은 다음과 같다.

### 사냥꾼과 농부 — 차분한 사냥꾼만 생존했을 것이다

1995년 톰 하트만Thom Hartmann이 ADHD 존재에 대한 의심을 진화론에 근거해서 주장한 내용이다. 그는 ADHD를 가진 사람은 사냥꾼 혹은 채집자였을 때의 생존에 필요한 몇 가지 특성을 간직하고 있는 것으로 보인다고 주장했다. 예를 들면, 충동적인 행동, 증가된 운동 활동, 새로운 것에 대한 탐색, 주의의 빠른 전환, 그리고 잦은 위험-감수 등, 이런 특징은 현재와는 달리, 우리 조상들이 농업의 출현 이전에 불리하고 예측할 수 없는 자연에서 생존하기 위해 분투했던 당시의 인간 행동의 중요하고 유리한 측면이라는 것이다. 즉 ADHD의 두 가지 증상인 과잉행동과 충동성을 비정상적인 증상이 아니라, 오히려 수렵채집 시대 때 인간의 생존을 위한 유리한 특질로 보는 시각이다. 일견 맞는 말처럼 보인다.

하지만 필자가 보기에 이 가설은 ADHD의 본질을 무시하고 ADHD 증상에만 주목한 허점 많은 가설이다. 왜냐하면 ADHD는 단지 과잉행동과 충동성만 나타나는 게 아니다. 나이가 들면서 오히려 주의력의 문제가 더 두드러진다. 정작 더 중요한 문제는 다른 데 있다. 생존에 필요한 행동을 해야 하는 성인기 연령에 해당하는 사람이(물론 수렵채집 시절의 인간 수명이 현재의 성인기 연령에 해당하지는 않겠지만) 과잉행동과 충동성이 있다고, 즉 많이 움직이고 이것저것 호기심을 갖고 탐색하고 이런저런 활동을 번갈아 하며 위험한 행동을 쉽게 행하는 모습들이 실제 사냥에서 유리하다고 주장하는 것은 상당한 억지다. 오히려 사냥감이 이동하는 길목을 예측하고 자신에게 위험이 될 만한 요인을 최소화하면서, 조용하고 차분하게 사주경계를 하며 기다리다가 순간적인 집중을 통해 사냥하는 게 훨씬 성공 확률이 높았을 것이다. 당연히 이처럼 차분하고 침착한 사람이 생존을 더 잘했을 것이다. 아무리 뜀박질을 잘하는 인간도 스스로 뛰어서 잡을 수 있는 동물은 없다. 차분하지 못하고 산만한 사냥꾼은 굶어 죽었을 가능성이 크다.

### 유목민 — 특정 유전자와 ADHD는 관계가 없다

이 가설도 앞서 소개한 '사냥꾼과 농부' 가설과 마찬가지로, ADHD의 특징이 특정한 문화 집단에 오히려 이익을 제공한다고 주장했다. 사냥꾼과 같이 잦은 이동을 하는 유목민 집단에서 ADHD와 관련된 유전적 변이가 더 많이 나타났다고 한다(Chen 등, 1999). 이 이론에 대한 증거는 케냐 북부 아리알 지역의 고립된 부족에 대한 아이젠버그 등(Eisenberg 등, 2008)의 연구에서 제시됐는데, 아리알 지역은 약 40년 동안 고립된 지역이라 이전까지 유목민 생활을 지속해 온 일부 주민들이 한곳에 정착하여 농업 생활 방식을 시작했다. 같은 부족인데도 각각 유목 생활과 농업을 하며 정착 생활을 한 두 집단에 대해 ADHD와 관련된 DRD4/7R 대립 유전자 보유 여부를 평가한 결과, 유목 생활을 유지하면서 이런 대립 유전자를 보유한 주민은 일반적으로 이 유전자가 없는 주민보다 더 건강한 반면, 농업 생활로 전환한 부족민 중 이 대립 유전자를 가진 주민은 부정적인 결과와 같은 부작용이 나타났다. 이 연구에 따르면, DRD4 유전자의 ADHD 관련 대립 유전자는 일부 사회 및 생태계(유목 생활)에서는 도움이 되지만, 다른 곳(농업 생활)에서는 해로운 행동/심리적 특성을 촉진시키는 것으로 확인됐다. 분자 유전학 연구를 통해 ADHD는 DRD4와 DRD5라는 도파민 수용체 유전자dopamine receptor gene라는 특별한 유전자와 직접적인 연관성이 있다는 것으로 알려졌다. 하지만 전통적인 신경전달물질 체계에 관여하는, 앞서 언급한 유전자는 실제 ADHD에서 변이의 매우 적은 부분만 설명할 수 있기 때문에, ADHD와 특별히 연관성이 있다고 말하기 어렵다(Neale 등, 2010).

따라서 유목민 가설도 말이 안 된다. DRD4/7R 유전자는 도파민과 관련이 있지만, ADHD와 직접적인 관련성은 없다. 단지 도파민과 관련이 있다고 유목과 정착을 구분하여 ADHD로 인한 유리함과 불리함을 평가하는 것은 너무 단순한 접근법이며, 근거도 전혀 없다.

## 음모론 — ADHD는 다국적 제약회사의 음모로 만들어졌다

ADHD와 관련된 음모론 중에는 문명이 발달한 사회에서 구성원들의 노동력 상승과 사회적 효율성을 위해 거대 다국적 제약회사가 의도적으로 만든 인위적인 병이라는 게 있다. 실제 앞서 언급한 대로 'The Obtuse Man'이 작성된 시대는 비록 고대였지만, 문명이 발달한 지역에서 발견된 기록이었으며, '사냥꾼과 농부' 가설과 'DRD4/7R 유전자'를 통해 보면 ADHD는 수렵채집을 하는 사회보다 구조적으로 혹은 조직적으로 더 발달한 문명사회인 농업사회에서 문제가 되는 병이라는 개념이 우세하다. 따라서 문명사회와 ADHD 사이의 관련성도 무시할 수 없어 보인다. 한편 일부 전문가는 ADHD가 현대 문명사회의 잘못되고 부적절한 방식의 자녀 양육과 아동에 대한 불충분한 교육체계로 인한 '문화적 구성체cultural construct'라고 주장했다(Timimi & Taylor, 2004; Hallahan & Kauffman, 2005). 또한, 복잡한 현대 사회에서의 일상 활동에서 효율성을 더 높일 수 있는 인지기능 향상제로 사용하,는 것과 같은 부적절한 자극제stimulant[1] 사용이 빈번해서, 일부 일반인과 전문가는 ADHD가 인위적으로 만들어진 병이라고 주장한다(Moncrieff & Timimi, 2013; Bowden, 2014). 이런 주장을 하는 사람들은 ADHD에 대한 현재의 진단기준이 주로 서구사회의 복잡한 생활 조건, 가령 수행에 대한 압력과 관련이 있다고 주장하기도 하며, 일부는 앞서 언급한 대로

---

1 ADHD 치료에 매우 효과적인 약물, 국내에서는 콘서타 혹은 메디키넷 등이 여기에 해당됨.

제약회사 로비의 결과로 이런 장애가 인위적으로 만들어졌다고 믿는다(Moncrieff & Timimi, 2010).

하지만 반론도 존재하는데, 전 세계적인 자료를 분석한 유병률에 대한 메타-분석연구에 따르면, 저개발국가에서 수행된 연구 결과는 서구사회의 결과와 유사했으며(각 국가 간 약 5%의 차이를 보임), 차이가 있더라도 그 차이는 연구 방법에 따른 차이일 뿐이었고 한다(Polanczyk 등, 2007). 따라서 이를 근거로 ADHD는 전 세계적으로 전-문화적인 타당성cross-cultural validity을 가진다고 말할 수 있다(Rohde 등, 2005). 또 만일 ADHD가 아동에 대한 사회와 학교의 과다한 요구로 인해 만들어진 사회적 문제라면, 일부분이 아닌 모든 아동에게 영향을 미칠 것이다(Timimi & Taylor, 2004). 이와 더불어 ADHD는 모든 사회계급에서 나타난다는 것이 사실로 확인됐다. 따라서 약을 팔기 위해, 인간의 생산성을 높이기 위해, 혹은 사회의 안정을 위해 세계적인 다국적 제약회사가 사람들에게 ADHD를 홍보하고 각인시켰다는 주장은 사실이 아니다. 하지만 이런 음모론이 ADHD 존재에 대한 도전인 것은 분명하다.

## 현대 문명은 ADHD를 만들지 않았다, 그러나 문명은 ADHD를 만들었다

전 세계적인 연구 결과를 수용하기 때문에 필자도 문화적 요인이 ADHD의 존재 여부와는 별개의 사안이라는 것에 동의하지만, 좀 더 생각해 볼 문제가 있다. 실제 'ADHD가 진짜로 존재하는 장애'인지 여부에 대한 논쟁이 지금도 계속되는데, 이런 논쟁이 이는 가장 큰 이유는 아직도 부주의와 과잉행동/충동성과 같은 ADHD의 핵심 증상에 대해서만 무게가 실린 상태가 지속되며, ADHD의 원인이 명백하게 밝혀져 있지 않고 진단은 주로 실험실 평가 혹은 의학적 검사가 아닌 주관적인 평가에 의존하며, 치료의 장기적인 영향이 명확히 확립되지 않았기 때문이다(Mayes 등, 2008; Visser & Jehan, 2009). 또 지금도 진행 중인 많은 연구를 통해 ADHD의 개념이 다양해져(필자의 개념도 기존개념과는 다름) DSM-5 진단기준만으로는 충분히 설명할 수 없는 증상과 양상이 존재한다는 사실도 간과할 수 없다. 이런 증상과 양상으로 인해 현실 세계에서 ADHD가 어떻게 인식되고 판단되며 적용되는지에 대한 다양성과 확장성은 너무나 부족하다. 이런 대표적인 증상과 양상은 다음에 자세히 설명할 것이다(「정신과 의사도 잘 모르는 ADHD에서 간과된, 그러나 반드시 알고 있어야 할 중요한 영역」 참고).

이런 문제점 지적과 개념의 확장은 문명과 문화가 발전하면서 뒤따르는 당연한 현상이다. 따라서 필자는 ADHD에 대해 문명과 문화가 주는 영향이 크다고 판단하며, 이런 개념의 변화를 이끌어 준 제약회사 음모론도 100% 부정하진 않는다. 앞에서 'The Obtuse Man'을 통해 살펴본 것처럼 고대 시대에도 ADHD가 있었다는 증거가 현대 사회와 같은 문명사회에서 사회의 압력과 다른 요인(자본 혹은 기타요인)에 의해 ADHD가 인위적으로 발생했다는 주장을 무시하게 할 수는 있다. 하지만 오히려 고대 그리스 사회가 문명사회였기 때문에 의도하지 않았는데도 ADHD가 사회적 문제가 됐고, 그로 인한 무게가 커졌기 때문에 이를 기록에 남겼을 가능성이 크다. 즉 ADHD는 문명이 발달해야 문제가 될 가능성이 크다는 말과 같다. 문명이 발달한다는 말은 경제적으로 풍요해진다는 것을 의미한다. 따라서 ADHD가 경제적 풍요하고도 상관관계가 있다고 할 수 있다. 하지만 이런 견해는 또 다른 의문점을 낳는다. 어떤 문명 혹은 문화에서는 ADHD 증상이 사회적으로 문제가 됐지만, 왜 유사한 수준의 문명 혹은 문화를 가진 다른 곳에서는 문제가 되지 않았는지 의문이 생긴다. 고대 그리스와 마찬가지로 다른 고대 문명사회에서도 ADHD가 문제가 됐겠지만, 단지 기록을 찾지 못했기 때문일 거라고 판단한다. 하지만 단정 지을 수는 없다. 필자의 견해로는 문명이 발달해 경제가 발전한 대부분의 지역과 시대에서 ADHD 증상이 문제가 됐을 것으로 본다. ADHD는 인간의 본질 문제로, 어느 시대 그리고 어느 장소에서나 늘 존재했을 것이다. 하지만 문명이 발달해 경제적으로 풍족해져야 먹고 사는 문제에서 벗어나 주변 사람들의 모습을 관찰할 수 있고, 이를 기록했을 것이다. 즉 먹고 사는 문제 이상으로 관심이 확장됐다는 의미다. 그런데 ADHD로 인해 나타나는 특징은 수렵 사회보다는 문명사회에서 더 치명적이며 더 부정적인 영향을 많이 주었을 것이다. 그래서 문명사회인 고대 그리스에서는 'The Obtuse Man'같이 경계했을 것이다.

현재까지의 전 세계적인 추세로 볼 때, ADHD는 경제적으로 풍족해지는 과정을 먼저 거친 미국을 중심으로 발전해왔고, 유럽도 상당한 유행이다. 아프리카와 남미 그리고 동남아를 비롯한 경제적으로 어려운 지역에서는 ADHD가 상대적으로 관심을 덜 받고 유행을 타지 않는다. 실제 그 지역에서 ADHD를 주제로 발표된 문헌은 별로 없다. 우리나라도 경제적으로 어렵던 시절이 끝나고 안정된 시기인 1990년대부터 본격적으로 ADHD에 대한 관심이 싹텄다. 이후 관심이 점점 더 커져 현재는 성인기 연령에까지 이르렀다. 이렇듯 원래 있었던 현상인데 경제적인 여유가 생기면서 더 관심을 갖게 됐고, 관심을 가지니까(진단과 치료) 더 좋은 점이 많고 현대 사회에 더 유리하기 때문에, 그 무게가 달라졌다고 보는 것이 타당할 것이다.

또 하나 더 미세하게 짚어 볼 문제는 경제 기반이다. 농업이 주를 이루는 사회와 산업이 주를 이루는 사회는 ADHD에 있어서도 차이가 난다. 물론 농업만 하는 국가는 없고, 농업 규모가 다른 나라에 비해 엄청나게 큰 미국, 프랑스 혹은 독일 같은 국가도 농업 국가는 아니라 이런 구분이 무의미할 수도 있다. 한 국가 안에서도 시골(농촌, 어촌 및 산촌 - 시골로 대표)과 도시로 구분하는 것이 더 정확할 것이다. 시골의 시간은 도시의 시간과 다르다. 정확히 말하자면 시간 개념이 다르다. 물론 24시간 작동하면서 정확한 시간을 요구하는 비닐하우스나 양어장 등과 같은 예외는 있지만, 시골의 시간은 계절과 물때와 같은 자연의 시간을 따른다. 또 교대근무와 같이 일상적인 시간을 초월할 때도 있지만, 도시의 시간은 회사, 공장 그리고 가게의 영업시간처럼 정해진 시간을 따른다. ADHD를 많이 경험한 정신과 의사는 잘 알고 있지만, 일반인은 잘 모르는 ADHD의 특징 중 하나는 '시간의 개념'이다. 나중에 다시 자세히 설명하겠지만[「시간 — 너무 못 지키거나 강박적으로 잘 지키거나」(p. 95) 참고], ADHD를 가진 사람은 시간 인식과 시간 추정에서 흔히 문제가 생긴다. 시간이 더 빨리 간다는 느낌을 비롯해 과제를 마칠 때까지의 시간 예상에 어려움을 겪고, 시간 추정에 오류를 일으켜 사회적 혹은 직업적 문제가 발생하는데, 예를 들면, 정해진 약속 시간을 지키지 못하고 약속된 업무의 마감 시간을 지키지 못하는 것 등이다. 이런 시간 개념이 시골에서는 상대적으로 그 중요성이 덜하겠지만, 현대화된 산업 사회에서는 무척 예민한 문제로 작동한다. 따라서 ADHD는 산업 사회에서 그 중요성이 더 강조된다.

끝으로, ADHD가 과학적인 탐구주제로 편입된 이후 생긴 문제가 있다. 한동안 과다한 문제행동을 보이는 남자아이에게 초점이 맞춰졌다. 따라서 아직도 ADHD 하면, 과잉행동을 보이고, 가만히 있지 못하는 남자아이를 제일 먼저 떠올린다. 하지만 산업화가 더 진행되면서 21세기 초부터 성인기 연령의 ADHD에 대한 관심이 커졌다. 결국 진단기준이 성인기 연령에 대해 상당히 완화됐고,[2] 여자아이를 포함한 여성의 임상 양상에도 무게가 실려 이전에 비해 ADHD로 진단받는 사람의 수가 폭발적으로 증가했다. 이런 현상은 노동력 및 효율성 향상을 위한 일련의 과정 및 조치일 수 있다고 해석할 수 있다.

결론적으로 ADHD란 문명과 문화의 특성 혹은 차이로 인한 것이 아니라, 이를 초월해 인간 세상의 모든 시간과 장소에서 존재하는 하나의 특징이라고 볼 수 있다. 물론 반드시 그렇지는 않을 수도 있다는 점을 염두에 두어야 한다. 솔직히 말해 필자는 이런 내용이 중요한 게 아니라고 판단한다. 지금까지 그랬듯이 어디서 연유했든 ADHD는 인류와 함께 항상 존재해 왔고, 그에 대한 정의는 시대의 환경에 따라 변해 왔다. 따라서 과거의 모습과 상관없이 '현재의 ADHD는 무엇이고, 실제 세상에서 어떤 개념으로 접근해야 하며, 해결하려면 무엇을 어떻게 해야 하며, 그 종료점은 어떤 것인가, 그리고 미래에는 어떤 모습일까'란 주제가 더 중요하다.

다음 장에서는 ADHD의 변천사를 간략하게 설명하고, 현재 사용 중인 진단체계의 문제점을 지적하려고 한다. 이를 통해 ADHD의 개념이 어떻게 변해야 하는지를 설명할 것이다.

---

2 원래 완화된 기준은 현재 사용 중인 기준보다 더 파격적이어서 인간의 상당 비율이 ADHD로 진단받을 수 있을 정도임.

## 참고문헌


American Psychiatric Association(APA).(2013) Diagnostic and Statistical Manual of Mental Disorders, (5th ed.). Washington DC, American Psychiatric Press.

Bowden G.(2014) The merit of sociological accounts of disorder: The Attention-Deficit Hyperactivity Disorder case. Health(London) 18, 422-438.

Chen CS, Burton M, Greenberger E, Dmitrieva J.(1999) Population migration and the variation of dopamine D4 receptor(DRD4) allele frequencies around the globe. Evol Hum Behav 20, 309-324.

Eisenberg DT, Campbell B, Gra PB, Sorenson MD.(2008) Dopamine receptor genetic polymorphisms and body composition in undernourished pastoralists: An exploration of nutrition indices among nomadic and recently settled Ariaal men of northern Kenya. BMC Evol Biol 8, 173.

Hallahan DP & Kauffman JM.(2005) Exceptional learners: An introduction to special education. Boston, MA: Pearson Education.

Hartmann T.(1995) ADD success stories: a guide to fulfillment for families with attention deficit disorder: maps, guidebooks, and travelogues for hunters in this farmers world. Grass Valley, California: Underwood Books.

Mayes R, Bagwell C, Erkulwater J.(2008) Medicating children: The enduring controversy over ADHD and pediatric stimulant pharmacotherapy. Child and Adolescent Psychopharmacology News 13, 1-5.

Moncrieff J & Timimi S.(2010) Is ADHD a valid diagnosis in adults? No. BMJ 340, c547.

Moncrieff J & Timimi S.(2013) The social and cultural construction of psychiatric knowledge: An analysis of NICE guidelines on depression and ADHD. Anthropol Med 20, 59-71.

Neale BM, Medland SE, Ripke S, Asherson P, Franke B, Lesch KP, Faraone SV, Nguyen TT, Scha¨fer H, Holmans P, Daly M, Steinhausen HC, Freitag C, Reif A, Renner TJ, Romanos M, Romanos J, Walitza S, Warnke A, Meyer J, Palmason H, Buitelaar J, Vasquez AA, Lambregts-Rommelse N, Gill M, Anney RJ, Langely K, O'Donovan M, Williams N, Owen M, Thapar A, Kent L, Sergeant J, Roeyers H, Mick E, Biederman J, Doyle A, Smalley S, Loo S, Hakonarson H, Elia J, Todorov A, Miranda A, Mulas F, Ebstein RP, Rothenberger A, Banaschewski T, Oades RD, Sonuga-Barke E, McGough J, Nisenbaum L, Middleton F, Hu X, Nelson S; Psychiatric GWAS Consortium: ADHD Subgroup.(2010) Meta-analysis of genome-wide association studies of attention-deficit/hyperactivity disorder. J Am Acad Child Adolesc Psychiatry 49(9), 884-897.

Polanczyk G, de Lima MS, Horta BL, Biederman J, Rohde LA.(2007) The worldwide prevalence of ADHD: a systematic review and metaregression analysis. Am J Psychiatry 164(6), 942-948.

Timimi S & Taylor E.(2004) ADHD is best understood as a cultural construct. Br Psychiatry 184, 8-9.

Visser J & Jehan Z.(2009) ADHD: a scientific fact or a factual opinion? A critique of the veracity of Attention Deficit Hyperactivity Disorder. Emot Behav Diffic 14, 127-140.

CHAPTER 2

# ADHD는 어떻게 변해왔을까?

## 현재까지의 변화

건강함과 정신장애의 개념은 그 시대의 사회문화적 가치판단 기준의 영향을 받는다. 따라서 현재까지의 ADHD에 대한 개념도 그러한 영향을 받아 많은 변화를 거쳐왔다(Bowden, 2014). 어떤 질환을 진단할 때는 여러 가지 진단조건들이 필요하지만, 다른 의학 분야와 달리 특정 증상과 이로 인한 장애는 정신장애에 대한 진단을 타당화하기 위한 기본적인 진단기준 중 하나다(Faraone, 2005; APA, 2013). 이런 방식이 적용된 이유는 그리 근사하지 않다. 원인을 잘 몰라서 취한 방식이기 때문이다. 이는 다시 말해 나타나는 현상만을 기준으로 질환을 정의한다는 얘기다. 어이가 없지만, 어쩔 수 없는 과학의, 특히 정신의학의 한계다. 지금까지도 이런 한계를 인정할 수밖에 없다. 다른 정신장애와 마찬가지로, ADHD도 그 원인을 정확히 정의할 수 없어 특정 증상과 그 증상으로 인한 장애를 기준으로 진단한다. 과학적으로 정말 보잘것없는 진단법이다. 원인도 모르는 데다 효과가 있다고 보고된 약물의 정확한 기전도 제대로 알려지지 않은 상태다. 그렇다 보니 이로 인해 ADHD 진단 및 치료와 관련된 논란과 이슈가 차고 넘친다.

이렇게 논란이 될 수밖에 없는 진단체계와 상관없이 또 다른 문제도 있다. 고대 그리스 시대부터 현재까지 ADHD 및 그와 유사한 증상을 보이는 사람은 그 행동 특성으로 인해 일부 특별한 사람을 제외하곤, 대부분 태어나면서부터 죽을 때까지 수많은 오명과 편견으로 인한 고통을 겪는다(Thompson & Lefler, 2016). 하지만 앞서 언급한 여러 약점에도 불구하고 정신의학이 발전하면서 상황이 많이 달라진 것은 사실이다. 비록 정신장애에 대한 편견은 아직도 여전하지만, 정신장애에 대한 조롱과 무시, 편견과 차별, 그리고 처벌 위주로 진행된 과거의 처리 방식에 비해, 현재는 정신장애를 가졌다는 이유로 도덕적으로 비난받거나 처벌받는 일은 없다. 오히려 적절하고 효과적인 치료를 받을 가능성이 제공되면서 많은 사람에게 큰 이익이 됐다. 특히 ADHD 치료에 약물이 도입된 이후, 획기적인 개선이 이루어졌다. 약물치료가 가장 중요한 일차적인 치료법이며, 유일하게 효능을 보인다는 연구 결과가 지속되고 있다. 비록 원인은 몰라도, 나름대로 정확한 진단을 통한 약물치료는 오랫동안 편견과 낙인찍기에 희생당해왔고 지금도 괴로움을 겪고 있는 ADHD 환자들에게 유일한 희망이 됐다.

하지만 이런 현실은 단지 과거부터 현재까지의 변화일 뿐이다. 변화했으되 큰 틀에서 변화는 없었다. 큰 변화는 큰 부정과 큰 수정을 요구한다. ADHD에 대한 개념도 이런 큰 틀에서의 변화가 필요하다. 이를 바탕으로 인간에 대한 이해의 폭은 크게 확장될 것이다. 왜냐하면 다른 정신장애 분야와 달리, ADHD는 인간 본연의 본질을 파악할 수 있고 인간의 정신의 개념을 특정할 수 있는 유용한 도구이기 때문이다.

과학적인 연구를 통해 ADHD가 뇌의 생물학적인 원인 때문에 발생하는 정신장애라고 인정받은 것은 1980년 DSM-Ⅲ가 공식적으로 발행되면서부터다. 그 이전까지는 현재의 개념과는 거리가 멀었다. ADHD는 아주 오래전부터 알려져 있었지만, 아주 최근에야 과학 영역으로 들어온, 정말 얼마 안 된 새로운 정신장애다. ADHD를 과학적인 관점에서 처음 언급한 크라이튼Crichton과 바이카르트Weikard 그리고 스틸Still로부터 시작된 ADHD 역사에서 대부분(거의 모든)의 연구는 남자 아동 및 청소년을 대상으로 이루어졌다. 이로 인해 ADHD에 대한 편견이 발생했고 지금도 지속된다. 또 역설적으로 최초의 ADHD 기록은 성인에 대한 것이었지만, 특히 성인기 연령의 ADHD에 대한 연구는 시작된 지 얼마 안 된 새로운 분야다. ADHD는 이처럼 혼란스럽고 복잡하며 엉성하며, 동시에 가장 중요한 정신영역에서 발생하는 문제다. 하지만 더 늦기 전에 큰 틀에서 변화와 수정이 필요하다.

우선 현재까지의 ADHD 변천사를 알아보자.

## 문학에서 의학으로

앞서 언급한 대로, 테오프라스토스Theophrastus의 'The Obtuse Man(둔한 사람)'은 역사상 최초로 ADHD, 특히 성인 ADHD를 묘사한 문헌이다. 이후 그리스 철학자이자 의사인 갈렌Galen(갈레노스)과, 오랜 세월이 지난 후 셰익스피어Shakespeare가 ADHD와 관련된 증상을 가진 사람을 묘사했지만, 모두 과학 문헌이 아니라 문학 작품이었다. 실제 문학을 포함한 예술 분야에서, 예측할 수 없고 기복이 심한 감정과 행동을 보이는 사람, 혹은 현상을 묘사하지 않은 작품이 있을까? 반대로 단조롭고 지루한 사람이나 현상을 묘사한 작품이 존재할 수 있을까? 절대 아닐 것이다. 따라서 예측할 수 없고 기복이 심한 감정과 행동을 보이는 사람은 대부분의 예술 분야에서 주요 소재로 다뤄진다. ADHD는 너무 이상하지는 않으면서(정신병적인 상태) 기존의 통념과 상식으로 설명할 수 없는 생각과 행동을 보이는 경우가 많아 예술작품의 대상이 될 가능성이 컸을 것이며, 이런 현상은 지금도 마찬가지다. 예를 들면, 유명한 소설의 주인공 대부분은 일상적이지 않고 예측할 수 없는 엉뚱하고 특이한 행동, 다양한 여성 편력, 그리고 자살과 같은 극적이며 충동적인 행동을 보인다. 물론 세계적인 작가가 이를 진취적이고 모험심 있고 로맨틱하며 자신의 의지를 죽음으로 관철하는 사람으로 멋있게 묘사해서 그렇지, 실제 이런 사람을 일상에서 본다면, 그는 예측할 수 없고 변화의 폭이 큰 감정과 행동을 보이는 범죄자 혹은 난봉꾼일 뿐이다. 소설은 그냥 소설일 뿐이다. 그런데 만일 이런 범죄자 혹은 난봉꾼을 묘사하기 싫어 대부분의 사람이 겪고 살아가는 단조롭고 지루하고 반복되는 일상의 모습을 묘사했다면, 비록 그 작가가 세계적인 소설가라 할지라도, 그다지 많은 사람이 읽지는 않았을 것이다. 이런 모습을 과학적으로 설명할 수 없었던 현대사회 이전에는 예술 분야가 상대적으로 득세했고, ADHD에 대한 대부분의 기록은 예술 분야에 국한될 수밖에 없었다.

과학 및 의학 분야에서의 ADHD는 겨우 2세기 반 전에 나타났다. 이 분야에서 역사상 최초로 ADHD를 기술한 사람은 1775년 의학 교과서를 집필한 독일의 의사인 멜키오르 아담 바이카르트Melchior Adam Weikard다. 그가 집필한 책은 ADHD 증상을 기술한 최초의 과학적 근거로 알려져 있다(Barkley & Peters, 2012). 바이카르트는 부주의하고, 과잉행동을 보이며, 충동적인, 또 노력하지 않고 낮은 지속성을 보이는 아동과 성인기 연령을 묘사했다. 바클리와 피터스(Barkley & Peters, 2012)

에 따르면, 바이카르트가 기술한 내용 대부분은 현재 전 세계에서 주로 사용하는 진단체계인 DSMdiagnostic and statistical manual of mental disorders의 ADHD에서 보이는 주의력 문제들과 상당히 겹친다. 그다음으로 오래된 문헌은 우리가 잘 알고 있는 스코틀랜드 의사인 알렉산더 크라이튼Alexander Crichton이 집필한 『정신 착란의 본질과 기원에 대한 연구An Inquiry into The Nature and Origin of Mental Derangement』다. 이 책에서 '주의력 장애attention disorders'에 대해 크라이튼은 주의력 문제가 유전적인 요인 혹은 우발적인 질병 때문에 발생한다고 주장했다(Palmer & Finger, 2001). 그는 '정신적으로 가만있지 못함'을 다음과 같이 묘사했다.

> "어떤 한 가지에 대해 주의를 지속적으로 기울이는 능력이 없음을 말하는데, 대개 일부러 꾸민 듯, 혹은 신경이 병적으로 감각 이상을 보여서 생기고, 끊임없이 여기저기 집적거리게 된다. 이런 현상은 타고나기도 하고 우연히 병에 걸려 생기기도 한다. 타고 난 경우에는 일찍이 눈에 띄며 나쁜 결과로 이어진다. 어떤 것을 교육받을 때 주의를 기울이지 못한다. 일상 모든 면에서 심하게 영향을 받지는 않으며, 다행인 것은 대개 나이가 들면서 사라진다는 것이다. 이런 신경 상태를 특별히 부르는 이름이 있는데, 다름 아니라 안절부절못함이다."

크라이튼은 이런 표현을 통해 환자를 명확하게 묘사했다. 지금 누가 봐도 ADHD다. 따라서 책에서 묘사된 증상 양상은 과거에 사용됐던 DSM-Ⅳ 진단기준에 부합하는 것으로, 그는 이런 아동은 특별한 교육이 필요하며, 주의를 기울이려는 노력을 스스로 많이 해도 주의력 문제는 분명히 나타난다고 주장했다.

이후 「안절부절못하는 필립 이야기The Story of Fidgety Philip」와 「멍한 조니 이야기The Story of Johnny Head-in-the-Air」를 쓴 독일의 소아과 의사인 하인리히 호프만Heinrich Hoffman은 자신의 임상 관찰을 바탕으로 한 교훈적인 시를 써서 아동서적을 출간했는데, 아동기의 다양한 심리상태를 기록했다(Stewart, 1970). 한 번 살펴보자.

**The story of Fidgety Philip**

"Let me see if Philip can ("필립이 할 수 있나 두고 보자)
Be a little gentleman; (꼬마 신사가 돼 주세요)
Let me see if he is able (그 녀석이 할 수 있나 두고 보자)
To sit still for once at table." (제발 테이블에 한 번만이라도 가만히 앉아 있자")
Thus spoke, in earnest tone, (진지한 어조로)
The father to his son; (아빠가 아들에게 말한다)
And the mother looked very grave (어머니는 매우 심각하다)
To see Philip so misbehave. (필립이 그렇게 버릇없이 구는 것을 보고는)
But Philip he did not mind (하지만 필립은 전혀 상관하지 않는다)
His father who was so kind. (아빠는 친절하지만)
He wriggled (필립은 꿈틀거리고)
And giggled, (낄낄거리고)
And then, I declare, (그러다 보니, 정말로)
Swung backward and forward (앞뒤로 흔들린다)
And tilted his chair, (의자를 기울여)

Just like any rocking horse;— (마치 흔들 목마 같아)

"Philip! I am getting cross!" ("필립! 정말 짜증 나!")

### The Story of Johnny Head-in-the-Air

As he trudged along to school, (걸어서 학교에 가는데)

It was always Johnny's rule (항상 조니가 하던 대로)

To be looking at the sky (하늘을 쳐다보고)

And the clouds that floated by; (그리고 떠 있는 구름)

But what just before him lay, (하지만 바로 그 앞에)

In his way, (학교 가는 길에)

Johnny never thought about; (조니는 아무 생각이 없다)

So that everyone cried out, (그래서 모두가 소리쳤다)

"Look at little Johnny there, ("조니, 거기 좀 봐)

Little Johnny Head-in-Air!" (멍청한 꼬마 조니!")

Running just in Johnny's way (조니가 될 때)

Came a little dog one day; (작은 개 한 마리가 앞에 있는데)

Johnny's eyes were still astray (하지만 조니는 다른 곳을 바라보고)

Up on high, (시선은)

In the sky; (하늘에 있는데)

And he never heard them cry (다른 사람들이 소리치는 것도 듣지 못하고)

"Johnny, mind, the dog is nigh!" ("조니, 정신 차려, 개가 가까이 있어")

Bump! (쿵!)

Dump! (쾅!)

Down they fell, with such a thump, (조니와 개가 바닥에 넘어져)

Dog and Johnny in a lump! (개와 조니는 하나가 됐어요!)

꼬마 필립Philip은 제발 가만히 있으라는 엄마의 부탁을 무시하고 의자를 마치 흔들 목마처럼 앞뒤로 타고 놀아 결국 엄마를 화나게 했다. 또 멍때리고 자기 생각에 빠져 주변을 보지 못하고 다른 사람의 경고를 듣지 못하고 멋대로 뛰다가 개와 부딪혀 넘어진 꼬마 조니Johnny, 이 두 꼬마는 현재의 기준으로 보면 각각 과잉행동 · 충동형 그리고 부주의형 ADHD로 볼 수 있다.

20세기에 접어들면서 ADHD 역사에서 이정표적인 문헌이 등장했다. 1902년, 영국 런던의 '왕립의과대학royal college of physicians'의 '굴스토니안 강의goulstonian lectures'에서 일련의 3편의 문헌이 발표됐고, 이 문헌은 세계적인 과학 잡지인 《랜싯Lancet》에도 실렸는데, 우리는 보통 이 문헌을 ADHD 역사에서 과학적인 출발점으로 간주한다(Lange 등, 2010). 이런 이정표적인 문헌을 발표한 사람은 영국 소아과학의 창시자인 의사 조지 스틸George Still이다. 이 문헌에서 스틸은 지속적인 주의 유지가 매우 어렵고 자기조절이 안 되는 43명의 아동을 기술했다. 묘사된 아동 대부분은 과잉행동과 충동성을 보였으며, 상당수는 종종 공격적인 행동을 보였는데, 권위에 도전적이며 원칙을 무시하고 지나치게 감정적인 모습을 보였다. 따라서 그에게 이런 아동은 완전히 감성에 이끌린 것처럼 보였고, 지성이 전혀 작동하지 않는 것으로 보였다. 아동은 자기 행동을 통제하기가 어려웠고, 즉각적인 만족감을 추구하는 경향이 특징적으로 나타났다. 이 때문에 아동은 규칙과 경계를 내면화시키지 못하고 체벌에도 둔감하며, 심지어 자기 행동으로 인해

야기된 결과를 통해 아무것도 배울 수 없는 것처럼 보였다. 따라서 스틸은 이런 아동이 '억제적 의지'와 '도덕적 조절'에 중대한 결함을 가진 것으로 보고, 자신의 문헌에서 아동의 도덕 문제를 중점적으로 다뤘다. 아쉬운 점은, ADHD 역사에서 이정표적인 문헌임에도 불구하고 정작 ADHD에 대한 언급은 전혀 없이, 오히려 문제아동의 도덕 문제만을 다루었다는 것이다.

하지만 스틸의 문헌이 ADHD와 관련된 역사적인 문헌이 될 수 있었던 이유를 요약하면 다음과 같다. 첫째, 이 문헌이 ADHD란 용어를 사용하지 않았고 주의력보다는 도덕성 결함에 더 초점을 맞춘 아동기 환자에 대한 사례보고였지만, 역설적이게도 이 사례보고는 오늘날의 'ADHD 혼합형combined type' 개념과 가장 유사하다. 둘째, 이런 장애 진단에 대한 발달학적인 접근법을 최초로 제안했다. 스틸은 이 장애의 원인을 생물학적 요인이라고 보았다. 억제적 의지와 도덕적 통제 그리고 지속적인 주의 유지 사이에는 인과관계가 있는데, 신경장애로 인해 발달이 부족하거나 결손이 있기 때문에 장애가 나타난다고 추정했다. 이런 장애는 유전적 소인, 혹은 출산 전이나 후의 손상이 원인일 가능성이 있다고 주장했는데, 경우에 따라 장애로 인해 나타나는 행동은 어떤 형태의 뇌 기능부전 때문에 발생하며, 이 질병이 회복되면 호전되는 것으로 보이는 급성 뇌 질병에 의한 이차적인 현상이라고 언급했다. 셋째, 이런 형태의 행동은 만성장애를 유발하여 성인기 때 범죄행동을 보일 위험이 높다. 스틸은 처음으로 아동기 때의 문제가 성인기에도 지속될 것이라고 주장한 사람이다. 따라서 스틸은 과학 분야의 성인 ADHD 역사에서도 선구자라고 할 수 있다. 넷째, 스틸은 8세 이전에 사례의 대부분이 발생하는 것과 함께 남자아이에게서 발생사례가 더 많은 사실

(남자아이:여자아이=3:1)을 최초로 관찰했다. 즉 ADHD의 발병 연령과 성별 발생 비율의 차이를 처음으로 관찰한 선구자였다. 다섯째, 이런 상태가 알코올중독과 범죄 그리고 정서장애와 같이, 아동의 생물학적 친척에게서 더 흔하게 나타나는 것을 관찰했다. 이는 ADHD의 높은 유전성을 인식한 높은 식견이었다. 여섯째, 이런 아동 중 일부에서 틱 장애tic disorders를 관찰했는데, 이런 관찰은 아마도 ADHD와 틱 장애 사이의 동반을 확인한 첫 번째 보고일 것이다. 따라서 스틸은 ADHD의 동반장애를 언급한 최초의 의사였다. 이 역시 현대적인 ADHD 개념에서 매우 중요한 동반장애에 대한 개념을 기술한 것이었다. 이렇듯 현대의 ADHD 개념 중 중요한 부분인 발병 연령과 성별의 차이 그리고 동반장애 등을 일찍이 인식했지만, 아쉽게도 그가 주장하고 관찰한 내용 중 많은 것이 그 당시에는 별다른 영향을 미치지 못하고 오랜 세월이 지난 최근에야 밝혀졌다.

이후 ADHD는 미세 뇌 손상minimal brain damage[MBD], 미세 뇌 기능장애minimal brain dysfunction, 과잉행동증후군hyperactivity syndrome, 주의력결핍장애attention deficit disorder[ADD], 그리고 현재의 주의력결핍 과잉행동장애attention deficit-hyperactivity disorder[ADHD]로 이어지는 일련의 변화과정을 겪었다. 한편, 이전의 몇몇 선구자들이 주장한 뇌의 중요한 역할에 중점을 두는 과학적인 관점으로 발전하는 과정에서 큰 방해요인이 있었는데, 그것은 바로 아동의 행동 문제 발달에서 양육의 역할을 강조한 정신분석적 관점의 유행이었다. 하지만 이런 지엽적인 방해요인은 역사적인 사건(전염성 뇌염의 유행, 제2차 세계대전)으로 인해 본의 아니게 발생한 뇌에 대한 관심의 집중을 이기지 못하고 사그라져 ADHD의 과학적인 큰 흐름은 굳건히 이어지면서 본격적인 발전이 시작됐다.

## 뇌에 대한 관심

### ① 미세 뇌 손상 이론의 탄생

1917~1918년 사이 발생했던 2년 동안의 전염성 뇌염 유행 후 뚜렷한 이상행동을 보이는 아동이 많이 발생했다(Kessler, 1980; Cantwell, 1981). 이런 아동은 주의력 장애, 충동성, 과다한 행동, 학습의 어려움, 인지기능 장애(기억 포함), 감정적 불안정성, 그리고 반사회적 행동 등을 보였는데(Ebaugh, 1923; Stryker, 1925), 이런 증상들은 현재의 ADHD 개념과 놀랍도록 유사하며 뇌손상으로 인해 발생한 것이 명백했기 때문에, '뇌염 후 행동장애postencephalitic behavior disorder'로 불렸다. 이후 전염성 뇌염과 마찬가지로, 2차 세계대전 때문에 뇌 외상을 입은 사람이 많아졌고, 이런 기회를 통해 우리는 뇌의 어떤 부분이 손상되면 과잉행동과 불안정 그리고 흥분된 행동이 나타난다는 것을 발견했다(Goldstein, 1942). 이런 관찰을 통해 '미세 뇌 손상minimal brain damage[MBD]' 이론이 탄생했다(Strauss & Lehtinen, 1947). 미세 뇌 손상 진단은 신경학적 손상증거가 불충분하거나, 심지어는 없는 경우에도 특정한 행동 특징을 보이는 아동에게 내려졌다(Dolphin & Cruickshank, 1951). 이후 과잉행동은 신경학적 검사를 통한 증거가 없거나 명확한 특징이 없어도 뇌 손상의 결과로 해석되기 시작했다. 이런 변화는 행동 형태를 뇌 손상의 증거로 받아들이는 개념이 일반화됐다는 것을 의미한다(Conners, 2015).

### ② 미세 뇌 손상에서 미세 뇌 기능장애로

1960년대에 접어들면서 뇌 손상으로 인한 단일 증후군을 가진 아동의 존재에 대한 의문이 싹트면서 뇌 손상의 증거 없이 이상행동을 보이는 모든 아동이 미세 뇌 손상을 가졌다는 개념에 대한 의문이 점점 커졌다(Birch, 1964; Rapin, 1964). 그 이유는 실제 뇌 손상 진단이 적절한 행동을 보이는 아동의 단 5%에서만 이루어졌기 때문이었다(Rutter, 1977). 일부 연구자들은(Rutter, 1977; Rie & Rie, 1980; Rutter, 1982) 미세 뇌 손상의 명확한 원인이 밝혀지지 않았고, 대부분 유사한 과정을 따르지 않았거나 유사한 결과를 초래하지 않았기 때문에, 이들 사이에는 강력한 상관관계가 없다고 주장했다. 또 미세 뇌 손상 증상은 너무 다양해서 실제적으로 전체적인 정신병리 스펙트럼으로 다루기 어려웠다. 이런 주장이 확산되면서 '미세 뇌 손상'을 '미세 뇌 기능장애'란 용어로 변경하자는 주장에 무게가 실렸다(Ross & Ross, 1976; Kessler, 1980). 하지만 미세 뇌 기능장애 개념은 현재의 ADHD 개념인 3가지 핵심 증상인 부주의와 충동성 그리고 과잉행동 증상을 명확하게 묘사했음에도 불구하고(Lange 등, 2010), 그 개념이 모호하고 애매해 치료에 특징적인 기여를 하지 못했기 때문에 금방 사라졌다(Kirk, 1963).

## 과잉행동 증후군 — DSM-I 과 DSM-II에 미친 영향

미세 뇌 기능장애 개념이 힘을 잃게 되면서 연구자들은 이 장애의 보다 전형적인 증상으로 생각되는 과잉행동에 더 큰 관심을 기울이기 시작했다. 그 결과 '과잉행동 증후군hyperactivity syndrome'이란 개념이 만들어졌고, 이 개념은 라우퍼와 덴호프(Laufer & Denhoff, 1957)가 주장한 이후 정신질환 진단 및 통계 편람(Diagnostic and Statistical Manual of Mental Disorders: DSM)과 그 개정판이 나오기까지 30년 이상 유지됐다. 1980년 DSM-Ⅲ가 발표되기 이전인 1950년대부터 1970년대 동안 ADHD에 대한 공식적인 진단의 발전 속도는 매우 더뎠다. 미국 정신의학회(American Psychiatric Association: APA, 1952)에서 발행한 DSM의 첫 번째 발행본인 DSM-Ⅰ은 대부분의 아동기 장애를 무시했다. 또 이 시기 동안 아동의 과잉행동과 충동적 행동을 설명하기 위한 다양한 연구에서 '미성숙immaturity'이란 개념이 광범위하게 사용됐다. DSM의 두 번째 발행본인 DSM-Ⅱ(APA, 1968)에서 이 증후군은 '아동기의 과잉반응hyperkinetic reaction of childhood'이란 명칭으로 소개됐는데, 이렇듯 ADHD가 아동기에 국한되며 청소년기에는 감소하는 잘못된 개념을 만든 잘못도 있지만, 이런 설명은 잠재적인 병인론적 기전과 관련된 개념에서 행동-지향적이며 증후군의 뚜렷한 증상에 초점을 맞추는 기술적descriptive인 개념으로 바뀐 것을 의미하며, 이는 다음에 발표된 DSM-Ⅲ의 획기적인 분류방식을 유도했는데, 이런 현상은 이 시대의 시각 변화를 반영한 것이다(Braswell & Bloomquist, 1991).

## 과잉행동에서 주의력 결핍으로

1970년대부터 1980년대까지 과잉행동 증후군에 대한 연구가 극적으로 증가했다. 1980년대 말까지 대략 2,000개의 연구가 발표됐는데, 이런 현상은 이 증후군에 대한 과학계와 일반대중 모두의 관심이 급증했다는 사실을 방증한다. 이 시기 초기에는 증후군에 대한 정의적 특징도 그 범위가 넓어졌다. 충동성 이외에도 짧은 주의력 유지 시간, 산만함, 좌절을 견디기 어려움, 그리고 공격성 등과 같은 증상까지 포함된 것이다. 이에 따라 청소년기에 급속히 호전되는 증후군의 균질적인 성격이 이질성으로 대체되기 시작했다. 미세 뇌 손상과 미세 뇌 기능장애 개념과는 달리, 이 시기에 유행했던 관점은 과잉행동이 진단에 필수적인 증상이 아니라는 점이다. 이런 견해가 우세했던 이유는 뇌 손상이 있는 아동은 균질한 행동 결손 형태가 나타나지 않지만, 과잉행동을 보이는 아동에서는 명백한 신경학적 손상이 거의 나타나지 않았기 때문이다(Rutter, 1989). 그 결과 1970년대 연구의 관심은 아동의 과잉행동으로부터 주의력 결핍으로 옮겨가게 됐다.

## 본격적인 ADHD 시대의 개막 — 아동기 ADHD를 중심으로

1980년 미국 정신의학회는 DSM-III(APA, 1980)를 발표하면서, 증상을 설명하고 진단을 정당화하기 위해 정신분석적 추론을 이용하는 기존의 방식을 버리고 증상에 근거한 기술적인descriptive 다축multi-axis 진단법을 도입했다. 정신장애 분류에 대한 새로운 관점이 탄생한 역사적인 사건이다. 이전 개념인 정신분석학과 행동학에서는 아동에서 장애가 발생하는 이유는 주로 어머니의 책임이라고 강조했다. 학령전기 때 부정적인 엄마-아동 상호작용이 후속적인 발달단계에서 나타나는 지속된 과잉행동과 관련이 있다고 보고된 단지 몇 개의 연구 결과를 통해 이런 견해가 오랫동안 지지됐다(Campbell, 1987). 하지만 부모와 아동 사이의 부정적인 상호작용이 과잉행동의 원인이 되거나, 시간 흐름에 따른 지속되는 과정과 관련된다는 개념은 증명되지 못했다. 따라서 과학적 연구에서 아동의 과잉행동 발달에 대한 어머니 책임 이론은 증명되지 않았다.

ADHD에 대한 개념도 빠르게 변했다. 이런 변화에는 아동기의 과잉행동 반응에 대한 더 폭넓은 정의가 포함됐으며, 주의력결핍장애attention deficit disorder[ADD]로의 명칭 변경도 포함됐다. 이에 따라 주의력 결핍과 충동성이 핵심 증상이 됐고, 이전까지 가장 중요했던 증상인 과잉행동은 필수적인 진단기준에서 제외됐다. 과잉행동이 있는 경우와 없는 경우의 두 가지 형태(과잉행동 유/무)로 구분했기 때문에, 이때부터 DSM 진단체계는 과잉행동을 장애의 지표로 초점을 맞추는 세계보건기구World Health Organization[WHO](1978)의 국제질병분류-9International Classification of Diseases[ICD-9] 체계와 전혀 다른 모습을 보이기 시작했다. 하지만 놀랍게도 그 당시에는 이런 두 가지 형태 분류의 유용성과 타당성을 증명할 수 있는 충분한 연구 자료가 없었다. 즉 '과잉행동이 없는 주의력결핍'이 '과잉행동이 있는 주의력결핍' 하위유형과 질적으로 유사하다거나, 두 하위유형이 두 개의 다른 정신장애로 고려된다는 것에 대한 증거는 충분하지 않았다는 말이다(Barkley, 2006a). 이후 10년 동안 진행된 연구에서 두 하위유형의 아동 ADHD는 여러 측면에서 서로 다르다는 것이 밝혀졌다. 과잉행동이 없는(ADD-H) 아동은 과잉행동이 동반된(ADD+H) 아동에 비해 공상을 더 많이 하고 덜 공격적이며, 학습의 어려움이 더 많으며, 동료 간에 거부 경험이 덜한 것으로 나타났다(Barkley 등, 1992). 어쨌든 발표 당시에는 타당성을 입증할 충분한 자료가 없었음에도 불구하고, DSM-Ⅲ는 과잉행동 유무의 차이를 보이는 주의력 결핍에 대한 명확한 정의를 제공했다. 이런 이유로 새로운 진단기준은 증상을 더 명확하게 정의하고 발병 연령과 증상 지속 기간을 기준으로 한 진단지침을 제공하는 한편, 아동기 때의 다른 정신장애 배제가 진단을 위한 전제조건으로 간주됐다. 앞서 언급한 내용과 더불어 DSM-Ⅲ는 결손의 개념을 유지하고, 다른 인지 변화를 무시하고, 주의력에만 초점을 맞추고, 행동 증상에 대한 진단기준 내용 정의가 부족한 점으로 미루어 볼 때, 미세 뇌 기능장애 개념의 일부분을 계속 유지했다고 볼 수 있다. 아직은 다소 애매한 부분이 있었기 때문에, 이후 수년 동안 과잉행동 존재 유무에 따른 주의력결핍장애의 하위 유형에 대한 논쟁은 계속됐다(Barkley, 2006b).

## ADHD의 변화 — ADHD가 정식명칭으로, 성인기 연령에 대한 관심 증대

1987년에 DSM-Ⅲ-R(APA, 1987)이 출간됐는데, 여기서는 경험적인 타당도 측면에서 진단기준을 더 개선하기 위해 두 가지 하위유형 개념을 없애고 과잉행동을 포함시켜 주의력결핍 과잉행동장애attention deficit hyperactivity disorder[ADHD]로 명칭을 변경했다. 부주의와 충동성 그리고 과잉행동 증상은 단일한 증상 절단점수를 가진 단일한 증상목록으로 합쳐졌다. 또한 아동의 정신연령과 관련하여 ADHD 증상을 평가할 필요성에 대해 강조했다. 정서장애를 배제하는 것은 더 이상 ADHD 진단을 위한 전제조건이 아니었다. 또 7세 이전에 발병해야 한다는 새로운 기준과 경도에서 심한 정도까지의 평정척도가 있었다. 이런 변화들은 평가척도와 현장에서의 실험을 통해 경험적으로 도출된 것으로 보고됐는데(Conners, 2000), 가장 중요한 개정은 과잉행동이 없는 주의력결핍을 없애고 '미분화형 주의력결핍장애undifferentiated attention deficit disorder'로 대체한 것이었다. 펍메드PubMed에 발표된 표제어keyword로 'adult ADHD'를 사용한 검색에서, 1981년부터 1990년 사이에 검색된 문헌의 개수는 1970년대의 총 80개보다 훨씬 증가한 297개였다. 아직도 진단에 있어 혼란한 측면이 있고, 성인기에 대한 개념이 생기기 이전의 시기임을 감안했을 때, 선구적인 연구자들이 존재했다는 사실이 놀랍다.

1994년 미국 정신의학회는 DSM-Ⅳ(APA, 1994)를 발표했는데, DSM-Ⅳ에서는 이전의 DSM에 비해 보다 포괄적이고 잘 구조화된 실제 임상에 대한 일련의 연구가 이루어졌다(Lahey 등, 1994). ADHD는 주의력결핍 및 파괴적 행동장애attention-deficit and disruptive behavior disorders 범주에서 품행장애와 반항장애로 분류되며, 보통 유아기와 아동기 혹은 청소년기에 처음 진단되는 광범위한 범주 장애에 포함된다. 진단을 위해 증상은 반드시 7세 이전에 나타나야 하며, 이런 증상이 적어도 6개월간 지속되며, 개인의 발달 수준과 맞지 않으며, 두 가지 이상의 상황에서 임상적으로 유의한 장애를 유발해야 한다. DSM-Ⅲ-R에서 제시된 단일 증상목록은 두 가지 항목인 '부주의 항목'과 '과잉행동 · 충동성 항목'의 진단기준으로 대체되며, 이들 항목 각각에서 9개 기준 중 적어도 6개 이상을 충족시켜야 한다고 명시됐다. 결과적으로 이전의 ADHD의 이질적인 범주를 3개의 하위유형으로 구분했다: 부주의 우세형, 과잉행동 · 충동성 우세형, 그리고 2개 증상 차원 모두가 나타나는 혼합형. 이런 범주를 사용해 주의력결핍과 과잉행동 · 충동성과 같이 2개로 구분된 개념으로 복귀했으며, 순수하게 부주의한 형태의 ADHD를 진단할 가능성이 다시 도입됐다. 이런 DSM-Ⅳ의 진단기준 변화는 ADHD가 단일한 정신장애라는 잘못된 개념을 바로잡기 위한 것이었다(Goldstein & Goldstein, 1998).

이런 진단 변화를 유발한 두 가지 요인이 있었는데, 첫째, 주의력결핍에 대한 의문이었다. 1980년대 후반 ADHD에서 주의력결핍의 중심 역할에 대해 몇 가지 의심이 생겼다. 우선 과잉행동을 보이는 아동에서 주의력결핍이 확인되지 않았고(van der Meere & Sergeant, 1988) 동기유발 요인은 실험 중 ADHD 증상의 존재와 정도에 유의한 영향을 미치는 것으로 알려져(Rosenthal & Allen, 1978; Glow & Glow, 1979), 이런 관찰 결과에 따라 동기유발 요인과 강화 기전 결손을 가장 중요한 요인으로 보는 새로운 과학적 관점이 나타나기 시작했다(Barkley, 2006b). 이런 관점은 이미 도덕성 문제를 강조한 스틸(Still, 1902)이 언급했을 정도로 새로운 것은 아니지만, ADHD 아동의 주된 어려움은 행동 조절 결과에 대한 반응 장애뿐 아니라, 자기조절 및 규칙-지배적 행동에 있다는 견해에 근거한 것이었다(Quay, 1988). 따라서 관점이 주의력결핍에서 동기와 강화 등 실행기능과 관련된 분야로 확장됐다. 지금은 상당한 관심을 기울이면서 연구하는 분야 중 하나지만, 당시 이런 내용들이 그 이전부터 주장됐어도 과학적인 연구를 통해 실제로 확인되지는 않았다.

진단 변화뿐 아니라 치료와 진단 도구 개발에 영향을 준 중요한 두 번째 요인은 새로운 과학적 접근법을 통한 연구였다. 동기유발 요인과 강화 기전 결손 등에 대한 이전의 경험적인 결과를 검증하는 차원에서, 실제 뇌 연구를 통해 보상 및 동기와 뇌의 신경해부학적인 부위와의 연관성을 실증적으로 확인했다. 이런 연구를 통해 ADHD 환자는 뇌의 보상센터의 활성도 감소(Lou 등, 1984)와 조절동기에 관여하는 도파민 경로의 기능이상(Benninger, 1989)이 일치한 것으로 확인됐다. 이런 실증적인 연구 결과를 통해 새로운 치료법을 개발하는 근거를 마련했다는 것도 중요한 발전이었다. 즉 1990년대 동안 가장 주목할 만한 발전 중 하나는 ADHD의 신경학적 기초(Hynd 등, 1990; Zametkin 등, 1990)와 유전학적 토대(Comings 등, 1991; Biederman 등, 1995)를 조사하는 연구가 시작된 것이었다.

2000년에 DSM 개정이 또 이루어졌는데(DSM-Ⅳ-TR, APA, 2000), 이번에는 진단 범주와 그 기준에는 변화가 없으면서 추가 섹션에 진단에 대한 보충 정보가 포함됐다. 1990년대 시작된 수많은 기념비적인 연구를 통해 ADHD는 가족력이나 사회적 영향의 결과가 아니라, 신경학적 및 유전적 배경에 의한 장애임이 분명해졌다. 또 ADHD가 다른 정신 및 발달장애와 차별되는 주요 특징으로, 행동 조절 능력 저하로 인해 자기-조절 능력이 저하되었다는 것이 연구자와 임상가들 사이에서 널리 받아들여졌다. 이전에 알고 있는 것과 달리, ADHD는 만성장애로 청소년기에도 차도를 보이지 않는다는 증거가 나타나기 시작했다. 이와 더불어 이전 DSM-Ⅲ 시기부터 ADHD 진단기준이 성인기 연령에 적합하지 않다는 주장이 많아졌고, 많은 연구자가 이 문제에 대해 각자의 주장을 펼치기 시작했다. DSM-Ⅲ-R부터 ADHD가 공식적인 진단명으로 채택됐지만, 성인기 연령에 대한 별도의 기준은 없었고, 이번 개정에서도 마찬가지였다. 그런데도 2000년 이후 성인기 연령의 ADHD에 대한 관심이 급증해 펍메드PubMed에 발표된 성인 ADHD 논문은 3,196편으로, 1970년대에 비해 약 40배 증가했고 연간 거의 500편 정도의 논문이 발표됐다. 이처럼 성인 ADHD에 대한 관심이 증가하면서 여러 연구자의 노력을 통해 성인기 연령에 대한 진단기준이 필요하다는 압력이 더욱 커졌다.

하지만 성인기를 대상으로 DSM-Ⅳ를 적용한 연구에서 많은 어려움이 발생했다. 그 중 대표적인 몇 가지를 살펴보면, 첫째, 당시의 진단기준인 DSM-Ⅳ는 성인기 연령에 대한 검증validation이 이루어지지 않았고, 신경발달학적 변화를 고려한 나이에 타당한 증상들과 진단 역치threshold를 포함하지 않아, ADHD 증상으로 인한 심각한 장애를 경험하는 모든 성인기 연령을 가려내는 데 실패했다(McGough & Barkley, 2004). 둘째, 성인기 연령에 적합한 증상목록이 없다는 점이다. 성인 ADHD 환자들이 흔히 호소하는 어려움(시간 지연, 시간 조절 문제, 좌절에 대한 심한 반응과 감정의 불안정, 쉽게 지루함을 느낌, 수면 문제 등)이 증상목록에 포함되지 않았다(Asherson, 2005; Davidson, 2008). 셋째, 나이가 들면서 나타나는 증상변화의 의미를 명확하게 정의하지 못했다. DSM-Ⅳ에서 정의된 많은 ADHD 증상들은 나이가 들면서 줄어들 수 있는데, 이렇게 되면 아동기부터 지속적으로 ADHD 증상이 나타난 모든 성인기 연령의 사람들이 진단기준을 충족하지 못하는 현상이 나타난다. 이런 현상으로 인해 여전히 심각한 장애를 경험하고 있거나(Mick 등, 2004), 나이 들면서 완치되는 현상을 정확히 반영하지 못할 수 있다. 또 이런 현상은 첫째, 성인기 연령에 대한 부적합한 진단적 평가(Davidson, 2008)로 인한 것이거나, 둘째, 아동기 ADHD 환자가 나이가 들면서 적응전략을 발전시켜 진단기준을 충족하지 않는 상태로 변할 수 있다는 것으로 해석할 수 있다. 이런 현상에 대해 7~8세부터 16~18세까지 10년 동안 추적 관찰한 역학 연구가 있었다(Taylor 등, 1996). 이 연구에서 ADHD 증상의 정도는 나이가 들면서 감소했는데, 이런 현상은 환자와 대조군 집단 모두에서 나타나며, 두 집단 사이의 차이들은 나이가 더 들어서도 유지되는 것으로 확인됐다. 따라서 단순하게 아동기의 증상기준인 DSM-Ⅳ를 적용하면 성인 ADHD의 적절한 장애 수준 측정이 어렵게 될 것이며(Faraone 등, 2000; Davidson, 2008), 6개의 최소진단기준을 성인기 연령에 적용하면 축소진단underdiagnosis(환자의 상당한 비율을 진단하지 못함)이 발생한다(Moss 등, 2007). 이런 연구와 더불어 여기서 소개하지 못한 수많은 연구를 통해 성인기 연령에 적합한 새로운 진단 기준이 필요하다는 요구가 증가하여, 결국 DSM-5가 새롭게 발행됐다.

이런 변화와 더불어 ADHD의 원인을 밝히기 위한 유전자 연구를 통해 후보 유전자군이 확인됐으며, 동반장애의 개념이 소개됐다. 그리고 기존과 다른 새로운 유형의 약물인 지속-분비형 자극제stimulant와 비자극제non-stimulant가 치료승인을 받아 시장에 출시됐으며, 약물치료와 비약물치료를 혼합한 다중 접근법multi-modal approach이 소개됐다. ADHD란 '만성적인 신경발달장애'란 개념이 확립되어 전 세계적으로 알려지면서 이와 관련된 학회 및 단체가 우후죽순처럼 설립되기도 했다. 특히 성인 환자에 대한 연구가 급속도로 증가해 성인기 연령 환자에 대한 개념과 진단 및 치료 등에 대한 변화 압력도 팽배해졌다.

## 현재 사용 중인 진단기준과 동반장애

지금까지 ADHD의 초기 모습부터 인식과 개념의 변화를 설명했다. ADHD는 아주 오래전부터 인류와 함께 존재했지만, 인류가 ADHD에 대해 관심을 갖기 시작한 것은 그리 오래되지 않았다. 비록 짧은 기간이었지만 성과가 많았는데, 필자는 그중 두 가지 사건을 가장 큰 변화로 본다.

첫째, 1980년 미국 정신의학회의 DSM-Ⅲ(APA, 1980) 발표다. DSM-Ⅲ는 정신장애 증상을 설명하고 진단을 정당화하기 위해 정신분석적 추론을 이용하는 기존의 방식을 버리고, 증상에 근거한 기술적인

descriptive 다축multi-axis 진단법을 처음 도입했다. 정신장애 분류에 대한 새로운 관점이 탄생한 역사적인 사건임과 동시에 논란을 유발하는 시발점이 됐다. 이전의 정신장애에 대한 개념은 정신분석학과 행동학의 이론을 차용하여 아동에서 장애가 발생하는 것은 주로 어머니의 책임이라고 강조했다. 앞서 언급한 대로 이런 견해는 특히 ADHD에서 중요한데, 이전에는 학령전기 때 부정적인 엄마-아동 상호작용이 후속적인 발달단계에서 나타나는 지속된 과잉행동과 관련이 있다는 이론이 오랫동안 지지됐다(Campbell, 1987). 하지만 부모와 아동 사이의 부정적인 상호작용이 과잉행동의 원인이 되거나, 시간 흐름에 따라 지속되는 과정과 관련된다는 개념은 증명되지 못했다. 따라서 과학적 연구에서 아동의 과잉행동 발달에 대한 어머니 책임 이론은 증명되지 않았다. 실제 임상에서 살펴보면, 흔히 어렸을 때 부모로 인한 부정적인 환경을 언급하며 이것을 자신의 증상에 대한 원인으로 이해하는 경우가 많다. 물론 이런 환경에서는 가지고 있던 증상이 더 악화될 수는 있다. 하지만, 앞서 언급한 대로 발병 원인은 아니다. 부정적인 환경은 그 부모가 가진 기질로 인한 것일 가능성이 크다. ADHD는 유전성이 높은 정신장애다. 자녀가 ADHD면 그 부모가 ADHD일 가능성이 크기 때문이다. 이런 부모는 아무래도 안정적인 가정환경을 만들 가능성이 작다. 이 때문에 가지고 있는 ADHD가 다소 극복될 것인지, 아니면 더 악화될 것인지의 여부가 결정된다.

둘째, 2013년의 DSM-5 발행이다. 이것은 정말 문제가 많다. 안 그래도 문제가 많은 DSM 진단체계지만, DSM-5는 정말 심하다. 정신장애 분류체계의 근본적인 약점을 적나라하게 보여준 사건이다. 하지만 DSM-5가 ADHD를 기존의 아동기 때의 정신장애로부터 일생에 걸쳐 나타나는 정신장애로 명확히 규정한 점은 더없이 훌륭한 변화다. 즉 ADHD에 대한 개념의 변화가 이루어졌다는 것을 의미한다. 여기서는 현재의 진단기준과 동반장애의 의미를 간략하게 설명하겠다. DSM-5 진단체계의 문제점에 대해서는 다음에 이어지는 「정상과 비정상으로만 구분하는 진단기준, 과연 타당한가?」(p. 60)에서 자세히 설명할 것이다.

## 현재의 진단기준 — 산만한 사람의 모습

현재 사용하고 있는 ADHD 진단기준의 일부를 살펴보면 다음과 같다:

① 부주의 증상

- 부주의함
- 집중의 어려움
- 대화와 경청의 어려움
- 임무를 완수하지 못함
- 과제와 활동을 체계화하지 못함
- 지속적인 노력을 요구하는 과제를 기피함
- 꼭 필요한 물건을 자주 분실함
- 외부 및 내부 자극에 의해 쉽게 산만해짐
- 일상적인 활동을 잊어버림

② 과잉행동 · 충동성 증상

- 손이나 발 등을 꼼지락거림
- 있어야 할 자리에서 이탈함

- 주관적인 좌불안석 느낌
- 조용히 여가활동을 하지 못함
- 끊임없이 활동함
- 지나치게 수다를 떪
- 질문이 끝나기 전에 대답함
- 차례를 기다리지 못함
- 다른 사람의 활동을 방해함

가만히 있지 못하고 산만한 모습이다. 일반적인 우울감과 불안감 혹은 불면 등과 같은 증상을 호소하며 병원을 방문한 사람에게 산만함이 발견되면, 필자에게는 산만함이 중심이 된다. "인간은 100% 산만하다"는 게 필자의 생각이다. 산만하지 않은 사람이 없다. 그러면 굳이 산만함에 초점을 맞출 필요 없이 그냥 호소하는 문제에만 집중하는 것이 더 맞는 게 아니냐는 의문을 가질 수 있다. 이 말도 맞다. 하지만 필자가 언급하는 산만함은 그 정도가 심한 것을 의미한다. 정도가 심한 사람은 ADHD일 가능성이 크기 때문에 산만함에 집중한다. 산만함을 놓치면 단지 호소하는 증상에 집중하게 되고, 그에 따라 더 큰 것을 놓칠 가능성이 크다. 더 큰 것을 놓치면, 그 사람은 일생을 통해 반복되는 어려움을 겪을 가능성이 커진다. 다른 것은 놓쳐도 큰 것을 놓치지 않는 편이 더 낫다. 그래서 앞서 소개한 증상 중 어떤 내용을 호소해도 필자는 가장 우선적으로 산만한지 여부를 눈여겨 살펴본다. 호소하는 증상이 우선인지, 아니면 산만함의 극단인 ADHD가 우선인지 여부가 가장 중요하다. 필자에게는 호소하는 증상보다 산만함이 우선한다.

## 동반장애의 의미 — 동반된 것이 아니라 ADHD로 인한 낙수효과에 불과하다

대부분의 정신과 의사가 알고 있듯이, 성인기 연령에서의 ADHD는 다른 정신과 및 의학적 상태와 동반 이환되는 경우가 상당히 많다. 이 때문에 ADHD가 감추어져 경과 및 치료 결과에 부정적인 영향을 미칠 수 있다고 알려졌다. 일부 연구에서는 성인 ADHD에서 동반 이환율이 90%까지 높은 것으로 나타났다(Nutt 등, 2007). 일반적인 정신과적 동반장애는 우울증, 물질사용장애, 범불안장애, 사회 공포증, 특정 공포증, 공황장애, 양극성 장애, 기분 저하, 강박장애, 간헐적 폭발 장애 및 섭식장애 등이다. 성격장애 중에서 경계성, 히스테리성, 자기애성, 반사회적 성격장애가 흔히 동반되며, 신체적인 질환도 동반되는데, 고혈압, 제2형 당뇨병, 비만, 천식 및 편두통이 흔하다고 알려졌다(Kooij 등, 2001; Davids 등, 2004; Wasserstein, 2005; Geller, 2006; Sobanski, 2006; Almeida 등, 2007; Cumyn 등, 2009; Levy 등, 2009; Ferrer 등, 2010; Pagoto 등, 2010; Fasmer 등, 2011; Asherson 등, 2012; Cortese 등, 2013; Matthies & Philipsen, 2016; Katzman 등, 2017; Chen 등, 2018). 이렇듯 다양한 정신적 및 신체적 문제가 동반되기 때문에, ADHD를 가졌는지 여부가 헷갈리기도 한다. 실제 ADHD를 가진 사람 중 상당수는 ADHD가 아닌 다른 정신적 혹은 신체적 문제로 병원을 방문한다. 너무나 다양한, 그리고 ADHD와 관련이 없어 보이는 문제를 호소하는 경우가 대부분이다. 이런 호소를 하는 사람을 대상으로 ADHD를 우선적으로 판단하는 것은 다소 무리가 있어 보인다고 말하는 전문가도 있다. 틀린 말은 아니다. 설사 ADHD가 기저에 깔려있다 하더라도 겉으로 드러난 더 우선적인 문제를 판단하고 진단하고 치료하는 것이 더 교과서적인 치료라고 주장한다. 하지만 이런 주장에 딱히 근거는 없다. 아직 ADHD에 대한 교과서적인 치료는 존재하지 않는다. 단지 국가가 관여한 의학단체나 유명한 연구자가 주도하는 의학단체의 소위 '지침서'를 통한 일방적인 주장일 뿐이다. 원인도 정확하지 않고, 그에 따른 특징적인 진단법도 없고, 정확한 치료법도 없는 것이 ADHD라고 할 수 있다.

최근 ADHD에 대한 개념에서 기존과는 다른 변화가 감지된다. 정신과적 동반장애는 ADHD 환자에서 예외가 아니라 규칙이라고 여겨지며(Katzman 등, 2017; Franke 등, 2018; Kooij 등, 2019), '공존하지만 별개의' 임상 문제를 나타내는 것은 아니라는 개념이다. 사실 동반되는 정신장애는 종종 ADHD의 하류 효과downstream effect를 반영한다는 견해도 있다. 즉 ADHD로 인한 만성적인 스트레스가 지속되어 이것이 불안과 우울장애 발생에 중요한 역할을 하듯이(Ahnemark 등, 2018), 다른 정신적 혹은 신체적 동반 문제도 ADHD를 통해 발생한다는 말이다. 실제 인식되지 않았거나 잘못 진단된 ADHD가 정신건강 문제가 있는 광범위한 환자 집단에서 차선의 치료 결과에 중요한 기여를 한다는 것을 시사하는 상당한 증거가 있다(Ginsberg 등, 2014). 필자는 이런 견해에 100% 동의한다. 필자의 진료는 이런 개념을 갖고 진행한다.

결국 더 중요한 것은 동반된 질환이 아니다. ADHD라는 개념이 더 무게를 갖는다. 따라서 필자같이 우선 ADHD에 집중하는 것이 잘못된 것이 아니라, 더 정확한 것이다. 병원을 방문하는 사람이 호소하는 내용을 들으면서도 그 사람이 보이는(스스로는 잘 인식하지 못함) 산만함에 집중하면서 심한 경우 ADHD를 고려해야 하며, 다른 증상은 ADHD에 따른 2차 증상으로 여기는 것이다. 이후의 진단과정을 통해 ADHD로 진단하게 된다. 그다음 필요한 경우, ADHD 이외의 증상에 대한 치료 여부를 결정하는 것이 순서다.

정리하자면 다음과 같다. 첫째, 정신적 혹은 신체적 문제를 호소하는 사람에 대해 우선적으로 ADHD를 고려해야 한다. 왜냐하면 ADHD는 정신과 신체 모두에 영향을 주어 ADHD가 아닌 다른 진단으로 치료받게 만들 가능성이 크기 때문이다. ADHD를 고려하지 않고 다른 병을 진단하고 치료하면 당장의 증상은 완화될 수 있지만, 이는 단지 일시적인 완화에 불과한 경우가 대부분이다. 그러곤 이 같은 과정이 반복된다. 둘째, 우선 ADHD를 고려하여 정확하게 진단한 후, ADHD로 인한 혹은 ADHD와 동반된 다른 정신적 · 신체적 문제가 진단됐을 때, 우선 ADHD를 치료하거나 동시에 치료하는 것이 더 좋은 결과를 나타낸다. 이 과정에서 고려해야 할 점은 ADHD와 다른 질환을 치료하는 약을 동시에 사용했을 때 나타날 수 있는 부정적인 상호작용이다. 동반된 정신과 장애를 치료하기 위해서, 특히 항우울제나 항불안제를 동시에 사용하는 경우가 많다. 사용하는 약물의 종류 및 개수가 많아짐에 따라 상호작용이 복잡해진다. 하지만 ADHD 약물의 상호작용에 대한 기존 문헌이 제한적인 상태다(Schoretsanitis 등, 2019). 이에 대해서는 약물을 설명할 때 자세히 언급하겠지만, 우리 정신과 의사가 흔히 사용하는 약물인 항우울제에 대한 상호작용을 간단히 살펴보면, 동반된 ADHD는 치료 내성 우울증과 관련이 있다고 알려졌다(Sternat 등, 2018). 이 분야에 대한 보다 적극적인 연구가 필요하다.

## 정상과 비정상으로만 구분하는 진단기준, 과연 타당한가?

정신장애 진단의 바이블과 같은 DSM-5가 발표된 이후에도 현재까지의 ADHD에 대한 개념은 여전히 부주의와 과잉행동 · 충동성 증상에 대한 '정상과 비정상'의 이분법적인 구분에 매몰돼 있다. 즉 ADHD는 정신장애로 비정상의 범주에 해당하며, ADHD가 없는 나머지 사람은 정신장애가 없는 정상의 범주라는 말이다. 유병률로 따지자면, ADHD는 전 세계 인구의 약 1.5~5%에 영향을 미치기 때문에(Polanczyk 등, 2015; Fayyad 등, 2017; Kooij 등, 2019), 나머지 95~98.5%는 정상이다. 이런 개념은 실제 진단과 치료에 엄청난 영향을 준다. 어느 누가 정상 범주에 들고 싶어 하지 않을까? 극소수의 비정상 범주에 들어간다는 것은 그 사람의 자존감에 상당한 상처가 될 것 같다. 그래서 "난 ADHD 설문지에서 이상소견이 5개 이상이 아니기 때문에 정상이야"라는 말도 안 되는 현상이 벌어진다. 이런 것이 설문지를 대하는 자세에 막대한 영향을 주며, 또 자신이 노력해서 보이지 않게(실제 감추어진) 된 모습을 실제 자신의 본질인 것으로 착각하게 만든다. 그런데 인생은 절대 그렇게 전개되지 않는다. 타고난 자기 본질에 따라 인생 궤적이 만들어진다. "설문지에서 이상소견이 5개 이상이 아니니까 난 정상이야" 혹은 "난 5개 이상이니까 비정상이야"라는 말은 맞지 않는다. 단지 DSM-5에서만 정상 혹은 비정상일 뿐이다. 3~4개인 역치하 ADHD도 정상과 비정상의 개념에서는 비정상이다. 이런 미묘한 현상을 이해해야 인생이 스스로 납득된다. 자신은 정상이라고 생각해도 비정상인데, 이런 상태에서는 아무리 노력해도 별로 달라지지 않는 부분이 있다는 점을 이해하지 못한다. 이 때문에 자기 본질에 따라 만들어진 인생 궤적을 죽을 때까지 이해하지 못한다. 이렇게 말하면 잘 이해되지 않을 것이다. 이 부분에 대해서는 나중에 필자의 ADHD 개념과 임상 실제에서 자세히 설명할 것이다.

## DSM-5 진단기준 — 진단받은 연도에 따라 정상이 비정상이 되는 황당한 현상

1999년부터 작업을 시작하여 여러 논란을 극복하고 2013년 5월 DSM-5(APA, 2013)가 발표됐다. 이후 지금까지 전 세계적으로 정신장애를 진단할 때는 DSM-5를 근거로 한다. 여기서 ADHD는 신경발달학적 장애의 상위범주로 분류되며, 진단기준은 큰 변화 없이 동일한 명칭이 유지된다. 하지만 부주의형과 과잉행동 · 충동형 및 혼합형 등의 ADHD의 세 가지 하위유형은 없어졌고, 평가하는 동안 장애로 인해 나타나는 현재의 증상 형태에 따라 세 가지 다른 표현형으로 대체됐다. 발병 연령 기준도 7세에서 12세로 상향 조정됐으며, 진단에 필요한 증상 개수는 아동기 때는 이전과 동일하지만, 후기 청소년기와 성인기 연령에서는 기존의 6개에서 5개로 축소됐다. 또 장애에 대한 세 가지 중증도 표지자가 추가됐으며, 동반장애로 자폐 스펙트럼 장애autism spectrum disorder[ASD]가 새롭게 인정됐다. 여러 가지 문제점을 안고 태어난 DSM-5이지만, DSM-5 발표 후 ADHD는 더 이상 아동기만의 장애로 분류되지 않으며, 일생 동안 지속되는 만성적인 장애로 분류된다는 점은 큰 의미를 갖는다. 쉽게 말해 아동기 때는 부주의 및 과잉행동 · 충동성 증상 각각 9개 기준 중 6개 이상, 그리고 청소년기 및 성인기 때는 각각 5개 이상이며, 이런 증상은 12세 이전에 발병해야 한다는 말이다.

하지만 결정적인 문제가 있다. 이런 진단기준을 충족하면 비정상인 ADHD 환자가 되지만, 1개라도 부족하면 정상인이 된다. 또 증상 5개인 청소년 혹은 성인기 연령의 사람이 2013년 이전에는 정상이었지만, 2013년 DSM-5 발표 이후에는 비정상인 ADHD 환자가 된다. 증상 개수의 한 끗 차로 정상과 비정상이 구분되고, 연도의 한 끗 차로 정상과 비정상이 구분된다. 이런 어이없는 경우가 또 있을까? 도대체 어떤 증거를 근거로 만들어진 진단기준의 변화인가? 그냥 시키면 해야 하나? 좀 더 자세히 살펴보자.

### 진단 개수와 발병 연령 기준의 변화 — 여전히 모호하다

필자가 지적했듯이 DSM-5는 발표되기 전부터 수많은 논란이 있었다. 앨런 프랜시스Allen J. Frances 박사는 DSM-5의 변화에 대한 유명한 반대론자다. 그는 DSM-5가 발표되기 전부터 이런 주장을 했었다.

> "DSM-5의 현장평가field test 1단계 검사(신뢰도가 낮은 진단을 확인하는 단계)가 지연됐기 때문에, 다음 단계인 2단계 검사(미흡한 진단기준을 고치고 통과할 수 있게 재검사를 하는 단계)도 지연되어 발표 예정일까지 완성하기 어렵습니다. DSM-5가 인정받을 만한 신뢰도를 확보하기 위해서는 DSM-5 출간이 연기돼야 합니다. DSM 발행을 통해 적자 상태인 미국 정신의학회가 재정적인 어려움을 해소하려는 의도가 있습니다. 제 의견으로는, 아마도 단 한 가지 이유일 텐데, 출판을 통한 미국 정신의학회가 얻는 이익을 보호하려는 의도 때문입니다"(Strakowski & Frances, 2012).

앨런 프랜시스 박사는 듀크Duke 대학의 명예교수이며, DSM-Ⅳ 태스크 포스task force 의장을 맡았던 경력이 있어 그의 주장을 그냥 넘기기는 쉽지 않다. ADHD와 관련해서 그는 새로운 진단체계인 DSM-5를 적용하면, ADHD의 유병률이 3배 정도 증가할 것으로 예상했다. 이런 큰 변화가 일어난 배경에 대해 좀 더 자세히 살펴보자. 발병 연령과 증상 개수의 변화가 큰 변화의 핵심적인 내용이다.

본격적인 논의에 들어가기 전에 한 가지 흥미로운 역사를 알아보자. 원래 DSM 진단체계는 DSM-Ⅰ, DSM-Ⅱ, DSM-Ⅲ과 같이 로마숫자로 그 순서가 이어졌다. 따라서 DSM-Ⅳ 다음은 DSM-Ⅴ가 됐어야 마땅했다. 방금 설명했듯이 프랜시스 박사의 주장처럼 미국 정신의학회(APA)에서도 DSM-Ⅴ가 문제가 있다는 사실을 인지했는지 몰라도, 새로운 개정판에서는 DSM-Ⅴ가 아니라 DSM-5로 표기했다. 이는 부족한 점을 계속해서 채워나가겠다는 의지를 반영한 것이다. 즉 DSM-5.1, DSM-5.2 그리고 DSM-5.3 등과 같이 계속 개정을 진행할 것이라는 점을 강조한 표기로 볼 수 있다. 이는 현 DSM-5 체계의 문제가 산재해 있다는 것을 반영하는 것이다. 어쨌든 2013년 이후 10년이 흘렀는데도 DSM-5.1은 아직 구경도 못했다.

DSM-5의 ADHD에서 가장 특징적인 변화는 기존에 진행된 비교연구(완전한full ADHD, 후기-발병late-onset ADHD, 그리고 역치하subthreshold ADHD를 비교)에서, '후기-발병 ADHD'는 타당한 진단기준으로 받아들여져 새 진단기준에 편입되었지만, 같은 시기에 연구된 '역치하 ADHD'는 타당하지 않은 것으로 인식돼 진단기준에 포함되지 못했다. 하지만 원래 DSM-Ⅴ 초안draft에서는 발병 연령 확대와 증상 개수 축소가 명시되었었다. 즉 발병 연령은 현재 기준인 12세로 DSM-

5와 동일했지만, 증상 개수는 부주의 증상 그리고/혹은 과잉행동 · 충동성 증상 각각 **4개**가 기준이었다. 원래 역치하 ADHD는 각각의 증상 개수가 3~4개인 경우를 의미한다. 따라서 DSM-V 초안에서는 역치하 ADHD의 일부를 ADHD에 포함시킬 계획이었던 것 같다. 그 증거를 살펴보자. 지금도 유명하지만 DSM-Ⅳ 시대를 주름잡았고, 2003년 유럽 18개국 약 40명의 전문가로 구성된 '성인 ADHD 유럽네트워크the european network adult adhd'의 주축 멤버인 정신과 의사 산드라 코이Sandra Johanna Jacoba Kooij는 2010년 발표된 유명한 문헌인 '성인 ADHD 진단 및 치료에 관한 유럽 합의문european consensus statement on diagnosis and treatment of adult adhd: the european network adult adhd'을 통해 DSM-V ADHD 개정내용을 미리 공개했다(당시 코이는 이 문헌에서 DSM-5가 아닌 DSM-V로 명시하였다).

> "증상 기준: 17세 이상의 청소년 및 성인의 경우 부주의 또는 과잉행동 · 충동성 영역에서 각각 4가지 증상만 요구된다."

이렇게 17세 이상의 청소년부터는 부주의 그리고/혹은 과잉행동 · 충동성 증상에서 각각 단지 4개의 증상 개수만 요구됐다(Kooij 등, 2010). 즉 17세 이상부터 역치하 ADHD를 인정하겠다는 말이었다. 참고로 DSM-Ⅳ 기준으로 역치하 ADHD의 유병률은 16.4%로 알려져 있다(Kraft, 2010). 증상의 심각도와 일상 활동에 대한 영향을 고려하면, 성인기의 ADHD 진단에 가장 적합한 증상 절단 점cut-off을 4개로 설정하는 것에 대한 확실한 증거가 있다(Kooij 등, 2005). 하지만 장애의 유병률이 폭발적으로 증가할 수 있다는 우려 때문인지, DSM-5에서는 17세 이상 연령군의 ADHD 진단기준을 6개에서 5개로만 낮췄다.

다음은 연령 기준에 대해서 살펴보자. ADHD를 가진 성인기 연령군이 아동기 때의 행동을 자주 회상하지 못한다는 사실은 널리 알려진 사실이다. 이 때문에 정신과 의사를 포함한 전문가들은 발달 기간 동안 장애가 발생했음을 주목하거나, 16세를 제한 연령으로 삼아야 한다는 제안을 했다. 실제로 16세를 연령에 대한 진단기준으로 사용하면, 모든 아동 ADHD 사례와 장애가 있는 성인기 연령군의 99%를 식별할 수 있기 때문이다(Kieling 등, 2010). 발병 연령을 16세에서 12세로 축소한 DSM-5의 결정으로 인해 아동기 때의 행동을 기억하는 데 어려움을 가진 성인 ADHD 환자에게 부정적인 영향을 줄 수 있으며, 이런 이유로 진단받지 못할 수도 있다. 이런 현상은 특히 높은 지능으로 인해 어느 정도 보상을 할 수 있었거나, 고도로 구조화되거나 지원을 받을 수 있는 환경에서 살았거나, 혹은 주로 부주의 증상이 우세한 사람들에게 해당될 수 있다.

필자의 추측으로는 DSM-V 초안처럼 진단 개수와 발병 연령을 대폭 변화시킨 진단기준을 적용함으로써 유병률을 높여 더 많은 사람을 진단받고 치료받게 할 것인지, 아니면 현재 발표된 것과 같은 DSM-5 진단기준을 수용할 것인지를 놓고 여러 주장이 오갔을 것이다. 결국 미국 정신의학회는 어떤 합의를 본 것 같다. 후기-발병 개념(16세 연령 기준)과 역치하 개념(4개 증상 기준) 모두를 새로운 진단기준에 포함시킨다면, 비록 타당성을 인정받더라도, 환자가 너무 폭발적으로 증가할 것을 염려한 게 아닌가 싶다. 아마도 연구 결과를 통해 나타난 ADHD를 그대로 수용하기엔 감당 못 할 일이 벌어질 것을 크게 우려했기 때문은 아닐까?

## 증상 개수 — 개수에 대한 집착을 만든다

앞서 언급한 바와 같이 DSM-5의 진단 개수는 청소년기와 성인기 때는 연령에 적합한 과잉행동 · 충동성 증상에 새로운 항목이 추가되면서 기준이 기존의 6개에서 5개로 하향 조정됐다. DSM-Ⅳ 시절의 진단 개수 기준과 관련된 연구가 많이 진행됐는데, 이런 종류의 연구목적은 DSM-Ⅳ 진단기준인 6개의 절단점수가 얼마나 타당한지 여부를 증명하는 것이었다. 하지만 이런 주류에 의문을 품은 연구자도 많았다. 필자도 이런 증상 개수가 왜 중요한지 잘 모르겠다. 여기서는 일반인과 많은 정신과 의사가 중요하게 생각하는 증상 개수 기준의 문제점을 좀 더 자세히 살펴볼 것이다. 증상 개수가 많고 심해도 그걸 극복할 수 있는 요인은 많은데, 이런 요인에 대한 연구는 별로 하지 않고 증상 개수 기준이 타당하다고만 주장하는 것은 과학을 하는 사람의 자세는 아닌 것 같다.

필자의 견해와 일치하는 대표적인 연구를 살펴보자. 1996년 머피Murphy와 바클리Barkley는 DSM-Ⅳ의 6개 증상 절단 점cut-off은 통계학적으로 극단적이라고 하면서 현재 기준으로 ADHD 행동 증상을 측정한 후 전통적인 1.5 표준편차를 기준으로 볼 때 성인기 연령군(17~29세)의 경우, 기존의 각각 9가지 증상 항목 중 4개의 부주의 증상과 5개의 과잉행동 증상을 절단점으로 선정하는 것이 타당하다고 주장했다. 코이Kooij 등도 DSM-Ⅳ의 6개 증상 개수 대신 4개를 기준으로 하는 경우가 성인기의 ADHD 진단에 적합하다고 주장했다(Kooij 등, 2005). 이외에 다른 분야에 대한 연구도 있었는데, 이 연구에서의 중요 개념은 '역치하subthreshold ADHD'였다. 이런 역치하 ADHD는 3~4개의 부주의 증상 그리고/혹은 과잉행동 · 충동성 증상이 만성적으로 보이지만 각각 6개 이상의 증상 개수가 필요한 DSM-Ⅳ 진단기준을 충족시켜본 적이 없는 경우를 말한다(Faraone 등, 2009). 보통 3~4개의 증상이 나타나며 이로 인한 장애가 동반되는 경우다. 이는 앞선 머피와 바클리(1996) 그리고 코이 등(2005)이 주장한 내용과 유사하다. 여러 연구를 통해 역치하 ADHD는 '완전한full ADHD'와 '후기-발병late-onset ADHD', 이 두 가지 형태의 ADHD보다는 경한 증상 및 다른 유전적인 전이 형태를 보였는데, 전형적인 ADHD의 임상적 특징 및 전이 형태와 비교해 볼 때 진단기준으로 유의한 증거는 부족한 것으로 나타났다(Faraone 등, 2006a). 결국 역치하 ADHD는 완전한 ADHD(DSM-Ⅳ 진단기준을 모두 충족한 ADHD)와 비슷함이 덜했고 다른 형태의 유전성을 보였기 때문에, ADHD의 경한 형태 혹은 이질적인 ADHD 집단이거나 위-양성 상태라고 판단됐다(Faraone 등, 2007). 하지만 아동기(Angold 등, 1999)와 성인기(Faraone 등, 2006a) 모두에서 완전한 ADHD와 비슷한 만성적이며 심각한 장애를 겪는다는 보고가 있어 단순히 증상 개수로 ADHD 유무를 판정하는 것은 문제가 있다는 결론이 도출됐다. 따라서 증상 개수에 집착하는 것은 ADHD를 대하는 타당한 자세가 아니다.

### 진단과정 — 주관적이다

ADHD를 주로 진료하는 필자는 이런 현상이 황당하면서도 한편으로는 다행이라고 생각한다. 극단적으로 말하자면, 누구나 ADHD로 진단받을 수도 있고, 그렇지 않을 수도 있다. 어떤 목적이든 ADHD로 진단받고자 한다면, 단지 진단기준을 충족하는 '비정상' 상태를 말하고 설문지에 표시하면 된다. 왜냐하면 진단할 때 발병 연령을 정확히 확인하기는 거의 불가능하며(특히 성인기 때 병원을 방문한 경우), 증상 각 항목에 대한 명확한 정의가 없기 때문이다. 코에 걸면 코걸이가 되고 귀에 걸면 귀걸이가 된다. 하지만 필자가 실제 임상에서 하듯이 아동기 때의 생활기록부를 살피고, 당시 증상에 대해 자세히 면담하면 아동기 때 ADHD가 있었는지 여부를 확인할 수 있다. ADHD가 의심되어 병원을 방문한 아동과 성인기 연령 모두 이런 방식을 사용하면 진단이 용이할 것이다. 물론 성인기 때 ADHD가 의심되어 방문한 경우에는 우선 자세한 면담과 증거를 통해 아동기 때의 ADHD가 확인되어야 한다. 하지만 정작 중요한 문제는 다음부터다. 진단할 때, 증상에 대한 자기-보고에 크게 의존하는 정신장애의 특성상 스스로 판단하는 증상의 임계점의 정도가 진단의 타당도에 유의한 영향을 미친다는 것이 가장 큰 문제점이 된다. 임상 증상의 타당도는 임상적 중요성을 결정하는 데 사용된 임계값에 따라 달라진다. DSM-5는 일반적으로 정신적 증상이 '거의 매일', '지속적으로' 혹은 '아닌 날보다 더 많이' 발생하는 경우 증상으로 간주해야 한다고 말한다. 하지만 실제로 임계값은 심각도와 빈도, 증상의 시기 및 지속 시간까지 진단 선별 도구의 다양한 기준을 사용하여 결정된다(Newson 등, 2020). 즉 심각하고 다양한 증상의 정상 여부를 구분하는 것은 본질적으로 증상을 호소하는 사람의 자의적인 판단에 대부분 의존한다는 말이다. 극단적으로 말해, '우울감'을 느껴 정신과를 방문, "우울해요"라고 말하면서 우울 척도에 여러 가지를 체크하면 '우울증'으로 진단받는다.

이 책의 주제인 ADHD에 대한 예를 들어보자. "어떤 일의 어려운 부분은 끝내 놓고, 그 일을 마무리 짓지 못해 곤란을 겪은 적이 있습니까?"라는 항목이 있다. 최근 6개월 동안 그 정도가 '전혀 그렇지 않다'

부터 '거의 그렇지 않다(드물게 그렇다)', '약간 혹은 가끔 그렇다', '자주 그렇다', '매우 자주 그렇다' 등에서 '약간 혹은 가끔 그렇다'에 해당해야 한다. 여기서 생기는 문제는 다음과 같다.

첫째, 문항 중 '어떤 일'은 도대체 무엇을 의미하나? '어려운 부분'은 어떻게 정의하나? '마무리를 짓는다'는 것은 무엇을 의미하나? 잘하는 일이 있으면 어렵게 느끼는 일도 있다. 대부분의 사람이 다 그렇다. 못하는 일은 당연히 어렵고 마무리 짓기도 쉽지 않다. 하지만 그 사람이 잘하는 일이면 당연히 쉽고, 마무리 짓는 것은 일도 아니다. 예를 들어보자. 게임을 잘하는 사람이 있다. 오랜 시간을 주변 다른 일에는 전혀 관심을 기울이지 않고 게임에만 집중해 모든 사람이 어렵다고 말하는 마지막 단계까지 도달한다. 프로선수는 아니지만, 아마추어 게임 랭킹에서 1등으로 이름을 날린다. 이런 사람은 앞서 소개한 평가 항목에 어떻게 표시해야 할까?

둘째, 수많은 정도 판정 항목 중 정도의 정확하고 보편타당한 정의는 무엇일까? 또 최근 6개월 동안의 기억이 명확한 사람이 과연 존재할까? 따라서 그냥 스스로 느끼는 대로, 혹은 어떤 의도를 갖고 자신을 평가한다. 별로 타당해 보이지 않는다. 물론 앞서 필자가 비판한 내용을 우려해서 여러 방식으로 연구해 타당도를 입증한 논문은 존재한다. 이와 반대로 타당도가 낮다는 논문도 존재한다.

이렇게 혼란스러운 상태와 마찬가지로 실제 임상과 연구는 많은 차이를 보인다. 책이나 연구 문헌에서는 찾아볼 수 없는 다양한 상황이 존재하며, 정신과 의사는 이런 상황에 적절하게 대응해야 한다. 하지만 모든 정신과 의사가 ADHD에 익숙한 것은 아니다. 익숙하지 않은 정신과 의사는 문자 그대로의 진단기준에 의존하고, 방문자가 호소한 증상 및 증상에 대한 자기-보고 형식의 설문지 결과에 의존할 수밖에 없다. 당연히 그 진단의 정확도와 타당도가 의심될 수 있다. ADHD에 대한 전문성을 가진 의료진이 필요한 이유다. 사실 아동기 및 청소년기 연령을 주 대상으로 하는 소아청소년 정신과에서는 이런 현상이 덜하다. 성인기 연령의 환자를 진료하는 일반 정신과 의사에게 더 많이 해당되는 얘기다. 아쉽게도 우리나라는 ADHD에 대한 전문가 제도가 없다. 물론 이런 제도가 존재하는 나라는 무척 드물다. 하여간 결론은 간단하다. 어느 누구라도 ADHD로 진단받을 수 있다. 또 어느 누구도 진단을 받지 못할 수 있다. 이 점을 명심하자.

## 정상과 비정상으로 구분한 진단기준, 변화가 필요하지 않을까?

최근까지의 ADHD에 대한 개념의 변화에 대해 요약하자면, 다음과 같이 설명할 수 있다. DSM-5(APA, 2013)에서는 ADHD를 여전히 아동기 때 발생하는 신경발달학적 장애로 정의한다. 아동기 때 환자의 대략 60%는 증상이 성인기까지 지속되며, 40%는 증상과 장애가 지속되지만 나이가 들면서 증상은 감소하는 추세를 보인다고 한다(Sibley 등, 2017). 따라서 성인기 때 보이는 ADHD는 아동 ADHD의 연속체라는 것이 현재까지의 정설이다. 이런 정설로 인해 성인 ADHD를 진단하려면 반드시 아동기 때 발병했다는 증거가 필요하다. 앞서 언급한 대로 시간 경과에 따른 증상의 발달학적인 변화가 존재하기 때문에, 진단기준 충족을 위해 각 항목에서 증상이 줄어든 것이 진단기준의 변화로 이어졌다(APA, 2013). 따라서 성인기 연령에 대한 진단기준의 변화가 생겼는데, 이는 곧 그 병에 대한 개념의 변화를 동반한다. 솔직히 필자는 이해도 안 되고 납득이 되지도 않지만, 그 변화에는 몇 가지 기준의 변화가 포함되는데, 일단 발병 연령 기준을 확대한 것이다. 예전에는 7세 이전에 발병해야 했으나, DSM-5에서는 12세 이전으로 늘어나 진단받을 수 있는 기회를 더 늘렸다. 또 나이가 들면서 발생하는 증상 변화를 빌미로 증상 항목의 내용을 성인기 연령에 보다 적합하게 조정했는데, 기준 증상 개수를 기존의 9개 중 6개에서 5개로 낮춰 진단받을 수 있는 기회를 더 늘렸다. 이외에도 몇 가지 변화가 있었지만, 결론은 이전에 비해 성인기 연령에서 더 쉽게 ADHD 진단을 받을 수 있게 했다는 것이다. 앞서 언급했듯이, 원래 DSM-5는 초안에서 진단기준 중 기준 증상 개수를 9개 중 6개가 아닌 4개로 설정하였고, 이를 관철하려고 했다. 초안의 내용인 진단기준 4개 증상과 발병 연령 16세가 적용됐다면 ADHD의 유병률은 급속히 상승했을 것이다. 이로 인해 '정상과 비정상'의 구분이 모호해질 것이고, 소위 요즘 유행하는 선전 문구인 "야, 너도? 응, 나도!"가 ADHD에도 적용돼 이로 인한 의료비의 급격한 상승이 동반됐을 것이다. 필자는 이 두 가지 현상을 교묘하게 절충한 내용이 DSM-5라고 판단한다. 좋게 말하자면 정상과 비정상을 엄격하게 구분하는 개념에서 살짝 벗어나 다소 유연한 새로운 개념이 생겼다고 볼 수 있다. 과정이 어찌 됐든 현재는 성인기 연령에 대한 진단과 치료 확대로 이어졌고, 이를 통해 노동력 상승과 효율성 증대를 어느 정도 달성했다고 판단된다. 이런 긍정적인 면은 필자도 동의한다. 여기서는 변화에 필요한 조건을 몇 가지 언급할 것이다.

## 진단기준 — 반드시 변해야 한다

우선 DSM-5의 ADHD 진단기준 중 증상 개수와 발병 연령 기준을 대폭적으로 낮춰야 한다. 만일 이렇게 변경되면, 정상과 비정상이 구분 안 되고, 너무 많은 사람이 비정상인 ADHD로 진단받을 수 있으며, 이로 인해 치료약물의 남용이 우려된다고 주장할 수 있다. 맞는 말이기도 하지만, 틀린 말이다. 필자는 옳고 그름을 따지는 것을 무척 경계하지만, 이 주제에 대해서는 단호하다. 우선 DSM 진단기준은 너무 허술하다. 앞서 소개한 내용만으로도 쉽게 파악됐을 것이다. 둘째, 실제 ADHD 증상을 보이는 사람은 1.5~5% 정도가 아니라 그보다 최소 10배 더 많다. DSM 진단기준에서 부주의 혹은 과잉행동 · 충동성 증상 중 4개(현재 성인기 연령에서는 5개가 진단기준)를 보이는 사람인 역치하 ADHD의 유병률은 16.4%다(Kraft, 2010). 이들은 진단기준을 충족한 사람과 동일한 정도의 증상과 이로 인한 장애를 나타낸다. 즉 거의 똑같아 보인다는 말이다. 그럼 증상이 3개인 사람은 어떨까? 인간의 약 30%는 덜 산만해 보이며, 나머지 70%는 눈에 띄게 산만하다(Arcos-Burgos & Acosta, 2007). 덜 산만한 30%는 DSM의 부주의 혹은 과잉행동 · 충동성 증상 중 3개 미만을 가진 사람이다. 즉 인간 중 70%는 ADHD로 진단받은 사람과 거의 차이가 없다고 볼 수 있다. 이런 70% 중에서 그것도 주관적인 판단을 하는 설문지를 통해 ADHD를 구분해 낸다는 것은 기적 아니면 거짓말이다.

따라서 ADHD를 진단할 때 가장 중요한 포인트는 증상 개수나 발병 연령을 우선적으로 적용해 판단하는 것이 아니다. ADHD를 가진 사람의 특징을 다양한 차원에서 판단해야 한다. 우선 30%에 해당하는지, 아니면 눈에 띄게 산만한 70%에 해당하는지 여부를 확인하는 것이 첫 번째로 해야 할 일이다. 그다음에 그 특징이 심한 수준인지를 확인하는 과정에서 진단기준을 적용해 ADHD를 진단하는 것이 필자가 주장하는 진단과정이다. 기존의 진단과정과 별다를 게 없다고 생각할 수 있지만, ADHD를 우선적으로 고려할지, 아니면 호소하는 증상을 우선적으로 고려할 것인지에 따라 이후의 과정은 전혀 다른 길로 간다. 필자는 정상과 비정상의 이분법적인 구분보다는 스펙트럼의 개념을 통해 ADHD를 설명한다. ADHD를 인간 누구나 가진 본질의 일부로 여기는 한편, 앞서 설명한 DSM-5의 문제점을 보완하기 위해 이를 '옳고 그름', 그리고 '정상 비정상'의 구분으로 보지 않고, 단지 이런 기질의 정도와 이로 인한 일상생활에서의 '유리함과 불리함'의 개념으로 본다. 그리고 이런 본질의 정도에 따라 스펙트럼의 한쪽 극단에 ADHD가 존재하며, 반대쪽 극단에는 그 반대 모습을 가진 사람이 존재한다. ADHD 반대쪽에 위치하는 사람의 인식과 판단, 행동이 현재 세상에서 강조하고 있는 기준이다. 우리는 교육과 양육 심지어는 법을 통해 기준에 맞는 행동을 하게 요구받는다. 기준에 맞는 행동을 잘 하면 칭찬과 인정이 따르지만, 기준에 맞지 않는 행동을 하면 욕을 먹고 비난이 따른다. 뒤에 다룰 「ADHD에 대한 새로운 개념 — 그 본질은?」(p. 229)에서 자세히 설명하겠지만, 필자는 ADHD의 기질을 '산만함'이라고 규정한다. 모든 인간은 산만함을 가지고 있지만, 그 정도의 다름이 중요하다. 이를 바탕으로 보면, 우울감과 불안처럼 일상에서 흔히 나타나는 정신적인 괴로움은 ADHD의 기질을 얼마만큼 가지고 있냐에 따라 그 정도의 차이를 보인다. 이런 정신적인 괴로움은 일반적으로 ADHD에 동반된 정신장애라고 말한다. 필자는 동반된 것이 아니라 ADHD로 인한 하류효과라고 주장한다. 궁금하면 '새로운 개념'을 먼저 읽어보길 바란다.

## 성인기-발병 ADHD — 인정해야 한다

DSM의 ADHD에 대한 진단기준 중 발병 연령이 있다. 처음에는 7세 이전에 발병해야 진단기준을 충족했다. 그러다가 2013년 발표된 DSM-5에서는 12세 이전으로 변경했다. 반복해서 말하지만, 왜 ADHD는 아동기 때 발병해야 인정될까? 솔직히 잘 이해가 되지 않는다. ADHD는 주로 산만하고 과잉행동을 보이는 남자아이에 대한 관심으로부터 시작됐다. 주로 남자아이를 대상으로 연구됐기 때문에, 남성 위주였고 발병 연령도 그 때문에 정해진 것 같다. 유전성이 높기 때문이라고 생각할 수도 있겠지만, 세상에는 유전성이 높은 정신장애와 신체적 질병이 많다. 그렇다고 해서 발병 연령을 정해놓고 그 이전에 발생해야 해당 병으로 진단되는 게 있을까? 없을 것 같다.

ADHD도 마찬가지다. 발병 연령을 기준으로 진단하는 것은 큰 문제다. 물론 아쉽게도 지금은 논점에서 사그라졌지만, 기존 개념에 대해 반기를 들고 새로운 개념의 시작을 주장한 연구가 있었다. 몇 개의 대규모 종단적인 역학연구에서 성인기 연령 때 ADHD 진단기준에 부합하는 상당수의 성인 환자를 발견했는데, 이들은 DSM-5의 진단기준인 12세 이전에 완전한 진단기준을 충족한 전형적인 아동기 때 발병한 것이 아니라, 이 연령대를 넘어 완전한 진단기준을 충족하면서도 12세 이후에 발병한later-onset 사례다(Castellanos, 2015; Moffitt 등, 2015; Agnew-Blais 등, 2016; Caye 등, 2016). 이런 사례는 아동기 때의 ADHD 과거력이 없었기 때문에 발표 당시에는 놀라움과 동시에 수많은 논란이 일었다. 왜냐하면 앞서 설명한 '성인 ADHD는 아동 ADHD의 연속체'라는 기존의 정설을 부정하는 주장이었기 때문이다. 연구 내용을 살펴보자.

첫째, 뉴질랜드의 전향적인 인구조사(Moffitt 등, 2015)에서 38세 때 구조화된 면담을 통해 확인된 성인 ADHD 환자의 87%는 아동기 평가에 근거한 아동 ADHD 병력이 없는 것으로 나타났다. 이 연구에서 성인 ADHD 상태는 남성에서 우세하지 않았고, 신경 심리적 결손 혹은 아동기 ADHD에서 나타나는 전형적인 유전적 취약성과 관련성을 보이지 않았다. 따라서 모피트Moffitt 등은 성인 ADHD는 아동기의 신경발달학적 장애의 연속체가 아닐 수 있으며, 다른 원인을 가진 장애라고 결론지었다. 기존의 정설을 정면으로 반박하는 내용이다.

둘째, 브라질의 출생 코호트 연구(Caye 등, 2016)에서 발병 연령 기준을 요구하지 않은 상태에서 18~19세 때 확인된 젊은 성인 ADHD 환자의 85%는 아동기 시절(11세) 기준을 충족시키지 못한 것으로 확인됐다. 이런 젊은 성인기 연령군 집단은 여성이 우세했으며, 범죄와 자살 기도 및 동반장애 등을 포함한 부정적인 결과를 나타냈다. 기존에 가진 개념인 남성-우세 ADHD에 대한 정면 도전이다.

셋째, 영국의 쌍생아 연구(Agnew-Blais 등, 2016)에서 '발병 연령' 기준을 요구하지 않고 18세 때 다시 정의된 젊은 성인 ADHD 환자의 67%는 아동기 시절(5, 7, 10 및 12세)을 기준으로 당시의 ADHD 여부를 회상적으로 평가할 때 ADHD 진단기준을 충족시키지 못한 것으로 나타났다. 이런 후기-발병 장애를 보이는 집단은 18세 때의 ADHD 증상 수준 및 장애와 정신과적 동반장애가 비슷함에도 불구하고, 여성에 더 많으며, 아동기 때 행동문제가 덜하며 높은 지능을 가졌다. 필자가 보기에 이런 특징을 보이는 사람은 아동기 때의 ADHD를 잘 감출 수 있는 능력으로 인해 주변 사람이나 자기 자신이 ADHD를 가진 것을 인식하지 못했을 가능성이 크다.

어쨌든 실제 앞선 연구들을 통해 연구자들은 아동기-발병과 성인기-발병 ADHD의 원인이 다를 수 있으며, ADHD 분류 체계를 다시 고려해야 한다고 주장했다. 하지만 특히 성인기 때의 진단은 아동기 ADHD 진단과는 달리 일차적으로 자기-보고에 의존하기 때문에, 이런 연구들의 결과는 주의 깊게 해석돼야 한다는 의견이 지배적이었다(Faraone & Biederman, 2016). 따라서 성인기-발병adult-onset ADHD를 아동기 ADHD와 진정으로 구별된 장애로 결론짓는 것은 시기상조일 것이라는 방향의 연구 결과가 있었다(Faraone & Biederman, 2016). 사실 후기-발병late-onset ADHD를 조사하는 인구조사 연구와 관련된 방법론적 문제를 다룬 최근의 분석에 따르면, 후기-발병 ADHD에 대한 선별검사에서 처음에 양성으로 나타난 '다양한 방식의 ADHD 치료multi-modal treatment of adhd[MTA]' 연구의 대조군 중 95%는 실제로 진단을 위한 기준을 충족시키지 못했고, 심각한 물질 오용이라는 맥락에서만 ADHD 증상이 나타났으며(Sibley 등, 2017b), 이 중 2%만이 아동기 때의 역치하subthreshold ADHD 증상을 제외한 후에야 후기-발병 ADHD 진단기준을 충족한 것으로 나타났다.

앞서 언급한 인구-기반 연구에서 보고된 높은 성인기-발병 사례의 유병률은 이 분야의 임상의사 대부분의 경험과 일치하지 않으며, 성인기-발병이라고 한 사례 대부분은 청소년기 때 발생한 것이다. 안타깝게도 아직은 '성인기-발병 ADHD'를 받아들일 수 있는 명확한 증거는 없다. 만일 우리 정신과 의사들이 성인기-발병 사례가 ADHD라는 것을 입증하기 위해서는 그동안 알려졌던 ADHD의 개념을 전반적으로 바꿔야 하는 매우 큰 작업이 필요하다. 왜냐하면 ADHD는 신경발달학적 장애며, 이런 발달장애는 아동기 때부터 시작한다는 개념을 완전히 무시해야 하기 때문이다. 따라서 아직은 우선 ADHD와 유사한 증상을 유발하는 우울증과 불안장애를 철저하게 배제해야 하며, 둘째, 임상에서 의뢰된 성인기-발병 ADHD 환자의 양상을 조사하여 역학표본과 사례 사이의 차이를 더 잘 이해하는 것이 중요하다. 현재, '성인기-발병 ADHD'란 새로운 병명을 받아들이기 전에 임상경험과 연구가 더 필요하다.

이런 주장에도 불구하고 필자는 '성인기-발병 ADHD'라는 개념에 대해 동의한다. 솔직히 ADHD라는 개념이 정확한 것인가? 의학적 혹은 과학적인 근거가 있나? 원인은 모르고 단지 증상 양상의 개수를 기준으로 정의하지 않았던가? 그렇다면 왜 DSM-5에서 진단기준인 증상의 개수를 그만큼만 줄였을까? 더 줄여도 일상의 여러 영역에서 장애가 나타난다는 사실은 여러 연구에서 밝혀졌다(필자의 『성인 ADHD의 개념과 진단 그리고 치료를 위한 지침서』 중 '역치하 ADHD'의 개념 참고). 과학적이고 이성적인 사고를 한다면 진단기준 증상 개수를 더 줄여야 하지 않을까? 물론 역치하 ADHD의 유전적인 표현 양상 때문에 ADHD라고 인정할 수 없다고 했지만, 솔직히 ADHD의 유전학에 대한 정확성 혹은 과학적인 근거는 명확한가? 나타나는 증상은 거의 똑같고 여러 영역에서 나타나는 장애는 동일한데도 단지 부모와 친척의 유전양상이 다르거나 뚜렷하지 않고, 성별의 차이가 있고, 12세 이전에 발병하지 않았기 때문에 ADHD로 인정할 수 없다는 주장은 좀 어처구니가 없다. 이런 일방적인 주장 혹은 개념 때문에, 이유나 원인은 모호해도 ADHD 증상이 나타나 삶의 고통을 겪는 사람이 ADHD 치료약물을 처방받거나 치료받을 수 없는 상황은 도대체 누굴 위한 것인가? 이런 불확실하고 애매하고 모호한 개념을 보이기 때문에, 'ADHD는 만들어진 병'이라는 논란에 쉽게 빠지게 된다. 또 필자의 경험에서 보면, 부주의와 과잉행동 · 충동성과 같은 핵심 증상 이외에도 다양한 현상(감정조절, 수면, 시간 등의 문제)이 임상에서 ADHD를 식별하고 진단하고 치료할 때 더 중요하다. 왜 아직도 이런 분야가 ADHD 영역에서 주목받지 못할까? 필자는 이런 측면에 대한 근거를 찾아 진단기준에 포함시켜야 한다고 생각한다.

아직은 잘 모르겠다. 하지만 앞으로 ADHD에 대한 개념이 달라져 진단기준이 바뀔 수 있다는 점을 명심하자. 하지만 지금 현재는 주어진 진단기준을 따라야 할 것이다.

## 변화가 필요하다 — 그러나 쉽지 않다

앞서 필자가 설명한 대로 현재 사용 중인 진단체계에 대한 이런 다양한 비판에도 불구하고, DSM-5에서 제시한 장애 분류 체계는 정신의학적인 의사결정, 사회정책, 그리고 대중 담론에 뿌리를 내리고 있으며, 정신건강 분야를 계속해서 지배하고 있다. 비록 문제는 많지만, DSM-5가 임상적, 경제적 및 사회적 의사결정 구조에 깊숙이 뿌리를 내리고 있다는 것은 부인할 수 없다. 실제 정신과 의사의 64%는 관리나 청구 목적으로 진단 코드를 자주 혹은 항상 사용하고, 55%는 동료 및 기타 의료 전문가와 임상 진단을 전달하는 데 매우 유용하다고 생각한다는 연구 결과가 있다(First 등, 2019). 실제 정신과 의사가 이런 방식을 적용하지 않고 일하면 굶어 죽거나 고립된다.

하지만 계속되는 논쟁의 근본적인 이유 하나는 장애 분류 체계가 증상 기준에 따라 개인을 집단으로부터 얼마나 잘 구분하는지, 이에 대한 명확한 경험적 평가가 없었기 때문이다. 따라서 정신장애 분류 체계의 광범위하고 부정적인 현실을 고려하면, 대체 접근 방식을 식별하고 개발하는 것이 매우 중요하다. 증상과 관련, 필자는 증상 클러스터에 대한 경험적 이해에 기반을 둔 접근 방식을 지지한다. 이런 대체 접근법을 통해 정신과 의사는 환자 증상에 대한 완전한 그림을 얻을 수 있으므로 전체 환자 경험을 기반으로 더 정보에 입각한 치료 결정을 내릴 수 있다. 그리고 보다 간소화되거나 개인화된 치료 경로를 얻을 수 있다. 이런 접근법을 활용하려면 하나의 원칙을 이해하고 수용해야 한다. 왜냐하면 ADHD를 가진 사람에게 너무나도 흔한 동반장애는 ADHD를 효과적으로 진단하고 치료하는 데 있어 중대한 문제를 발생시키기 때문인데(Allsopp 등, 2019; Feczko 등, 2019), 실제 사용하는 방법은 다음과 같다. 우선 DSM-5에 적혀있는 부주의와 과잉행동 · 충동성 등과 같은 ADHD 진단기준에 집중하지 않고, 나타나는 증상 전반에 대해 파악한다. 그런 다음 ADHD를 제외한 각각의 증상이 ADHD로 인해 나타나는 2차 증상인지, 아니면 동반된 정신장애로 인한 증상인지를 구분한 후 어떤 정신장애가 더 우선순위인지를 파악하는 것이다.

필자의 기본적인 개념은 다음과 같다. 정신과적 동반장애는 ADHD 환자에서 예외가 아니라 규칙이며(Katzman 등, 2017; Franke 등, 2018; Kooij 등, 2019), '공존하지만 별개의' 임상 문제를 나타내는 것은 아니라는 개념이다. 즉 ADHD를 가진 환자 중 대부분은 동반장애를 가지는데, 각각의 증상이 따로 나타나지 않고 ADHD로 인해 다른 정신 증상이 함께 나타난다는 말이다. 필자는 ADHD에 동반되는 정신장애가 ADHD의 하류 효과downstream effect로 인해 발생한다고 생각한다. 즉

ADHD로 인한 만성적인 스트레스가 지속되어 불안과 우울장애 발생에 중요한 역할을 하듯이(Ahnemark 등, 2018), 다른 정신적 혹은 신체적 동반 문제도 ADHD를 통해 발생한다는 말이다. 정신건강 문제가 있는 광범위한 환자 집단에서 실제 인식되지 않았거나 잘못 진단된 ADHD가 ADHD에 대한 치료(일차적인 치료)가 아닌 다른 정신장애에 대한 이차적인 치료 결과에 중요하게 기여한다는 것을 시사하는 상당한 증거가 있다(Ginsberg 등, 2014). 이런 개념은 이전에 발표한 필자의 책에서도 선보였다. 따라서 필자의 진단과정에서 "집중을 못 해요?", "가만히 있지 못 해요?" 등과 같은 ADHD의 핵심 증상을 물어보는 질문은 없다. 하지만 방법은 전혀 다르지만, 이런 과정을 통해 진단해도 공식적인 진단은 DSM-5 기준을 준수한다.

## 정신과 의사도 잘 모르는 ADHD에서 간과된, 그러나 반드시 알고 있어야 할 중요한 영역

일반인은 물론이고 정신과 의사조차도 ADHD 환자는 집중을 못 하고 산만한 행동을 보이는 사람이라고 말한다. 자신에게 ADHD 증상이 있다고 주장하면서 병원을 방문한 일반인도 그렇고 ADHD를 진료하는 정신과 의사도 마찬가지다. 이는 부주의와 과잉행동 · 충동성이 ADHD의 핵심 증상이며 진단기준에서 가장 중요한 역할을 하기 때문에, 일견 맞는 말이다. 하지만 틀린 말이다. 실제 ADHD 환자는 집중을 못 하는 사람이 아니다. 주의력이 결핍된 사람이다. 하지만 '집중을 잘 하는지 혹은 못 하는지'로 구분하는 이런 개념은 기존의 ADHD 개념처럼 일상

생활과 임상 모두 핵심 증상에만 관심을 집중하게 만들기 때문에, 다양한 영역에서 다양한 양상을 보이는 ADHD를 제대로 이해도 인식도 할 수 없어 진단이 누락되게 만든다. 또 설사 진단을 해서 약물치료를 하더라도 부주의와 과잉행동 · 충동성 등과 같은 핵심 증상의 변화에만 집중하게 된다. 이 때문에 다양한 영역에서 나타나는 치료반응을 이해하지 못함으로써 치료의 방향성과 종료점을 찾지 못하는 경우가 많이 발생한다. 여기서는 일상에서 흔히 보이는 ADHD 증상임에도 불구하고, 대부분 관심 두지 않고 잘 모르는 내용을 설명할 것이다. DSM-5 발표 이후에 ADHD 전문 정신과 의사 사이에서는 당연히 관심을 갖는 분야라고 할 수 있으며, 이로 인해 새로운 개념이 만들어질 시발점이 될 것이다.

필자가 이런 영역에 대한 ADHD와의 관련성을 강조할 수 있게 된 이유는 다른 데 있지 않다. 해외 연구논문을 통해 어떤 특별한 이론을 중심으로 ADHD를 파악해서 알게 됐기 때문이 아니라, 부주의 및 과잉행동 · 충동성 같은 ADHD의 핵심 증상에 대한 집중에서 벗어날 수 있었기 때문이다. 이런 인식은 자극제를 사용한 후의 변화를 무척 자세히 파악해 얻은 결과다. 지금도 마찬가지지만 필자는 자극제를 투여한 후 "집중이 잘돼요? 욱하는 것은 어때요?"와 같은 핵심 증상에 대한 질문은 전혀 하지 않는다. 필자는 ADHD를 접한 초기에도 다양하고 시시콜콜한 일상적인 일에 관해 물어봤다. 그 대답을 통해 자극제가 핵심 증상 이외에 다양한 영역, 정확히는 자극제를 복용하는 사람의 일상의 모든 영역에 작용한다는 것을 알 수 있었다. 게다가 이것이 핵심 증상의 호전으로 이어지는 결과까지 나타났다. 결국 이런 핵심 증상의 변화가 의미하는 게 무엇인지 서로 얘기를 나누며 인식하고, 이를 통해 장기적으로는 세상에 대한 시각의 변화가 유지되면서, 자극제를 복용하지 않아도 처음에 비해 전혀 다른 사람으로 일생을 살아가는 것을 목격했다. 이런 과정에서 ADHD에 대한 개념이 변했다. 다양한 증상 측면을 볼 수 있어야 전체적인 ADHD를 이해할 수 있고, 이를 통해 정확한 진단과 치료를 함으로써 어떤 사람의 인생을 변화시킬 수 있다. 이를 위해, 특히 ADHD를 진료하는 정신과 의사가 필수적으로 알아야 할 증상 차원을 설명하겠다.

## 마음 방랑 — 상상이나 공상 혹은 잡생각

필자는 ADHD를 진단할 때 반드시 생활기록부를 참조한다. 비록 앞서 언급한 대로 성인기 때 ADHD가 발병할 수 있다는 성인기-발병 이론을 지지하지만, 성인기 때 아무리 ADHD 증상을 호소해도 아동기 때 증거가 없으면 절대로 진단을 하지 않는다. 물론 나중에라도 성인기 때 발병하는 경우를 ADHD로 인정하는 개념으로 바뀌면, 아동기 때의 증거가 없어도 당연히 ADHD로 진단할 것이다. ADHD로 진단받는 사람 중 많은 경우에서 생활기록부에 '주의 산만함'을 의미하는 여러 가지 내용이 포함된 것을 볼 수 있다. 따라서 아동기 때의 ADHD 존재를 쉽게 파악할 수 있다. 그런데 의외로 '상상 혹은 공상'이라는 단어도 자주 등장한다. 특히 여자아이의 생활기록부에서 볼 수 있다. 상상 혹은 공상은 창의성이라는 단어와 자주 연결된다. 따라서 '창의적'이란 단어도 자주 등장한다. 맞다. ADHD를 가진 사람은 공상과 상상을 많이 하며, 이런 행동은 쉽게 교사의 눈에 띈다. 이런 상상과 공상을 '마음 방랑mind wandering'이라고 한다. 마음 방랑은 단순한 주의력 결핍으로 보이는 경향이 있는 사고(생각)의 억제되지 않은 가변성의 부산물로 인식되며, 이는 다시 "내부 지향적인 인지를 억제한다"라고 정의된다(Christoff 등, 2016). 간단히 말해 주로 자기 생각 흐름에 의해 산만해지며, 이런 생각의 흐름은 당면 과제와는 전혀 관련이 없다는 말이다. 다른 각도에서 말하자면, 일반적으로 진행 중인 과제에서 벗어나 업무와 무관하고 자극에 독립적인 사고방식으로 사고의 내용이 이동하는 것을 의미한다(Smallwood & Schooler, 2006; Stawarczyk 등, 2011; Smallwood & Schooler, 2015). 쉽게 말해 '잡생각'이라고도 하며, ADHD의 핵심 증상 중 하나인 부주의 증상을 설명하는 말이다. 자기계발서에서 흔히 등장하는 우선순위를 엉망으로 만드는 요인 중 하나다. 이런 마음 방랑이 하루 동안 펼쳐지는 우리의 정신활동 중 약 30~50%를 차지한다고 알려졌다(Kane 등, 2007; Killingsworth & Gilbert, 2010). 필자가 보기에는 90% 이상으로 보인다. 원래 모든 인간은 산만해서 시도 때도 없이 상상과 공상에 빠져든다. ADHD와 무관하게 사람 대부분은 5분 이상 한 가지 생각에 집중하지 못한다. 또 ADHD와 무관하게 사람 대부분은 몇 시간 이상 한 가지 생각에 집중한다. 요점은 상상과 공상의 크기다. 다른 사람의 눈에 띌 정도로 상상과 공상의 정도가 너무 큰 사람은 거기에 빠진 그 시간이 더 길고, 해야 할 생각으로 쉽게 돌아오지 못하고 방랑한다. 반면 그 정도가 작은 사람은 잠시 방랑하다가 금방 원래 자리로 다시 돌아온다. 단지 그 차이이다. 이런 경험을 한 사람이나 필자의 의원을 방문해 ADHD로 진단받고 약물을 복용해본 사람은 이런 현상을 쉽게 이해할 것이다. 이런 차이가 ADHD를 식별할 수 있는 새로운 기준이 된다. 마음 방랑과 ADHD의 관련성을 살펴보자.

앞서 언급했듯이 '상상과 공상'으로 불리는 마음 방랑은 일상의 모든 순간에 나타난다. 그런데 이에 대해 정신과 의사를 포함한 대부분 사람이 착각하는 것이 있다. 집중력이 좋은 사람은 어떤 일을 하면서 상상이나 공상 같은 잡생각을 안 하고 오로지 집중만 한다고 생각하는 것이다. 맞기도 하지만 틀린 말이다. 어떤 사람은 자신도 모르게(의식하지 못하고) 어떤 일에 푹 빠져들고 심지어 오랫동안 지속하기도 한다. 이런 현상을 보이는 사람을 우리는 집중력이 좋다고 말한다. 만일 마음 방랑이 크고 오래가면, 그 사람은 상상과 공상에 집중을 잘하는 것이다. 하지만 상상과 공상에 집중을 잘하고 오래 하면, 특히 지루하고 덜 역동적인 일상생활(수업시간 혹은 회의시간 등)에서, 눈에 쉽게 띄게 되면서 지적받는다. 이런 현상이 생활기록부에 '상상과 공상을 잘함'이라고 기록된다. 이렇듯 마음 방랑은 일상의 관점에서 특히 중요하다. 아직은 ADHD의 핵심 증상에 포함되지 않았지만, ADHD와 관련된 문제가 실제 생활에서 어떤 영향을 주는지 더 쉽게 볼 수 있기 때문이다. 어느 누구라도 마음 방랑은 있다. 하지만, ADHD에서 나타나는 마음 방랑은 어느 한쪽으로 극단적인 것이 특징이다. 우리의 일상적인 생활을 극단적인 이분법적으로 분류해 보자. 한쪽 극단에는 융통성 없이 강박적인 측면에 얽매인 생활이 있고, 다른 쪽 극단에는 유연하며 다양한 생활이 존재한다. ADHD를 가진 사람은 융통성 없이 강박적인 측면에 얽매인 생활을 하는 사람에 비유할 수 있다. 상상과 공상이 극단적으로 흐르면, 끝없이 이론적인 분석에 몰두하는 융통성 없는 사람이 된다. 마치 상대방 없이 끝없는 이론분석에만 몰두하는 바둑기사에 비유할 수 있다. 하지만 상대방을 마주한 게임 상황에서는 이런 사람에게 어떤 일이 벌어질까? 바둑판에서의 실제적인 움직임을 인식하고 판단하고 행동할 때는 반응이 다를 수밖에 없다. 자신의 상상 혹은 공상 대국이 실제 대국과는 너무 다르다는 것을 깨닫고 어쩔 줄 몰라 하기 십상이다. 이처럼 '실제-생활에서의real-life' 상황에 대한 인식과 판단 그리고 행동 결정을 내리는 것이 매우 어렵다. ADHD를 가진 사람이 그와 같다. ADHD 증상으로 인해 아동기 때부터 자주 혼나고 지적을 받아온 사람이 칭찬받고 인정받으려고 온갖 노력을 하지만, 정작 한 번도 인식해본 적이 없는 생각과 행동은 할 수가 없다. 그래서 상상과 공상을 통해 자신의 이상적인 모습을 만들고, 스스로는 어느 정도 목표를 달성했다고 여기기(실제로는 착각) 쉽다. 하지만, 자신이 달성했다고 생각한 것이 실제 생활에서는 자신의 기대와는 달리 많이 부족하거나 전혀 다르다는 것을 얼마 안 가 깨닫게 된다. 이로 인해 좌절하거나 상상과 공상이 더 심해져 실제 생활과 더 많은 간극이 생긴다는 얘기다.

다른 각도에서 마음 방랑과 ADHD 사이의 관련성을 좀 더 알아보자. 실제 마음 방랑은 ADHD의 핵심 증상인 주의력 결핍, 과잉행동, 그리고 충동성 모두와 밀접한 관련이 있다. 또 그에 상응하는 감정조절 장애emotional dysregulation와도 관련이 있는 것으로 밝혀졌다. 동시에 마음 방랑의 정도는 외상성 뇌 손상, 약물 사용 장애, 교육적 결핍, 혹은 주산기 부작용의 과거력과 독립적이기 때문에, 마음 방랑 현상은 ADHD에서 특징적인 비-기능성dys-function의 원천이다(Biederman 등, 2019). 대학생만으로 구성된 비임상 표본을 대상으로 한 최근 연구에서 마음 방랑과 ADHD 증상 심각도 사이의 연관성을 조사했는데, 이 연구 대상 중 일부에서 마음 방랑이 과제 수행에 해로운 영향을 미치는 더 높은 수준의 ADHD 증상과 관련이 있다는 것이 입증됐다(Lanier 등, 2021). 성인기 연령을 대상으로 한 또 다른 최근 연구에서(Biederman 등, 2019; Mowlem 등, 2019), 공식적인 ADHD 진단과 더 높은 마음 방랑 특성, 특히 더 높은 수준의 부주의와 과잉행동 증상 사이에 연관성이 있는 것으로 밝혀졌다(Biederman 등, 2019). 이런 맥락에서, 더 높은 마음 방랑 성향은 낮은 실행기능, 정서적 및 정신 병리학적 장애, 그리고 삶의 질 저하와 관련이 있다(Biederman 등, 2019). 또 마음 방랑은 ADHD와 관련된 장애 수준의 주요 예측 변수며(Bozhilova 등, 2018; Biederman 등, 2019; Helfer 등, 2019), 일부 특정한 신경학적 장애의 직접적인 결과로 나타난다. 이렇듯 마음 방랑으로 정의되는 상상과 공상은 ADHD의 중요한 증상 차원이라고 주장할 수 있다. 따라서 ADHD를 진료하려는 정신과 의사는 생활기록부의 '상상 혹은 공상' 또는 '창의성' 등과 같은 단어에 집중하자.

한 가지 알고 있어야 할 내용이 있다. ADHD를 가진 사람은 ADHD가 없는 사람을 보면서 착각하는 예가 많다. 잡생각을 하지 않고 필요한 모든 일에 집중을 잘 하며 또 필요한 만큼 유지할 수 있으며, 게다가 일상에서 항상 차분하고 모자란 점이 없는 거의 완벽하고 성숙한 사람이라는 착각이다. 이 때문에 완벽해지려 노력하게 되면서 점차 강박(일반적인 강박증과는 다름)이 생긴다. 또 이로 인해 완벽함에 대한 상상과 공상에 빠진다. 그런데 ADHD가 없는 사람(실제 인간의 30% 정도로, 정확히 말하자면 ADHD가 없는 것이 아니라, 산만함이 약해 얼핏 보기에는 일정하고 안정적으로 보이는 사람을 말함)도 잡생각을 하며, 상상과 공상이 많다. 단적인 차이는 ADHD가 없어 보이는 사람은 그 크기가 작아 쉽게 원래 하는 일이나 작업으로 돌아갈 수 있다는 것이다. 이런 차이는 감정을 포함한 일상의 모든 측면에서도 동일하게 유지된다.

## 감정 — 우울증이 아니다

ADHD의 감정적인 측면의 특징은 감정조절장애emotional dysregulation로 정의할 수 있다. 감정조절장애란 반응적인 공격성과 욱함 그리고 정서적인 색체의 상황에서 나타나는 과민반응, 감정적인 과민반응, 급변하는 분위기 및 손상된 감정조절과 같은 변형된 감정 경험이다(Skirrow & Asherson, 2013; Skirrow 등, 2014; Richard-Lepouriel 등, 2016). 예측할 수 없고 충동적이며 변화가 크며 감정의 정도가 크다. 경험이 없는 정신과 의사는 ADHD 환자가 호소하는 감정을 단순하게 흔히 보는 우울증과 불안증으로 인식한다. 하지만 실제 교과서적인 우울증은 외래 진료만 하는 개인 정신과 의원에서는 보기 어렵다. 수련받을 때 흔히 볼 수 있었던 교과서적인 우울증을 가진 환자는 대부분 우울이라는 단어를 사용하지 않는다. 실제 우울하다는 말은 한 마디도 없고 그냥 앞에 앉아 있기만 하는데, 정신과 의사는 그 기분에 압도당한다. 아무 표정이 없고 주변에 관심을 전혀 보이지 않는다. 이렇게 된 이유도 없고 억지로 설명하려 하지도 않는다. 그냥 가만히 앉아있다. 하지만 우리 정신과 의사가 개인 의원에서 진료할 때 보면, 우울이나 불안을 호소하는 사람 대부분은 앞서 말한 교과서적인 우울증의 기운이 전혀 느껴지지 않는다. 호소하는 우울 및 불안 증상 대부분은 극적이며 변화가 심하다. 또 정확할 가능성은 별로 없지만, 항상 우울하게 된 이유가 있고 그 이유로 인한 증상을 호소한다. 쉽게 말해 증상의 이유가 있고, 그로 인한 기복이 있다는 말이다. 대부분의 정신과 의사는 이렇게 호소하는 증상 및 해당하는 설문지 결과를 근거로 우울증 혹은 불안장애로 진단하고 치료를 한다. 틀린 것은 아니다. 정확하고 당연한 것이며 교과서적인 치료다. 하지만 필자는 좀 다른 견해를 가지고 있다. 일상에서 흔히 보는 기복이 심한 우울과 불안을 감정조절장애란 개념을 통해 해석하려고 시도한다. 왜냐하면 이런 감정의 기복은 ADHD에서 특징적인 증상이기 때문이다. 그래서 필자는 병원을 방문한 환자가 흔히 호소하는 우울과 불안을 단지 대증적 진단에 그치지 않고, ADHD를 중심으로 파악한다. 아쉬운 점은 ADHD 진단기준에서 감정영역이 아직도 포함되지 않은 것인데, 필자가 보기에는 정말 의문이다. 그동안 여러 연구자가 ADHD의 감정영역에 대해 수많은 연구 결과를 발표했고 타당도도 입증됐다. 그럼에도 불구하고 DSM-5에서는 감정영역이 진단기준에 포함되지 않았다. 이런 현상을 통해 아직도 ADHD에 대한 개념이 바뀌지 않았음을 확인할 수 있다. 그래도 감정조절장애라는 개념을 인식하고 임상에서 적용한다면, ADHD 이외에도 다른 정신장애의 진단과 치료에 도움이 될 것이다. 그 이유를 알아보자.

일상에서 감정조절장애는 다음과 같은 현상으로 나타난다. 감정 변화mood shift는 보통 일시적으로 짧으며(수 분에서 수 시간 정도, 보통 하루를 넘기지는 않음), 주변 환경의 자극에 반응하거나 하지 않을 수도 있다. 이런 현상은 우울증을 가진 사람에서 보이는 것과 다른데, 우울증을 가진 사람은 주변 환경 자극에 대해 대부분 반응성이 유지된다. 또 가라앉은 상태는 지루함이나 만족감이 부족한 느낌으로 표현되며, 우울증에서 보이는 생물학적 증상은 좀처럼 나타나지 않는다는 점이 특징이다. 쉽게 말해 감정조절장애를 가진 사람은 말로는 우울하다고 하는데, 실제 우울한 감정이 별로 느껴지지 않고 오히려 욱하고 변화가 심한 변덕스러운 감정을 가진 사람으로 보인다. 또 스트레스를 크게 느껴 더 오래가며, 회복되는 데도 시간이 오래 걸린다. 이에 따라 스트레스를 효과적으로 처리하지 못하는 것을 느껴 항상 '힘들다'란 말을 입에 달고 산다. 어떤 현상이 나타날 때 당시에는 그것을 인식하지 못하고(나중에 다른 사람에게 들으면 그제야 알게 됨) 그 원인을 스스로 알지 못하기 때문에, 이런 현상을 대부분 주변 상황 혹은 주변 사람 탓으로 돌린다. 즉 '남 탓'을 입에 달고 사는 사람이다. 하지만 감정이 회복되거나 상황이 해결되면 감정적으로 다시 살아나 언제 그랬냐는 듯이 행동한다. 이런 특징을 보인다. 필자가 항상 강조하는 말인데, 이런 특징을 '정상과 비정상'의 개념으로 보지 말자. 단지 특징일 뿐이다. 하지만 이로 인한 문제는 정말 많고 크다. 감정조절장애를 가진 사람은 스스로 인식하지 못한 채 여러 가지 문제를 야기한다. 왜냐하면 자기 자신은 그냥 오랜 시간 동안 당연히 느낀 감정으로 전혀 이상할 것이 없기 때문이다. 또 어떤 의도도 없다. 하지만 이런 현상이 반복되면 주변 사람들에게 부정적인 피드백을 받는다. 그래서 나름대로 생각하고 판단한 대로 의지를 갖고 노력한다. 그럼에도 막상 감정조절장애가 나타나는 순간에는 의지와 노력에 대한 생각은 순식간에 사라지고 그저 느끼는 대로 행동한다. 이 사람의 잘못은 아니다. 그냥 그렇게 느껴진다. 느껴지는 감정대로 행동할 뿐이다. 물론 잘못된 것은 아니다. 하지만 이런 현상이 반복되면 주변에서 눈치 없고(가라앉은 분위기가 더 적합한 상황에서 갑자기 기분이 상승하면 이런 기분을 숨기지 못하거나, 명랑하고 밝은 분위기가 지속되는 상황에서 갑자기 기분이 가라앉으면 이 또한 숨기지 못하고 표현을 함) 불안정한 사람(기분이 언제 어떻게 될지 몰라 주변 사람들도 신경이 쓰임)으로 낙인찍히다가 더 지속되면 혹시 일부러 그런 것은 아닌지 의심이 싹트며, 거기서 더 나아가면 성격이 이상한 사람으로 통하면서 점차 고립된다. 중요한 점은, 이런 감정조절장애를 보이는 사람은 어떤 의도나 목적도 없다는 것이다. 앞서 말한 대로 그러지 않으려는 의지를 갖고 노력해도 그냥 그렇게 느껴지고 그 느낌에 따라 행동할 뿐이다. 이런 사람에게 의지를 더 갖게 하는 동기와 노력을 잘하게 하는 방법(심리학적 개입 혹은 자기계발서 등)이 어떤 도움이 될까? 과연 도움을 줄 수 있을까?

마음 방랑과 마찬가지로 감정조절장애는 ADHD와도 관련성이 크다. ADHD의 감정영역의 중요성을 인식한 정신과 의사와 연구자들은 성인 ADHD와 관련, 감정 증상의 존재에 대해 관심을 기울여왔다(Retz 등, 2012). 필자가 이렇게 감정조절장애를 강조하는 데는 이유가 있다. 현재 전 세계적인 진단기준인 DSM-5에서 ADHD는 부주의, 과잉행동 · 충동성 혹은 이와 결합된 하위유형으로 구성된 2차원 모델에 따라 설명된다. 이 모델은 장애를 가진 성인기 연령의 임상에 있어 근본적으로 중요한 몇 가지 측면을 과소평가한다. 그중 하나가 바로 감정조절장애다. 특히 성인기 때 ADHD를 가진 사람에게서 감정조절장애를 특징적으로 볼 수 있는데, 성인 ADHD 환자 중 59~72%는 감정조절장애를 보인다(Reimherr 등, 2010; Reimherr 등, 2015). 따라서 감정조절장애에 대한 개념과 이해가 없으면 ADHD 진단에 큰 구멍이 생긴다. 최근, DSM-5는 주로 부주의형, 과잉행동 · 충동성형 및 혼합형으로 구분하는 문제가 있기 때문에, ADHD를 가진 성인기 연령에 대해 두 가지 주요 임상 표현형으로 구분해야 한다는 주장이 있었다(Epstein & Loren, 2013). 부주의형과 감정조절장애형 같은 두 가지 하위유형이다(Reimherr 등, 2015; Reimherr 등, 2020). 기존의 ADHD 개념에서는 감정조절장애의 중요성이 많은 경험적 관찰에 의해서만 확인됐다(Franke 등, 2018; Retz 등, 2012). 하지만 최근 연구의 대부분은 감정조절장애와 DSM-5 ADHD의 핵심 증상 사이의 관계를 평가하는 데 중점을 두었다

(Reimherr 등, 2020). 그 결과 위와 같은 두 가지 유형으로 구분해야 한다는 새로운 개념이 나왔다. 감정조절장애의 심각도와 정서적 기질은 모두 DSM-5의 핵심 증상과는 상대적으로 독립적이라는 연구 결과가 있기 때문이다(Reimherr 등, 2020). 이는 ADHD에서 감정조절장애의 중요성을 강조한 새로운 개념이다. 앞서 언급한 감정조절장애의 양상과 의미를 잘 이해하면 실제 임상에 유용한 개념이 생길 것이다.

감정조절장애는 특정 척도를 사용하여 평가하는데, 웬더-유타 진단기준Wender-Utah Rating Scale(Wender, 1995)에 감정영역이 포함되어 있어 이 척도를 자주 사용한다. 이 기준에 따르면, 감정조절장애는 분노조절temper control과 정서적인 불안정affective lability 그리고 감정적인 과잉반응, 이 세 가지 측면으로 정의된다. 필자가 보기에는, 이렇게 분노조절과 정서적인 불안정 그리고 감정적 과잉반응/스트레스에 대한 과민성emotional over-reactivity/stress intolerance 등의 3가지 증상이 포함된 웬더-유타 진단기준이 가장 인정받는 감정조절장애에 대한 정의로 사용된다고 판단됐고, 실제 임상에서 이용하기 위해 표준화 작업을 수행했다(이원익 & 허윤석, 2015).

다시 한번 강조하지만, 일상과 임상 모두에서 감정조절장애를 가진 ADHD 환자는 대부분 ADHD보다 우울감 혹은 불안감을 호소하며, 신경정신과를 방문하여 그에 해당하는 진단을 받고 대부분 약물치료를 받는다. 특히 더 자주 항우울제로 치료받는다(Ghaemi 등, 2000, Ghaemi 등, 2003). 따라서 흔한 우울증으로만 진단받고, 정작 중요한 ADHD가 진단에서 고려되지 않은 상태로 지낼 가능성이 크기 때문에 감정조절장애를 파악하는 것은 무척 중요하다. “우울해서 왔어요”라는 말을 그냥 우울증으로 보지 말고 다른 시각으로도 살펴보자. 산만한 감정의 개념으로 말이다. 그러면 볼 수 있는 폭이 훨씬 넓어지고, 더 정확하고 효과적인 결과를 얻을 수 있을 것이다.

## 자기인지 — ADHD가 아니면 자기인지를 잘할까?

우리는 흔히 인지에 대한 지식을 우리의 인지 과정에 대한 지식과 인식으로 정의하며, 인지 조절은 이런 과정에 대한 우리의 의식적인 통제를 의미한다고 정의한다(Schraw & Dennison, 1994; Harrison & Vallin, 2018). 이렇게 교육받기 때문에 인지 과정을 이해하고 실제 인식하고 의식을 통해 통제하는 것을 강조한다. 따라서 인지 과정을 평가하고 조절을 담당하는 의식의 통제 정도를 평가한다. 하지만 인지를 평가하는 것은 어렵다. 자신의 인지를 평가하지 못하는 사람은, 이런 상태를 스스로 인식하지 못해 이를 보고하기 어렵다. 실제 대부분의 사람은 자신의 인지를 그 당시에는 평가하지 못한다. 인식하고 판단하고 행동한 후, 그에 따른 평가가 내려진 다음에야 피드백을 받는 것뿐이다. 다른 제3자에게 인지를 평가하면 이런 문제를 회피할 수 있지만, 평가하는 제3자의 관점 또한 주관적이고 다양한 편견에 노출된다(Williamson 등, 2010).

앞서 언급했듯이, 우리는 자기 모습을 인지하지 못한다. 단지 다른 사람의 말을 듣고 인지하게 되는데, '인지한 내용'과 '다른 사람의 평가'는 서로 전혀 다르다. 어느 누구라도 다르지만, 필자의 경험상 ADHD를 가진 사람은 그 차이가 심하다. 예를 들면, 누가 봐도 산만한 사람에게 물어보면, 대부분 자신은 산만하지 않다고 말한다. 그런데 착하다는 얘기를 많이 들었다고는 흔히 얘기한다. 착하다는 말과 달리, 산만하다는 단어가 부정적인 의미가 강해서 그럴 것이다. 그런데 착하다는 말은 정말 아이들과 같은 착함을 의미하는 걸까? 아닐 것이다. 어쨌든 자기가 산만하다고 말하는 사람도 있다. 그런데 그 사람에게 "당신의 어떤 모습을 산만하다고 여기시나요?"라고 물어보면, "솔직히 뭐가 산만한지 모르겠어요", "그냥 제가 어떤 행동을 했을 때 남들이 산만하다며 눈총을 주면 그때 그런가 보다 생각해요"라고 대답하는 경우가 대부분이다. 물론 이런 현상이 반복되면 반복 학습을 통해 어느 정도 눈치가 생기지만, 그렇다고 실제 그 사람이 산만하지 않게 되는 것은 아니다. 단지 침착한 척할 뿐이다. 그런데 우리는 이런 현상을 보고 그 사람에게 실제 인식이 생겼다고 오해하며 또 다른 것을 요구한다. "의지를 갖고 그렇게 하지 않으려고 노력을 해!" 하지만 그런다고 바뀔 수 있을까? 설사 바뀐 모습을 보이더라도 언제까지 가능할까? 항상 가능할까? 실제 자기인지와 의식적인 통제라는 것은 아무 의미가 없다. 늘 사람을 힘들게 만드는 가장 기본적인 족쇄다.

발달이론 측면에서 살펴보자. 전형적인 발달을 보인다면, 그 사람의 자기인식은 우리가 생각하는 보편타당한 기준을 인식하는 뇌를 갖게 된다고 알려졌다. 따라서 자기인식이 결여된 사람은 사회와 가정 및 직장에서 문제를 일으킬 수 있다(Lysaker 등, 2011). 예를 들면, 초기에 좋은 관계를 맺거나 직장에서 성과를 내더라도, 다른 사람이나 상황에 대한 자신의 해석에 의문을 제기하지 못하거나(자기주장을 못함), 개인의 강점과 약점이 환경에 미치는 영향을 반영하지 못하면 결과에 부정적인 영향을 줄 수 있다(Lysaker 등, 2011). 이런 개념에 따라 우리는 흔히 의지와 노력을 통해 이런 인식을 갖춘다면, 당연히 보편타당한 기준을 인식하고 자신과 주변에 성숙한 모습을 보일 거라고 착각한다. 필자의 주장은 '절대로 전혀 그렇지 않다'는 것이다. 단지 의지와 노력을 통해 스스로 기준을 인식하고 거기에 맞게 자신을 통제하여 긍정적인 모습을 보이는 '척'한다는 말이다. 물론 이런 '척'을 무시하는 것은 아니다. 당연히 존중한다. 그런데 그렇게 하려면 엄청난 의지와 노력이 필요하고, 그 과정에서 자신과 주변 사람을 힘들게 만든다. 주변에서 흔히 볼 수 있는 평범한 사람(물론 그들이 보기에는 의지와 노력이 부족한 사람)에게 의지와 노력을 하라고 강조하여 충돌을 일으키는 경우가 흔하다(특히 부모-자식 사이에서). 앞서 언급한 대로 의지와 노력은 인생의 족쇄가 된다. 또 다른 문제는, 산만한 사람의 자기인식에 있어서의 극단적인 모습이다. 필자가 주장하는, 일상에서 한쪽 극단의 모습을 구성하는 ADHD를 가진 사람에 대한 연구를 살펴보자. ADHD를 가진 대학생은 자신의 증상을 과소평가할 수 있다고 알려졌다(Manor 등, 2012). 이런 현상을 흔히 긍정적인 환상적 편향이라고 하는데, 이는 주변 사람들이 보는 것보다 스스로 자신을 더 긍정적으로 평가했음을 의미한다(Prevatt 등, 2012). 이와 반대로 다른 연구에 따르면, ADHD를 가진 사람은 자신의 증상을 과대평가하는 것으로 보이지만, 기능 장애를 정확하게 평가할 수 있으며(일부는 반대 형태를 보임), 이는 증상과 장애 사이의 연관성을 인식하지 못할 수 있음을 시사한다(Moerstedt 등, 2015). 이렇듯 ADHD를 가진 사람은 자기인식 수준이 낮으며, 보편타당한 기준을 잘 인식하지 못한다. 하지만 산만함에 대한 뇌 기능의 방향에 무게를 두면서 필자의 견해를 좀 더 정확히 말하자면, ADHD를 가진 사람은 자기인식이 나쁜 것이 아니라, 그 방향대로의 인식을 가진다는 말이다. 즉 그 사람은 자신이 인식한 모습대로 판단하고 행동할 뿐이다. 그런데 우리는 이런 방향의 인식을 무시할 뿐 아니라, 심지어는 자기 인식이 전혀 이루어지지 않는다고 비난한다. 솔직히 보편타당한 기준을 근거로 하면 놀랄 때가 많다.

"아니, 이 나이가 되도록 아직 이런 것도 모를까? 정말로 모를까?", "개념을 안드로메다로 보냈구나"라는 비난을 듣기도 하고, 스스로는 "저는 제가 어떤 사람인지 설명할 수 없어요. 주변에서 너는 어떤 사람인지 말해보라고 하면 아무 생각도 안 나요", "좋아하는 것은 많은데, 뭘 잘하는지 잘 모르겠어요" 같은 말을 많이 한다. 따라서 그 사람은 그렇지 않은 '척' 혹은 아는 '척'을 할 수 밖에 없을 것이다. 물론 이런 '척'은 의지와 노력의 일환이다. 이것도 못하거나 안 하면 감방에 간다.

그렇다면 ADHD가 아닌 사람의 자기인식은 어떨까? 우리는 흔히 아동이나 청소년에게 물어본다. "넌 뭘 잘해?", "넌 어떤 사람이 될 거야?", "커서 무슨 일을 할 거야?" 등등, 자기인지와 관련된 질문을 한다. 그러곤 "저는 이런저런 것들을 잘해요", "저는 커서 뭐가 될 거예요" 등, 이런 식의 대답을 들으면, 우리는 마치 그 아이가 자기인지가 좋은 것처럼 여긴다. 그런데 누가 봐도 잘하는 아이는 어떻게 대답할까? 정확히 말하자면, 그런 아이는 말을 잘 못한다. 말은 못하지만, 실제 행동은 그렇지 않다. 그런 아이들은 '척'할 필요가 없기 때문에 구차한 말은 잘하지 못한다. 하지만 누가 봐도 그 아이가 무엇을 잘하는지, 어떻게 클 것인지, 그리고 어떤 모습의 사람이 될 것이지 예측할 수 있고, 그 예측은 대부분 그대로 들어맞는다. 반면 말을 잘하는 아이들은 말만 그런 경우가 대부분이다.

### 시간 — 너무 못 지키거나 강박적으로 잘 지키거나

필자는 모든 인간은 아무것도 안 하거나 하고 싶은 일만 하면서 편하게 살고 싶을 것이라고 생각한다. 일을 꼭 해야 한다거나 일을 통해 인간의 정체성을 확인한다는 말은 필자가 보기에 좀 억지다. 먹고 살려고 어쩔 수 없이 일하지만, 틈만 나면 마음 방랑같이 잡생각을 하고 공상과 상상을 하며 놀려고 하는 것이 인간의 본질이다. 하지만 하기 싫어도 어쩔 수 없이 일은 해야 한다. 일을 하려면 시간개념이 필수적이다. 무엇을 하든 그에 필요한 시간을 인식하고 계획하고 지키는 것이 현대사회의 기본적인 사회적 개념이다. 일하든 놀든 인간에게 시간은 중요하며, 시간을 경험하는 우리의 능력은 매우 복잡하고 다면적이다. 그런데 ADHD를 가진 사람의 시간에 대한 개념은 무척 다르다. 이에 대해 살펴보자.

시간 개념은 시간에 대한 지각으로부터 시작된다. 시간 지각이란 시간의 흐름에 대한 주관적인 경험이자 내적인 인지적 시계에 따라 삶을 정리하는 과정이다. 시간 지각과 관련된 기전을 파악하려는 많은 모델이 도입됐는데(Hass & Daniel, 2016), 특히 이 책의 주제인 ADHD와 시간 지각의 관련성에 대한 연구에서 가장 많이 사용되는 과제 중 하나는 전향적 혹은 후향적 시간 추정법이다. 각각에 대한 자세한 설명은 생략하겠지만, 후향적 시간 추정과 관련된 연구에서는 과제를 수행하게 지시한 후 과제 완료에 필요한 시간을 추정하게 하는 것이 일반적이다(Hicks 등, 1986). 후향적 시간 추정값과 수행 완성도 사이의 차이는 다른 정신장애를 가진 환자와 비교할 때도 ADHD로 진단된 환자에서 그 차이가 뚜렷하다(Walg 등, 2017). 실제 ADHD를 가진 사람은 수행을 완수할 때까지 걸리는 시간이 스스로 예상한 것보다 더 길다. 이런 형태의 시간 추정 문제가 있다면, 실제 일상에서는 마감 시간을 지키지 못하는 것으로 나타날 것이다. 이런 현상은 과제 제출 시간과 학업 수행 완수가 중요한 학생에게서 특히 중요하다. 일반적으로 ADHD를 가진 학생은 낮은 학업 성취도를 보이는 경우가 많은데, 이는 지능지수가 낮기 때문이 아니라 시간 인식의 차이와 같은 문제 때문일 수 있다. 시간 추정 문제가 동반된 ADHD 대학생은 학업 성취도에서 상당히 부정적인 현상이 나타난다는 연구 결과가 이를 뒷받침한다(Prevatt 등, 2011). 이런 현상은 직장인을 포함한 ADHD를 가진 성인기 연령 모두에게서 뚜렷하게 나타날 것이다.

시간 지각, 신경학적 차이, 그리고 행동 결과 사이에는 강한 상호 연관성이 존재한다. 또 사람 대부분은 이런 연관성을 인식하든 못하든 이와 관계없이, 큰 문제가 나타나지 않는다. 하지만 ADHD를 가진 사람은 마찬가지로 이런 연관성을 인식하든 못하든, 큰 문제를 일으킨다. 문제가 커진다는 것을 인식하고 이를 해결하려 노력하는 ADHD 환자는 시간에 대한 강박이 생기기 쉽다. 강박적으로 일정을 적어놓고 이를 완수하려고 노력한다. 이런 초인적인 노력을 통해 시간은 잘 지킨다. 그런데 이런 사람은 시간과 관련된 문제에서 극단적인 예민함을 보인다. "전 시간을 안 지키는 사람이 제일 싫어요. 왜냐하면, 블라블라…." 주변 사람들에게는 "시간은 현대사회에서 가장 중요하고 내 시간이 중요하듯 남의 시간도 중요하며, 시간을 같이 쓴다는 것은 생명을 나누는 것이며 블라블라…" 이러기 일쑤다. 시간을 지키는 것이 무슨 큰 업적이나 되는 듯 스스로 혹은 주변 사람에게 강조하는데, 문제는 그 사람은 시간 지키는 것에만 집착하고 다른 영역에서는 못 지키는 일이 대부분이라는 점이다. 단지 시간만 지키는 데 집착한다. 또 모든 가치판단의 기준을 시간 지키는 것에 무게를 둔다. 하여간 시간과 관련된 일에는 무척 소란스럽다.

전부 ADHD를 가진 사람에게 나타나는 현상인데, 이는 DSM-5 진단기준 중 어디에 해당할까? 시간 지각 때문에 발생하는 문제를 단지 ADHD로 인한 이차적인 문제가 아니라, 일차적인 핵심 문제로 다루는 것이 중요하다. 핵심 증상과 동일한 수준으로 발생하는 문제이기 때문이다. 노레이카Noreika 등은 ADHD의 시간 지각과의 관련성을 주장했다. 그들은 연구에서 ADHD의 시간 지각과 이로 인해 나타나는 기능의 뚜렷한 차이가 약물 투여(예, 메틸페니데이트)에 의해 눈에 띄게 정상화됐음을 보고했다. 이를 통해 그동안 ADHD에서 중요한 관심 분야인 작업 기억과 관련된 문제와 시간 인식의 차이를 구별할 필요가 있다는 것을 강조했다. 또 ADHD의 핵심 증상으로 인식되어 온 충동성이 시간 지각과 관련된 문제와 가장 큰 관련성이 있다고 언급했다(Noreika 등, 2013). ADHD 치료를 위해 가장 일반적으로 사용되는 약물인 암페타민과 메틸페니데이트(도파민 경로에 작용)와 같은 자극제는 시간과 관련된 과제에 대해 정상화 효과가 있다고 밝혀졌다(Allman & Meck, 2012). ADHD의 시간 개념에 대한 중요성이 인식되면서, 워그Walg 등은 처리 속도, 시간 추정 및 시간 구분이 아동을 대상으로 한 정신과적 평가에서 진성authentic ADHD와 유사pseudo ADHD를 구별하는 데 사용될 수 있다고 주장하는 한편, 지적 능력을 결정하는 데 사용되는 평가척도 목록에 부록으로 도입할 것을 강조했다(Walg 등, 2017).

앞서 언급했던 대로 ADHD를 가진 아동의 시간 지각 차이는 최근 처리 속도에 대한 문제보다는 충동성에 기인했기 때문에, 이런 결과는 중요하다(Smith 등, 2002). ADHD를 가진 아동에게서 확인된 인지 왜곡은 평가와 기술 훈련에 사용될 수 있는 소프트웨어와 컴퓨터 프로그램의 개발로 이어졌는데, 최근 연구의 결과에 따르면 작업 기억을 향상시키기 위해 개발된 특정 프로그램은 뇌의 다른 과제-지향 영역과 전두-두정엽 네트워크 연결을 향상시킨다고 알려졌다. 이런 현상은 ADHD 및 유사한 장애와 관련이 있으므로 치료 측면에서 고려된다(Barnes 등, 2016). 이런 변화를 반영하여 최근 ADHD를 가진 아동을 대상으로 한 컴퓨터 활용 치료 프로그램이 개발되어 미국 FDA의 승인을 받았다. 이 프로그램은 8~12세 사이의 ADHD 아동을 대상으로 미국 FDA가 2020년 6월 15일 승인한 최초의 게임 형태의 디지털 치료기라 할 수 있다. 아킬리 인터랙티브Akili Interactive 사가 개발한 인데버RxEndeavor Rx로, 공중을 떠다니는 쟁반 모양의 보드를 타고 경주로를 달리는 게임이다. 그 효과가 어떤지는 아직 잘 모르는 상태지만(이런 유형의 게임은 이전에도 존재했음), ADHD 치료약물의 시간 지각에 대한 효과는 입증됐다. 왜냐하면 ADHD를 가진 사람을 대상으로 자기뇌파검사법을 사용해 실험을 수행했는데, 자극제와 같은 ADHD 치료약물 투여 후 전-전두엽, 전측 대상회, 그리고 보조운동영역에서의 활동이 증가했고, 그 결과 시간 지각이 개선된 것으로 나타났기 때문이다(Wilson 등, 2013). 실제 필자도 치료약물 투여 후 시간 지각과 추정 능력이 긍정적으로 개선된 경우를 거의 대부분의 사례에서 볼 수 있었다.

이와 더불어 ADHD를 가진 사람이 임상에서 흔히 호소하는 증상 중 하나는 시간이 더 빨리 지나간다는 느낌이다. 역시 시간 지각과 관련된 문제다. 이로 인해 종일 널브러져 있는 상태가 가능하며, 이 때문에 과제에 대한 시간 추정의 어려움이 발생한다. 특히 전향적인 시간 추정에 오류가 발생, 사회적 혹은 직업적 문제가 생긴다. 다시 말해 정해진 약속 시간을 지키지 못하고 약속된 업무 마감 시간을 지키지 못해 문제가 발생한다. 비교적 잘 알려진 현상이다. 하지만 널리 인식되지 못한 증상은 다음과 같은 모습으로 나타난다. "저는 대부분 하루 종일 아무것도 하지 않고 가만히 있어요", "아침에 일어나서 뭐를 하려다 귀찮아서 그냥 누워요. 그런데 금방 어두워져요", "하루 종일 멍때리거나 오만가지 생각을 해요. 시간이 번개같이 가서 금방 깜깜해져 자야 해요" 등과 같은 말을 한다. 말 그대로 온종일 널브러져 있다. 병원을 방문한 사람에게서 이런 말을 들으면 과연 정신과 의사는 어떤 진단을 내릴까? 무기력감이 심한 우울증? 히키코모리? 아니다. ADHD로 진단받은 사람의 말이다. 어떻게 이럴 수가 있을까? 어떻게 이런 현상을 설명하고 이해할 수 있을까? 막상 당사자는 이런 현상을 전혀 설명하지 못한다. 그냥 그렇게 인식돼서 자연스럽게 일어나는 일이며, 이상하다는 것을 인지하지 못한다. 이런 경험을 한 ADHD 환자를 제외하고 아무도 믿지 못하겠지만, 이런 상태에서는 시간이 정말 빨리 간다는 느낌(솔직히 시간이 빨리 간다는 느낌은 없고 어느 순간에 하루가 지나간다는 느낌)을 갖는다고 한다. 정작 당사자는 이런 현상을 그 당시에는 인지하지 못한다. 단지 주변 사람에게 부정적인 말을 듣게 되면서부터 자신은 다른 사람에 비해 게으르다거나 무기력하다고 말한다. 우울하다는 말도 자주 한다. 이런 말은 스스로 설명할 수도 없고 자기가 보기에는 전혀 이상하지 않지만, 다른 사람의 눈에는 이상하고 게으른 모습으로 비춰진 자기 모습에 대한 엉뚱한 설명일 뿐이다. 이런 사람에게 ADHD 치료약물인 자극제를 투여하면, "하루가 길게 느껴져요", "시간이 천천히 흘러요", "지금 제가 무엇을 하는지 느껴져요"란 말을 한다. 이런 느낌은 긍정적인 피드백으로 돌아온다.

향후 ADHD에 대한 보다 완전한 평가와 치료를 위해 시간 관점과 시간 지각 평가에 대한 관심이 필요하다는 주장이 설득력을 얻고 있다(Weissenberger 등, 2020). 이런 변화는 개념의 변화를 통해 진단기준의 변화를 이끌 것이다.

## 수면 — 밤도깨비

불면증과 일주기 장애는 정신장애에서 자주 나타나는 증상 중 하나다. 정신장애가 없는 경우에도 불면증은 일상에서 광범위하게 존재하는데, 성인기 연령에서 불면증 증상의 유병률은 43~85%로 알려졌다(Voinescu 등, 2012; Yoon 등, 2013; Fisher 등, 2014; Bjorvatn 등, 2017). 우선 불면증에 대해 간단히 살펴보자. 불면증은 정신장애에 대한 위험요인이 될 수 있을 뿐 아니라, 동반장애나 관련 증상일 수도 있고, 혹은 정신장애의 초기 징후일 수도 있기 때문에(Pigeon 등, 2017; Hertenstein 등, 2019; Palagini 등, 2019; Geoffroy 등, 2021), 불면증에는 전조 증상, 첫 번째 에피소드, 급성, 재발 및 완화 단계가 포함되며 기존의 정신장애를 악화시키고, 증상의 심각도를 증가시키며, 재발 및 자살 위험을 높인다(Pigeon 등, 2017; Hertenstein 등, 2019; Palagini 등, 2019; Geoffroy 등, 2021; Palagini 등, 2021). 따라서 불면증 증상은 정신장애를 예방하거나 완화를 달성하고 이를 유지하기 위한 중요한 수정 가능한 위험 요소 및 지표가 된다. 따라서 초기 단계의 불면증에 대한 평가와 관리는 정신과 치료의 우선순위가 된다. 불면증은 대부분 벤조다이아제핀과 벤조다이아제핀 수용체 길항제와 같은 약물로 치료한다(Wilson 등, 2019; Palagini 등, 2020). 벤조다이아제핀과 벤조다이아제핀 수용체 길항제 모두는 불면증 관리를 위해 40년 이상 사용됐고 그 효능은 좋지만, 부작용이 문제다. 부작용에는 숙취, 밤 시간 동안의 혼란, 낙상, 다음날의 인지 능력에 대한 부정적인 영향, 반동성 불면증, 내성 및 의존성 등이 있다(Wilson 등, 2019;

Palagini 등, 2020). 이 외에도 기분 변화, 자살 충동 및 자살 행동을 포함한 기분 증상의 악화가 있다(Wilson 등, 2019; Palagini 등, 2020).

다음으로는 일주기 장애에 대해 살펴보자. 정신장애에 대한 '일주기 가설'(Geoffroy, 2018; Logan & McClung, 2019)에 따르면, 시상하부의 주요 생체시계인 시교차 상핵의 비-동기화는 정신장애의 주요 특징이다. 특히 정신장애와 일주기 수면장애를 가진 환자는 생체시계를 바꿀 수 있는 다양한 생체시계 유전자와 멜라토닌 수용체 돌연변이의 다형성을 보일 수 있다고 알려졌다(Geoffroy, 2018; Logan & McClung, 2019). 이런 연구 결과는 불면증과 관련하여, 변화된 일주기가 정신장애를 예방하거나 완화를 달성하고 이를 유지하기 위한 중요한 수정 가능한 위험요인이 될 수 있음을 시사한다.

이렇듯 수면장애는 정신과에서 큰 비중을 차지하며, 거의 모든 정신장애와 연관성을 가진다. 물론 ADHD와도 연관성이 크다. 아동 ADHD의 경우, 여러 연구자의 다양한 연구를 통해 ADHD와 수면장애 사이의 중요한 연관성이 많이 보고됐다(Díaz-Román 등, 2018; Instanes 등, 2018). 하지만 놀랍게도 성인기 연령의 경우, ADHD와 수면장애 사이의 관계는 거의 연구되지 않았고 이에 대한 의문과 논란은 해결되지 않고 있다(Díaz-Román 등, 2018). 따라서 소아청소년 정신과 의사를 제외하곤 일반인은 물론, 대부분의 정신과 의사도 ADHD와 수면장애를 연결시키지 않으며, ADHD에서 특징적으로 나타나는 불면증에 대한 인식이 부족하다. 특히 ADHD는 특히 일주기 수면-각성장애인 '지연된 일주기 장애'와 높은 연관성을 보이는데, 아동과 성인 ADHD의 73~78%에서 나타난다. 실제 지연된 일주기 장애 이외에도 다양한 다른 수면장애가 아동 및 성인 ADHD 모두에서 동반된다. 즉 ADHD는 수면장애의 원인이거나 그 결과일 수도 있고, 혹은 그것들이 공유된 원인적 및 유전적 배경을 가지고 있을 수도 있다는 말이다. 따라서 수면 문제는 단순히 수면 문제로 보지 말고 반드시 ADHD와 관련된 측면을 살펴봐야 한다. 수면 문제를 가진 성인기 연령은 주로 낮 시간 동안 나른함과 느릿느릿함을 호소한다(National Sleep Foundation, 2016). 또 ADHD 환자는 잠들기까지 시간이 더 많이 걸리며 수면 효율이 낮다. 이는 주관적인 호소와도 일치하는데, 실제 임상에서는 "자기 전에 생각이 많아져 잠을 못 자요", "아침에 일어나기가 정말 힘들어요", "그래서 그런지 낮 동안에 멍하게 지내요"라는 표현을 자주 듣는다. 이런 현상은 앞서 언급한 대로 ADHD 환자에서 수면주기가 늦춰졌기 때문에 나타난다. 이렇듯 ADHD를 가진 사람은 통상적인 불면 여부와 상관없이 수면 잠복기가 길며, 늦게 자고 늦게 일어난다(van Veen 등, 2010; Snitselaar 등, 2017). 물론 이런 증상은 현상일 뿐이며, 수면주기의 지연에서 기인한다. ADHD를 가진 사람은 흔히 '밤도깨비'로 불리는 저녁형 인간인 경우가 많다(Voinescu 등, 2012). 그래서 ADHD로 진단받은 사람 중 스스로 밤도깨비라고 말하는 사람이 많다. 필자 경험상 80% 이상이다. 또 ADHD 환자는 수면 중 움직임이 더 많아 주관적인 수면의 질이 낮다(Adler 등, 2009). 즉 불면 형태의 수면장애의 빈도가 높으며(50% 이상), 짧은 수면주기와 더 긴 잠복기 그리고 원치 않는 수면 중 각성이 더 흔하게 나타난다. 이런 수면 문제 때문에 성인 ADHD 환자는 종종 직장이나 수업에 지각하며, 각성상태를 유지하기 어려워 일상적인 과업 수행 저하로 인해 문제가 발생한다(Brown & McMullen, 2001). 요약하자면 ADHD는 수면 문제 중 일주기의 변화와 많은 관련이 있는데, 일주기의 변화는 잔류 증상, 치료 저항성, 그리고 증가된 자살 위험과 관련된 정신장애, 재발의 전구증상, 그리고 발병의 위험 요인으로 간주된다. 특히 충동성 증상은 나쁜 수면의 질과 관련되는 것으로 알려졌다. 과잉행동은 특히 불면이 있는 사람의 나쁜 수면의 질과 관련된다. 과잉행동의 심각도는 과거의 수면 문제가 현재까지 지속되는 것과 관련성을 보인다(Voinescu 등, 2012; Vogel 등, 2017).

실제 임상에서 흔히 보는 문제 사례를 살펴보자. 정신과 외래에는 수면 문제를 호소하는 사람이 상당히 많다. 불면증인지 일주기 장애인지 여부와 관계없이 대부분은 앞서 언급한 벤조다이아제핀 혹은 벤조다이아제핀 수용체 길항제, 소위 수면제를 처방받는다. 일주기 장애가 없는 불면증은 수면제가 잘 듣는 예가 많다. 하지만 수면제를 처방받은 사람 중 일부는 내성이 생기기도 한다. 심한 의존성과 중독성이 생겨 수면제 중 유명한 약물인 스틸녹스를 하루에 6~10알 복용하는 사람도 생긴다. 이런 사람과 면담해 보면 대부분 "약을 먹어도 잠이 안 오고 오만가지 잡생각이 많아져요", "밤에 자려고 누워도 잠이 안 와서 딴짓을 해요, 수면제 먹어도 잠들기 힘들어요", "밤만 되면 말똥말똥해요. 새벽에 잠이 와요", "전 밤도깨비라는 얘기를 많이 들어요" 등등의 문제를 호소한다. 이런 사람은 우리가 통상 수면에 들어갈 시간이라고 여기는 시간인 밤 10시부터 12시 무렵까지도 낮의 뇌를 가진 일주기 장애 환자일 확률이 높다. 즉 이 사람은 아직 낮이다. 단지 사회적인 시간만 밤이고 생체적인 시간은 낮이다. 이런 사람이 병원을 방문, 불면을 호소해 수면제를 처방받아 복용하면 잠이 올까? 우리는 '낮술은 지 애비 에미도 몰라보는 개가 되게 한다'는 말을 하며 낮술을 금기시한다. 왜 그럴까? 보통 술은 저녁에 마신다. 이때 술을 적당히 마시면 우리 뇌의 억제중추도 적당히 이완되면서 허심탄회한 대화를 가능하게 하며, 모임을 마치고 집에 가서 잠도 잘 들게 만든다. 그때가 잘 시간이라 술이 적당한 수면제 역할을 해 잠들기가 용이해지기 때문이다. 하지만 낮에 술을 마시면 우리 뇌의 억제중추만 이완되며 잠은 안 온다. 억제의 봉인만 풀리기 때문에 저녁 시간의 음주보다 문제가 발생할 확률이 더 높아진다. 수면제도 마찬가지다. 이렇듯 ADHD를 가진 사람은 수면주기가 늦춰져 있어 밤에 수면제를 복용해도 그 사람에게는 단지 낮에 수면제를 먹은 것과 다를 게 없다. 즉 낮술과 동일한 효과를 보인다. 오라는 잠은 안 오고 억제중추만 풀려 엉뚱한 행동을 한다. 그러다 보니 복용량을 늘리게 되고, 심지어는 수면 효과가 좋은 전혀 다른 계통의 약물(정신분열증 혹은 조울증에 사용하는 약물)을 혼합해서 사용하는 경우가 많다. 불면이 심하고 수면제에 의존성이 심한 사람은 ADHD를 의심해 보는 것이 그 사람에게 큰 도움이 될 것이다.

그러면 ADHD 치료약물은 이런 수면 문제에 어떤 반응을 일으킬까? 한 연구에서 약물에 따른 불면증 발생률을 조사했는데, 불면증 발생은 장기-작용 혼합 암페타민 염(40~45%), 도파민-노르에피네프린 재흡수 억제제인 '다소트랠린dasotraline'(35~45%)(미국 FDA의 사용승인을 받지 못함), 리스덱사암페타민vyvanse®(10~19%), 그리고 확산-분비형 메틸페니데이트(11%)의 순이었으며, 자극제가 아닌 아토목세틴도 10~17%에서 불면증이 발생한 것으로 알려졌다(Wynchank 등, 2017). ADHD에 대한 일차 치료약물인 자극제는 전 세계적으로 가장 널리 사용되는데, 부작용으로 수면 문제를 유발할 수 있다는 견해가 지배적이다. 자극제는 수면의 양과 질 그리고 아동의 불면-보고 등에 근거한 연구를 통해 아동의 수면에 영향을 준다고 알려졌으며(Corkum 등, 2008; Ironside 등, 2010), 각성상태를 증가시키고 유지하기 때문에 잠들기가 어려울 수 있으며(잠복기가 길어짐) 총 수면시간과 수면 효율을 저하시킨다. 이렇게 수면에 방해를 주는 효과는 특히 밤늦게까지 증상을 보여 늦은 시간에도 자극제를 투여하거나 장기-작용 자극제를 사용한 경우에 나타난다(Corkum 등, 2008).

이와 달리 ADHD 치료제인 자극제가 실제로는 수면 문제를 호전시킬 수 있다는 주장도 있다. 앞서 언급한 대로 이런 주장의 근거는 자극제가 ADHD 핵심 증상, 특히 충동성 증상을 감소시키는 효과를 보이기 때문인데, 이런 긍정적인 효과는 수면 문제에서도 마찬가지라는 것이다(Findling 등, 2011; Coghill 등, 2012). 수면의 질에 대한 자극제인 메틸페니데이트의 영향은 이중맹검 위약조절 연구를 통해 밝혀졌는데, 메틸페니데이트를 투여한 후 밤에 깨는 것이 줄고 수면 효율이 증가돼 수면의 질이 강화된 것으로 나타났다(Boonstra 등, 2007). 또 다른 연구에서는 리스덱사암페타민이 수면의 질을 방해하지 않으면서 ADHD 환자의 낮 동안의 기능을 향상시키는 것으로 나타났다(Adler 등, 2013). 성인 ADHD 환자에서 수면 문제는 오히려 자극제를 복용하지 않는 젊은 성인기 연령의 ADHD 환자에서 흔하다고 알려졌다(Cortese 등, 2009). 젊은 성인기 연령의 ADHD 환자에서 수면 상태가 나쁘면 감정적, 인지적, 그리고 신체적 기능에 대해 부정적인 영향이 나타난다(Beebe, 2011; Gruber 등, 2012). 대체적으로 수면 문제는 ADHD의 고유의 특징이며, ADHD 치료약물은 수면의 질을 향상시켜 주는 것으로 결론을 내릴 수 있다. 필자의 경험에서 자극제 치료는 초기에는 수면에 다소간의 부정적인 영향을 줄 수 있지만, 시간이 지나서 안정되면 수면 문제가 유의하게 개선되어, 특히 수면주기가 안정되면서 아침에 일어나고 밤에 자는 것이 원활해진다. 이런 사람은 초기에 기존의 불면증 때문에 사용했던 수면제를 어느 순간부터 사용하지 않아도 잘 자고 잘 일어나는 자기 모습을 발견하게 된다.

수면주기가 지연돼 수면 문제가 있는 사람은 '멜라토닌'을 자주 사용한다. 필자도 ADHD로 진단받은 사람에게서 멜라토닌을 복용했다는 말을 많이 들었다. 그 효과는 다양하며, 멜라토닌을 사용한 ADHD 환자는 자가 치료를 한 것으로 볼 수 있다. 필자가 경험한 바로는 특별히 효과가 있다고 한 사람은 거의 없었지만, 일주기 장애가 특징적인 ADHD 치료개념을 확장시키기 위해서 이 분야에 대해서도 언급할 필요가 있다고 판단된다. 실제 임상과는 달리 최근 유럽의 지침에 따르면, 불면증 치료에 수십 년 동안 사용되어 온 항우울제, 항히스타민제, 항정신병 약, 혹은 항간질제를 포함한 다른 화합물은 불면증 치료의 1차 치료약물로 간주해서는 안 된다고 한다(Wilson 등, 2019; Palagini 등, 2020). 수면제를 사용하지 않는 경우, 앞서 언급한 항우울제, 항히스타민제, 항정신병 약, 혹은 항간질제 등을 대신할 수 있을 가능성이 큰 물질이 멜라토닌이다. 멜라토닌은 밤에 송과선에서 합성되고 분비되는 신경 호르몬이다. 멜라토닌은 많은 생리적 기능 중 수면 · 각성 리듬을 포함한 여러 생물학적 기능의 일주기 리듬과 수면 촉진 작용을 동반한 수면 효과를 나타내는 시간 생물 작용chronobiotic action을 모두 갖고 있다(McCall 등, 2017; Geoffroy 등, 2019). 이에 따라 일주기 장애 치료 지침은 이미 멜라토닌 투여가 첫 번째 치료 물질로 알려졌다(Wilson 등, 2019; Geoffroy 등, 2019). 더욱이 영국 정신약리학 협회british association for psychopharmacology의 최근 합의와 5개의 이탈리아 과학 학회의 최근 전문가 의견 및 합의 권고에 따르면, 55세 이상 환자에게 수면 효과가 있는 물질을 투여할 때 2㎎의 장기-방출 멜라토닌을 우선적으로 사용해야 한다. 또 2007년에 유럽의약청european medicines agency[EMA]은 멜라토닌을 약물로 사용하도록 승인했다. 하지만 많은 국가에서 멜라토닌은 약물이 아닌 식이 보충제로 사용 승인됐다. 따라서 멜라토닌은 많은 국가에서 처방전 없이 구입할 수 있으며, 다양한 형태(정제, 캡슐, 비소화성, 경구용액, 스프레이)로 구할 수 있지만, 대부분 즉시 방출(IR) 제재로 2㎎ 미만의 용량에서, 용량이나 나이 제한 없이 복용할 수 있는 식품 보충제로 간주된다(Geoffroy 등, 2019). 앞서 언급한 대로 멜라토닌은 치료제로 투여될 때 일주기의 외부 동기화 장치로써의 역할을 하며, 투여 시기에 따라 자체 분비의 위상 진행 혹은 위상 지연을 유도한다. 멜라토닌 분비가 지연되는 현상은 ADHD와 불면증이 있는 성인기 연령에서 관찰됐으며, 이는 특히 ADHD와 매우 자주 관련된 수면 단계 이동 지연의 경우, 일주기 장애가 수면장애에 상당한 기여를 한다(Geoffroy 등, 2019). 앞서 지적한 대로 ADHD에서 수면에 관한 과학 문헌은 주로 아동과 청소년들에게 초점을 맞춰왔다. 연구 대상이 된 아동과 청소년에게는 3~6㎎의 고용량 멜라토닌이 투여됐다. 2020년 10월, 반 알덴van Andel 등은 ADHD와 수면 지연 증후군을 가진 18~55세 사이의 성인기 연령 51명을 대상으로 연구를 수행했는데, 이 연구는 성인기 연령의 ADHD 환자를 대상으로 한 유일한 연구다. 여기서 연구 대상자는 0.5㎎의 멜라토닌을 처방받은 후 지연된 일주기가 정상으로 돌아왔고, 물론 자기-보고 형식으로 평가한 것이지만 ADHD 증상을 감소시키는 것이 관찰됐다(van Andel 등, 2020). 특징적인 결과는 멜라토닌 투여를 통해 성인기 연령에서는 수면 지연뿐 아니라 ADHD 증상도 호전된 것으로 나타났지만, 아동과 청소년에서는 부주의나 과잉행동 증상에는 영향을 미치지 않았다는 점이다(Mohammadi 등, 2012). 통상적으로 ADHD를 가진 사람이 수면주기 지연이 동반된 경우, 즉시-방출형 멜라토닌 1㎎ 이하(통상 0.5㎎)를 3주 동안 투여할 것을 권장한다.

ADHD와 수면은 밀접한 관계가 있고, ADHD에 대한 약물치료는 ADHD 증상의 호전과 동시에 수면 문제도 개선한다. 이를 인식하고, 수면 문제를 호소하는 사람에 대해 ADHD 여부를 확인하는 것이 도움이 될 것이다.

### 자살 — 우울증 때문이 아니야

한마디로 말하자면, ADHD를 가진 사람은 자살을 많이 한다(Balazs & Kereszteny, 2017; Giupponi 등, 2018). 실제 ADHD 진단을 받은 사람은 ADHD 진단을 받지 않은 사람에 비해 자살-관련 행동의 비율이 4.7배 더 높다(Fitzgerald 등, 2019). 또 ADHD를 가진 사람은 ADHD가 없는 사람에 비해 2배 높은 자살 시도, 3배 높은 자살 사고suicidal ideation, 그리고 6배 높은 자살 완성을 보인다(Septier 등, 2019). 게다가 자살 시도를 반복할 가능성이 6배 이상 높다(Huang 등, 2018). 특히 여성은 자살 사고가 더 많다(Kakuszi 등, 2018). 영국과 미국에서 수행된 연구에서 ADHD를 가진 성인기 연령이 자살을 시도할 확률은 ADHD가 없는 성인기 연령에 비해 50% 더 높은 것으로 나타났으며(Agosti 등, 2011), 평균 27세까지 자살로 인한 사망률은 아동기 때 ADHD로 진단받은 사람이 ADHD가 없는 동년배에 비해 거의 5배 더 높은 것으로 밝혀졌다(Barbaresi 등, 2013).

ADHD는 연령과 성별에 따라 차이를 보이는데, 젊은 성인기 연령은 노인기 연령에 비해 ADHD 유병률이 높으며(Faraone 등, 2006b), 자살은 젊은 성인기 연령에서의 주요 사망 원인 중 하나다(Navaneelan, 2012). 이를 통해 ADHD가 자살에 유의한 영향을 준다고 해석할 수 있다. ADHD는 자살방식에도 영향을 주는데, 아동기 때는 여자아이보다 남자아이가 더 많은 ADHD 진단을 받으며(Pastor & Reuben, 2008), 비슷한 성별 차이가 성인기까지 지속되는데(Kessler 등, 2006), 성별에 따른 자살-관련 행동에 차이가 있다. 자살로 인한 사망은 남성에서 더 흔하고, 자살 시도는 여성에서 더 많다(Freeman 등, 2017; Miranda-Mendizabal 등, 2019). 사회경제적 어려움과 저학력도 자살과 관련되는데, 아동기 때 ADHD 진단을 받은 사람은 ADHD가 없는 동년배보다 성인기 때 사회경제적 어려움이 심하다(Pelham 등, 2020). 또 ADHD가 있는 사람은 ADHD가 없는 동년배에 비해 장기적인 학업 성취 수준이 더 낮다(Arnold 등, 2020). ADHD로 인한 저학력과 실업 상태로 인한 사회경제적 어려움은 성인기 연령의 자살 위험과 관련이 있다(Denney 등, 2009). 또 아동기 때의 학대 경험은 ADHD와 자살 시도 모두와 밀접한 관련이 있다. 아동기 때의 신체적 및 성적인 학대, 그리고 부모의 가정 폭력은 ADHD를 가진 사람 사이에서 더 많이 발생한다(Fuller-Thomson & Lewis, 2015; Clayton 등, 2018). ADHD를 가진 젊은 여성 중 아동학대(신체적 및 성적 학대), 방치(정서적 및 신체적 방치), 그리고 부모의 가정 폭력 등을 경험한 경우에서 자살 시도가 유의하게 높다(Meza 등, 2021). 부상과 통증도 ADHD와 자살 사이의 관련성을 설명해 주는데(Stray 등, 2013; Stickley 등, 2016), 만성 통증은 자살 시도와 상당한 관련이 있기 때문이다(Racine, 2018).

이와 더불어 ADHD 환자는 전형적으로 감정적 불안정과 같은 임상적 특징과 기분장애를 나타내며, 알콜 혹은 약물의존과 같은 동반된 정신장애가 빈번하다. 또한 ADHD로 인해 발생하는 다양한 문제는 자살과 높은 관련성을 보이기 때문에, ADHD 환자에서 자살의 위험성이 증가한다는 것은 쉽게 짐작할 수 있다. 이렇듯 ADHD는 자살과 밀접한 관련이 있다. 하지만 앞서 언급한 대로 ADHD와 자살과의 관련성을 조사한 연구가 존재했음에도 불구하고, 대부분의 정신과 의사, 정치가, 정책 입안자 및 일반인은 여전히 자살과 우울증 사이의 관련성만 얘기한다. 우울증은 필자가 감정조절장애에서 언급한 바와 같이 진성 우울증인지, 아니면 ADHD에서 보이는 감정조절장애가 우울증으로 둔갑한 것인지는 확인해봐야 한다. 어쨌든 아직도 자살과 관련된 대부분의 연구는 우울증과 자살 사이의 관련성에 대해서만 다루고 있다. 많은 예산을 투입하고 관심을 기울였어도 우리나라는 OECD 국가 중 자살 1위라는 오명을 유지하고 있다. 2019년 통계를 근거로 보건복지부와 한국생명존중희망재단이 2021년에 발간한 『2021 자살예방백서』를 살펴보면, 2018년 자살사망자 13,670명 및 자살률 26.6명에 비해 2019년 우리나라의 자살자 수는 13,799명으로 전년 대비 129명(0.9%) 증가했고, 자살률은 26.9명으로 0.2명(0.9%) 증가했다. 보건복지부와 건강보험공단의 '2018 OECD 보건통계' 자료를 보면, 2016년을 기준으로 인구 10만 명당 자살로 인한 사망률(자살률)이 한국은 25.8명에 달한다. OECD 국가 평균 11.6명보다 훨씬 높은 수치다. 특히 2008년 세계금융위기 직후인 2009년에 자살로 인한 사망률은 정점을 찍었다. 외환위기와 금융위기를 거치며 자살률이 치솟자 상황이 심각하다고 판단한 정부가 엄청난 예산을 들여 각종 자살 예방 대책을 내놓고 적극적으로 추진했지만, 효율성은 극히 낮아 보이며, 실제로도 별로 나아지지 않았다. 필자가 판단하건대 그 이유는 ADHD를 고려하지 않았기 때문이다.

앞서 언급한 감정조절장애를 다시 한번 상기해보자. ADHD를 가진 사람 중 약 70% 이상에서 감정조절장애 증상이 나타난다. ADHD를 고려하지 않는 정신과 의사에게는 감정조절장애가 우울증과 불안증으로 보일 가능성이 크다. 앞서 살펴본 대로 ADHD 환자는 자살률이 높다. 감정조절장애를 인식하지 못해 ADHD를 진단받지 못한 사람은 우울증과 불안증으로 진단받을 수밖에 없다. 이런 경우가 많기 때문에 당연히 우울증과 불안증 환자에게서 자살률이 높다고 인식되지 않을까? 자살은 충동적인 방식으로 일어나는 경우가 많다. 충동적인 자살은 대부분 감정조절장애가 동반된 ADHD에서 흔히 나타난다. 감정조절장애는 충동성과 연결된다. 이런 현상은 특히 여성에서 뚜렷하다. 특히 음주나 약물을 복용한 경우, 전날 밤까지 잘 놀고 집에 들어왔지만, 갑자기 자살에 대한 충동적인 생각이 들어 이를 실행한 경우가 매우 흔하다. 주변 사람들은 전혀 예측하지 못하고 허탈해한다.

이번에는 ADHD 치료약물과 자살과의 관련성을 알아보자. 현재 영국과 스웨덴의 국가 처방지침에 따르면, ADHD에 대한 대표적인 치료약물인 메틸페니데이트는 자살 경향이 있는 환자에게는 처방 금기사항이다(Swedish National Formulary, 2020; Nice British National Formulary, 2020). 하지만 우리나라를 제외한 미국과 유럽에서 가장 많이 사용되는 ADHD 치료약물인 암페타민 계열의 약물인 리스덱사암페타민의 경우, 자살 경향은 처방 금기사항이 아니며, 부작용 목록에도 리스덱사암페타민으로 인한 자살 사고 혹은 자살 행동도 적혀 있지 않다(Swedish National Formulary, 2020). 따라서 메틸페니데이트에 비해 리스덱사암페타민은 자살과 관련되지 않기 때문에, 우리나라에서도 치료약물로 적극 사용할 것을 필자는 주장한다. 효능이 우수한 ADHD 치료약물인 자극제와 자살과의 관련성이 우려된다는 연구 결과가 있지만, 실제 메틸페니데이트는 자살 시도나 반복적인 자살 시도의 위험을 증가시키지 않으며, 장기간의 메틸페니데이트 치료는 남성의 반복적인 자살 시도 위험을 낮춰 준다는 연구 결과를 통해(Huang 등, 2018), 자극제는 자살 위험에 대해 중립적이거나 심지어는 위험 감소와 관련이 있다고 판단하는 것이 더 합당해 보인다. 성인기 환자를 대상으로 한 다른 대규모 연구에서도 메틸페니데이트, 덱스암페타민, 그리고 암페타민 등과 같은 자극제를 사용한 치료와 이에 수반되는 자살 행동 사이에 연관성이 없음을 발견했으며, 환자-내 비교 연구에서의 결과는 오히려 자극제가 자살에 대해 보호 효과를 나타낸 것으로 밝혀졌다(Chen 등, 2014). 이 연구에 대해 더 자세히 알아보자. 연구자들은 스웨덴의 다양한 지역에 거주하는 1960년부터 1996년 사이에 태어난 37,936명의 ADHD 환자를 대상으로 2006년부터 2009년까지 ADHD 약물치료를 통한 치료 상태와 자살과 관련된 사건(자살 시도와 자살 성공)을 추적 조사했다. ADHD 약물치료를 한 기간과 약물치료를 하지 않았던 기간 사이에 자살과 관련된 사건의 발생비율을 비교한 결과, 일반 인구에서 ADHD 약물치료는 자살 관련 사건의 발생 증가 속도와 관련이 있었지만, 환자군에서는 ADHD 약물치료와 자살 관련 사건 발생비율 사이의 연관성은 오히려 역전된 것으로 나타났다. 즉 자극제로 약물치료를 받은 환자는 자극제가 자살을 더 유발한다는 우려와는 정반대로, 오히려 약물 투여를 하는 치료 기간 중 자살 관련 사건이 감소됐다. 이 연구를 통해 ADHD 환자에서 ADHD 약물치료와 자살 행동의 위험성 사이에 관련성이 없다고 판단할 수 있다.

필자가 이런 관련성에 대해 결론을 지을 수 있는 위치에 있지는 않지만, 임상 경험상 자극제를 통한 적극적인 치료는 충동성과 감정조절의 문제를 가진 ADHD 환자의 자살, 특히 충동적인 자살을 방지해 주는 긍정적인 효과를 보인다고 판단한다.

## 신체질환 — 여기저기 많이 아픈 사람들

일부 정신과 의사를 포함한 일반인 대부분은 ADHD와 신체적인 문제를 연결시키지 못한다. 하지만 ADHD를 가진 사람은 ADHD가 없는 사람보다 더 많은 신체질환으로 고통받는다. 아직 ADHD와 신체적 문제 사이의 관련성을 설명하는 기전은 확인되지 않았지만, 몇 가지 신체질환은 ADHD와 유의한 연관성을 보인다. 이를 살펴보자. 대표적인 신체질환은 비만이다. 250만 명이 넘는 사람들을 대상으로 한 스웨덴 국가 등록 연구에 따르면, ADHD 환자는 ADHD가 없는 형제에 비해 비만 위험이 3배 더 높은 것으로 나타났다(Chen 등, 2018). ADHD가 없는 사람과 비교했을 때, ADHD에 대한 치료를 받지 않은 아동과 청소년은 과체중이나 비만일 가능성이 약 20% 더 높고(15개 연구, 40만 명 이상의 대상자), ADHD를 치료받지 않은 성인기 연령은 과체중 혹은 비만일 가능성이 거의 50% 더 높다(9개 연구, 45,000명 이상 대상자)(Nigg 등, 2016). 비만은 1차적인 신체적 질환이지만, 비만으로 인한 2차적인 신체적 질환을 고려하면 ADHD는 비만 이외에도 다양한 비만-관련 신체적 질환과 유의한 연관성을 보이리라는 것은 쉽게 이해할 수 있다. 천식과 알레르기 반응도 관련이 있는데, 천식이 있는 사람은 ADHD를 가질 확률이 45% 더 높고(Cortese 등, 2018), 덴마크 국가 등록부를 사용해 거의 백만 명을 대상으로 출생에 대해 코호트 연구를 수행한 결과에 따르면, 천식이 있는 산모에게서 태어난 자녀는 ADHD에 걸릴 가능성이 40% 더 높은 것으로 알려졌다(Liu 등, 2019). 천식이나 아토피성 습진이 있는 사람은 ADHD에 걸릴 가능성이 1/3 더 높다. 이는 48,000명 이상을 대상으로 한 3건의 연구를 놓고 메타-분석한 연구에서 알레르기성 비염이 있는 사람은 ADHD에 걸릴 확률이 약 50% 더 높게 나타난 현상으로 확인됐다(van der Schans 등, 2017). 당뇨병도 관련되는데, 1형 당뇨병type 1 diabetes을 가진 아동에게서 ADHD가 진단될 가능성이 40% 더 높고(Kapellen 등, 2016), ADHD와 1형 당뇨병 모두 있는 사람은 ADHD가 없는 당뇨병 환자에 비해 당뇨병성 케톤산증으로 고통받는 경우가 2배나 더 많았다. 또 당화혈색소에서 유의한 차이가 나타나는데, 이는 ADHD와 1형 당뇨병을 모두 가진 사람은 ADHD가 없는 당뇨병 환자에 비해 불량한 대사 조절을 보인다는 것을 의미한다(Hilgard 등, 2017). 2형 당뇨병type 2 diabetes도 ADHD와 관련되는데, 35,000명 이상의 ADHD 환자와 70,000명 이상의 연령 및 성별이 일치하는 대조군이 등록된 대만 연구에서, ADHD를 가진 청소년과 젊은 성인기 연령은 2형 당뇨병에 걸릴 가능성이 약 3배 더 높은 것으로 나타났다(Chen 등, 2018). 또 산모가 1형 당뇨병이 있으면 자녀는 ADHD 진단을 받을 확률이 30% 더 높다(Ji 등, 2018). 경련성 장애와도 관련이 있는데, 간질은 ADHD 위험을 2.5~4배 증가시킨다(Chou 등, 2013; Bertelsen 등, 2016; Brikel 등, 2018). 바로 다음에 나올 내용인 「원인과 진단」(p. 157)에서에서 또 언급하겠지만, 경련성 장애는 그 자체로 ADHD 발생 위험을 높이며 또 치료제로 많이 사용하는 발프로산valproate도 ADHD를 유발하는 요인으로 간주되고 있어, 특히 경련성 장애를 가진 ADHD 환자는 더 주의 깊게 관찰해야 한다. 눈의 이상과도 관련이 있는데, ADHD를 가진 사람은 약시를 가질 가능성이 거의 90% 더 높고, 난시가 있을 가능성이 80% 이상 더 높으며, 사시 가능성은 2배였다(Ho 등, 2020). 노년기 연령이 기하급수적으로 늘어날 얼마 후의 미래사회에서 중요한 것은 치매와 관련된 문제다. ADHD 환자는 치매 발병 위험이 3.4배 높다(Tzeng 등, 2019).

이렇듯 다양한 신체질환은 ADHD와 깊은 연관성을 보이기 때문에, ADHD를 조기에 진단하고 적극적인 약물치료를 하면 추가적인 의료비용을 줄이며 삶의 질을 향상시키는 지름길이 될 것이다.

### 사건 사고 — 감방과 무척 가까운 사람들

의도적이든 의도적이 아니든, ADHD는 사회를 시끄럽게 만든다. 그 이유는 사건 사고와 관련되는 경우가 많으며, 이로 인해 ADHD 환자가 범죄혐의로 기소되어 유죄를 받고 심지어 수감되는 경우가 많기 때문이다. 물론 대부분은 의도하지 않았지만 일이 벌어진 경우다. 우리는 일반적으로 교육과 훈육을 통해 사람은 자신의 행동을 수정하고 교정할 수 있다고 생각하기 쉬우나 절대 그렇지 않다. 특히 ADHD를 가진 사람은 더 그렇지 않다. 사건 사고를 유발하는 사람을 일방적으로 비난하거나 감싸주는 것은 별로 도움이 되지 않는다. 실제 ADHD를 정확하게 진단하고 약물로 치료하면, 본의 아니게 사건 사고를 유발하는 경우가 유의하게 줄어들어 본인은 물론 사회도 편안하고 안정될 것이다.

앞서 언급한 대로 ADHD는 일상적인 사건 사고에 연루된 경우가 유의하게 많다. 운전과 관련된 사건 사고는 너무 잘 알려진 것이기 때문에 따로 언급하지는 않겠다. ADHD를 가진 사람은 기본적으로 우발적인 신체 부상의 위험이 일반인보다 40~50% 더 높다고 알려졌다(Ruiz-Goikoetxea 등, 2018). 몇 가지를 살펴보자. 우선 화상이 많다. 가끔 집에 어른이 없는 동안에 아동이 화재를 일으켜 화상을 입거나 안타깝게도 사망하는 사건이 종종 보도된다. 이런 사례 중 ADHD와 관련된 사건은 많을 것이다. 연구 결과 ADHD는 화상으로 인한 부상의 3/4 이상과 관련이 있다고 알려졌고, 6세 미만의 경우, 그 위험은 2배로 증가한다(Yeh 등, 2020). 뇌진탕도 많은데, ADHD는 뇌진탕이 발생하는 비율이 일반인보다 3배 더 높다(Nelson 등, 2016). 또 이로 인한 경미한 뇌손상도 2배 높다(Adeyemo 등, 2014). 사고로 인한 조기사망 비율도 높은데, 자살률이 2배, 살인으로 인한 사망률이 2배, 의도하지 않은 부상으로 인한 사망률이 30% 더 높다(Chen 등, 2019). 이런 사건 사고는 남녀 사이에서도 흔히 일어나는데, ADHD를 가진 사람은 물리적 데이트 폭력의 가해자가 될 가능성이 2배 이상 높고, 65%가 그런 폭력의 희생자가 될 가능성이 더 크다(McCauley 등, 2015). 이와 유사하게, ADHD를 가진 청소년은 정상적인 발달을 보인 대조군보다 성범죄의 희생자로 보고될 가능성이 3.7배 더 크며, 부모의 폭력, 부모의 입원할 정도의 정신장애, 부모의 자살 행동 혹은 알콜 남용, 부모의 장기 실업, 가족 분리, 그리고 공공 보호 시설에 수용된 아동 등과 같은 요인을 조정한 후에도, ADHD를 가진 청소년은 성범죄의 피해자가 되는 경우가 거의 2배나 많다(Christofersen, 2020). 사건 사고는 아니지만, 충동적인 문제로 간주하여 이 범위에 들어갈 수 있다는 판단하에 임신과 출산에 대한 이슈를 첨가했다. ADHD를 가진 여자아이는 ADHD가 없는 여자아이보다 10대 때 임신할 가능성이 더 크다. 이와 유사하게 스웨덴(Chang 등, 2014), 핀란드(Chudal 등, 2015) 및 8개 유럽 국가의 컨소시엄(Pohlabeln 등, 2017)에서 수행한 대규모 연구에 따르면, 나이가 많은 산모의 자녀보다 10대 산모의 자녀에게서 ADHD가 더 많이 발생하는 것으로 나타났다.

또 앞서 언급한 대로 사건 사고로 인한 범죄 그리고 범죄로 인한 수감이 유의하게 더 많다. ADHD 진단을 받은 사람이 형사 범죄로 유죄 판결을 받을 가능성이 2배 이상 크고 투옥될 가능성은 3배나 크다. 다른 위험 요인들을 조정한 후에도 ADHD를 가진 사람은 범죄로 유죄 판결을 받았을 가능성이 60%, 그리고 투옥될 가능성이 70% 더 크다(Mohr-Jensen 등, 2019). 따라서 교도소 내 ADHD 유병률은 일반적인 인구 집단에 비해 2배 이상의 유병률을 보인다(Young 등, 2015). 또 다른 메타-분석 연구에서 소년원에 있는 청소년의 ADHD 유병률이 남성과 여성 모두에서 17%를 조금 넘는 것으로 보고했는데, 이는 일반 인구에서의 유병률보다 훨씬 높은 수치다(Beaudry 등, 2021). ADHD는 15세 이하 때 범죄를 저지르는 조기 범죄(Mohr-Jensen & Steinhausen, 2016)와 높은 재범률(Young 등, 2011)과 관련된다. 또 나이가 들어 성인기 때 범죄로 인해 체포돼 유죄판결을 받고 수감될 위험은 ADHD가 없는 사람에 비해 2~3배 더 크다(Mohr-Jensen & Steinhausen, 2016). 즉 ADHD는 더 어린 나이에 범죄를 저지르고 더 폭력적인 범죄를 반복적으로 저지르는 것과 직접적인 관련성을 나타낸다(Roma´n-Ithier 등, 2016).

사건 사고를 접하면 그것을 처리하는 과정에서 ADHD를 반드시 염두에 둘 필요가 있다. 때에 따라 ADHD를 조기에 진단하고 적극적으로 치료하면, 원하지 않고 의도도 없이 발생하는 우발적인 사건 사고와 그로 인한 수감을 미연에 방지할 수 있을 것이다. 또 편안하고 안정된 사회가 되는 데 큰 도움이 될 것이며, 이로 인해 발생하는 개인적 · 사회적 비용부담도 줄어들 것이다.

## 발달 — 나잇값을 못 하는 사람들, 안드로메다로 간 개념

원래 ADHD는 가장 대표적인 신경발달학적 장애 중 하나다. 이외에도 자폐증, 학습장애, 소통 및 운동장애, 지적장애 등이 포함된다(APA, 2013). 이런 신경발달학적 장애들은 차도를 보이고 재발하는 반복적인 과정보다 꾸준히 지속되는 경향이 있으며(Rutter 등, 2006; Thapar 등, 2017), 핵심적인 특징은 아동기에서 성인기로의 성숙의 변화(정확히 말하자면 발달의 지연)를 보여준다. 현재는 이런 장애, 혹은 적어도 일부 증상 및 장애가 많은 기간 동안, 즉 성인기에도 지속된다는 것이 인정되고 있다. 이를 통해 ADHD에 대한 개념이 성인기까지 확장되고 개인적 및 사회적 관점에서 ADHD 역할이 더 커지면서 발달학적 관점에 대한 관심이 커졌다. 하지만 현 문명 시대의 발달학적인 맥락을 무시하고, 일상과 임상 모두에서 수행과 성취의 정도만 중요하게 여기는 경우가 많다. 특히 ADHD에서 이런 현상이 만연해 있다. 인간의 신체적, 행동적, 뇌, 그리고 생물학적 표현형은 일생을 통해 변형될 수 있으며, 이런 변형은 특히 태아기, 아동기, 그리고 청소년기에 현저하다는 것이 잘 알려져 있다. 이런 변화 대부분은 규범적이며, 전형적인 발달과정의 결과로 발생한다. 따라서 우리는, 대부분의 사람이 이처럼 규범적이며, 전형적인 발달을 보이므로 인간은 침착하고 차분하다고 여긴다. 하지만 그렇지 않다. 인간 모두는 산만하다. 30%는 덜 산만하고 70%는 뚜렷하게 산만하다. 단지 산만함의 정도에 차이가 있을 뿐이다. 따라서 전형적인 발달이란 덜 산만한 30%와 뚜렷하게 산만한 70%, 그리고 심하게 산만한

ADHD 사이의, 특히 심하게 산만한 ADHD와 덜 산만한 30% 사이의 차이라고 볼 수 있다. 산만함의 극단에는 ADHD가 존재한다. 따라서 산만함은 발달학적인 정도를 의미하며, 심한 산만함을 보이는 ADHD는 발달학적으로 문제가 있다.

그럼 발달학적인 측면에서 ADHD는 어떤 모습을 보일까? ADHD 분야에서 최근까지도 가장 많은 업적을 보인 유명한 학자인 러셀 바클리Russell A. Barkley는 ADHD를 가진 사람을 발달학적인 측면에서 'age-inappropriate behavior'를 보이는 사람이라고 주장했다(Barkley, 2010). 그가 보기에 ADHD를 가진 사람은 '나이에 걸맞지 않은 행동을 보이는 사람'이다. 우리말로 하면 '나잇값을 못 하는 사람'이다. 나무위키에서 '나잇값을 못 하는 사람'으로 검색해보면 다음과 같은 내용이 나온다.

> "어느 정도 나이가 들었음에도 단순히 어린이 수준의 감성이나 취향을 가진 키덜트와 다르게 나잇값을 못 하는 사람은 성인기 사회의 통념이나 규율을 모조리 무시하는 개념 없는 행동과 언행을 보여준다. 사람의 나이가 많을수록 타인에게서 받는 비난의 빈도가 더 증가한다. 보통 중년과 노인이 나잇값을 못 하는 모습이 연상되지만, 가끔은 미성년자임에도 불구하고 나이가 자신보다 더 어린 사람들에게 민폐를 끼치기도 한다. 많은 비난을 받지만 그래도 좋게 바라보면 순수하다. 철이 들지 않아서 나이에 맞지 않는 행동을 저지르는 경우가 다수이다. 약간의 실수로 그칠 뿐 심한 민폐를 끼치지는 않아서 주변 사람들도 크게 비난하지 않고 약간의 질책으로 마무리한다. 이런 모습을 본 다른 사람들은 나잇값을 못 하는 사람을 만만하게 여기는 경우가 많기 때문에 자신의 이런 성격을 고치고 싶은 사람이

남몰래 부단한 노력을 하여 사회적인 성공을 거두어서 주변인들을 놀라게 만드는 경우도 있다. 나쁘게 바라보면 행동이 엉망이고 기본적인 개념조차 없는 사람이다. 공공장소로 나가면 어디든 볼 수 있는 사람인데, 노년기에 접어든 사람이 상대방에게 자신의 나이를 언급하며 상대를 욕하는 경우가 매우 흔하다. 66세인 노인이 노약자석에 앉는다면 82세인 노인이 욕을 하며 비키라고 온갖 난리를 치기도 한다. 이렇게 나이가 들어도 나이에 걸맞은 행동을 하지 않는다면 나이는 숫자에 불과하다. 자신의 나이를 언급하면서 상대를 비난하는 행동은 상대가 잘못한 상황이더라도 자제해야 하는 행동이다. 나잇값을 못 하는 사람들이 하는 행동은 절대 배워서는 안 될 행동으로, 외국에서 이러한 행동을 하면 위험에 처할 수 있다."

정말 정확하게 설명했다. 소위 "개념을 물 말아 먹었냐", "개념을 안드로메다로 보냈냐", "나이를 ○구멍으로 처먹었냐"라는 말로 대신할 수 있다. 이를 다소 순화시켜 보면 다음과 같다. '착한 사람', '순진한 사람'(feat. 고집이 세고 욱함). ADHD를 가진 사람은 대부분 어릴 때부터 이런 말을 듣고 자라며, 성인기가 돼서도 마찬가지다. 하지만 사람들이 헷갈리게 되는 데는 다른 이유가 있다. 어떤 성취나 업적만을 놓고 그 사람을 평가하기 때문이다. 필자는 여러 분야의 산만한 사람을 볼 수밖에 없는 사람이다. 이 분야로 특화됐기 때문이다. 많은 분야에서 훌륭한 성취와 업적을 이룬 사람이 의외로 많다. 하지만 성취와 업적을 따로 떼놓고 볼 수 있는 능력이 있다면, 착하고 순진한 사람을 쉽게 식별할 수 있을 것이다. 성취와 업적은 그 사람의 다른 차원(집중, 욕심, 약간의 환경적 요인)과 더 관련된다.

## 모아두기 — 소위 저장충이라 불리는 사람

실제 가치가 없는 것을 알면서도 버리지 못하고 저장 상태로 두는 사람이 있다. 버리는 행위를 고통으로 느껴 오만가지 물건을 생활공간에 그대로 쌓아 놓는다. 집안 곳곳에 물건이 나뒹굴며 쌓여있어 정상적인 생활공간으로서의 활용이 어려운 상태를 유발하고, 이로 인해 생활 전반에 장애가 생기는 것을 저장장애hoarding disorder[HD]라고 하며, 저장강박장애라고도 불린다(Frost & Hartl, 1996). 하지만 저장장애를 가진 사람은 종종 자신의 상태에 대한 통찰력이 부족하여 결과적으로 도움이나 치료를 받을 가능성이 낮다(Frost 등, 2010; Grisham 등, 2005). 역사적으로, 저장 증상은 일부 강박장애 환자를 특징짓는 것으로 여겨졌지만(Saxena, 2008), 저장장애를 가진 사람 대부분은 강박장애의 주요 특징인 강박관념이나 시간 소모적인 강박을 보이지 않는다(Frost 등, 2011). 결과적으로 2013년부터 저장장애는 독특한 현상학적, 심리적, 신경생물학적 특성을 가진 별개의 상태로 간주됐다(APA, 2013). 저장장애와 강박장애 사이의 역사적 연관성에도 불구하고, 연구 결과와 임상 실제에서는 오히려 저장장애와 ADHD 사이의 연관성을 지적한다. 최근에는 저장장애를 가진 사람 중에 종종 ADHD를 연상시키는 부주의 증상이 있다는 것이 인식되고 있다. ADHD 환자들과 비슷하게, 저장을 하는 사람들은 정보 처리와 실행 기능에 어려움을 겪는다(Morein-Zamir 등, 2014; Woody 등, 2014). 저장 증상을 가진 사람은 ADHD, 특히 부주의한 하위유형을 가질 가능성이 더 컸다(Sheppard 등, 2010; Frost 등, 2011). 실제 저장장애를 가진 사람은 대조군이나 강박장애 환자에 비해 부주의 증상의 수준이 더 높았고, ADHD 동반이환율이 증가했다(Frost 등,

2011; Tolin & Villavicencio, 2011; Hall 등, 2013). 또 저장과 충동성 · 과잉행동 증상 사이의 연관성도 제안되었는데, 저장장애 환자는 더 많은 획득 관련 충동 조절 문제를 보이기 때문이다(Frost 등, 2011). 또한 저장장애와 ADHD 모두 감정조절장애와 밀접하게 연관되어 있을 수 있으며, 그 자체가 장애에 기여한다(Frost 등, 2011; Surman 등, 2013). 이렇듯 저장장애와 ADHD는 확실한 연관성을 가진다. 임상에서 ADHD를 가진 사람 중 저장장애를 말하는 경우가 많다. 이는 충동성과 감정적인 불안정과도 관련된 충동구매로 나타난다.

저장은 ADHD와 관련이 있으며 이에 따라 ADHD 치료약물은 저장장애에 효과적일 것이다. 물론 당연히 그렇다. 하지만 아직 이에 대한 연구 결과가 부족해 필자가 단정 짓기는 어렵다.

### 말이 많음 — 소위 설명충이라 불리는 사람

ADHD를 가진 사람은 대체로 말이 많다. 산만하게 느껴지는 부분이다. 실제 여러 문헌에서 혼합형의 ADHD 양상을 보이는 아동(Diamond, 2005)과 성인기 연령(Brod 등, 2012), 그리고 과잉행동을 보이는 여성(Corbisiero 등, 2017)이 특히 말이 많은 모습을 보이는 ADHD라고 지적했다. 하지만 무슨 말을 많이 하는지에 대한 자세한 언급은 없다. 보통 욱하고 충동적인 말이나 전혀 뜬금없는 내용의 말을 하는 것으로 묘사한다. 많은 정신과 의사나 ADHD를 가진 사람은 이를 알고 있다. 하지만 대부분 어린 시절부터 지적받고 혼나기 때문에 나이가 들면서 이런 모습을 알게 된 것뿐이며, 실제 말이 많은 모습을 보이는 그 순간에는 이를 망각한 채 말을 이어간다. 당연히 주변 사람들은 말이 많다고 느끼고 이를 지적한다.

이런 증상은 나이가 들면서 크게 두 가지 형태로 변형된다. 첫째, 가장 많이 하는 방법으로 '말 안 하고 참기'다. 이런 사람은 평소에 조용하고 내성적인 사람으로 통한다. 하지만 이 방법은 부작용이 적지 않다. 참으면서 모아놨던 말이 엉뚱한 대상을 향해 엉뚱한 시간에 터진다. 둘째, 어떻게 하면 말을 잘할까 고심하며 자기계발서를 많이 읽고 연습하는 형태다. 여기에 타고난 호기심이 더해져 다양한 일에 관심을 갖고 다양한 현상을 파고들면서 아는 것이 많아진다. 그래서 자기가 아는 것을 말할 때 산만해지기 십상이다. 자신이 알고 있는 것 중 상황에 맞는 것만 말하는 것이 아니라, 장황하게 이것저것 설명을 덧붙인다. 이런 사람 중 특히 언어능력이 좋거나 전반적으로 지능이 높은 사람은 더 정확하게 말을 하려고 한다. 강박적이다. 자기 의견을 매우 정확하고 논리적으로 설명한다. 이런 사람의 말을 들으면, 처음에는 무척 똑똑하고 아는 것이 많은 것으로 느껴지고, 상당히 야무지게 보이기도 한다. 하지만 조금 더 말을 들어보거나 자주 들으면 '참 말이 많다'고 느낀다. 그중 대부분은 자신의 상태를 설명하는 말이다. 그동안 열심히 연습했기 때문에, 직접적으로 말하는 경우는 드물며, 알고 있는 지식이나 상식을 빌려 얘기한다. 그러다 보니 언뜻 정확해 보이지만 구차한 말과 불필요한 말이 너무나 많은 것을 느낀다. 이런 사람에 대한 전반적인 느낌은 '설명충'이다. 똑똑한 사람은 이를 지적받으면, 이를 인정한다. 하지만 그렇지 않은 사람은 스스로 말을 잘하고 논리적이고 합리적인 사람이라고 인식한다.

## ADHD 연구의 역사

지금까지 전반적인 ADHD 역사와 여러 가지 이슈에 대해 알아보았다. 이제부터는 ADHD 연구 분야에 집중해보자. 여기서는 ADHD에 대한 현대적인 연구가 시작된 이후의 연구 동향을 살펴볼 것이다. 현대적인 ADHD 개념의 전반적인 흐름을 이해할 수 있을 것이다. 특히 이 부분은 정신과의사의 관심사항일 것이다.

### 4가지 주류 연구 동향

ADHD에 대한 "현대적modern" 연구는 70년대에 시작됐다. 이후로, ADHD는 많은 증거에도 불구하고 장애에 대한 일련의 의문을 해결하면서 점차 복잡하고 부분적으로 논란의 여지가 있는 존재로 진화했다(Faraone 등, 2021). ADHD에 대해 지금까지 이루어진 4가지 연구 동향은 크게 4 분야로 구분할 수 있다: 1) ADHD 치료, 위험 요인 및 증거; 2) 신경생리학, 신경심리학 및 신경영상학; 3) 유전학; 4) 동반장애. 각 동향에 대해 좀 더 자세히 살펴보자. 첫째, ADHD에 관한 '현대적' 문헌의 초기 단계에서 연구는 주로 진단 및 약물 치료에 중점을 두었다. 이 분야에 대한 연구를 시간 순서대로 보면, 가장 처음의 ADHD 증상에 대한 암페타민amphetamine 화합물인 benzedrine sulfate의 긍정적인 효과에 대한 1937년 브래들리Bradley의 보고 이후(하지만 이 연구는 ADHD에 대한 연구가 아니었음), 1963년 Zrull 등이 아동의 과잉행동 증후군hyperkinetic syndrome 치료에서 클로르디아제폭시드chlordiazepoxide, 덱스트로암페타민D-amphetamine, 그리고 플라세보placebo의 효과를 비교한 연구가 ADHD에 대한 최초의 연구로 알려졌다(Zrull 등, 1963). 이후 ADHD에 대한 가능한 치료법으로서 80년대에 실험된 삼환계 항우울제tricyclic antidepressant에 대한 결과로 이어졌다(Strohl, 2011). 참고로 현재 삼환계 항우울제가 ADHD 증상에 효과적이라는 메타-분석적 증거(Otasowie 등, 2014)가 있지만, 그 증거는 매우 적고 또 삼환계 항우울제는 심혈관계에 대한 부정적인 영향에 대한 우려로 인해 현재는 ADHD에 대한 임상 치료에서 권장약물로 사용되지 않는다. 이런 분야의 연구를 통해 ADHD에 대한 진단과 치료에 대한 관심이 집중됐고, 이는 약물치료(Pliszka, 2007)와 환경적 위험요인environmental risk factor 분야에 대한 관심으로 이어졌다(Banerjee 등, 2007). 최근 10년 동안의 중요한 새로운 연구 분야인 증거-합성evidence-synthesis은 감정조절장애emotion dysregulation 분야다(Shaw 등, 2014), 이 분야는 지금도 ADHD의 핵심적인 특징으로 개념화되지는 않았지만, ADHD를 진료하는 많은 정신과의사가 ADHD를 가진 사람의 본질적인 특성으로 간주하는 감정조절장애의 역할과 같은 차원 구성에 대한 관심이 증가했다(Lenzi 등, 2018; Shaw 등, 2014). 한편 이와 서로 다른 연구 진행을 보이는 정신면역학psychoneuroimmunology(Buske-Kirschbaum 등, 2013) 분야와 비약물적 개입nonpharmacological intervention(Sonuga-Barke 등, 2013) 분야가 존재하며, 신체적 운동physical exercise 분야도 발전하고 있다(Cerrillo-Urbina 등, 2015). 둘째, 실험실 전반에 걸쳐 가용성을 제공하는 뇌파(EGG)(Barry 등, 2003)와 함께 발전된 신경생리학적 상관관계neurophysiological correlates 분야인데, 이후 실행기능 이론executive function theory(Willcutt 등, 2005)에 대한 또 다른 분야로 발전했다. 이때 한동안 ADHD의 근간이 되는 것으로 개념화된 실행기능장애에 초점을 맞춘 문헌이 폭발적으로 발표됐다(Barkley, 1997). 하지만 현재 실행기능장애의 개념은 ADHD를 가진 사람 사이에서도 이질적으로 나타나며 ADHD를 가진 사람 중 일부는 실행기능장애가 전혀 없을 수 있다는 것이 잘 확립된 상태다(Lambek 등, 2018). 이후 느린 인지 템포 sluggish cognitive tempo(Becker 등, 2016)에 대한 분야에 대한 관심이 높아졌지만, 느린 인지템포 분야는 ADHD와 어떤 질병 기술학적記述學的, nosographic 연결성이 불분명하다(Becker, 2021). 자기공명영상(MRI)과 같은 신경영상학적neuroimaging 접근법도 많은 변화가 있었는데, 처음에는 구조적인 이상에 집중하다가 기능적인 뇌의 상관관계에 초점을 맞춘 90년대부터 ADHD의 또 다른 중요한 연구 분야로 발전됐다. 최근 ADHD에 대한 신경영상학적 연구는 휴식 상태 자기공명영상법의 구현에 따른 기본 모드 네트워크default-mode-network[DMN]의 역할(Cortese 등, 2021)과 ADHD의 DMN 가설, 즉 주의력 결핍이 DMN의 부적절한 활동에 의한 원인이라는 제안을 다루었다(Sonuga-Barke & Castellanos, 2007). 세 번째 동향은 유전성(약 70%)이 관찰됨으로 인해 유발된 유전적 토대genetics underpinning(Faraone & Larsson, 2019)로, 1999년경에 유전적 다형성genetic polymorphism(Faraone 등, 2001) 분야에 대한 연구와 함께 시작됐으며, 유전학genetics(Polanczyk 등, 2007)과 다유전 위험점수/전장 유전체 관련 분석polygenic risk score/genome-wide association study(GDGPGC, 2013) 분야로 이어졌다. 다른 주요 동향과 비교할 때, 이 동향은 현재 덜 활동적이며, 지난 몇 년 동안 중요한 분출적 활동이 없었다. 그리고 마지막인 네 번째 동향은 동반장애와 감별 진단과 같은 분야였다. 이 동향은 조울증(Leibenluft 등, 2003) 분야로 시작됐다. 다른 연구 분야는 ADHD의 수면에 대한 영향으로 2004년

경에 나타났고(Cortese 등, 2009), 2012년에는 뚜레 증후군tourette syndrome(Hirschtritt 등, 2015)이 발전하여 DSM-5에서 공식화된 신경발달학적 장애로서의 ADHD 개념을 강화했다.

최근 두 가지 새로운 동향이 더 나타났다. 한 가지 동향은 환경독소environmental toxin에 대한 노출이다. 여기에는 폴리염화 바이페닐 polychlorinated biphenyl(Eubig 등, 2010)과 노출exposure(Braun 등, 2014; Lyall 등, 2017), 그리고 과불화 화합물perfluoroalkyl substances(Lien 등, 2016)분야가 포함되며, 나머지 다른 동향에는 Covid-19(Wang 등, 2021) 분야가 포함된다.

## 가장 최근의 연구 동향

최근 연구에 초점을 맞추어 살펴보면 최신 연구 동향에 대한 보다 정확한 상황을 확인할 수 있기 때문에, 이런 관찰도 무척 중요하다. 가장 최근 진행된 연구 분야는 코호트 연구에 기초한 후기-발병late-onset ADHD에 대한 분야(Moffitt 등, 2015), 비만obesity(Cortese 등, 2016) 분야, 동반장애에 대한 연구 동향을 재 활성화하는 자폐 스펙트럼 장애 autism spectrum disorder(Jensen & Steinhausen, 2015) 분야, 그리고 신체적 운동 분야를 확장하는 운동-관련 뇌진탕sport-related concussion(Alosco 등, 2014; McCrory 등, 2017) 분야가 관심을 끌었고, 가장 최근에는 기능적 연결성functional connectivity(Hoogman 등, 2017)과 장내 미생물gut microbiota(Sharma & Couture, 2014)에 대한 두 개의 추가된 최근 분야가 확인됐다.

## 세계적으로 연구 활동이 많은 국가

ADHD가 미국의 상태American condition라는 생각 혹은 논란과 같이 미국이 논문 수와 인용 수 에서 1위를 차지했다. 논문 수와 인용 수를 기준으로 상위 5개국을 살펴보면, 미국, 영국, 독일, 캐나다, 그리고 네덜란드의 순이다. 특징적인 면은 최근 5년 사이에 보인 중국의 약진이다. 중국은 지난 5년 사이에 인용 횟수가 8위에서 6위로 상승했다. 최근 이란과 터키(튀르키예) 그리고 브라질 등에서 인용 횟수가 높은 연구가 속속 발표됐다. 그럼에도 불구하고 ADHD에 대한 연구 활동성이 가장 높은 두 나라는 미국과 영국이었다. 대부분의 문헌은 JAACAP(15%)와 JAMA Psychiatry(9%)에 게재됐기 때문이다.

## 약물치료와 비약물치료

지난 20년 동안 ADHD에 대한 비약물적 접근법에 대한 관심도 증가했는데, 이는 아마도 약물 부작용에 대한 우려와 그 장기적 효과에 대한 확실한 증거가 부족하기 때문일 것이다(Cortese, 2019). 하지만 주목할 만한 것은, 현재까지의 증거는 ADHD 핵심 증상에 대한 비약물적 접근법의 역할이 불분명하다는 것이다(Coghill 등, 2021).

# 참고문헌


이원익 & 허윤석.(2015) 한국어 판 감정조절장애척도의 표준화 연구. 중앙의대지 제40권 4호 91-101.

Adeyemo B, Biederman J, Zafonte R, Kagan E, Spencer T, Uchida M, Kenworthy T, Spencer A, Faraone S.(2014) Mild Traumatic Brain Injury and ADHD: A Systematic Review of the Literature and Meta-Analysis. J Atten Disord Vol. 18(7) 576-584.

Adler LA, Spencer T, Brown TE.(2009) Once-daily atomoxetine for adult attention-deficit/hyperactivity disorder: a 6-month, double-blind trial. J Clin Psychopharmacol 29, 44-50.

Adler LA, Dirks B, Deas PF, Raychaudhuri A, Dauphin MR, Lasser RA, Weisler RH.(2013) Lisdexamfetamine dimesylate in adults with attention-deficit/ hyperactivity disorder who report clinically significant impairment in executive function: results from a randomized, double-blind, placebo-controlled study. J Clin Psychiatry 74(7), 694-702.

Agnew-Blais JC, Polanczyk GV, Danese A, Wertz J, Moffitt TE, Arseneault L.(2016) Evaluation of the persistence, remission, and emergence of attention-deficit/ hyperactivity disorder in young adulthood. JAMA Psychiatry 73, 713-720.

Agosti V, Chen Y, Levin FR.(2011). Does attention deficit hyperactivity disorder increase the risk of suicide attempts? Journal of Affective Disorders 133(3), 595-599.

Ahnemark E, Di Schiena M, Fredman AC, Medin E, Soderling JK, Ginsberg Y.(2018) Health-related quality of life and burden of illness in adults with newly diagnosed attention-deficit/hyperactivity disorder in Sweden. BMC Psychiatry 18:223.

Allman MJ & Meck WH.(2012) Pathophysiological distortions in time perception and timed performance. Brain 135(Pt 3):656-677.

Allsopp K, Read J, Corcoran R, Kinderman P.(2019) Heterogeneity in psychiatric diagnostic classification. Psychiatry Res 279:15-22.

Almeida Montes LG, Hernández García AO, Ricardo-Garcell J.(2007) ADHD prevalence in adult outpatients with nonpsychotic psychiatric illnesses. J Atten Disord 11:150-156.

Alosco ML, Fedor AF, Gunstad J.(2014) Attention deficit hyperactivity disorder as a risk factor for concussions in NCAA division-I athletes. Brain Inj 28(4), 472-474.

American Psychiatric Association.(1952) Diagnostic and Statistical Manual of Mental Disorders, (1st ed.). Washington DC, American Psychiatric Press.

American Psychiatric Association(APA).(1968) Diagnostic and Statistical Manual of Mental Disorders, (2nd ed.). Washington DC, American Psychiatric Press.

American Psychiatric Association(APA).(1980) Diagnostic and Statistical Manual of Mental Disorders, (3rd ed.). Washington DC, American Psychiatric Press.

American Psychiatric Association(APA).(1987) Diagnostic and Statistical Manual of Mental Disorders, (3rd ed. rev.). Washington DC, American Psychiatric Press.

American Psychiatric Association(APA).(1994) Diagnostic and Statistical Manual of Mental Disorders, (4th ed.). Washington DC, American Psychiatric Press.

American Psychiatric Association(APA).(2000) Diagnostic and Statistical Manual of Mental Disorders, TRTM(4th ed. text rev.). Washington DC, American Psychiatric Press.

American Psychiatric Association(APA).(2013) Diagnostic and Statistical Manual of Mental Disorders, (5th ed.). Washington DC, American Psychiatric Press.

Angold A, Costello EJ, Farmer EMZ, Burns BJ, Erkanli A.(1999) Impaired but undiagnosed. J Am Acad Child Adolesc Psychiatry 38, 129-137.

Arcos-Burgos M & Acosta MT.(2007) Tuning major gene variants conditioning human behavior: the anachronism of ADHD. Curr Opin Genet Dev 17, 234-238.

Arnold LE, Hodgkins P, Kahle J, Madhoo M, Kewley G.(2020) Long-term outcomes of ADHD: Academic achievement and performance. Journal of Attention Disorders 24(1), 73 -85.

Asherson P.(2005) Clinical assessment and treatment of attention deficit hyperactivity disorder in adults. Expert Rev Neurother 5, 525-539.

Asherson P, Akehurst R, Kooij JJ, Huss M, Beusterien K, Sasané R, Gholizadeh S, Hodgkins P.(2012) Under diagnosis of adult ADHD: Cultural influences and societal burden. J Atten Disord 16:20S-38S.

Balazs J & Kereszteny A.(2017) Attention-deficit/hyperactivity disorder and suicide: A systematic review. World Journal of Psychiatry 7(1), 44-59.

Banerjee TD, Middleton F, Faraone SV.(2007) Environmental risk factors for attention deficit hyperactivity disorder. Acta paediatrica(Oslo, Norway : 1992) 96(9), 1269-1274.

Barbaresi WJ, Colligan RC, Weaver AL, Voigt RG, Killian JM, Katusic SK.(2013).

Mortality, ADHD, and psychosocial adversity in adults with childhood ADHD: A prospective study. Pediatrics 131(4), 637–644.

Barkley RA, Grodzinsky G, DuPaul GJ.(1992) Frontal lobe functions in attention deficit disorder with and without hyperactivity: A review and research report. J Abnorm Child Psychol 20, 163-188.

Barkley RA.(1997) Behavioral inhibition, sustained attention, and executive functions: constructing a unifying theory of ADHD. Psychol Bull 121(1), 65-94.

Barkley RA.(2006a) ADHD in adults: Developmental course and outcome of children with ADHD, and ADHD in clinic-referred adults. In R. A. Barkley (Ed.) Attention-Deficit Hyperactivity Disorder: A handbook for diagnosis and treatment (pp. 248...296). New York: Guilford Press.

Barkley RA.(2006b) Attention-Deficit Hyperactivity Disorder: A handbook for diagnosis and treatment(3rd ed.). New York: Guilford Press.

Barkley RA.(2010) Differential diagnosis of adults with ADHD: The role of executive function and self-regulation. J Clin Psychiatry 71, 1-17.

Barkley RA & Peters H.(2012) The earliest references to ADHD in the medical literature? Melchior Adam Weikards description in 1775 of Attention deficit(Mangel der aufmerksamkeit, attention volubilis). J Atten Disord 16 623-630.

Barnes JJ, Nobre AC, Woolrich MW, Baker K, Astle DE.(2016) Training Working memory in childhood enhances coupling between frontoparietal control network and task-related regions. J Neurosci 36(34):9001-9011.

Barry RJ, Clarke AR, Johnstone SJ.(2003) A review of electrophysiology in attention deficit/hyperactivity disorder: I. Qualitative and quantitative electroencephalography. Clin Neurophysio: official journal of the International Federation of Clinical Neurophysiology 114(2), 171-183.

Beaudry G, Yu R, Langstrom N, Fazel FS.(2021) Mental Disorders Among Adolescents in Juvenile Detention and Correctional Facilities: An Updated Systematic Review and Metaregression Analysis. J Am Acad Child Adolesc Psychiatry 60(1): 46–60.

Becker SP, Leopold DR, Burns GL, Jarrett MA, Langberg JM, Marshall SA, McBurnett K, Waschbusch DA, Willcuttet EG.(2016) The Internal, External, and Diagnostic Validity of Sluggish Cognitive Tempo: A Meta-Analysis and Critical Review. J Am Acad Child Adolesc Psychiatry 55(3), 163-178.

Becker SP.(2021) Systematic Review: Assessment of Sluggish Cognitive Tempo Over the Past Decade. J Am Acad Child Adolesc Psychiatry 60(6), 690-709.

Beebe DW.(2011) Cognitive, behavioral, and functional consequences of inadequate sleep in children and adolescents. Pediatr Clin North Am 58(3), 649-665.

Benninger RJ.(1989) Dopamine and learning: Implications for attention deficit disorder and hyperkinetic syndrome. In T. Sagvolden & T. Archer(Eds.), Attention deficit disorder: Clinical and basic research(pp. 323-338). Hillsdale, NJ: Erlbaum.

Bertelsen EN, Larsen JT, Petersen L, Christensen J, Dalsgaard S.(2016) Childhood Epilepsy, Febrile Seizures, and Subsequent Risk of ADHD. Pediatrics 138, e20154654.

Biederman J, Faraone SV, Mick E, Spencer T, Wilens T, Kiley K, Warburton R.(1995) High risk for attention deficit hyperactivity disorder among children of parents with childhood onset of the disorder: A pilot study. Am J Psychiatry 152, 431-435.

Biederman J, Lanier J, DiSalvo M, Noyes E, Fried R, Woodworth KY, Biederman I, Faraone SV.(2019) Clinical correlates of mind wandering in adults with ADHD. J Psychiatr Res 117:15-23.

Birch HG.(1964) Brain damage in children: The biological and social aspects. Baltimore: Williams & Witkins.

Bjorvatn B, Brevik EJ, Lundervold AJ, Halmøy A, Posserud MB, Instanes JT, Haavik J.(2017) Adults with attention deficit hyperactivity disorder report high symptom levels of troubled sleep, restless legs, and cataplexy. Front Psychol 8:1-11.

Boonstra AM, Kooij JJ, Oosterlaan J.(2007) Hyperactive night and day? Actigraphy studies in adult ADHD: a baseline comparison and the effect of methylphenidate. Sleep 30, 433-442.

Bowden G.(2014) The merit of sociological accounts of disorder: The Attention-Deficit Hyperactivity Disorder case. Health(London) 18, 422-438.

Bozhilova NS, Michelini G, Kuntsi J, Asherson P.(2018) Mind wandering perspective on attention-deficit/hyperactivity disorder. Neurosci Biobehav Rev 92, 464-476.

Braswell L & Bloomquist ML.(1991) Cognitive-behavioral therapy with ADHD children. New York: Guilford Press.

Braun JM, Just AC, Williams PL, Smith KW, Calafat AM, Hauser R.(2014) Personal care product use and urinary phthalate metabolite and paraben concentrations during pregnancy among women from a fertility clinic. J Expo Sci Environ Epidemiol 24(5), 459-466.

Brikell I, Ghirardi L, D'Onofrio BM, Dunn DW, Almqvist C, Dalsgaard S, Kuja-Halkola R, Larsson H.(2018) Familial Liability to Epilepsy and Attention-Deficit/Hyperactivity Disorder: A Nationwide Cohort Study. Biol Psychiatry 83, 173-180.

Brod M, Pohlman B, Lasser R, Hodgkins P.(2012) Comparison of the burden of illness for adults with ADHD across seven countries: a qualitative study. Health Qual Life Outcomes 14; 10(1):47.

Brown TE & McMullen WJ Jr.(2001) Attention deficit disorders and sleep/arousal disturbance. Ann N Y Acad Sci 931, 271-286.

Buske-Kirschbaum A, Schmitt J, Plessow F, Romanos M, Weidinger S, Roessner V.(2013) Psychoendocrine and psychoneuroimmunological mechanisms in the comorbidity of atopic eczema and attention deficit/hyperactivity disorder. Psychoneuroendocrinology 38(1), 12-23.

Campbell SB.(1987) Parent-referred problem three-year olds: Developmental changes in symptoms. J Child Psychol Psychiatr 28, 835-846.

Cantwell D.(1981) Foreword. In R. A. Barkley, Hyperactive children: A handbook for diagnosis and treatment. New York: Guilford Press.

Castellanos FX.(2015) Is adult-onset ADHD a distinct entity? Am J Psychiatry 172, 929-931.

Caye A, Rocha TB-M, Anselmi L, Murray J, Menezes AMB, Barros FC, Gonc¸alves H, Wehrmeister F, Jensen CM, Steinhausen HC, Swanson JM, Kieling C, Rohde LA.(2016) Attention-Deficit/hyperactivity disorder trajectories from childhood to young adulthood: Evidence from a birth cohort supporting a late-onset syndrome. JAMA Psychiatry 73, 705-712.

Cerrillo-Urbina AJ, García-Hermoso A, Sánchez-López M, Pardo-Guijarro MJ, Santos Gómez JL, Martínez-Vizcaíno V.(2015) The effects of physical exercise in children with attention deficit hyperactivity disorder: a systematic review and meta-analysis of randomized control trials. Child Care Health Dev 41(6), 779-788.

Chang Z, Lichtenstein P, D'Onofrio BM, Almqvist C, Kuja-Halkola R, Sjolander A,

Larsson H.(2014) Maternal age at childbirth and risk for ADHD in offspring: a population-based cohort study. Int J Epidemiol 43, 1815–1824.

Chen Q, Sjölander A, Runeson B, D'Onofrio BM, Lichtenstein P, Larsson H.(2014) Drug treatment for attention-deficit/hyperactivity disorder and suicidal behaviour: register based study. BMJ 18;348:g3769.

Chen Q, Hartman CA, Haavik J, Harro J, Klungsøyr K, Hegvik TA, Wanders R, Ottosen C, Dalsgaard S, Faraone SV, Larsson H.(2018) Common psychiatric and metabolic comorbidity of adult attention-deficit/hyperactivity disorder: A population-based cross-sectional study. PLoS One 13:e0204516.

Chen VC, Chan HL, Wu SI, Lee M, Lu ML, Liang HY, Dewey ME, Stewart R, Lee CT.(2019) Attention-Deficit/Hyperactivity Disorder and Mortality Risk in Taiwan. JAMA Netw Open 2, e198714.

Chou IC, Chang YT, Chin ZN, Muo CH, Sung FC, Kuo HT, Tsai CH, Kao CH.(2013) Correlation between epilepsy and attention deficit hyperactivity disorder: a population-based cohort study. PLoS One 8, e57926.

Christoff K, Irving ZC, Fox KC, Spreng RN, Andrews-Hanna JR.(2016) Mind-wandering as spontaneous thought: a dynamic framework. Nat Rev Neurosci 17:718–731.

Christoffersen MN.(2020) Sexual Crime Against Schoolchildren With Disabilities: A Nationwide Prospective Birth Cohort Study. J Interpers Violence 886260520934442.

Chudal R, Joelsson P, Gyllenberg D, Lehti V, Leivonen S, Hinkka-Yli-Salomaki S, Gissler M, Sourander A.(2015) Parental age and the risk of attention-deficit/hyperactivity disorder: a nationwide, population-based cohort study. J Am Acad Child Adolesc Psychiatry 54, 487–494.e481.

Clayton K, Lee JB, Cheung K, Theule J, Henrikson B.(2018) Quantifying the relationship between attention-deficit/hyperactivity disorder and experiences of child maltreatment: A meta-analysis. Child Abuse Review 27(5), 361–377.

Coghill D, Banaschewski T, Lecendreux M, Soutullo C, Johnson M, Zuddas A, Anderson C, Civil R, Higgins N, Lyne A, Squires L.(2012) European, randomized, phase 3 study of lisdexamfetamine dimesylate in children and adolescents with attention deficit/hyperactivity disorder. Eur Neuropsychopharmacol 23(10) 1208-1218.

Coghill D, Banaschewski T, Cortese S, Asherson P, Brandeis D, Buitelaar J, Daley

D, Danckaerts M, Dittmann RW, Doepfner M, Ferrin M, Hollis C, Holtmann M, Paramala S, Sonuga-Barke E, Soutullo C, Steinhausen HC, Van der Oord S, Wong ICK, Zuddas A, Simonoff E.(2021) The management of ADHD in children and adolescents: bringing evidence to the clinic: perspective from the European ADHD Guidelines Group (EAGG). Eur Child Adolesc Psychiatry 1-25.

Comings DE, Comings BG, Muhleman D, Dietz G, Shahbahrami B, Tast D, Flanagan, S. D.(1991) The dopamine D2 receptor locus as a modifying gene in neuropsychiatric disorders. JAMA 266, 1793-1800.

Conners CK.(2015) History of Attention-deficit hyperactivity disorder. In L. A. Adler, T. J. Spencer, & T. E. Wilens(Eds.), Attention-Deficit Hyperactivity Disorder in adults and children(pp. 1-15). Cambridge: Cambridge University Press.

Conners CK.(2000) Attention-deficit/hyperactivity disorder: Historical development and overview. J Atten Disord 3, 173-191.

Corbisiero S, Hartmann-Schorro RM, Riecher-Rössler A, Stieglitz RD.(2017) Screening for Adult Attention-Deficit/Hyperactivity Disorder in a Psychiatric Outpatient Population with Specific Focus on Sex Differences. Front Psychiatry 30;8:115.

Corkum P, Panton R, Ironside S, Macpherson M, Williams T.(2008) Acute impact of immediate release methylphenidate administered three times a day on sleep in children with attention-deficit/hyperactivity disorder. J Pediatr Psychol 33(4), 368-379.

Cortese S, Faraone SV, Konofal E, Lecendreux M.(2009) Sleep in children with attention-deficit/hyperactivity disorder: meta-analysis of subjective and objective studies. J Am Acad Child Adolesc Psychiatry 48(9), 894-908.

Cortese S, Ramos Olazagasti MA, Klein RG, Castellanos FX, Proal E, Mannuzza S.(2013) Obesity in men with childhood ADHD: A 33-year controlled, prospective, follow-up study. Pediatrics 131:e1731-1738.

Cortese S, Moreira-Maia CR, St Fleur D, Morcillo-Peñalver C, Rohde LA, Faraone SV.(2016) Association Between ADHD and Obesity: A Systematic Review and Meta-Analysis. Am J Psychiatry 173(1), 34-43.

Cortese S, Sun S, Zhang J, Sharma E, Chang Z, Kuja-Halkola R, Almqvist C, Larsson H, Faraone SV.(2018) Association between attention deficit hyperactivity disorder and asthma: a systematic review and meta-analysis and a Swedish population-based study. Lancet Psychiatry 5, 717-726.

Cortese S.(2019) Debate: Are Stimulant Medications for Attention-Deficit/Hyperactivity Disorder Effective in the Long Term? J Am Acad Child Adolesc Psychiatry 58(10), 936.

Cortese S, Aoki YY, Itahashi T, Castellanos FX, Eickhoff SB.(2021) Systematic Review and Meta-analysis: Resting-State Functional Magnetic Resonance Imaging Studies of Attention-Deficit/Hyperactivity Disorder. J Am Acad Child Adolesc Psychiatry 60(1), 61-75.

Cumyn L, French L, Hechtman L.(2009) Comorbidity in adults with attention-deficit hyperactivity disorder. Can J Psychiatry 54, 673–683.

Davids E, Krause DA, Specka M, Gastpar M.(2004) Analysis of a special consultation for attention-deficit/hyperactivity disorder in adults. Gesundheitswesen 66:416-422.

Davidson MA.(2008) ADHD in adults: A review of the literature. J Atten Disord 11, 628-641.

Denney JT, Rogers RG, Krueger PM, Wadsworth T.(2009) Adult suicide mortality in the united states: Marital status, family size, socioeconomic status, and differences by sex. Social Science Quarterly 90(5), 1167–1185.

Diamond A.(2005) Attention-deficit disorder(attention-deficit/hyperactivity disorder without hyperactivity): A neurobiologically and behaviorally distinct disorder from attention-deficit/hyperactivity disorder(with hyperactivity). Dev. Psychopathol 17(3): 807-825.

Díaz-Román A, Mitchell R, Cortese S.(2018) Sleep in adults with ADHD: systematic review and meta-analysis of subjective and objective studies. Neurosci Biobehav Rev 89:61–71.

Dolphin JE & Cruickshank WM.(1951) Pathology of concept formation in children with cerebral palsy. Am J Ment Defic 56, 386-392.

Ebaugh FG.(1923) Neuropsychiatric sequelae of acute epidemic encephalitis in children. J Atten Disord 11(3), 336-338, discussion 339-340.

Epstein JN & Loren RE.(2013) Changes in the Definition of ADHD in DSM-5: Subtle but Important. Neuropsychiatry 3, 455–458.

Eubig PA, Aguiar A, Schantz SL.(2010) Lead and PCBs as risk factors for attention deficit/hyperactivity disorder. Environ Health Perspect 118(12), 1654-1667.

Faraone SV, Biederman J, Spencer T, Wilens T, Seidman LJ, Mick E, Doyle

AE.(2000) Attention-deficit/hyperactivity disorder in adults: An overview. Biol Psychiatry 48, 9-20.

Faraone SV, Doyle AE, Mick E, Biederman J.(2001) Meta-analysis of the association between the 7-repeat allele of the dopamine D(4) receptor gene and attention deficit hyperactivity disorder. Am J Psychiatry 158(7), 1052-1057.

Faraone SV.(2005) The scientific foundation for understanding attention deficit hyperactivity disorder as a valid psychiatric disorder. Eur Child Adolesc Psychiatry 14, 1-10.

Faraone SV, Biederman J, Spencer T, Mick E, Murray K, Petty C, Adamson JJ, Monuteaux MC.(2006a) Diagnosing adult attention deficit hyperactivity disorder: are late onset and subthreshold diagnoses valid? Am J Psychiatry 163(10), 1720-1729.

Faraone SV, Biederman J, Mick E.(2006b) The age-dependent decline of attention deficit hyperactivity disorder: A meta-analysis of follow-up studies. Psychological Medicine 36(2), 159-165.

Faraone SV, Wilens TE, Petty C, Antshel K, Spencer T, Biederman J.(2007) Substance use among ADHD adults: implications of late onset and subthreshold diagnoses. Am J Addict 16 Suppl 1, 24-32, quiz 33-34.

Faraone SV, Kunwar A, Adamson J, Biederman J.(2009) Personality traits among ADHD adults: implications of late-onset and subthreshold diagnoses. Psychol Med 39(4), 685-693.

Faraone SV & Biederman J.(2016) Can attention-deficit/hyperactivity disorder onset occur in adulthood? JAMA Psychiatry 73, 655-656.

Faraone SV & Larsson H.(2019) Genetics of attention deficit hyperactivity disorder. Mol Psychiatry 24(4), 562-575.

Faraone SV, Banaschewski T, Coghill D, Zheng Y, Biederman J, Bellgrove MA, Newcorn JH, Gignac M, Al Saud NM, Manor I, Rohde LA, Yang L, Cortese S, Almagor D, Stein MA, Albatti TH, Aljoudi HF, Alqahtani MMJ, Asherson P, Bölte LAlS, Buitelaar JK, Crunelle CL, Daley Dalsgaard DS, Döpfner M, Espinet S, Fitzgerald M, Franke B, Gerlach M, Haavik J, Hartman CA, Hartung CM, Hinshaw SP, Hoekstra PJ, Hollis C, Kollins SH, Kooij JJS, Kuntsi J, Larsson H, Li T, Liu J, Merzon E, Mattingly G, Mattos P, McCarthy S, Mikami AY, Molina BSG, Nigg JT, Purper-Ouakil D, Omigbodun OO, Polanczyk GV, Pollak Y, Poulton AS, Rajkumar RP, Reding A, Rief A, Rubia K, Rucklidge J,

Ramcs-Quiroga RMJA, Schellekens A, Scheres A, Schoeman R, Schweitzer JB, Shah H, Solanto MV, Sonuga-Barke E, sar Soutullo C, Steinhausen HC, Swanson JM, Thapar A, Tripp G, van de Glind G, van den Brink W, van der Oord S, Venter A, Vitiello B, Walitza S, Wang Y.(2021) The World Federation of ADHD Internationa Consensus Statement: 208 Evidence-based conclusions about the disorder. Neurosci Biobehav Rev 128, 789-818.

Fasmer OB, Halmøy A, Oedegaard KJ, Haavik J.(2011) Adult attention-deficit/hyperactivity disorder is associated with migraine headaches. Eur Arch Psychiatry Clin Neurosci 261:595-602.

Feczko E, Miranda-Dominguez O, Marr M, Graham AM, Nigg JT, Fair DA.(2019) The heterogeneity problem: approaches to identify psychiatric subtypes. Trends Cogn Sci 23:584-601.

Ferrer M, Andión O, Matalí J, Valero S, Navarro JA, Ramos-Quiroga JA, Rafael T, Miguel C.(2010) Comorbid attention-deficit/hyperactivity disorder in borderline patients defines an impulsive subtype of borderline personality disorder. J Pers Disord 24:812-822.

Findling RL, Childress AC, Cutler AJ, Gasior M, Hamdani M, Ferreira-Cornwell MC, Squires L.(2011) Efficacy and safety of lisdexamfetamine dimesylate in adolescents with attention deficit/hyperactivity disorder. J Am Acad Child Adolesc Psychiatry 50(4), 395-405.

First M, Erlich M, Adler D, Leong S, Dixon L, Oslin D, Goldman B, Koh S, Levine B, Berlant J, Siris S.(2019) How the DSM is used in clinical practice. J Nervous Mental Dis 207:157-161.

Fisher BC, Garges DM, Yoon SYR, Maguire K, Zipay D, Gambino AM.(2014) Sex differences and the interaction of age and sleep issues in neuropsychological testing performance across the lifespan in an add/adhd sample from the years 1989 to 2009. Psychol Rep 114:404-438.

Fitzgerald C, Dalsgaard S, Nordentoft M, Erlangsen A.(2019). Suicidal behaviour among persons with attention-deficit hyperactivity disorder. The British Journal of Psychiatry 215(04), 615-620.

Franke B, Michelini G, Asherson P, Banaschewski T, Bilbow A, Buitelaar JK, Cormand B, Faraone SV, Ginsberg Y, Haavik J, Kuntsi J, Larsson H, Lesch KP, Ramos-Quiroga JA, Rethelyi JM, Ribases M, Reif A.(2018) Live fast, die young? A review on the developmental trajectories of ADHD across the lifespan. Eur

Neuropsychopharmacol 28:1059–1088.

Freeman A, Mergl R, Kohls E, Szekely A, Gusmao R, Arensman E, Koburger N, Hegerl U, Rummel-Kluge C.(2017) A cross-national study on gender differences in suicide intent. BMC Psychiatry 17(1), 234.

Frost RO & Hartl TL.(1996) A cognitive-behavioral model of compulsive hoarding. Behav Res Ther 34(4), 341–350.

Frost RO, Tolin DF, Maltby N.(2010) Insight-Related Challenges in the Treatment of Hoarding. Cogn Behav Pract 17(4), 404–413.

Frost RO, Steketee G, Tolin DF.(2011). Comorbidity in hoarding disorder. Depress Anxiety 28(10), 876–884.

Fuller-Thomson E & Lewis DA.(2015) The relationship between early adversities and attention-deficit/hyperactivity disorder. Child Abuse & Neglect 47, 94–101.

GDGPGC.(2013) Identification of risk loci with shared effects on five major psychiatric disorders: a genome-wide analysis. Lancet(London, England) 381(9875), 1371-1379.

Geller DA.(2006) Obsessive-compulsive and spectrum disorders in children and adolescents. Psychiatr Clin North Am 29:353-370.

Geoffroy PA.(2018) Clock genes and light signaling alterations in bipolar disorder: when the biological clock is off. Biol Psychiatry 84:775–777.

Geoffroy PA, Micoulaud Franchi JA, Lopez R, Schroder CM.(2019) The use of melatonin in adult psychiatric disorders: expert recommendations by the French institute of medical research on sleep(SFRMS). Encephale 45:413–423.

Geoffroy PA, Oquendo MA, Courtet P, Blanco C, Olfson M, Peyre H, Lejoyeux M, Limosin F, Hoertelel N.(2021) Sleep complaints are associated with increased suicide risk independently of psychiatric disorders: results from a national 3-year prospective study. Mol Psychiatry 26(6):2126-2136.

Ghaemi SN, Boiman EE, Goodwin FK.(2000) Diagnosing bipolar disorder and the effect of antidepressants: A naturalistic study. J Clin Psychiatry 61, 804–808.

Ghaemi SN, Hsu DJ, Soldani F, Goodwin FK.(2003) Antidepressants in bipolar disorder: The case for caution. Bipolar Disord 5, 421–433.

Ginsberg Y, Beusterien KM, Amos K, Jousselin C, Asherson P.(2014) The unmet needs o all adults with ADHD are not the same: a focus on Europe. Expert

Rev Neurother 14:799–812.

Giupponi G, Giordano G, Maniscalco I, Erbuto D, Berardelli I, Conca A, Lester D, Girardi P, Pompili M.(2018) Suicide risk in attention-deficit/hyperactivity disorder. Psychiatria Danubina 30(1),2–10.

Glow PH & Glow RA.(1979) Hyperkinetic impulse disorder: A developmental defect of motivation. Genet Psychol Monogr 100, 159-231.

Goldstein K.(1942) After-effects of brain injuries in war. New York: Grune and Stratton.

Goldstein S & Goldstein M.(1998) Managing Attention Deficit Hyperactivity Disorder in Children(2nd ed.). Chichester, NJ: John Wiley & Sons, Inc.

Grisham JR, Brown TA, Liverant GI, Campbell-sills L.(2005) The distinctiveness of compulsive hoarding from obsessive – compulsive disorder. J Anxiety Disord 19(7):767-79.

Gruber R, Cassoff J, Frenette S, Wiebe S, Carrier J.(2012) Impact of sleep extension and restriction on children's emotional lability and impulsivity. Pediatrics 130(5).

Hall BJ, Tolin DF, Frost RO, Steketee G.(2013). An exploration of comorbid symptoms and clinical correlates of clinically significant hoarding symptoms. Depress Anxiety 30(1), 67–76.

Harrison GM & Vallin LM.(2018) Evaluating the metacognitive awareness inventory using empirical factor-structure evidence. Metacogn Learn 13(1), 15–38.

Hass J & Daniel D.(2016) Time at the center, or time at the side? Assessing current models of time perception. Curr Opin Behav Sci 8:238-244.

Helfer B, Cooper RE, Bozhilova N, Maltezos S, Kuntsi J, Asherson P.(2019) The effects of emotional lability, mind wandering and sleep quality on ADHD symptom severity in adults with ADHD. Eur Psychiatry 55:45–51.

Hertenstein E, Feige B, Gmeiner T, Kienzler C, Spiegelhalder K, Johann A, Jansson-Fröjmark M, Palagini L, Rücker G, Riemann D, Baglioni C.(2019) Insomnia as a predictor of mental disorders: a systematic review and meta-analysis. Sleep Med Rev 43:96–105.

Hicks RE, Miller GW, Kinsbourne M.(1986) Prospective and retrospective judgments of time as a function of amount of information processed. Am J Psychol 89:719-730.

Hilgard D, Konrad K, Meusers M, Bartus B, Otto KP, Lepler R, Schober E, Bollow E, Holl RW.(2017) Comorbidity of attention deficit hyperactivity disorder and type 1 diabetes in-children and adolescents: Analysis based on the multicentre DPV registry. Pediatr Diabetes 18, 706–713.

Hirschtritt ME, Lee PC, Pauls DL, Dion Y, Grados MA, Illmann C, King RA, Sandor P, McMahon WM, Lyon GJ, Cath DC, Kurlan R, Robertson MM, Osiecki L, Scharf JM, Mathews CA, Tourette Syndrome Association International Consortium for Genetics.(2015) Lifetime prevalence, age of risk, and genetic relationships of comorbid psychiatric disorders in Tourette syndrome. JAMA psychiatry 72(4), 325-333.

Ho JD, Sheu JJ, Kao YW, Shia BC, Lin HC.(2020) Associations between Attention-Deficit/Hyperactivity Disorder and Ocular Abnormalities in Children: A Population-based Study. Ophthalmic Epidemiol 27, 194–199.

Hoogman M, Bralten J, Hibar DP, Mennes M, Zwiers MP, Schweren LSJ, van Hulzen KJE, Medland SE, Shumskaya E, Jahanshad N, Zeeuw P, Szekely E, Sudre G, Wolfers T,Onnink AMH, Dammers JT, Mostert JC, Vives-Gilabert Y, Kohls G, Oberwelland E, Seitz J, Schulte-Rüther M, Ambrosino S, Doyle AE, Høvik MF, Dramsdahl M, Tamm L, van Erp TGM, Dale A, Schork A, Conzelmann A, Zierhut K, Baur R, McCarthy H, Yoncheva YN, Cubillo A, Chantiluke K, Mehta MA, Paloyelis Y, Hohmann S, Baumeister S, Bramati I, Mattos P, Tovar-Moll F, Douglas P, Banaschewski T, Brandeis D, Kuntsi J, Asherson P, Rubia K, Kelly C, Martino AD, Milham MP, Castellanos FX, Frodl T, Zentis M, Lesch KP, Reif A, Pauli P, Jernigan TL, Haavik J, Plessen KJ, Lundervold AJ, Hugdahl K, Seidman LJ, Biederman J, Rommelse N, Heslenfeld DJ, Hartman CA, Hoekstra PJ, Oosterlaan J, Polier G, Konrad K, Vilarroya O, Ramos-Quiroga JA, Soliva JC, Durston S, Buitelaar JK, Faraone SV, Shaw P, Thompson PM, Franke Barbara.(2017) Subcortical brain volume differences in participants with attention deficit hyperactivity disorder in children and adults: a cross-sectional mega-analysis. Lancet Psychiatry, 4(4), 310-319.

Huang KL, Wei HT, Hsu JW, Bai YM, Su TP, Li CT, Lin WC, Tsai SJ, Chang WH, Chen TJ, Chen MH.(2018) Risk of suicide attempts in adolescents and young adults with attention-deficit hyperactivity disorder: a nationwide longitudinal study. Br J Psychiatry 212, 234–238.

Hynd GW, Semrud-Clikeman M, Lorys AR, Novey ES, Eliopoulos D, Lyytinen H.(1990) Brain morphology in developmental dyslexia and attention deficit disorder hyperactivity. Arch Neurol 47, 919-926.

Instanes JT, Klungsøyr K, Halmøy A, Fasmer OB, Haavik J.(2018) Adult ADHD and comorbid somatic disease: a systematic literature review. J Atten Disord 22:203-228.

Ironside S, Davidson F, Corkum P.(2010) Circadian motor activity affected by stimulant medication in children with attention-deficit/hyperactivity disorder. J Sleep Res 19(4), 546-551.

Jensen CM & Steinhausen HC.(2015) Comorbid mental disorders in children and adolescents with attention-deficit/hyperactivity disorder in a large nationwide study. Atten Defic Hyperact Disord 7(1), 27-38.

Ji J, Chen T, Sundquist J, Sundquist K.(2018) Type 1 Diabetes in Parents and Risk of Attention Deficit/Hyperactivity Disorder in Offspring: A Population-Based Study in Sweden. Diabetes Care 41, 770-774.

Kakuszi B, Bitter I, Czobor P.(2018) Suicidal ideation in adult ADHD: Gender difference with a specific psychopathological profile. Comprehensive Psychiatry 85, 23-29.

Kane MJ, Brown LH, McVay JC, Silvia PJ, Myin-Germeys I, Kwapil TR.(2007) For whom the mind wanders, and when: an experience-sampling study of working memory and executive control in daily life. Psychol Sci 18(7), 614-621.

Kapellen TM, Reimann R, Kiess W, Kostev K.(2016) Prevalence of medically treated children with ADHD and type 1 diabetes in Germany - Analysis of two representative databases. J Pediatr Endocrinol Metab 29, 1293-1297.

Katzman MA, Bilkey TS, Chokka PR, Fallu A, Klassen LJ.(2017) Adult ADHD and comorbid disorders: Clinical implications of a dimensional approach. BMC Psychiatry 17:302.

Kessler JW.(1980) History of minimal brain dysfunction. In H. Rie & E. Rie(Eds.), Handbook of minimal brain dysfunctions: A critical view(pp. 18-52). New York: Wiley.

Kessler RC, Adler L, Barkley R, Biederman J, Conners CK, Demler O, Faraone SV, Greenhill LL, Howes MJ, Secnik K, Spencer T, Ustun TB, Walters EE, Zaslavsky AM.(2006) The prevalence and correlates of adult ADH in the United States: results from the National Comorbidity Survey Replication. Am J Psychiatry 163, 716-723.

Kieling C, Kieling RR, Rohde LA, Frick PJ, Moffitt T, Nigg JT, Tannock R, Castellanos FX.(2010) The age at onset of attention-deficit/hyperactivity disorder. Am J Psychiatry 167(1), 14-16.

Killingsworth MA & Gilbert DT.(2010) A wandering mind is an unhappy mind. Science 330(6006), 932.

Kirk SA.(1963) Behavioral diagnoses and remediation of learning disabilities. In Proceedings of the annual meeting: Conference on exploration into the problems of the perceptually handicapped child(Vol. 1, pp. 1-7). Evanston, IL.

Kooij JJ, Aeckerlin LP, Buitelaar JK.(2001) Functioning, comorbidity and treatment of 141 adults with attention-deficit/hyperactivity disorder (ADHD) at a psychiatric outpatient department. Ned Tijdschr Geneeskd 145:1498-1501.

Kooij JJS, Buitelaar JK, van den Oord EJ, Furer JW, Rijnders CAT, Hodiamont PPG.(2005) Internal and external validity of attention-deficit hyperactivity disorder in a population-based sample of adults. Psychol Med 35, 817-827.

Kooij JJS, Bejerot S, Blackwell A, Caci H, Casas-Brugue M, Carpentier PJ, Edvinsson D, Fayyad J, Foeken K, Fitzgerald M, Gaillac V, Ginsberg Y, Henry C, Krause J, Lensing MB, Manor I, Niederhofer H, Nunes-Filipe C, Ohlmeier MD, Oswald P, Pallanti S, Pehlivanidis A, Ramos-Quiroga JA, Ra。stam M, RyffelRawak D, Stes S, Asherson P.(2010) European consensus statement on diagnosis and treatment of adult ADHD: The European network adult ADHD. BMC Psychiatry 10, 67.

Kooij JJS, Bijlenga D, Salerno L, Jaeschke R, Bitter I, Balazs J, Thome J, Dom G, Kasper S, Nunes Filipe C, Stes S, Mohr P, Leppamaki S, Casas Brugue M, Bobes J, McCarthy JM, Richarte V, Kjems Philipsen A, Pehlivanidis A, Niemela A, Styr B, Semerci B, Bolea-Alamanac B, Edvinsson D, Baeyens D, Wynchank D, Sobanski E, Philipsen A, McNicholas F, Caci H, Mihailescu I, Manor I, Dobrescu I, Saito T, Krause J, Fayyad J, Ramos-Quiroga JA, Foeken K, Rad F, Adamou M, Ohlmeier M, Fitzgerald M, Gill M, Lensing M, Motavalli Mukaddes N, Brudkiewicz P, Gustafsson P, Tani P, Oswald P, Carpentier PJ, De Rossi P, Delorme R, Markovska Simoska S, Pallanti S, Young S, Bejerot S, Lehtonen T, Kustow J, Muller-Sedgwick U, Hirvikoski T, Pironti V, Ginsberg Y, Felegyhazy Z, Garcia-Portilla MP, Asherson P.(2019) Updated European Consensus Statement on diagnosis and treatment of adult ADHD. Eur Psychiatry 56:14-34.

Kraft DK.(2010) Nonmedication Treatments for Adult ADHD: Evaluating Impact on Daily Functioning and Well-Being. J Am Coll Health 59, 1 Book Review.

Lahey BB, Applegate B, McBurnett K, Biederman J, Greenhill L, Hynd GW, Barkley RA, Newcorn J, Jensen P, Richters J.(1994) DSM-IV field trials for attention-deficit/hyperactivity disorder in children and adolescents. Am J Psychiatry 151, 1673-1685.

Lambek R, Sonuga-Barke E, Tannock R, Sørensen AV, Damm D, Thomsen PH.(2018) Are there distinct cognitive and motivational sub-groups of children with ADHD? Psycho Med 48(10), 1722-1730.

Lange KW, Reichl S, Lange KM, Tucha L, Tucha O.(2010) The history of attention deficit hyperactivity disorder. ADHD Atten Def Hyp Disord 2, 241-255.

Lanier J, Noyes E, Biederman J.(2021) Mind wandering(internal distractibility) in ADHD: a iterature review. J Atten Disord 25(6):885-890.

Laufer MW & Denhoff E.(1957) Hyperkinetic behavior syndrome in children. J Pediatr 50, 463-474.

Leibenluft E, Charney DS, Towbin KE, Bhangoo RK, Pine DS.(2003) Defining clinical phenotypes of juvenile mania. Am J Psychiatry 160(3), 430-437.

Lenzi F, Cortese S, Harris J, Masi G.(2018) Pharmacotherapy of emotional dysregulation in adults with ADHD: A systematic review and meta-analysis. Neurosci Biobehav Rev 84, 359-367.

Levy LD, Fleming JP, Klar D.(2009) Treatment of refractory obesity in severely obese adults following management of newly diagnosed attention-deficit/hyperactivity disorder. Int J Obes (Lond) 33:326-334.

Lien GW, Huang CC, Shiu JS, Chen MH, Hsieh WS, Guo YL, Chen PC.(2016) Perfluoroalkyl substances in cord blood and attention deficit/hyperactivity disorder symptoms in seven-year-old children. Chemosphere 156, 118-127.

Liu X, Dalsgaard S, Munk-Olsen T, Li J, Wright RJ, Momen NC.(2019) Parental asthma occurrence, exacerbations and risk of attention-deficit/hyperactivity disorder. Brain Behav Immun 82, 302–308.

Logan RW & McClung CA.(2019) Rhythms of life: circadian disruption and brain disorders across the lifespan. Nat Rev Neurosci 20:49–65.

Lou HC, Henriksen L, Bruhn P.(1984) Focal cerebral hypoperfusion in children with dysphasia and/or attention deficit disorder. Arch Neurol 41, 825-829.

Lyall K, Croen L, Daniels J, Fallin MD, Ladd-Acosta C, Lee BK, Park BY, Snyder

NW, Schendel D, Volk H, Windham GC, Newschaffer C.(2017) The Changing Epidemiology of Autism Spectrum Disorders. Annu Rev Public Health 38, 81-102.

Lysaker PH, Erickson M, Ringer J, Buck KD, Semerari A, Carcione A, Dimaggio G.(2011) Metacognition in schizophrenia: The relationship of mastery to coping, insight, self-esteem, social anxiety, and various facets of neurocognition. Br J Health Psychol 50(4), 412–424.

Manor I, Vurembrandt N, Rozen S, Gevah D, Weizman A, Zalsman G.(2012) Low self-awareness of ADHD in adults using a self-report screening questionnaire. Eur Psychiatry 27(5), 314–320.

Matthies S & Philipsen A.(2016) Comorbidity of personality disorders and adult attention deficit hyperactivity disorder (ADHD) – Review of recent findings. Curr Psychiatry Rep 18:33.

McCall WV, Benca RM, Rosenquist PB, Riley MA, McCloud L, Newman JC, Case D, Rumble M, Krystal AD.(2017) Hypnotic medications and suicide: risk, mechanisms, mitigation, the FDA. Am J Psychiatry 174:18–25.

McCauley HL, Breslau JA, Saito N, Miller E.(2015) Psychiatric disorders prior to dating initiation and physical dating violence before age 21: findings from the National Comorbidity Survey Replication(NCS-R). Soc Psychiatry Psychiatr Epidemiol 50, 1357–1365.

McCrory P, Meeuwisse W, Dvořák J, Aubry M, Bailes J, Broglio S, Cantu RC, Cassidy D, Echemendia RJ, Castellani RJ, Davis GA, Ellenbogen R, Emery C, Engebretsen L, Feddermann-Demont N, Giza CC, Guskiewicz KM, Herring S, Iverson GL, Johnston KM, Kissick J, Kutcher JS, Leddy JJ, Maddocks D, Makdissi M, Manley GT, McCrea M, Meehan WP, Nagahiro S, Patricios JS, Putukian M, Schneider KJ, Sills A, Tator CH, Turner M, Vos PE.(2017) Consensus statement on concussion in sport-the 5(th) international conference on concussion in sport held in Berlin, October 2016. Br J Sports Med 51(11), 838-847.

McGough JJ & Barkley RA.(2004) Diagnostic controversies in adult attention deficit hyperactivity disorder. Am J Psychiatry 161, 1948-1956.

Meza JI, Owens EO, Hinshaw SP.(2021) Childhood predictors and moderators of lifetime risk for self-harm in girls with and without attention deficit hyperactivity disorder. Development and Psychopathology 33(4):1351-1367.

Mick E, Faraone SV, Biederman J, Spencer TJ.(2004) The course and outcome of attention-deficit/hyperactivity disorder. Prim Psychiatry 11, 42-48.

Miranda-Mendizabal A, Castellvı P, Pares-Badell O, Alayo I, Almenara J, Alonso I, Blasco MJ, Cebrià A, Gabilondo A, Gili M, Lagares C, Piqueras JA, Rodríguez-Jiménez T, Rodríguez-Marín J, Roca M, Soto-Sanz V, Gemma Vilagut, Alonso J.(2019) Gender differences in suicidal behavior in adolescents and young adults: Systematic review and meta-analysis of longitudinal studies. International Journal of Public Health 64(2), 265–283.

Moerstedt B, Corbisiero S, Bitto H, Stieglitz R.(2015) Attention-deficit/hyperactivity disorder(ADHD) in adulthood: Concordance and differences between self- and informant perspectives on symptoms and functional impairment. Plos One 10(11), e0141342.

Moffitt TE, Houts R, Asherson P, Belsky DW, Corcoran DL, Hammerle M, Harrington H, Hogan S, Meier M, Polanczyk GV, Poulton R, Ramrakha S, Sugden K, Williams B, Augusto Rohde L, Caspi A.(2015) Is adult ADHD a childhood-onset neurodevelopmental disorder? Evidence from a four-decade longitudinal cohort study. Am J Psychiatry 172:967–977.

Mohammadi MR, Mostafavi SA, Keshavarz SA, Eshraghian MR, Hosseinzadeh P, Hosseinzadeh-Attar MJ, Kooshesh SMA, Chamari M, Akhondzadehet S.(2012) Melatonin effects in methylphenidate treated children with attention deficit hyperactivity disorder: a randomized double blind clinical trial. Iran J Psychiatry 7:87–92.

Mohr-Jensen C & Steinhausen HC.(2016) A meta-analysis and systematic review of the risks associated with childhood attention-deficit hyperactivity disorder on long-term outcome of arrests, convictions, and incarcerations. Clin Psychol Rev 48, 32-42.

Mohr-Jensen C, Muller Bisgaard C, Boldsen SK, Steinhausen HC.(2019) Attention-Deficit/Hyperactivity Disorder in Childhood and Adolescence and the Risk of Crime in Young Adulthood in a Danish Nationwide Study. J Am Acad Child Adolesc Psychiatry 58, 443–452.

Morein-Zamir S, Papmeyer M, Pertusa A, Chamberlain SR, Fineberg NA, Sahakian BJ, Mataix-Cols D, Robbins TW.(2014) The profile of executive function in OCD hoarders and hoarding disorder. Psychiatry Res 215(3), 659–667.

Moss SB, Nair R, Vallarino A, Wang S.(2007) Attention deficit/hyperactivity disorder in adults. Primary Care: Clinics in Office Practice 34, 445-473.

Mowlem FD, Skirrow C, Reid P, Maltezos S, Nijjar SK, Merwood A, Barker E, Cooper R, Kuntsi J, Asherson P.(2019) Validation of the mind excessively wandering scale and the relationship of mind wandering to impairment in adult adhd. J Atten Disord 23(6):624-634.

Murphy K & Barkley RA.(1996) Attention deficit hyperactivity disorder adults: Comorbidities and adaptive impairments. Comprehensive Psychiatry 37, 393-401.

National Sleep Foundation.(2016) ADHD and sleep.

Navaneelan T.(2012). Suicide rates: An overview. Catalogue no. 82-624-X. Ottawa: Statistics Canada.

Nelson LD, Guskiewicz KM, Marshall SW, Hammeke T, Barr W, Randolph C, McCrea MA.(2016) Multiple Self-Reported Concussions Are More Prevalent in Athletes With ADHD and Learning Disability. Clin J Sport Med 26, 120-127.

Newson JJ, Hunter D, Thiagarajan TC.(2020) The heterogeneity of mental health assessment. Front Psychiatry 11:76.

Nice British National Formulary(BNF).(2020)

Nigg JT, Johnstone JM, Musser ED, Long HG, Willoughby MT, Shannon J.(2016) Attention-deficit/hyperactivity disorder(ADHD) and being overweight/obesity: New data and meta-analysis. Clin Psychol Rev 43, 67-79.

Noreika V, Falter CM, Rubia K.(2013) Timing deficits in attention-deficit/hyperactivity disorder(ADHD): Evidence from neurocognitive and neuroimaging studies. Neuropsychologia 51(2):235-266.

Otasowie J, Castells X, Ehimare UP, Smith CH.(2014) Tricyclic antidepressants for attention deficit hyperactivity disorder(ADHD) in children and adolescents. Cochrane Database Syst Rev(9).

Pagoto SL, Curtin C, Bandini LG, Anderson SE, Schneider KL, Bodenlos JS, Ma Y.(2010) Weight loss following a clinic-based weight loss program among adults with attention deficit/hyperactivity disorder symptoms. Eat Weight Disord 15:e166-172.

Palagini L, Bastien CH, Marazziti D, Ellis JG, Riemann D.(2019) The key role of insomnia and sleep loss in the dysregulation of multiple systems involved in mood disorders: a proposed model. J Sleep Res 10:12841.

Palagini L, Manni R, Aguglia E, Amore M, Brugnoli R, Girardi P, Grassi L, Mencacci C, Plazzi G, Minervino A, Nobili L, Biggioet G.(2020) Expert opinions and consensus recommendations for the evaluation and management of insomnia in clinical practice: joint statements of five italian scientific societies. Front Psychiatry 11:558.

Palagini L, MiniatiM, Marazziti D, Sharma V, Riemann D.(2021) Association among early life stress, mood features, hopelessness and suicidal risk in bipolar disorder: the potential contribution of insomnia symptoms. J Psychiatr Res 135:52–59.

Palmer ED & Finger S.(2001) An Early Description of ADHD (Inattentive Subtype): Dr Alexander Crichton and Mental Restlessness (1798). Child Psychol Psychiatry Review 6, 66–73.

Pastor PN & Reuben CA.(2008). Diagnosed attention deficit hyperactivity disorder and learning disability: United states, 2004–2006. Vital and Health Statistics. Series 10, Data from the National Health Survey Issue 237, pp. 1–14.

Pelham III WE, Page TF, Altszuler AR, Gnagy EM, Molina BS, Pelham Jr WE.(2020) The long-term financial outcome of children diagnosed with ADHD. Journal of Consulting and Clinical Psychology 88(2), 160–171.

Pigeon WR, Bishop TM, Krueger KM.(2017) Insomnia as a precipitating factor in new onset mental illness: a systematic review of recent findings. Curr Psychiatry Rep 19:44.

Pliszka S.(2007) Practice parameter for the assessment and treatment of children and adolescents with attention-deficit/hyperactivity disorder. J Am Acad Child Adolesc Psychiatry 46(7), 894-921.

Pohlabeln H, Rach S, De Henauw S, Eiben G, Gwozdz W, Hadjigeorgiou C, Molnar D, Moreno LA, Russo P, Veidebaum T, Pigeot I.(2017) Further evidence for the role of pregnancy-induced hypertension and other early life influences in the development of ADHD: results from the IDEFICS study. Eur Child Adolesc Psychiatry 26, 957–967.

Polanczyk G, de Lima MS, Horta BL, Biederman J, Rohde LA.(2007) The worldwide prevalence of ADHD: a systematic review and metaregression analysis. Am J Psychiatry 164(6), 942-948.

Prevatt F, Proctor B, Baker L, Garrett L, Yellandet S.(2011) Time estimation abilities of college students with ADHD. J Atten Disord 15(7):531-538.

Prevatt F, Proctor B, Best L, Baker L, Van Walker J, Taylor NW.(2012) The positive illusory bias: Does it explain self-evaluations in college students with ADHD? J Atten Disord 16(3), 235–243.

Quay HC.(1988) Attention deficit disorder and the behavioral inhibition system: The relevance of the neuropsychological theory of Jeffrey A. Gray. In L. M. Bloomingdale & J. Sergeant (Eds.), Attention deficit disorder: Criteria, cognition, intervention(pp. 117-126). New York: Pergamon Press.

Racine M.(2018) Chronic pain and suicide risk: A comprehensive review. Progress in Neuro-Psychopharmacology & Biological Psychiatry 87(Pt B), 269–280.

Rapin I.(1964) Brain damage in children. In J. Brennemann(Ed.), Practice of pediatrics (Vol. 4). Hagerstown, MD: Prior.

Reimherr FW, Marchant BK, Olson JL, Halls C, Kondo DG, Williams ED, Robins RJ.(2010) Emotional dysregulation as a core features of adult ADHD: Its relationship with clinical variables and treatment response in two methylphenidate trials. J ADHD Rel Disord 4, 53-64.

Reimherr FW, Marchant BK, Gift TE, Steans TA, Wender PH.(2015) Types of adult attention-deficit hyperactivity disorder(ADHD): baseline characteristics, initial response, and long-term response to treatment with methylphenidate. Atten Defic Hyperact Disord 7(2), 115-128.

Reimherr FW, Roesler M, Marchant BK, Gift TE, Retz, W, Philipp-Wiegmann F, Reimherr ML.(2020) Types of Adult Attention-Deficit/Hyperactivity Disorder: A Replication Analysis. J Clin Psychiatry 17;81(2):19m13077.

Retz W, Stieglitz R-D, Corbisiero S, Retz-Junginger P, Ro¨sler M.(2012) Emotional dysregulation in adult ADHD: what is the empirical evidence? Expert Rev Neurother 12, 1241-1251.

Richard-Lepouriel H, Etain B, Hasler R, Bellivier F, Gard S, Kahn JP, Prada P, Nicastro R, Ardu S, Dayer A, Leboyer M, Aubry JM, Perroud N, Henryet C.(2016) Similarities between emotional dysregulation in adults suffering from ADH and bipolar patients. J Affect Disord 198:230–236.

Rie HE & Rie ED.(Eds.)(1980) Handbook of minimal brain dysfunction: A critical review. New York: Wiley.

Roma´n-Ithier JC, Gonza´lez RA, Ve´lez-Pastrana MC, Gonza´lez-Tejera GM, Albizu-Garcia CE.(2016) Attention deficit hyperactivity disorder symptoms, type of offending and recidivism in a prison population: The role of substance dependence. Crim Behav Ment Health 27(5), 443-456.

Rosenthal RH & Allen TW.(1978) An examination of attention, arousal and learning dysfunctions of hyperkinetic children. Psychol Bull 85, 689-715.

Ross DM & Ross SA.(1976) Hyperactivity: Research, theory and action. New York: Wiley.

Ruiz-Goikoetxeaa M, Cortese S, Aznarez-Sanadoe M, Magallóne S, Alvarez Zalloa N, Luis E, de Castro-Manglano P, Soutullo G.(2018) Risk of unintentional injuries in children and adolescents with ADHD and the impact of ADHD medications: A systematic review and meta-analysis. Neurosci Biobehav Rev 84:63-71.

Rutter M.(1977) Brain damage syndromes in childhood: Concepts and findings. J Child Psychol Psychiatry 18, 1-21.

Rutter M.(1982) Syndromes attributable to minimal brain dysfunction in childhood. Am J Psychiatry 139, 21-33.

Rutter M.(1989) Attention deficit disorder/hyperkinetic syndrome: Conceptual and research issues regarding diagnosis and classification, In T. Sagvolden & T. Archer (Eds.), Attention deficit disorder: Clinical and basic research(pp. 1-24). Hillsdale, NJ: Erlbaum.

Rutter M, Kim-Cohen J, Maughan B.(2006) Continuities and discontinuities in psychopathology between childhood and adult life. J Child Psychol Psychiatry 47:276–295.

Saxena S.(2008) Neurobiology and Treatment of Compulsive Hoarding. CNS Spectrums 13(S14), 29–36.

Schoretsanitis G, de Leon J, Eap CB, Kane JM, Michael Paulzen M.(2019) Clinically significant drug-drug interactions with agents for attentiondeficit/hyperactivity disorder. CNS Drugs 33 (12), 1201–1222.

Schraw G & Dennison RS.(1994) Assessing metacognitive awareness. Contemp Educ Psychol 19(4), 460–475.

Septier M, Stordeur C, Zhang J, Delorme R, Cortese S.(2019) Association between suicidal spectrum behaviors and Attention-Deficit/Hyperactivity Disorder: A systematic review and meta-analysis. Neurosci Biobehav Rev 103, 109–118.

Sharma A & Couture J.(2014) A review of the pathophysiology, etiology, and treatment of attention-deficit hyperactivity disorder (ADHD). Ann Pharmacother 48(2), 209-225.

Shaw P, Stringaris A, Nigg J, Leibenluft E.(2014) Emotion dysregulation in attention deficit hyperactivity disorder. Am J Psychiatry, 171(3), 276-293.

Sheppard B, Chavira D, Azzam A, Grados MA, Umana P, Garrido H, Mathews CA.(2010). ADHD prevalence and association with hoarding behaviors in childhood-onset OCD. Depress Anxiety 27(7), 667-674.

Sibley MH, Swanson JM, Arnold LE, Hechtman LT, Owens EB, Stehli A, Abikoff H, Hinshaw SP, Molina BSG, Mitchell JT, Jensen PS, Howard AL, Lakes KD, Pelham WE; MTA Cooperative Group.(2017) Defining ADHD symptom persistence in adulthood: optimizing sensitivity and specificity. J Child Psychol Psychiatry 58(6), 655-662.

Skirrow C & Asherson P.(2013) Emotional lability, comorbidity and impairment in adults with attention-deficit hyperactivity disorder. J Affect Disord 147(1-3), 80-86.

Skirrow C, Ebner-Priemer U, Reinhard I, Malliaris Y, Kuntsi J, Asherson P.(2014) Everyday emotional experience of adults with attention deficit hyperactivity disorder: evidence for reactive and endogenous emotional lability. Psychol Med 44(16), 3571-3583.

Smallwood J & Schooler JW.(2006) The restless mind. Psychol Bull 132(6), 946-958.

Smallwood J & Schooler JW.(2015) The science of mind wandering: empirically navigating the stream of consciousness. Annu Rev Psychol 66(1), 487-518.

Smith ME & Farah MJ.(2011) Are prescription stimulants "smart pills"? The epidemiology and cognitive neuroscience of prescription stimulant use by normal healthy individuals. Psychol Bull 137(5):717-741.

Snitselaar MA, Smits MG, van der Heijden KB, Spijker J.(2017) Sleep and Circadian Rhythmicity in Adult ADHD and the Effect of Stimulants : A Review of the Current Literature. J Atten Disord 21(1), 14-26.

Sobanski E.(2006) Psychiatric comorbidity in adults with attention-deficit/hyperactivity disorder (ADHD). Eur Arch Psychiatry Clin Neurosci 256:i26-31.

Sonuga-Barke EJ & Castellanos FX.(2007) Spontaneous attentional fluctuations in impaired states and pathological conditions: a neurobiological hypothesis. Neurosci Biobehav Rev 31(7), 977-986.

Sonuga-Barke EJ, Brandeis D, Cortese S, Daley D, Ferrin M, Holtmann M, Stevenson J, Danckaerts M, van der Oord S, Do¨pfner M, Dittmann RW, Simonoff E,

Zuddas A, Banaschewski T, Buitelaar J, Coghill D, Hollis C, Konofal E, Lecendreux M, Wong IC, Sergeant J; European ADHD Guidelines Group.(2013) Nonpharmacological interventions for ADHD: systematic review and meta-analyses of randomized controlled trials of dietary and psychological treatments. Am J Psychiatry 170(3), 275-289.

Stawarczyk D, Majerus S, Maj M, Van der Linden M, D'Argembeau A.(2011) Mind wandering: phenomenology and function as assessed with a novel experience sampling method. Acta Psychol(Amst.) 136(3), 370–381.

Sternat T, Fotinos K, Fine A, Epstein I, Katzman MA.(2018) Low hedonic tone and attention-deficit hyperactivity disorder: Risk factors for treatment resistance in depressed adults. Neuropsychiatr Dis Treat 14:2379–2387.

Stewart MA.(1970) Hyperactive children. Sci Am 222, 94-98.

Stickley A, Koyanagi A, Takahashi H, Kamio Y.(2016) ADHD symptoms and pain among adults in england. Psychiatry Research 246, 326–331.

Strakowski SM & Frances AJ.(2012) What's Wrong With DSM-5? Medscape Psychiatry, June.

Strauss AA & Lehtinen LE.(1947) Psychopathology and education of the brain-injured child. New York: Grune & Stratton.

Stray LL, Kristensen Ø, Lomeland M, Skorstad M, Stray T, Tønnessen FE.(2013) Motor regulation problems and pain in adults diagnosed with ADHD. Behavioral and Brain Functions 9(1), 18.

Strohl MP.(2011) Bradley's Benzedrine studies on children with behavioral disorders. Yale J Biol Med 84(1), 27-33.

Stryker S.(1925) Encephalitis lethargica - The behavior residuals. Train School Bul 22, 152-157.

Surman CBH, Biederman J, Spencer T, Miller CA, McDermott KM, Faraone SV.(2013). Understanding deficient emotional self-regulation in adults with attention deficit hyperactivity disorder: a controlled study. Atten Defic Hyperact Disord 5(3), 273–281.

Swedish National Formulary: FASS Vårdpersonal.(2020)

Taylor E, Chadwick O, Heptinstall E, Danckaerts M.(1996) Hyperactivity and conduct problems as risk factors for adolescent development. J Am Acad Child Adolesc Psychiatry 35, 1213-1226.

Thapar A, Cooper M, Rutter M.(2017) Neurodevelopmental disorders. Lancet Psychiatry 4:339–346.

Thompson AC & Lefler EK.(2016) ADHD stigma among college students. Atten Defic Hyperact Disord 8, 45-52.

Tolin DF, Meunier SA, Frost RO, Steketee G.(2011) Hoarding among patients seeking treatment for anxiety disorders. J Anxiety Disord 25(1), 43–48.

Tzeng NS, Chung CH, Lin FH, Yeh CB, Huang SY, Lu RB, Chang HA, Kao YC, Yeh HW, Chiang WS, Chou YC, Tsao CH, Wu YF, Chien WC.(2019) Risk of Dementia in Adults With ADHD: A Nationwide, Population-Based Cohort Study in Taiwan. J Atten Disord 23, 995–1006.

van Andel E, Bijlenga D, Vogel SWN, Beekman ATF, Kooij JJS.(2020) Effects of chronotherapy on circadian rhythm and ADHD symptoms in adults with attention-deficit/hyperactivity disorder and delayed sleep phase syndrome: a randomized clinical trial. Chronobiol Int 29:1–10.

Van der Meere J & Sergeant J.(1988) Focused attention in pervasively hyperactive children. J Abnorm Child Psychol 16, 627-640.

van der Schans J, Aikman B, de Vries TW, Hoekstra PJ, Hak E.(2017) Association Between Attention-Deficit/Hyperactivity Disorder and Asthma Among Adults: A Case-Control Study. Chest 151, 1406–1407.

van Veen MM, Kooij JJS, Boonstra AM, Gordijn MCM, Van Someren EJW.(2010) Delayed circadian rhythm in adults with attention-deficit/hyperactivity disorder and chronic sleep-onset insomnia. Biol Psychiatry 67, 1091-1096.

Voinescu BI, Szentagotai A, David D.(2012) Sleep disturbance, circadian preference and symptoms of adult attention deficit hyperactivity disorder(ADHD). J Neural Transm (Vienna) 119(10), 1195-1204.

Vogel SWN, Bijlenga D, Benjamins JS, Beekman ATF, Kooij JJS, Van Someren EJW.(2017) Attention deficit hyperactivity disorder symptom severity and sleep problems in adult participants of the Netherlands sleep registry. Sleep Med 40, 94-102.

Walg M, Hapfelmeier G, El-Wahsch D, Prior H.(2017) The faster internal clock in ADHD is related to lower processing speed: WISC-IV profile analyses and time estimation tasks facilitate the distinction between real ADHD and pseudo-ADHD. Eur Child Adolesc Psychiatry 26(10):1177-1186.

Wang Q, Xu R, Volkow ND.(2021) Increased risk of COVID-19 infection and mortality in people with mental disorders: analysis from electronic health records in the United States. World Psychiatry 20(1), 124-130.

Wasserstein J.(2005) Diagnostic issues for adolescents and adults with ADHD. J Clin Psychol 61:535-547.

Weissenberger S, Děchtěrenko F, Klicperova-Baker M, Vňuková M, Zimbardo P, Raboch J, Anders M, Braaten E, Ptáčeket R.(2020) ADHD symptoms in adults and time perspectives – findings from a Czech national sample. Front Psychol 11:950.

Wender PH.(1995) Attention-deficit hyperactivity disorder in adults. New York: Oxford University Press.

Willcutt EG, Doyle AE, Nigg JT, Faraone SV, Pennington BF.(2005) Validity of the executive function theory of attention-deficit/hyperactivity disorder: a meta-analytic review. Biol Psychiatry 57(11), 1336-1346.

Williamson C, Alcantar O, Rothlind J, Cahn-Weiner D, Miller BL, Rosen HJ.(2010) Standardised measurement of self-awareness deficits in FTD and AD. J Neurol Neurosurg Psychiatry 81(2), 140–145.

Wilson TW, Heinrichs-Graham E, White ML, Knott NL, Wetzelet MW.(2013) Estimating the passage of minutes: Deviant oscillatory frontal activity in medicated and unmedicated ADHD. Neuropsych 27(6):654-665.

Woody SR, Kellman-mcfarlane K, Welsted A.(2014). Clinical Psychology Review of cognitive performance in hoarding disorder. Clin Psychol Rev 34(4), 324–336.

Wynchank D, Bijlenga D, Beekman AT, Kooij JJS, Penninx BW.(2017) Adult Attention-Deficit/Hyperactivity Disorder(ADHD) and Insomnia: an Update of the Literature. Curr Psychiatry Rep 19(12), 98.

Yeh JY, Hou TY, Tseng WT, Chen VC, Yang YH, Kuo TY, Weng JC, Lee CT, Chen YL, Lee MJ.(2020) Association Between Attention Deficit Hyperactivity Disorder and Risk of Burn Injury: A Propensity-Matched Cohort Study. Neuropsychiatr Dis Treat 16, 1249–1255.

Yoon SYR, Jain UR, Shapiro CM.(2013) Sleep and daytime function in adults with attention-deficit/hyperactivity disorder: subtype differences. Sleep Med 14:648–655.

Young S, Wells J, Gudjonsson GH.(2011) Predictors of offending among prisoners:

the role of attention-deficit hyperactivity disorder and substance use. J Psychopharmacol 25(11), 1524-1532.

Young G, Lareau C,

Young S, Moss D, Sedgwick O, Fridman M, Hodgkins P.(2015) A meta-analysis of the prevalence of attention deficit hyperactivity disorder in incarcerated populations. Psychol Med 45, 247-258.

Zametkin AJ, Nordahl TE, Gross M, King AC, Semple WE, Rumsey J, Cohen R. M.(1990) Cerebral glucose metabolism in adults with hyperactivity of childhood onset. N Engl J Med 323, 1361-1366.

Zrull JP, Westman JC, Arthur B, Bell WA.(1963) A comparison of chlordiazepoxide, d-amphetamine, and placebo in the treatment of the hyperkinetic syndrome in children. Am J Psychiatry 120, 590-591.

CHAPTER 3

# ADHD와 관련된 논란이 되는 이슈

## 원인과 진단

### 정확하지 않은 원인 — 의외의 아세트아미노펜

아직도 정확한 원인은 알려지지 않았다는 점이 ADHD와 관련된 가장 기본적인 논란거리다. 하지만 앞서 언급한 기존의 정신장애 진단기준이 어떻게 만들어졌는지를 생각해 보면, 논란이 되는 것은 지극히 당연하다. 나타나는 임상 양상에만 집중할 뿐 그 원인은 아무것도 모른다. 원인을 밝히는 연구가 많다는 것은 아직도 원인을 모른다는 방증이다. 정확한 것은 없다. 아마 영원히 찾을 수 없을 것이다. 왜냐하면 부주의와 과잉행동 · 충동성 등과 같은 핵심 증상만으로 ADHD를 정의하기 어렵고, 그 핵심 증상에 대한 임계값도 객관적인 평가를 통해 정의되지 않는 매우 이질적인 신경발달학적 장애라는 모호성으로 인해 어떤 특정한 요인이 나타날 리 만무하기 때문이다. 다양한 모습의 실제는 존재하지만, 그 본질은 알려져 있지 않다. 현재까지 ADHD를 대상으로 한 연구는 본질에 대한 것이 아니라 다양한 모습을 가진 실제였기 때문에,

다양한 모습에 대한 원인을 열심히 찾아봤을 뿐이다. 그래서 너무나 많은 원인이 존재한다. 그래도 아쉬우니 한번 살펴보자. 간단히 설명하려고 노력했지만 좀 길다. 그나마 최근의 연구 결과만 추렸다.

ADHD 환자의 경우, 많은 유전적 및 환경적 위험 요인이 축적되어 장애가 유발된다고 알려졌다(Faraone 등, 2015). ADHD에 대한 환경적 위험은 태아기 혹은 출생 후 초기 기간 같은 인생 시작 초기에 영향을 미친다. 환경 측면과 ADHD의 발병 사이의 연관성은 매우 높은 수준의 증거를 통해 지지를 얻고 있다. 하지만 환경 측면 단독으로 ADHD가 발생한다고는 판단하지 않으며, 대부분의 경우 유전적 및 환경적 요인이 상호 영향을 미치기 때문일 것으로 생각한다. 그 증거는 다음과 같은데, 미국, 유럽, 스칸디나비아 및 호주의 37개 쌍생아 연구에 대한 문헌 검토에서 모두 유전자 및 환경과의 상호작용이 ADHD를 유발하는 데 상당한 역할을 하는 것으로 나타났기 때문이다(Larsson 등, 2014; Faraone & Larsson, 2018; Pettersson 등, 2019). 20,000명 이상의 ADHD 환자와 35,000명 이상의 ADHD가 없는 사람의 DNA를 분석한 미국, 유럽, 스칸디나비아, 중국 및 호주의 국제적인 게놈 연구에서, 장애의 위험에 영향을 미치는 많은 유전적 위험 변이가 발견됐다(Demontis 등, 2019). 하지만 게놈 전반의 연구에서 검증되기 전까지는 아직 위험 유전자로서의 지위는 불확실하다. 필자의 견해로는 앞으로도 계속 많은 후보 유전자가 발견될 것이지만, 특정 유전자가 확실한 원인 요인이라는 것은 절대로 밝혀지지 않을 것 같다. 어쨌든 발견된 유전자는 ANCK1(Pan 등, 2015) DAT1(Grunblatt 등, 2019a), LRP5와 LRP6(Grunblatt 등, 2019b), SNAP25(Lu 등, 2017), ADGRL3(Bruxel 등, 2020), 그리고 DRAP4와 BAIAP2(Bonvicini 등, 2016; Bonvicini 등, 2020) 등이다. 한편

ADHD는 드문 단일 유전자 결함(Faraone & Larsson, 2018) 혹은 염색체 이상(Cederlof 등, 2014)의 결과일 수도 있다. 자폐 스펙트럼 장애(ASD) 그리고/혹은 ADHD 아동 8,000명 이상과 대조군 5,000명의 DNA를 분석한 연구에서, 대조군에 비해 ASD 및 ADHD를 가진 아동에서 희귀 유전 돌연변이의 비율이 증가했기 때문이다(Satterstrom 등, 2019).

환경적인 요인을 살펴보자. ADHD와 관련된 환경적인 요인 중 가장 대표적인 것은 납 노출인데, 17,000명 이상의 아동을 대상으로 한 14개 연구를 최근 메타-분석한 연구에 따르면, 혈중 납 농도가 높을수록 ADHD 확률이 4배 증가하는 것으로 나타났다(Nilsen & Tulve, 2020). 그다음으로 자주 언급되는 요인은 흡연인데, 300만 명 이상을 대상으로 한 20개 이상의 연구가 포함된 3개의 메타-분석 연구에서 산전 산모의 흡연은 ADHD 발병률을 50% 이상 상승시키는 것으로 나타났다(Huang 등, 2017; Dong 등, 2018; Nilsen & Tulve, 2020). 하지만 이런 연관성은 ADHD의 가족력을 조정한 후에는 사라졌는데, 임신 중 산모의 흡연과 ADHD 사이의 연관성은 흡연과 ADHD의 위험을 증가시키는 가족적 혹은 유전적 요인에 기인하기 때문이다. 일상에서 자주 사용하는 약물도 ADHD와 관련되는데, 이 약물은 해열진통제로 많이 사용하는 아페트아미노펜이다. 10,000명 이상의 출생아를 대상으로 한 대만 연구에서, 놀랍게도 임신 중 산모가 아세트아미노펜을 사용하면 자녀가 ADHD를 가질 가능성이 33% 더 커지는 것으로 나타났다(Chen 등, 2019). 노르웨이 모자 코호트 연구와 노르웨이 환자 등록부의 113,000명의 자녀를 조사한 또 다른 연구에서는, ADHD 환자 2,246명이 포함된 산모의 아세트아미노펜 사용과 ADHD 사이의 용량-반응 관계가 확인됐다(Ystrom 등, 2017). 우리는 흔히 아세트아미노펜은 술과 함께 복용하면 문제가 된다고 알고 있지만, 임신 중 사용은 ADHD와 인과관계가 있기 때문에 잘 알고 있어야 할 것이다. 비록 아세트아미노펜처럼 일상에서 일반적으로 사용되지는 않지만, 경련성 장애 환자에게 자주 사용하는 약물인 발프로산도 산모가 사용하면 출생한 자녀가 ADHD가 될 확률이 50% 이상 증가하는 것으로 나타났다. 하지만 다른 항경련성 약물은 이런 현상이 나타나지 않는다(Christensen 등, 2019). 최근 환경문제 중 가장 이슈가 되고 있는 것은 석탄이나 석유를 태우면서 발생하는 미세먼지와 질소화합물 그리고 아황산가스 등이다. 이런 대기오염물질과 ADHD 사이의 관련성을 조사한 연구가 있는데, 미세먼지와 질소 산화물 같은 대기오염물질과 ADHD 사이의 유의한 관련성은 나타나지 않았다(Zhang 등, 2020). 하지만 일반적인 교통 오염 물질인 산화질소에 노출되면 ADHD에 걸릴 확률이 25% 더 높다는 연구 결과도 있다(Shih 등, 2020). 우리나라에서도 전국적인 코호트 연구가 수행됐는데, 2013년부터 2015년까지 ADHD로 일차 진단을 받고 입원한 청소년 7,200명과 같은 기간 전국에 분포된 318개 측정소의 대기오염물질 3개의 일일 수치를 파악한 결과, 산화질소, 아황산가스, 그리고 미세먼지 농도의 증가와 ADHD-관련 입원 증가가 연관성을 보였다(각각, 47%, 27% 및 12% 증가)(Park 등, 2020). 다행히 청소년기 때의 설탕 소비와 ADHD 사이의 연관성에 대한 증거는 없었다(Farsad-Naimi 등, 2020). 이 외에도 혈중 철분 농도, 산모의 혈중 비타민 D 농도, 저체중 출생, 산모의 고혈압, 산모의 자간전증, 산모의 비만, 산모의 갑상선 기능 항진증, 산모의 유산경력, 아동기 때의 학대, 경제적 어려움 등등, 이 책에서 미처 다 언급하지 못한 엄청나게 많은 유전적 및 환경적 요인이 존재한다. 그런데 많다는 것은 정확히 모른다는 말과 동일하다. 아직도 ADHD의 원인은 모른다. 다만 높은 유전성을 보이기 때문에, 그냥 부모로부터 물려받는다고 여기면 될 듯하다.

## 진단과정 — 너무나도 주관적인

'신경발달학적 장애'에는 뇌 발달의 일부 형태를 포함하는 광범위한 장애가 포함되며, 각각의 상태가 임상 양상 및 원인에서 다른 것과는 실질적으로 다를 수 있는 매우 이질적인 범위의 신경정신병적 상태를 나타낸다(Thapar 등, 2017). 이런 신경발달학적 장애 중 ADHD가 가장 흔하며, 현재까지는 ADHD의 핵심 증상인 부주의, 과잉행동 · 충동성에 여전히 무게를 두고 있는 '정상과 비정상'의 개념이 유지된다. 즉 현재 진단기준인 DSM-5에서 ADHD는 부주의, 과잉행동 · 충동성 혹은 결합된 하위유형으로 구성된 2차원 모델에 따라 설명된다. 모든 진단기준은 핵심 증상 유무 및 개수 혹은 심각도에 의존한다. 필자가 반복적으로 주장했듯이, 이런 모델은 임상 관리에 있어 근본적으로 중요한 몇 가지 측면을 과소평가할 수밖에 없다.

기존의 진단 방식에 대한 문제점을 설명하겠다. 지금 언급하는 것은 현재까지의 최종결론이다. 나중에 더 많은 연구가 진행돼 특별한 진단법이 개발될 수도 있으나, 필자는 이에 대해 비관적이다. 결론은 이렇다. ADHD는 평가 척도만으로 진단할 수 없으며, 또 신경 심리학적 검사나 뇌 영상을 위한 방법만으로도 진단할 수 없다. 이 말은 한 가지 검사법만으로 확진할 수 없고, 또 특정한 생물학적 검사에 근거하지 않는다는 말이다. 이로 인해 진단이 주관적이라는 비판을 받는다. 하지만 많은 연구자와 저명한 학자는 이런 비판이 근거가 없으며, ADHD는

1970년 로빈스Robins와 구즈Guze에 의해 확립된 정신장애의 타당성에 대한 표준 기준을 충족한다고 주장한다(Faraone, 2005). 필자와 일부 정신과 의사들은 동의하지 않겠지만, 어쨌든 ADHD는 다음과 같은 이유로 타당한 것으로 간주된다. 1) 다양한 환경과 문화에서 잘 훈련된 전문가가 잘 정의된 기준을 사용하여 장애의 존재 여부에 동의하고, 2) 진단이 ⓐ 환자가 가질 수 있는 추가적인 문제(예, 학교에서 학습의 어려움); ⓑ 미래의 환자에게 일어나는 결과(예, 미래의 약물남용 위험) ⓒ 치료에 대한 반응(예, 약물 및 심리 치료) 및 ⓓ 장애의 일관된 원인을 나타내는 특징(예, 유전학적인 혹은 뇌 영상의 발견)을 통해 이루어진다(Faraone, 2005).

하지만 이런 내용만으로는 ADHD를 충분하게 설명할 수 없다. 마치 "이렇게 타당한 개념이니까 이것을 무조건 따라 해!"라고 말하는 것 같다. 그 결과 증상과 그로 인한 장애에만 관심을 갖게 됐다. 현재 일반인과 정신과 의사 모두 대부분 익숙하게 사용하는 ADHD에 대한 공식적인 진단기준은 두 가지 주요 증상군인 부주의와 과잉행동 · 충동성에만 초점을 맞추고 있다(APA, 2013; Volkow & Swanson 2013; Reed 등, 2019). 하지만 증상에만 집중하는 접근 방식은 오히려 ADHD에 대한 진단 및 치료를 받지 못하게 만드는 주요 원인이 된다. 이렇게 부주의와 과잉행동 · 충동성과 같은 증상에만 관심을 보이는 것을 ADHD 증상학의 '좁은narrow' 범위라고 정의하며, 여기에만 집중하면 앞서 언급한 대로 진단에 오류가 생긴다(Wong 등, 2019; Posner 등, 2020). 따라서 필자가 주장하는 '증상-중심적 진단에서 벗어나는 것'이 중요하다. 왜냐하면 이런 좁은 범위의 증상은 상호 동등한 무게를 갖지 않기 때문이다(Joseph 등, 2019; Kooij 등, 2019; Boland 등, 2020). 즉 과잉행동 · 충동성 등과 같은 핵심 증상의 심각도는 시간이 지남(나이가 들어감)에 따라 감소하는 것으로 보이지만[많이 알려졌다시피 부주의 증상은 조금만 감소(Franke 등, 2018)], 일상 기능의 상응하는 손상 측면에서는 이와 유사한 경향이 관찰되지 않는다(Faraone 등, 2006, Faraone 등, 2015). 따라서 명백한 ADHD 증상학과 실제 일상에서의 ADHD로 인한 부담 사이의 관계는 특히 혼란스러운데, 이 때문에 임상적인 의사결정에 대한 실제적인 혹은 현실적인 기준 체계를 설정하는 데 여러 혼란요인이 존재한다.

이런 문제점과 그동안의 연구 성과를 반영한 개념의 변화, 즉 진단 기준의 변화를 요구하는 목소리가 점점 커졌다. 아직 전반적으로는 미미하지만, 최근 변화가 감지되는 개념은 앞서 필자가 언급한 감정조절장애를 중심으로 ADHD를 재정의한 하위유형이다. 이 개념은 특히 성인기 연령의 ADHD에서 중요하다. 새로운 개념의 ADHD 하위유형은 부주의형과 감정조절장애형(Reimherr 등, 2015; Reimherr 등, 2020)으로 분류된다. 앞서 소개했듯이 신경발달장애에 대한 정신병리학에서 감정조절장애의 중요성은 많은 경험적 관찰에 의해 확인됐다(Franke 등, 2018). 앞서 언급했듯이 최근 연구는 감정조절장애와 DSM-5의 ADHD 핵심 증상 특징 사이의 관계에 무게가 실리기 시작했다(Reimherr 등, 2020). 감정조절장애의 심각도와 정서적 기질은 모두 DSM-5의 핵심 증상과는 상대적으로 독립적이라는 연구 결과가 있기 때문이다(Reimherr 등, 2020). 또 전반적인 기능의 상당 수준의 장애는 감정조절장애의 심각도와 관련이 있다. 이를 통해 새로운 감정조절장애를 중심으로 한 새로운 개념이 발생하고 있다. 이외에도 기존의 핵심 증상 중심의 개념에서 벗어난 새로운 하위유형이 연구되고 있다. 예를 들면, 물질사용장애와 긍정적인 감정 등을 중심으로 분류하는 새로운 체계다. 필자는 이런 무게중심의 변화가 반갑다. 그동안 부주의와 과잉행동 · 충동성 같은 소위 핵심 증상이라는 사고에 갇혀 ADHD의 실제를 인식하지 못했던 시절은 막을 내려야 한다. 감정조절장애를 중심으로 한 새로운 하위 유형이 ADHD 진단기준으로 정착돼야 한다는 생각이다. 현재도 새로운 개념을 통한 새로운 진단기준에 대한 연구가 진행 중이다.

## 치료약물(자극제)과 관련된 논란

필자가 언급하는 치료는 무조건 약물치료다. 특히 자극제에만 국한된다. 약물을 사용하지 않는 비약물치료와 별로 효과가 없는 비자극제 약물은 전 세계에서 발표된 논문과 임상경험을 통한 필자의 경험에 근거해 볼 때 따로 논의할 필요가 없다고 판단했기 때문에, 여기서는 자극제를 사용한 치료만을 언급할 것이다. 자극제가 효능이 있다는 것을 모르는 정신과 의사와 일반인은 거의 없을 것이다. 자극제 중 우리나라에서 사용할 수 있는 유일한 자극제는 메틸페니데이트 계열의 약물이다. 자극제를 사용한 치료는 단기적으로는 증상을 개선시키며(Cortese 등, 2018), 장기적인 이점에 대한 확고한 증거 또한 존재한다(Boland 등, 2020). 그런데 ADHD에 대한 치료법은 우연한 임상 관찰에서 탄생했고(Bradley, 1937), 후에 임상 실험에 의해 뒷받침됐다(Cortese 등, 2018). 우리는 아직도 자극제의 작동방식에 대한 정확한 이해가 없다. ADHD를 치료하는 약물의 신경생물학적 효과에 대해 많이 알고 있지만, 실제 그들이 어떻게 어떤 방식으로 치료적 개선을 가져오는지 이에 대해서는 잘 모르기 때문에(Faraone, 2018), 임상적인 치료는 시행착오를 통한 인식에 의존한다(Cortese, 2020). 앞서 언급한 대로 메틸페니데이트는 이미 1954년에 중추신경 자극제로 확인됐지만, 행동에 대한 효과를 발휘하는 기전은 아직도 완전히 해명되지 않았다. 단지 도파민 및 노르아드레날린 전달체에 대한 길항작용이 중추적인 역할을 한다고 가정된다(Lange 등, 2010; Cortese, 2020). 이렇듯 오랫동안 이 약은 꽤 '모호한' 물질로 알려져 있다(Wenthur, 2016; Pliszka, 2019). 이 때문에 효과적이면서도 '논란적인' 것으로 유명하며(Cortese 등, 2018), 상대적으로 안전하지만, 불법적이고 중독성 있는 메스암페타민과 코카인과의 '연관성 때문에 발생한 낙인'도 찍혀 있다(Volkow & Swanson, 2003; Kooij 등, 2010). 이렇듯 동전의 양면 같은 여러 가지 오해와 논란거리의 중심이 된다. 약물의 효능과 기전에 대해서는 언급하지 않을 것이다. 필자가 이전에 집필한 책에서도 자세히 설명했고, 다른 책이나 인터넷을 검색하면 엄청나게 많은 자료를 확인할 수 있기 때문이다. 여기서는 자극제를 사용한 치료와 관련된 오해와 논란만 얘기할 것이다.

## 학업과 인지기능에 대한 영향

### ① 실제 임상에서의 영향 — 공부 잘하게 하는 약 맞아요

ADHD에 대한 치료약물과 관련된 논란이 되는 이슈 중 많이 언급되는 질문의 하나가 과연 "자극제는 정말로 학업과 인지기능에 긍정적인 영향을 주는가?"일 것이다. 매스컴 보도를 통해 ADHD 치료약물인 자극제가 '공부 잘하게 하는 약'으로 떠오르면서 입시 학원가나 공무원 학원가를 중심으로 알게 모르게 사용된다고 알려졌다. 맞다. 메틸페니데이트를 포함한 자극제는 공부를 잘하게 하는 약이다. 처음부터 그랬다. 원래 자극제는 우연히 ADHD 치료제로 밝혀졌다. 1937년, 정신과 의사인 찰스 브래들리Charles Bradley는 다양한 행동장애와 함께 학습에 어려움을 보이는 아동에게 자극제를 사용해 긍정적인 효과를 봤다고 보고했는데, 이는 기뇌조영술 검사 후 발생한 두통을 치료하기 위해 연구하던 중 우연히 발견됐다. 그는 두통이 뇌 척수액의 유실로 인해 발생하는 것으로 생각해, 두통을 치료하려면 맥락총에서 뇌 척수액 생산을 촉진시키면 되리라 판단했다. 이에 따라 뇌 척수액 생산을 촉진시키기 위해 당시 사용되고 있던 가장 강력한 자극제인 암페타민의 일종인 벤제드린(Gross, 1995)을 투여했다. 예상과는 달리 두통은 그다지 호전되지 않았지만, 일부 아동은 학교생활에서 큰 변화가 있었는데, 특히 학습효과가 눈에 띄게 좋아졌다. 아이들은 이 약을 '산수를 잘하게 해주는 약arithmetic pills'으로 불렀다. 아동에게 일어난 행동 변화를 인식한 후, 그는 행동 문제를 보이는 30명의 아동기 환자에게 벤제드린을 투여했는데, 벤제드린을 복용한 아동 중 절반 이상이 학교생활에서 두드러지게 호전되는 양상을 보였고, 과제 수행에서 훨씬 빠르고 정확하게 집중할 수 있게 됐다(Bradley, 1937). 비록 벤제드린은 우리나라에서는 사용하지 못하는 암페타민 성분의 약이지만, 자극제 계열의 약물은 작동 기전이 거의 동일하기 때문에, 자극제는 '공부 잘하게 하는 약'이 맞다. 구별해야 할 것은 그 당시 약물을 투여받은 아동은 행동 문제를 보인 아동이었고, 이들은 ADHD가 의심됐다. 하지만 이 아동들이 ADHD라고 확정할 수는 없다. 따라서 ADHD 치료약이 ADHD를 가진 사람에게만 작용한다는 것은 말도 안 된다. 어떤 사람은 자신의 행복감과 관련된 긍정적인 효과를 얻으려는 과정에서 야기되는 ADHD 약물오용을 언급하기도 한다.

하지만 그런 경우보다 대표적인 자극제 중 하나인 메틸페니데이트가 학업 성과를 향상시키고 대학생들 사이에서 각성을 증진시키는 '인지 향상제'로 사용되는 경우가 오히려 더 많다(Arria & Wish, 2006; Acosta 등, 2019). 복용하는 이유는 '공부하는 동안 더 잘 집중하기 위해', '공부 능력을 향상시키기 위해', '더 오래 공부하려고 깨어 있기 위해', '집중력을 향상시키기 위해' 등이다. 인지 향상 이외의 다른 목적(예, 고양감을 느끼기 위해, 체중감소를 위해)은 잘 알려지지 않았지만, 이런 목적으로도 사용된다. 경구 투여한 자극제는 동기와 보상에 관여하는 신경전달물질인 도파민의 재흡수와 분비에 영향을 주어 인지기능에 효과를 나타낸다(Volkow 등, 2011). 이를 통해 이용할 수 있는 도파민의 양이 증가하면서 재미없는 과업 중 대표적인 공부 등을 수행하는 동안 주의력과 동기를 유지할 수 있는 능력이 향상된다. 이런 효과는 작업 기억과 감시작업 등과 같은 인지기능의 어떤 측면에 긍정적인 영향을 주는 것으로 볼 수 있다고 알려져 있다. 이런 현상이 나타나면 공부를 잘할 수 있지 않을까? 실제 이런 효능을 통해 공부를 잘하게 될 확률은 높아진다. 따라서 자극제를 사용하면 공부를 잘할 수 있다는 주장은 타당해 보인다.

필자가 왜 이렇게 주장하는가에 대해서는 다음 장에 나오는 필자의 임상 실제에서 확인할 수 있다. 간단히 말해 ADHD를 현재의 부주의 및 과잉행동 · 충동성 등과 같은 정상 혹은 비정상의 개념을 통해 보면, 앞서 언급한 자극제의 작용에 대한 혼란이 발생할 수 있다. 비정상인 ADHD 환자에 대해서는 인지기능을 향상시키는 것이 정당하고, 반대로 정상인 ADHD가 없는 사람이 인지기능 향상을 목적으로 사용하는 것은 정당하지 못하다는 개념이 생겨, 정상인 사람이 자극제를 사용하는 것이 마치 어떤 목적을 위해 말도 안 되는 물질을 활용한다는 식으로, 매우 부정적인 편견이 탄생했다.

하지만 ADHD를 정상 혹은 비정상의 개념이 아닌 스펙트럼의 개념으로 보면 이런 논란은 다소 해결할 수 있다. 문제는 이런 논란을 해결하려면 ADHD에 대한 개념이 바뀌어야 한다는 것이다. 어떤 질환에 대한 진단기준은 사회적 합의를 반영한다. 특히 정신장애는 이런 사회적 합의에 무척 민감하다. 현재 자극제로 사용되는 암페타민과 메틸페니데이트는 UN 향정신성 물질 협약United Nations Convention on Psychotropic Substances을 비롯, 중독 위험과 영국, 캐나다 및 호주를 포함한 많은 국가의 특정 법적 통제로 인해 전 세계적으로 오랫동안 사용이 제한됐다(International Drug Control Conventions, 2013; Misuse of drugs legislation, 2015; Consolidated Federal Laws of Canada, 2019; October, 2017). 미국에서는 자극제가 '심각한 심리적 또는 신체적 의존으로 이어질 수 있을 만큼 남용 가능성이 높은a high potential for abuse which may lead to severe psychological or physical dependence' 것으로 선언된 목록 Ⅱ(Schedule Ⅱ) 통제 물질로 분류된다(controlled substance schedules, 2020). 목록 Ⅱ(Schedule Ⅱ) 약물에 포함된 다른 약물로는 아편 유사제와 바르비투르산염이 있다. 이런 최고 위험 등급의 정신 활성 약물에 대한 제한에는 처방할 수 있는 마약단속국 면허drug enforcement administration licence, 처방된 리필에 대한 제한, 주 및 연방 수준의 모니터링, 도난 및 기분 전환을 방지하기 위한 약국 보관 조치 확보 등이 포함된다. 이런 기준은 우리나라에도 적용된다. 솔직히 다른 나라에 비해 관리가 더 엄격하다. 이런 상황이기 때문에 ADHD가 없는 사람이 시험이나 업무 향상을 목적으로 자극제를 단순히 인지 향상제로 사용하는 것은 여전히 문제가 될 수밖에 없다. 하지만 문명과 경제가 발달한 선진국을 중심으로 자극제가 인지 향상제로 널리 사용된다는 사실은 너무나 명백하다.

우리나라도 마찬가지다. 이런 논란과 문제가 대두된 것은 자극제의 인지 향상 기능에 대한 지금까지의 연구가 단순히 'ADHD가 없는 정상과 ADHD가 있는 비정상'의 이분법적 구분을 근거로 수행됐기 때문이다. 필자도 어쩔 수 없이 이런 이분법적인 상황에서 진단과 처방을 할 수밖에 없고, 이 주제에 대해서도 이분법적으로 설명할 수밖에 없다는 점이 아쉽다. 실제는 그렇지 않음에도 불구하고 이런 단순하고 근거도 없는 과정이 끊임없이 반복된다. ADHD의 개념이 변해야 할 이유다. 단순히 정상과 비정상의 이분법적인 개념으로는 인간에 대해 알 수 있는 부분이 너무나 한정된다. ADHD는 반드시 스펙트럼의 개념으로 생각해야 한다. 스펙트럼의 개념이란 부주의와 과잉행동 · 충동성과 같은 소위 ADHD의 핵심 증상의 개수와 심각도를 기준으로 정상과 비정상을 구분하는 것이 아니라, 산만함을 기준으로 인간의 본질을 구분하는 것이다. 산만함에 대해서는 나중에 자세히 설명하겠지만, 우선 모든 인간이 산만하다는 것은 사실이다. 굳이 구분하자면, 30%는 덜 산만해 보여 마치 아무런 문제가 없는 사람처럼 여겨진다. 하지만 나머지 70%는 눈에 띄게 산만하며, 특히 ADHD로 진단받는 사람은 심하게 산만하다. 자극제를 달리 바라봐야 할 지점이다. 자극제가 ADHD를 제외한 눈에 띄게 산만한 70%에게도 긍정적인 영향이 있다는 것이다. 70% 안에는 역치하subthreshold ADHD가 포함된다. 여기에 해당되는 사람은 DSM-5 진단기준을 충족하지 않지만, 진단기준을 충족한 ADHD와 거의 유사한 수준의 증상과 다른 영역에서의 장애를 보인다. 또 필자가 언급했듯이 원래 발표될 DSM-5에는 역치하 ADHD가 포함됐다가 나중에 수정됐다. 따라서 이분법적으로 ADHD 유무에 따른 자극제 사용을 구분하는 것은 옳지 않다. 물론 나머지 30%에게도 긍정적인 영향이 있겠지만. ADHD 치료약물로 사용한 자극제가 심하게 산만한 ADHD의 인지기능 향상에 도움을 준다면, 눈에 띄게 산만한 나머지 사람에게도 인지기능을 향상시켜 줄 것이다. 하지만 필자가 주장하는 구분이나 ADHD와 ADHD가 아닌 사람의 구분이 타당한 것으로 알려졌지만, 이를 통해 어떤 현상을 정확히 규정할 수는 없다. 이런 가정하에 알려진 연구를 살펴보자. 또 필자가 이런 주장을 한다고 해서 ADHD가 없는 사람에게 인지 향상을 위해 자극제를 처방하거나 처방받는 것은 현재 엄연한 불법이다. 따라서 필자는 DSM-5에 따라 엄격한 진단과정을 거쳐 ADHD를 진단하고 자극제를 처방할 것을 권고한다. 하지만 의학적으로 문제가 될지 여부는 아래 내용을 읽고 판단하길 바란다.

우리나라에서 사용 승인된 자극제는 메틸페니데이트 성분밖에 없다. 따라서 여기서는 메틸페니데이트와 관련된 내용만 언급할 것이다. 메틸페니데이트는 알려진 바와 같이 ADHD 치료제다. ADHD에 대해 메틸페니데이트를 사용하는 것은 지극히 당연한 일이다. ADHD에 대한 메틸페니데이트의 학업 및 인지기능 향상 효능은 마찬가지로 지극히 당연한 일이기 때문에 이에 대해 논란이 되는 이슈를 언급하는 것은 큰 의미가 없을 것이다. 따라서 다른 논란, 소위 정상인에 대한 인지 향상제로써의 메틸페니데이트의 영향을 언급할 것이다. 또한 나중에 짧은 지면을 할애해 ADHD를 진단받은 사람에 대한 자극제의 인지 향상 효과에 대해 언급할 것이다.

필자의 주장을 변명하기 위해 말하는 것일 수도 있지만, ADHD 유무와 관계없이 자극제의 반응은 다양하다. 다양한 이유에 대해 반드시 알고 있어야 할 것이 있다. 자극제를 투여한 후 나타나는 반응에 대한 평가는 기존에 알려진 신경심리검사로 진행된다. 그런데 ADHD를 가진 모든 사람이 정량화할 수 있는 신경심리학적 결손을 가지고 있는 것은 아니라는 점이 중요하다. 따라서 신경심리검사만을 통해 자극제의 효과 유무를 판정한다는 것은 무리다. 앞으로 소개할 내용은 ADHD 유무와 관계없이 나타나는 자극제의 반응인데, 이 역시 잘 알려진 신경심리검사를 통해 효능 유무를 비교했다. 필자가 말한 내용을 염두에 두어야 할 것이다. 실제 임상에서는 자극제의 효능이 엄청나다. 어떤 한 가지 측면의 호전 여부를 파악하는 것은 큰 의미가 없으며, 전반적인 변화를 살펴야 한다. 지금부터 신경심리검사를 통해 나타난 자극제의 인지 향상 효능에 대한 연구 결과를 소개할 것이다. 솔직히 큰 의미는 없다. 왜냐하면 결과가 너무 다르기 때문이다. 내용이 무척 많기 때문에, 시간이 되면 살펴보기 바란다.

**② 신경심리검사에서 나타난 자극제의 인지능력에 대한 영향 — 일정하지 않다**

우선 소위 ADHD가 없는 사람에 대한 자극제의 인지 향상 영향을 살펴보자. 자극제인 메틸페니데이트는 간접적인 도파민성 및 노르아드레날린성 성질을 통해 작용하는 약물이다. 주의력, 기억력 및 전전두엽 피질-의존적 실행기능과 같은 카테콜아민성 인지 영역에서 이를 향상시키는 것으로 알려져 오랫동안 인지 향상제로 사용됐다. 하지만 인지 향상제로 사용되는 메틸페니데이트의 효능에 대한 조사에서 일정한 결과가 나타나지 않았기 때문에 문제가 생겼다. 학문적 이익이나 생산성 증가를 추구하는 목적으로 ADHD가 없는 사람이 허가 외off-label로 메틸페니데이트를 사용하는 일이 잦아지면서 과학계와 사회의 논쟁으로 이어진 것이다(Sahakian & Morein-Zamir, 2007; Husain & Mehta, 2011). 학업과 관련된 여러 연구를 통해 ADHD가 없는 사람이 메틸페니데이트를 사용할 경우, 용량, 과제 및 영역 의존적인 효과가 있는 것이 분명하며, 이에 따라 맞춤형 용량 투여는 이익이 필요한 인지 영역에 따라 개별적인 효능을 제공할 가능성이 있다고 알려졌다. 이런 특징이 앞서 필자가 언급한 ADHD를 정상과 비정상 개념이 아닌 산만함의 스펙트럼 개념으로 해석할 여지를 마련해 준 셈이다. 또 메틸페니데이트는 객관적인 효능 이외에도 주관적인 효과가 있다는 것은 명백하며, 이 때문에 객관적인 인지적 유익성과 무관하게 약물을 사용하는 사람에게 생산성을 증가시킬 수 있다. 주관적인 효능 인식은 의존과 중독으로 이어질 수 있는 성질이다. 하지만 엄격하게 ADHD를 진단하고 자극제로 치료하는 필자의 경험에서는 이런 성질이 극히 일부에서만 나타났다. 대부분은 약물 투여 혹은 증량 초기 때만 주관적인 효능 증가를 인식하지만, 점차 사라진다. 이런 특징은 일반적인 마약과는 전혀 다른 성질이다. 어쨌든 인지적 향상을 가져오는 특성 때문에 장시간 깨어 있어야 하고 집중해야 하는 근로자(Fins, 2007), 집중력을 유지하고자 하는 학생 및 교육과 관련된 사람(Sahakian & Morein-Zamir, 2007), 혹은 성적 향상을 원하는 학생(Greely 등, 2013) 등에서 허가 외 사용이 빈번했다. 학생들이 집중력 혹은 성적 향상을 위해 자극제를 사용한 예가 미국에서는 5~15%로 나타났으며(Smith & Farah, 2011), 《네이처Nature》 지에서 수행한 2008년 조사에서는 응답자 5명 중 1명이 집중력 혹은 기억력 향상을 위해 약을 사용했다고 보고했다(Maher, 2008). 다양한 효능과 내재된 안전 문제에도 불구하고, 인지 향상제로써의 메틸페니데이트는 인지 결핍을 가진 환자와 인지적 이점을 추구하는 건강한 사람 모두에게

인기를 얻고 있다(Husain & Mehta, 2011; Ragan 등, 2013).

기억력 향상은 특히 인지 향상을 위해 자극제를 복용하는 목적 가운데 우선순위로 꼽히는 것 중의 하나다. 이에 대한 몇 가지 연구 결과를 살펴보자. 브리넬Brignell 등은 메틸페니데이트 40㎎을 투여하면 정보 제공 1주일 후에도 제공된 정보가 더 잘 유지되는 것을 증명했다(Brignell 등, 2007). 이와 반대로 캠프부루노Camp-Bruno와 허팅Herting이 수행한 단기기억에 대한 연구에서 메틸페니데이트 20㎎의 효능은 없는 것으로 나타났다(Camp-Bruno & Herting, 1994). 하지만 위의 연구에서 사용된 MPH의 용량이 낮았고, 연구 설계에 차이가 있었으며, 잠재적인 천장 효과(약물 증량으로 인한 효과 증가는 한계가 있음)로 인해 효과가 있었지만, 이를 통해 일정하지 않는 결과가 나타난 이유를 설명할 수 있다(Linssen 등, 2014). 또 메틸페니데이트 10㎎은 기억력 향상에 도움이 됐지만, 이런 효과는 남성에서만 나타났다는 연구 결과도 있다(Klinge 등, 2018). 메틸페니데이트는 언어 회상 과제에 대한 일부 연구에서 도움이 된 것으로 나타났지만, 더 복잡한 학습 과제에서는 이점을 얻지 못했다(Wetzel 등, 1981; Dodds 등, 2008; Clatworthy 등, 2009). 일반적으로 MPH 효과에 대한 용량 및 시간 의존적 고려사항이 있을 수 있다. 용량 의존적 효과는 40㎎ 용량이 이보다 더 낮은 용량에 비해 이점을 보여 주지만(Camp-Bruno & Herting, 1994; Bray 등, 2004; Brignell 등, 2007; Linssen 등, 2012), 추가로 증가된 용량인 60㎎에서는 학습과 기억에 도움이 되지 않았다(Clatworthy 등, 2009). 용량을 증가했을 때 기대했던 효과가 나타나지 않고 오히려 반대 현상이 나타난 것은 단기아민 과-자극monoamine suprastimulation 때문일 가능성이 크며, 인지에서 카테콜아민의 역-U자형 효과inverted-U shape effect에 따라 짝을 이루는 연관 학습과 이야기 회상 평가에서 0.5㎎/㎏의 메틸페니데이트에 대해 웨첼 등(Wetzel 등, 1981)이 연구에서 입증한 것처럼 손상될 수 있다. 오락가락하지만, 결과는 대체로 복용량과 과제-의존적 고려 사항과 함께 학습 · 기억에서 메틸페니데이트가 매개 이익에 대한 잠재력을 가지고 있다는 것을 나타낸다. 실제 메틸페니데이트는 더 긴 시간 간격에 걸쳐 기억 향상이 필요한 실제 상황에서 이점을 제공할 수 있으며, 일부에게 용량-의존적인 이익을 제공할 수 있다.

기억력 향상과 더불어 인지 향상제를 복용하는 또 다른 목적은 실행기능 향상이다. 실행기능 중 대표적인 것은 작업 기억인데, 작업 기억은 현재의 목표 지향적 행동을 알리기 위해 정보를 일시적으로 보유하고 조작하는 역할을 하며(Baddeley, 1992), 메틸페니데이트에 의해 다양한 이점을 입증한 여러 과제를 사용해 평가할 수 있다. 메타 등(Mehta 등, 2000)은 컴퓨터를 사용한 공간 작업 기억과제(제공되는 대상과 목표를 찾기 위해 대상을 검색하는 평가 포함)에서 이점을 입증하기 위해 이중-맹검 교차 연구를 사용했는데, 위약에 비해 메틸페니데이트 40㎎을 사용한 경우, 과제 수행에서 검색 오류가 더 적었다. 하지만 더 높은 용량인 메틸페니데이트 60㎎을 사용했을 때는 동일 과제에서 수행 호전이 나타나지 않았다(Clatworthy 등, 2009). 또 저용량이나 보통 용량에서 항상 이점이 보고된 것은 아니라(Linssen 등, 2012), 작업 기억에 대한 메틸페니데이트의 효능이 입증된 것은 아니다. 또 다른 도구인 'N-back 과제n-back task'는 작업 기억에 대한 또 하나의 인기 있는 평가도구로 알려졌는데, 라마수부 등(Ramasubbu 등, 2012)은 N-back 과제에서 위약에 비해 메틸페니데이트 20㎎을 투여한 후 오류가 감소한 것을 확인했다. 이런 결과는 다른 N-back 과제-기반 조사에 의해 확증됐다(Strauss 등, 1984;

Cooper 등, 2005). 하지만 캠프부루노와 허팅(Camp-Bruno & Herting, 1994), 토마시 등(Tomasi 등, 2011)은 20㎎의 메틸페니데이트는 수행 호전에 유의한 영향이 없다고 주장했다. 이외에도 작업 기억을 평가하는 도구인 '스팬 과제span task'(Elliott 등, 1997; Agay 등, 2010; Drijgers 등, 2012; Batistela 등, 2016), '스트룹 과제Stroop task'(Batistela 등, 2016), 그리고 '런던탑 테스트tower of London test'(Elliott 등, 1997; Dodds 등, 2008; Batistela 등, 2016) 등을 사용하여 메틸페니데이트와의 관련성을 조사한 연구가 많았는데, 앞서 언급한 연구 결과와 같이 메틸페니데이트가 작업 기억 호전을 보여준다는 일치된 결과는 없었다.

인지 향상제로 쓰이는 메틸페니데이트의 효과 중 일부는 주의력, 각성 및 처리 속도의 증가에서 연유한다. 반응 시간은 'N-back 과제'(Camp-Bruno & Herting, 1994; Tomasi 등, 2011), 'Go/Nogo 과제go/no-go task'(Linssen 등, 2012), '태세 전환 과제Set-shifting task'(Linssen 등, 2012) 및 '신속한 시각 정보 처리 과제rapid visual information processing task'(Elliott 등, 1997) 등으로 평가할 수 있는데, 메틸페니데이트는 이런 평가에서 수행 능력을 높인다. 기능적 자기공명 영상 연구에 따르면, 메틸페니데이트로 치료받은 사람은 주의력 향상과 관련된 기능적 변화를 보여주는데(Vossel 등, 2014), 이는 과제-관련 정보의 중요성을 증폭시켜 처리 능력을 향상시키는 것으로 생각된다(Ter Huurne 등, 2015). 하지만 모든 연구에서 메틸페니데이트가 주의력에 도움 된 것으로 나타난 것은 아니다. 실제 주의력 평가에서 에게이 등(Agay 등, 2010)은 15㎎의 메틸페니데이트는 건강한 성인기 연령에게 도움이 되지 않는다는 것을 발견했고, 바티스텔라 등(Batistela 등, 2016)은 시각적 주의력 평가에서 다양한 용량(10, 20 혹은 40㎎)의 메틸페니데이트는 주의력에 도움이 되지 않는다고 주장했다.

이번에는 소위 비정상에 해당하는 ADHD에 대한 메틸페니데이트의 인지기능에 대해 알아보자. ADHD는 잘 알려지지 않은 부정확한 원인에도 불구하고, 신경영상학적 연구에서 특히 전전두엽 영역에서의 이상과 기능 저하가 나타난다(Dickstein 등, 2006; Cherkasova & Hechtman, 2009; Giedd & Rapoport, 2010). 이는 전전두엽-관련 인지장애를 유발한다(Willcutt 등, 2005). 앞서 언급했듯이 과잉행동 아동에게 투여한 벤제드린이 '수학을 잘 하게 하는 약'으로 불리기도 했던 사건 이후(Bradley, 1937), 자극제는 ADHD 증상과 인지장애를 완화하는 ADHD 치료의 표준이 됐으며(Elia 등, 1991), 자극제인 메틸페니데이트는 ADHD 증상을 호전시킬 뿐 아니라, 인지장애에 대한 영향을 통해 증상 호전과는 다른 추가적인 이점을 가져올 수도 있다는 것을 알게 됐다. 이에 대한 흥미로운 연구가 몇 개 있었다. 캠프턴 등(Kempton 등, 1999)은 약물을 사용한 적이 없거나 약물 투여를 받는 ADHD 아동을 비교했는데, ADHD에 대한 약물치료를 받지 않은 아동은 약물 투여 아동에 비해 작업 기억, 추론, 계획, 차별학습, 그리고 인지적 유연성에서 더 많은 손상이 있다는 것을 확인했다. 그리고 대부분의 아동이 맞춤형 용량의 메틸페니데이트 투여로 인지 관련 기능이 개선됐다. 또 메타 등(Mehta 등, 2004)은 ADHD 진단을 받은 아동을 대상으로 한 연구에서 중간 용량(0.5㎎/㎏)의 메틸페니데이트도 작업 기억에 유의한 효과를 보이며, 충동성을 감소시키며, 그리고 인지적 유연성을 향상시키는 것을 확인했다. 이렇듯 자극제 치료는 위약과 비교할 때 공간적 작업 기억, 시각적 탐색과제, 그리고 주의력 전환 과제에서 향상된 수행을 보여주었는데, 이는 작업 기억과 주의력에 대해 메틸페니데이트가 약간의 이점을 가진다는 것을 시사한다. 이런 현상은 실행기능, 계획 및 기억(평가할 때 주어진 자극이 감정적인 불안정을 유발할 때 특히 이익이 증가)에 긍정적인 영향을 주어(Strand 등, 2012; Maul & Advokat, 2013; Bolfer 등, 2017; Yarmolovsky 등, 2017; Rubio & Hernandez, 2019), 수업 시간에도 적용할 수 있다. 실제 오르번 등(Orban 등, 2018)은 약물 치료를 받지 않은 ADHD 아동은 교육용 비디오를 활용한 수업에서 자료에 대한 이해력 저하를 보였지만, 메틸페니데이트 투여 시 이런 장애가 개선되어 지속적으로 주의력이 높아졌다는 것을 확인했다. 하지만 이런 효과를 보인 메틸페니데이트 용량에서는 과잉행동 증상이 감소하지 않았다. 또 다른 연구에서 메틸페니데이트는 0.3~0.6㎎/㎏ 용량에서 인지 평가에 대한 교사의 평가에서 개선이 나타났고(Hawk 등, 2018), 수학에도 긍정적인 영향을 주는 것으로 입증됐다(Kortekaas-Rijlaarsdam 등, 2020). 1930년대 때, 브래들리 등(Bradly 등, 1937)이 아동에게 벤제드린을 투여했을 때와 같은 현상이 다시 재현됐다. ADHD로 진단받은 아동을 2년 동안 메틸페니데이트로 계속 치료하면, 부모, 교사 및 정신과 의사의 평가와 교육적 관찰에 의해 평가된 바와 같이 상당한 개선을 가져왔다는 것을 입증한 아비코프 등(Abikoff 등, 2004)의 연구 결과도 있다. 아동이 아닌 성인기 연령을 대상으로 메틸페니데이트의 인지기능에 대한 효과를 평가한 연구도 있었다. ADHD를 가진 성인기 환자에게 메틸페니데이트 30㎎을 투여하면 위약을 투여받은 사람에 비해 일부 작업 기억과 반응시간에 대한 이점이 나타났으며(Turner 등, 2005), 반응 억제 결손을 개선한 것으로 나타났다(Aron 등, 2003).

이런 대부분의 연구는 ADHD가 심각한 환자만을 포함시켰기 때문에, 연구 표본이 ADHD 환자를 진정으로 대표하지 않으며, 이로 인해 결과가 왜곡될 수 있다. 이를 보완하기 위해 보다 대표적인 표본을 포함시킨 연구에서, 메틸페니데이트는 ADHD로 진단된 성인기 연령이 가진 광범위한 주의력 결핍을 개선하는 것으로 밝혀졌으며, 이는 여러 가지 주의력 및 기억력 평가에서 건강한 대조군과 비교하면서 결과가 드러났다(Tucha 등, 2006; Fuermaier 등, 2017). 하지만 메틸페니데이트가 항상 인지기능에 이점을 나타내지는 않았다. 메틸페니데이트는 지능검사의 숫자 검사에서는 이익이 되지만, 주의력이나 의사결정에서는 그렇지 않다(Agay 등, 2010). 또 메틸페니데이트는 중등도에서 심각한 수준의 ADHD를 가진 성인기 연령의 지연 혐오 및 실행기능에 근거한 과제에서 호전을 나타내지 않았다(Low 등, 2018). 또한 ADHD를 가졌지만 메틸페니데이트로 치료받지 않은 사람과 기억과 실행기능 영역을 비교할 때 메틸페니데이트는 측정된 수행의 모든 영역에 상당한 이점을 제공하지 않았다(Fuermaier 등, 2017). 이런 일관되지 않은 결과는 ADHD 환자의 메틸페니데이트에 대한 반응에 영향을 미치는 용량-의존적 기준과 기능-의존적 요인이 있다는 점을 감안할 때 그리 놀라운 일은 아니다(Kubas 등, 2012; Orban 등, 2018; Fosco 등, 2021).

메틸페니데이트 용량에 따른 인지기능에 대한 영향을 살펴보자. 저용량(0.15㎎/㎏)과 고용량(0.3㎎/㎏)의 메틸페니데이트를 사용하여 ADHD로 진단된 56명의 아동에 대한 반응을 조사한 연구에서(Kubas 등, 2012), 연구 시점 때의 ADHD 심각도가 메틸페니데이트에 대한 반응을 예측할 수 있게 하는 것으로 나타났다. 이를 통해 저용량의 자극제는 인지 능력을 향상시키는 데 도움이 되지만, 아동의 행동 발현을 통제하려는 목적으로 고용량을 사용하면 인지 능력 향상이 어느 정도 제한될 수 있는 것으로 나타났다. 이 이론은 앞서 언급한, 인지에 도움이 되는 '최적' 용량에서는 과잉행동 증상이 개선되지 않는다는 오르번 등(Orban 등, 2018)의 연구 결과에 의해 어느 정도 뒷받침된다. 또 가장 최근에 발표된 연구에 따르면(Fosco 등, 2021), 연구 시점 때의 다양한 인지 과제에 대한 수행도가 메틸페니데이트를 투여할 때 동일 과제에 대한 반응을 예측할 수 있는 요인이기 때문에, 연구 시점 때 수행도가 낮은 사람보다 더 높은 사람에게서 메틸페니데이트의 효과가 더 강한 경향을 보인다고 알려졌다. 하지만 중요하게도 다른 여러 연구에서 신경인지적인 과제 수행과 ADHD 심각도 사이에는 유의한 연관성이 거의 없었으며, 메틸페니데이트 투여를 통한 인지 향상과 ADHD 사이의 연관성 또한 부족하여, 메틸페니데이트를 사용하여 얻을 수 있는 신경 인지적 이익이 과잉행동 및 부주의 증상에 대한 이익보다 작다는 것이 입증됐기 때문에, 인지 증상과 ADHD 증상에 대한 메틸페니데이트의 효과는 서로 다른 용량-반응 관계를 나타낸다는 것을 알 수 있다(Hale 등, 2011; Kubas 등, 2012; Coghill 등, 2014; Low 등, 2018). 결론적으로 ADHD로 인해 나타나는 특징적인 인지 결손은 메틸페니데이트를 사용하면 적어도 부분적으로 정상화될 수 있다고 말할 수 있다. 따라서 다양한 인지 과제에서 나타나는 장애는 메틸페니데이트를 사용하면 호전될 것으로 보인다. 하지만 ADHD가 없는 건강한 사람과 마찬가지로, 메틸페니데이트를 사용해서 얻을 수 있는 이익의 범위에 영향을 미치는 용량-의존적이며 환자-기반적 요인이 있다고 판단할 수 있다.

앞서 설명한 바와 같이 ADHD 유무에 상관없이 메틸페니데이트는 다양한 인지 효과를 나타낸다. 특히 논란이 되고 있는 영역은 ADHD가 없는 사람의 경우다. 우리나라에서는 이런 경우 메틸페니데이트를 포함한 자극제를 인지 향상을 위한 목적으로 사용할 수 없다. 따라서 여기서는 이론적인 배경만 설명하고자 한다. ADHD가 없는 건강한 사람에서는 용량 및 작업-의존적 이점이 입증됐지만, 인지에서 카테콜아민에 대한 역-U자형 용량-반응 커브로 인해 가변성이 나타날 가능성이 있는데, 이는 어떤 영역에서는 인지에 이익이 되는 메틸페니데이트의 최적 용량이 존재할 가능성이 있음을 의미한다. 대부분 낮은 용량으로 이루어진 맞춤형 메틸페니데이트 투여는 ADHD가 없는 건강한 사람에게 심각한 부작용을 일으킬 가능성이 낮아, 인지적 이익의 용량-의존적인 속성(즉, 용량이 높을수록 좋은 것은 아님)이 알려졌고, 이를 통해 ADHD가 없는 건강한 사람에게 인지 향상제로 사용할 수 있다고 주장할 수 있다. 이런 현상은 ADHD에 대한 필자의 개념인 산만함의 정도 개념과 일치한다. 산만함이 극심한 ADHD는 고용량의 자극제가 필요할 것이며, 이런 고용량의 자극제는 핵심 증상과 인지 향상을 모두 나타낸다. 저용량의 자극제는 산만함이 심하지 않거나 비교적 뚜렷한 산만함을 보이지만 ADHD의 진단기준을 충족하지 못하는 정상인(정상과 비정상의 개념으로 분류하자면 정상 범주에 속함, 역치하 ADHD도 포함됨)에게 인지 향상 효과가 나타난다. 메틸페니데이트가 일부에서 인지에 이익을 주지 못하지만, 주의력과 안녕well-being 등과 같은 영역에서는 개선을 이룰 수 있다. 즉 생산성 증가를 통해 인지 향상 효과가 일상적인 실제 상황에서 이점을 제공할 수 있다. 마지막으로 다른 정신장애가 동반된 ADHD 환자의 경우, 메틸페니데이트가 인지 능력에 도움이 되는 것으로 보인다. 하지만 치매를 가진 파킨슨병 환자나 정신분열증 환자에 대한 인지적 이익은 제대로 연구되지 않은 상태다. 메틸페니데이트가 치매를 가진 파킨슨병 환자의 주의력을 높임으로써 사고를 줄일 수 있어 이익이 된다는 이론은 현재 존재하지만, 그 증거가 희박하다. 따라서 메틸페니데이트를 파킨슨병 치료제와 함께 투여하는 것은 현명하지 않다는 것이 중론이다. 정신분열증에 메틸페니데이트를 사용하면, 환청이나 망상 같은 정신분열증 양성 증상을 악화시킬 가능성이 있기 때문에 인지 향상을 위한 메틸페니데이트 사용은 부적절하다는 것이 중론이다(Solmi 등, 2019).

2018년 약물 사용 및 정신건강에 대한 미국 정부 조사에 따르면(Lipari, 2018), 중추신경계 자극제를 비의학적으로 사용(허가 외 사용)하는 것으로 추정되는 성인기 연령의 총인원이 의학적으로 치료를 받은 성인기 연령 총수보다 많았다. 이런 현상은 유럽에서도 마찬가지다. 이런 결과만 봐도 자극제는 인지 향상을 달성하기 위해 널리 사용된다는 것을 알 수 있다(Carlier 등, 2019). 메틸페니데이트는 분명히 남용 가능성이 있다. 하지만 메틸페니데이트를 포함한 자극제는 아동과 성인기 연령 모두에게 ADHD를 위한 효과적이고 중요한 치료법이기도 하다. 여기서 문제는 치료의 이점과 관계없이 남용 가능성이 있는 약물 사용을 꺼리고 더 엄격하게 통제해야 한다는 믿음이 널리 퍼져 있다는 것이다. 현재 정상과 비정상으로 구분된 ADHD 개념에서는 정신과 의사가 진단 결과 메틸페니데이트 처방이 필요하다고 판단되는 경우 이를 꺼려서는 안 된다. 이런 약물을 처방할 때 적절한 통제가 마련되어야 한다는 것에는 동의하지만, 지나치게 엄격한 제한은 처방이 필요한 사람에게 치료 가능성을 떨어뜨리며 낙인을 찍을 수 있다. 물론 합법적인 진단 후 약을 처방받는다고 해서 그것이 약물남용이 아니라는 것을 보장하지는 않는다. ADHD 집단의 남용 가능성을 더 잘 이해하면 향후 남용을 막을 수 있을 것이다. 필자의 경험에서는 전혀 그런 일이 발생하지 않았지만, ADHD의 주요 치료 수단인 메틸페니데이트를 어릴 때부터 처방받고 성인기가 된 사람의 남용에 대해서는 알려진 바가 거의 없다. 장기-작용 메틸페니데이트가 있지만, 이런 제제만으로는 남용을 완전히 막을 수 없다. 하지만 일반적으로 처방되는 장기-작용 메틸페니데이트는 즉시-방출 제제보다 남용 가능성이 작다는 점을 염두에 두자(Spencer 등, 2006). 남용 가능성은 중요한 문제이기 때문에 자세히 살펴보자.

## 투여 방식과 용량 — 정해놓은 규정은 임상 실제와 차이가 너무 많다

ADHD 치료에 특화된 자극제는 다른 정신과 약물과 마찬가지로 대부분 경구 투여하는 ADHD 치료약물이다. 처음에는 낮은 용량으로 시작해서 적정 용량까지 점진적으로 증량한다. 보통 가능한 한 가장 낮은 용량으로 시작하여 약물에 가장 잘 견딜 수 있는 정도로 수주에 걸쳐 다음 단계의 높은 용량으로 점진적으로 증량시켜야 한다. 환자가 약물치료를 통한 이익을 경험할 수 있는 가장 적절한 용량까지 증량하는 것을 원칙으로 한다. 이는 단지 원칙일 뿐이다. 외국에서는 메틸페니데이트를 보통 첫 치료약물로 선택하지만, 보통 6주 이상 이를 사용했는데도 적절한 반응이 없거나 부작용을 견디기 힘든 경우에는 아토목세틴 혹은 덱스트로암페타민 사용을 고려한다. 우리나라에서는 암페타민 계열의 약물은 사용할 수 없기 때문에, 메틸페니데이트 한 가지만 사용할 수밖에 없다. 실제 임상에서 ADHD에 대한 자극제 치료는 저용량이 아닌 중간 정도의 용량으로 시작하고, 또 목표 용량으로 빠르게 증량해야 하는 경우가 대부분이다. 그 이유는 이런 방식을 사용해야 본질적으로 참을성이 없는 이 환자 집단에서 치료 실패로 인한 좌절을 피할 수 있기 때문이다(Parikh & Baker, 2016). 그냥 일반적인 관행에 불과한 점진적인 증량과 치명적이지 않은 부작용 때문에 빠르게 증량하지 못한다면 치료가 중단될 가능성이 큰 경우가 많다.

2019년 1월 1일 현재 우리나라에서 ADHD에 사용승인을 받은 약물은 메틸페니데이트 계열과 아토목세틴 단 두 가지 종류뿐이다. 메틸페니데이트는 경구 투여 후 1~3시간 후에 최고 혈장농도에 도달하며, 반감기는 1.5~2.5시간이다(Faraj 등, 1974; Redalieu 등, 1982). 탈에스테르화를 통해 약리학적 활성이 거의 없는 리탈린산으로 대사된다. 성인기 연령의 경우 메틸페니데이트는 평균 반감기가 약 3.5시간으로, 혈장에서 제거된다. 적절한 치료용량은 정해진 게 없다. 보통 정신과 의사는 약물치료 용량에 대해 정확히 알지 못한다. 왜냐하면 약물치료 용량을 결정할 때 체중을 기반으로 하지 않아야 하지만(Stevenson & Wolraich, 1989; Rapport & Denney, 1997), 정신과 의사 대부분은 체중을 기반으로 한 용량 결정(예, 메틸페니데이트 1㎎/㎏/day) 방법을 사용하는 것을 거의 정확한 지침(Rapport & Denney, 1997; Solanto, 2000)으로 알고 있기 때문이다. 실제 메틸페니데이트는 1㎎/㎏/day의 용량으로 가장 높은 수준의 효능성과 안전성을 나타낸다는 연구 결과가 있다(Ramos-Quiroga 등, 2012). 유럽에서는 약간 다른데, 메틸페니데이트 적정 용량을 0.3~1.5㎎/㎏/day로 정해 더 유동적이다(Kooij 등, 2010). 어쨌든 지금까지는 대략 메틸페니데이트 1㎎/㎏/day가 정설로 알려져 있다.

하지만 이런 기준은 아동을 대상으로 수행한 연구에서 나온 결과를 기반으로 했기 때문에, 성인기 환자에서는 이런 용량-효능 사이의 관련성이 거의 확인되지 않았다. 이런 이론과 상관없이 임상 실제에서는 정신과 의사 대부분이 아동과 성인기 환자 모두에게 이보다 적은 용량을 사용한다. 가령 이론적으로는 환자의 체중이 80㎏인 경우에는 메틸페니데이트 80㎎을 처방해야 한다. 유럽 기준으로는 그 폭이 더 커서 24~120㎎/day다. 2011년, 카스텔스Castells 등은 콘서타® 1.3㎎/㎏/day를 사용해 평균 용량 81㎎/day로 유지한 것이 이보다 낮은 용량을 사용한 경우에 비해 더 효과적이었다고 하면서, 평균 용량 41.2~82㎎/day의 메틸페니데이트가 ADHD 증상에 중간 정도의 효능을 보였으며, 특히 하루 77.4㎎ 이상의 용량에서 큰 효능이 관찰됐다고 주장했다(Castells 등, 2011). 또 미국에서는 기존에 알려진 단일 약물요법과 용량 기준이 환자의 필요를 충족시키지 못해 상당수의 많은 환자는 권장 복용량보다 더 많이 복용하거나, 복합 약물요법을 선호하는 것으로 알려졌다(Zhou 등, 2018). 이렇듯 우리가 자의든 타의든 적정 용량으로 알고 있었던 치료용량은 그다지 타당하지 않다는 것을 알 수 있다. 게다가 성인 ADHD 환자는 음식 조절 문제로 인해 섭식장애와 비만이 많다(전 세계적으로 비만 인구가 많고, 우리나라도 최근 비만 인구가 폭발적으로 증가). 체중 100㎏의 사람이 일반적인 기준에서 가장 효과를 보려면 100㎎/day를 사용해야 하는데, 이런 경우도 거의 없는 것 같다. 가장 효과가 큰 용량보다 더 적게 사용하는 현상은 약물 부작용과 일일 사용량을 제한한 의료제도로 인한 경우가 대부분이다. 부작용은 고사하더라도 일일 제한 용량을 정해놓은 의료제도가 치료에 어려움을 가중시킨다. 우리나라에서는 성별과 체중에 관계없이 ADHD 환자에게 투여할 수 있는 용량이 하루에 콘서타®는 72㎎, 메디키넷®은 80㎎(아동은 60㎎)으로 정해져 있다. 그럼 체중 72㎏이 넘는 성인 ADHD 환자는 어떻게 해야 하나? 비만 인구가 많아진 요즘에는 더 문제가 된다. 물론 알려진 것보다 낮은 용량에서 효과가 나타나는 경우가 있을 것이다. 하지만 규정된 용량에서 효과가 없는 경우는 어떻게 해야 하나? 어려운 문제다.

### 안전성 — 이런데도 안전하지 않은 위험한 약이라고 주장할 수 있을까?

메틸페니데이트의 안전성에 관한 주목할 만한 우려는 중독, 정신의학, 다수의 의학 전문 분야, 그리고 물리적인 해를 끼치는 것으로 알려진 물질 순위에서 메틸페니데이트가 12위를 차지할 정도로 심각하다는 것이다(Nutt 등, 2007). 반면 메틸페니데이트는 아동과 성인기 연령의 ADHD 치료를 위한 1차 치료제다. 이런 중요한 약물에 대한 다소 어처구니없는 내용을 설명하겠다. ADHD에 대한 약물치료의 효과는 당연한 것이며 비약물치료와 비교할 필요조차 없지만, 정작 약물에 대해 알고 있는 내용은 솔직히 별로 많지 않다. ADHD 치료를 진행하는 자세한 기전을 모를 뿐 아니라, ADHD 치료에 사용하게 만든 결정적이고 중요한 약물 승인에 큰 역할을 했던 연구들이 장기간의 안전성과 효능을 밝히거나 매우 드문 부작용을 발견하기 위해 고안되지 않았다는 것이다. 즉 ADHD 약물의 시장 판매를 승인받기 전 제약회사가 지원하는 대부분의 연구들은 약물 복용 환자를 장기적으로 추적조사함으로써 유의한 이익 유무를 밝혀내기에는 너무나도 연구 규모가 작고 짧은 기간에 진행됐다.

구체적으로 살펴보자. 미국 FDA가 승인한 모든 ADHD 치료약물을 파악하고, FDA가 약물의 임상적 효능과 안전성을 평가한 임상 실험 자료를 분석했다. 제약회사는 20개의 각기 다른 ADHD 치료약물을 승인받기 위해 32회의 임상 실험을 했는데, 20개 약물 중 단지 3개만이 FDA 승인 이후 승인을 받기 위한 연구가 중단됐다. 약물 1개당 평균 참여 인원은 75명이었고, 이 중 11개 약물은 100명 미만의 연구를 통해 승인받았으며, 14개 약물은 300명 미만의 대상자를 통한 실험으로 승인받았다(11개 약물 중 어떤 약물은 300명 이상을 대상으로 함). 승인받기 전 평균 연구 기간은 4주로 나타났다. 하지만 실험의 3/4 이상이 6개월 미만의 연구 기간을 가졌고, 1/3 이상은 4주 미만의 기간만 실험이 진행됐다. 2004년 이후 ADHD 치료승인을 받은 6개 약물에 대한 연구당 평균 참여 인원은 259명이었다. 대상자의 대략 1/3은 6개월 미만의 연구 기간을 거쳤다. 보다 최근에 승인받은 약물은 FDA 승인을 받기 위해 평균 8주의 연구 기간을 거친 것으로 나타났다. "전반적으로 약물 실험의 절반 정도는 100명 미만의 대상자로 수행하였고, 이는 충격적인 숫자로, 너무 적다"라고 연구자인 플로렌스 부르주아(Florence Bourgeois, 2014)는 주장했다. 평균 연구 기간 4주는 ADHD 치료가 인지와 발달학적인 측면에 영향을 주는 환자 중심의 결과로 평가하기에는 충분하지 않은 기간이다. 하지만 이에 대한 반론도 있다. 워싱턴 DC에 위치한 조지워싱턴대학교George Washington University의 소아정신과 교수인 애들레이드 로브Adelaide Robb는 이 연구에 대해 '불필요한 우려를 자아내는 것' 그리고 실제로는 '부적절하게 불필요한 우려를 자아내는 것'이라고 폄하했다. 그는 "대부분의 ADHD 치료약물에 대한 연구는 아동에서 장기간, 그리고 광범위하게 이루어진다"라고 언급하면서 약물의 장기적인 안전성과 독성에 관한 이슈는 이미 증명됐다고 주장했다.

제약회사와 각 국가의 보건당국 그리고 연구자 및 정신과 의사는 이 부분에 대해 좀 더 솔직해질 필요가 있어 보인다. 이렇듯 부실하고 상반된 증거와 근거에도 불구하고 자극제의 효능은 의심할 필요가 없다.

필자의 경험상 몇 가지 위험요인을 사전에 파악하면 이렇게 안전한 약이 있을까 할 정도로 훌륭한 약이다. 다만 적절한 용량 설정, 치료 목표, 그리고 기간 등을 좀 더 명확히 할 필요가 있다. 이런 작업을 하려면 ADHD에 대한 개념을 바꿔야 한다. 이에 대해서는 나중에 필자가 자세히 설명할 것이다. 어쨌든 메틸페니데이트는 정신과에서 사용한 약물 중 가장 안전하고 효과적인 약이다. 최근의 체계적인 문헌 검토 연구 결과를 보면, 메틸페니데이트를 아동기부터 성인기가 될 때까지 장기적으로 사용해도 안전하며, 실제 ADHD를 가진 사람의 우울증과 자살률을 감소시킨다(Krinzinger 등, 2019).

## 부작용 — 많지만, 별거 아닌

메틸페니데이트의 부작용으로는 불면증, 식욕부진, 신경과민, 불안, 두통, 과민성, 현기증, 그리고 초조 등이 대표적이며, 이는 용량에 따라 커지는데, 2㎎/㎏ 이상의 용량에서 부작용이 생길 가능성이 크다(Diller, 1996; Kimko 등, 1999; White & Yadao, 2000; Klein-Schwartz, 2002; Pliszka, 2007; Repantis 등, 2010; Storebø 등, 2018). 이미 알려진 일상적인 부작용은 대부분 큰 문제가 되지 않는다. 심지어 심혈관계에도 유의한 영향을 미치지 않는다. 실제 치료 용량 이상의 과용량에서도 유의한 심전도 혹은 심혈관계 이상소견은 알려지지 않았다(Hammerness 등, 2009; Hill 등, 2010; Klampfl 등, 2010; Ozdemir 등, 2010). 이런 증거는 부작용 측면에서 메틸페니데이트를 인지 향상제로 안전하게 사용할 수 있다는 근거로 판단할 수 있다. 하지만 이는 정신과 의사의 처방 없이 허가 외off-label로 메틸페니데이트를 사용인 경우가 대부분일 것이기 때문에, 특히 기저 심혈관 질환이 있는 환자의 경우 부작용이 나타날 수 있다(Cooper 등, 2011; Habel 등, 2011). 메틸페니데이트는 잘 알려진 부작용 이외에 다른 부작용과 관련이 있다. 다른 부작용에는 메틸페니데이트로 치료받은 ADHD 환자에게서 정신병적 증상이 나타나는 것이다(Kraemer 등, 2010). 메틸페니데이트를 허가 외로 사용하는 사람 대부분은 종종 다른 물질 오용이 동반될 수 있기 때문에 생기는 문제다. 메틸페니데이트가 다른 물질과 같이 작용하여 정신병을 유발할 가능성이 있으며, 정신증 발생에 기여할 잠재력을 가진다고 판단할 수 있다(Barrett 등, 2005). 하지만 실제 메틸페니데이트 자체로 인한 정신병적 · 조증 증상 발생 위험성은 낮다. 이에 대한 증거는 메틸페니데이트를 포함한 모든 자극제로 치료받는 ADHD 아동의 0.25%에서만 정신병 · 조증 증상이 나타나는 것을 통해 알 수 있다(Ross, 2006). 부작용과 관계없이 메틸페니데이트 치료를 중단한 가장 큰 이유 3가지는 효능 부족(29%)과 기분 상승 혹은 경조증(11%), 그리고 담당 정신과 의사와의 연결이 끊기는 경우(9%) 등이다(Edvinsson & Ekselius, 2018). 따라서 효능 부족을 메울 수 있는 적절한 용량과 부작용 사이의 균형이 중요하지만, 앞서 필자가 강조한 대로 부작용은 큰 문제 없고 위험하지 않다. 따라서 효능이 우선이다. 하지만 다음과 같은 경우는 약물을 처방하는 정신과 의사나 복용하는 사람이 반드시 알고 있어야 하는 절대적인 금기 사항absolute contra-indication이다. 아래와 같은 질환이 있는 경우에는 메틸페니데이트와 같은 자극제를 절대로 처방해서도 복용해서도 안 된다.

· 녹내장(특히 폐쇄각 녹내장)
· 갑상선 기능 항진증

· 고혈압(치료를 해도 조절되지 않는 경우)
· 급성 정신증 상태
· 모노아민 산화효소 억제제[MAOI]를 사용 중인 사람

### 약물 상호작용 — 특히 양성자 펌프 억제제나 제산제는 피해야

ADHD에 대한 약물 역학적 연구를 통해 ADHD 치료에는 환자의 다양한 연령대, 약물 순응도의 문제, 그리고 ADHD와 동반되는 다양한 정신적 및 신체적 동반장애로 인해 다양한 다중 약제를 선호하는 경향이 있다고 알려졌다(Wu 등, 2018). 하지만 현재 우려되는 점은 ADHD 약물의 상호작용에 대한 기존 문헌이 제한되어 있다는 것이다(Schoretsanitis 등, 2019). 후향적 코호트 연구에 따르면, 미국 켄터키 저소득층의료지원제도Kentucky Medicaid에 등록된 ADHD 아동의 거의 40%가 향정신성 다-약제에 노출된 것으로 알려졌다(Lohr 등, 2018). 이렇듯 지금까지 메틸페니데이트와 관련된 임상적으로 유의한 상호작용이 알려진 약물은 몇 가지로 확인됐다(Childress 등, 2019; Schoretsanitis 등, 2019). 장기-작용 메틸페니데이트를 경구 복용한 후 활동성 물질의 방출은 위의 수소이온농도(pH)에 의존하기 때문에, 위산 조절제와 함께 투여하면 방출, 수소이온농도의 프로필과 약물 역동학이 변경될 수 있다. 따라서 오메프라졸, 에스오메프라졸, 그리고 판토프라졸과 같은 양성자 펌프 억제제나 파모티딘과 같은 $H_2$-차단제 혹은 탄산수소나트륨 같은 제산제를 동시에 사용하는 것은 바람직하지 않다(FDA, 2019). 또 활동성 물질의 방출은 음주에 의해 유의하게 변동된다. 대부분의 장기-작용 메틸페니데이트는 40% 이상의 고농도 알코올을 함유한 음료와 함께 투여

할 때 활동성 물질이 훨씬 더 빨리 방출된다(Childress 등, 2019). 즉 술은 메틸페니데이트의 최고 혈장농도를 15~22% 증가시키기 때문에 메틸페니데이트는 더 강한 자극 효과를 나타낸다(Zhu 등, 2017). 또 메틸페니데이트는 시트크롬cytochrome P450 효소를 유의하게 억제하지 않기 때문에, 다른 물질에 대한 대사와 해독 과정은 특별히 방해받지 않는다. 예를 들면, 메틸페니데이트와 항우울제인 데시프라민을 동시에 투여해도 데시프라민의 혈장 농도는 증가하지 않는다. 또 메틸페니데이트는 대부분 CES1A1 효소에 의해 가수분해된다. 따라서 일부 강력한 CES1A1 억제제를 동시에 복용하는 경우는 주의해야 한다. 특히 아리피프라졸, 페르페나진, 티오리다진, 그리고 플루옥세틴 같은 약물은 CES1A1 효소와 친화력이 상대적으로 높아 동시에 복용하면 메틸페니데이트 혈장 농도가 유의하게 증가한다(Zhu 등, 2010; Dinis-Oliveira, 2017). 알코올은 메틸페니데이트의 대사를 어느 정도 억제시키는데, 에탄올은 CES1A1의 활성을 감소시키는 동시에 에스테르 교환과정을 강화시키기 때문이다. 이 과정에서 에틸페니데이트가 형성되는데, 에틸페니데이트는 혈장 내 덱스-메틸페니데이트 농도를 증가시키며 행복감을 증가시킨다(Childress 등, 2019). 이와 반대로 쇼렛새니티스 등(Schoretsanitis 등, 2019)에 따르면, 메틸페니데이트와 약물 대사 효소의 강력한 유도제를 동시에 사용하면 메틸페니데이트의 혈중 농도를 유의하게 감소시킬 수 있다고 한다. 이런 유도제 중 대표적인 것이 카바마제핀이다. 하지만 경련성 장애에 사용하는 페노바비탈과 페니토인 혹은 항생제로 사용하는 리팜핀도 메틸페니데이트의 혈중 농도를 유의하게 감소시킬 가능성도 배제할 수 없다. 반면 이미프라민을 동시에 투여하는 경우, 메틸페니데이트의 생체이용률은 높아진다. 자극제, 특히 메틸페니데이트를 처방할 때 이런 상호작용을 염두에 두는 것이 필요하다.

### 최적 용량 — 솔직히 정해진 용량은 없다, 용량/체중 공식은 무시해야

놀랍게도 ADHD에 대한 최적의 치료전략에 대한 전문가 사이의 합의는 아직 전혀 이루어지지 않은 상태다(Arnett & Stein 2018; Wong 등, 2019; Cortese, 2020). 이렇게 된 이유는 우선 약물의 치료기전이 정확히 밝혀지지 않았고, ADHD에 대한 장기적인 약물치료에 대한 자료가 부족하기 때문이며(Fredriksen 등, 2013), 그리고 ADHD 치료약물의 상대적인 유효성과 안전성이 아직 결정되지 않았기 때문이다(Balshem 등, 2011). 이런 부족함은 현재도 진행 중인 많은 연구를 통해 점차 개선되고 있다. 사실 ADHD 환자에서 메틸페니데이트를 장기간 사용한 치료의 위험성과 잠재적인 이점에 대한 증거가 늘어나고 있다. 특히 이런 경향은 성인기 인구를 대상으로 확대되고 있는데, 비교적 최근에 발표된 COMPAS 연구The Comparison of Methylphenidate and Psychotherapy in Adult ADHD Study에서 1년 동안의 약물치료를 통해 메틸페니데이트가 여러 결과에서 위약에 비해 이점이 유지된다는 것이 확인됐다(Philipsen 등, 2015). 이후에도 계속된 연구를 보면, 흥미롭게도 치료 종료 후 1.5년 동안의 추적조사에서 메틸페니데이트의 효능이 완전히 없어지지 않았다는 것을 확인했는데, 이는 약물치료 효과의 상대적 안정성에 대한 증거로 해석한다(Lam 등, 2019). 그럼에도 불구하고 최적의 치료에 대한 정의는 정확하지 않다. 최적의 치료에 대한 정의는 곧 ADHD에 대한 개념을 의미하는데, 과거로부터 현재까지 그 개념은 변해왔고, 미래에도 ADHD의 개념은 계속 변할 것이기 때문에 최적의 치료를 정의하기는 어렵다. 현재의 개념을 반영하여 최적 용량과 치료 기간을 언급해 보겠다.

ADHD 환자에 대한 치료약물인 메틸페니데이트의 용량 최적화 작업은 여러 가지 이유로 까다롭다. 이런 어려움은 "ADHD에 대한 '최적의 치료'는 어떤 것일까?"라는 개념에서 시작된다. 후스 등(Huss 등, 2017)이 지적한 바와 같이, ADHD 치료약물의 용량 최적화를 위한 '최적 용량'에는 상호 배타적인 2개의 의미가 있다. 즉 '더 이상 증상이 호전되지 않는 상태의 용량'과 '최적의 치료반응을 달성하는 데 필요한 최저 용량'이다. 이 외에도 최적화를 어렵게 만드는 요인은 환자 개개인의 요구와 기대다(Buitelaar 등, 2015; Kooij 등, 2019). 이런 요구와 기대를 반영하려면, 약물의 작용이 약을 복용하는 사람의 일상 습관과 동기화되어야 한다는 가정에서 시작하는 것이 유용하다. 즉 최적의 치료 요법은 하루에 약 12~16시간 동안 작용해야 한다(Kooij 등, 2010). 하지만 사용이 가능한 메틸페니데이트 제형이 실제로는 이런 기준을 충족하지 않기 때문에, 장기-작용 메틸페니데이트와 단기-작용 메틸페니데이트를 같이 사용하는 것이 더 유리하다. 최적 용량과 관련하여 유의한 개인 차이를 염두에 두면, 메틸페니데이트의 적정화는 본질적으로 시행착오의 과정이다(Kooij, 2013; Volkow & Swanson, 2013; Huss 등, 2017; Cortese, 2020). 메틸페니데이트의 효과가 사라지면 ADHD 증상의 반동 현상을 경험할 가능성이 생기는데, 이를 줄이기 위해 메틸페니데이트를 사용한 치료의 전략적 목표가 하루 종일 약물의 효과가 지속되는지 여부를 확인하는 것이라는 일반적인 합의가 존재한다(Kooij, 2013; Faraone 등, 2015; Cortese, 2020; Mattingly 등, 2020). 하지만 전술은 유연해야 한다. 이와 관련하여 사용 가능한 메틸페니데이트 제제의 지속 기간과 작용 시작은 치료 계획을 조정하는 동안 고려해야 할 가장 중요한 변수다(Mattingly 등, 2020). 이를 위해 외국의 정신과 의사는 특히 성인기 연령의 ADHD 환자에게 오전과 오후, 하루에 두 번 장기-작용 메틸페니데이트를 사용하며, 단기-작용 제재는 약물의 효과가 없어지는 시간을 보충하기 위한 추가 치료로 사용하기 때문에, 취침 시간 전까지 나타나는 반동 증상을 일으킬 가능성을 줄인다. 특히 일부 환자는 저녁에 저용량의 단기-작용 메틸페니데이트를 복용하면, 더 평화로워지고 잠들기 쉽다고 말한다(Kooij, 2013; Mattingly 등, 2020). 이런 좋은 전략이 우리나라에서는 불가능하다. 용량 제한이 있는데, 특히 성인기 연령에서는 ADHD 치료에서 단기-작용 메틸페니데이트를 사용하는 것을 제한하고 있기 때문이다.

앞서 언급한 대로 지금까지 성인기 연령에 대한 최적의 약물치료 전략이 합의된 적은 없지만, 메틸페니데이트를 10㎎ 증량할 때마다 약 0.11~0.12 만큼의 임상적 호전이 나타난다고 알려졌다(Castells 등, 2011). 이런 현상은 '낮은 용량부터 시작해서 천천히 증량'한다는 일반적인 규칙을 메틸페니데이트를 사용한 치료에 반드시 적용시킬 필요는 없다는 것을 의미한다. 생각보다 많은 ADHD 환자는 낮은 혹은 중간 용량에서 메틸페니데이트가 충분한 효과를 나타내지 않는다(Retz & Retz-Junginger, 2014). 따라서 선형적인linear 용량-반응 관계에 대한 상당한 증거가 있지만(Cortese 등, 2018), 메틸페니데이트의 최대 용량은 아직 확립되지 않았다. 하지만 경험상 150㎎/day를 초과하는 용량으로는 메틸페니데이트를 처방하지 않는 것이 유리하다는 견해도 있다(Kooij, 2013). 실제 임상에서 추가적인 개선의 여지가 없거나, 견딜 수 없는 부작용이 나타나거나, 이미 최대용량한도(예, 150㎎/day)에 도달한 경우, 용량의 적정이 필요하다(Coghill 등, 2019; Steinbuchel & Greenhill, 2020).

## 치료 기간 — 사람마다 다르다

아동기 때와 성인기 때의 치료 기간은 차이가 있다. 뇌 발달에 따른 차이가 가장 큰 요인인데, 아동은 성인기까지 뇌 발달이 지속적으로 일어난다. 반면 성인기 연령은 뇌 발달이 아니라, 오히려 퇴행이 일어난다. 인간의 뇌, 특히 전전두엽prefrontal cortex은 아동기와 청소년기에 걸쳐 계속 발달하며(Giedd & Rapoport, 2010), 경험과 환경적 조건은 이런 발달에 긍정적 혹은 부정적인 영향을 미친다(Fox 등, 2010). 따라서 약물치료 기간도 차이를 보인다. 당연히 아동과 청소년은 기간이 길지만, 성인기 연령은 상대적으로 짧다. 마찬가지로 ADHD 치료약물인 자극제를 장기적으로 사용하면 뇌 발달에 영향을 미치고 장기적으로는 인지기능에도 영향을 미친다. 이런 뇌 발달과 메틸페니데이트 치료 사이의 상호작용이 여러 연구에서 밝혀졌다. 아동기 때의 치료가 성인기 때의 치료 개념과 다른 점은, 신경 각인 이론neuronal imprinting theory(Andersen, 2005)으로 설명할 수 있는데, 뇌 발달의 시기에 따라 메틸페니데이트는 서로 다른 영향을 보인다는 개념이다. 인간을 대상으로 아동기 때의 노출과 성인기 노출 사이의 뇌 구조에 대한 차별적 영향을 직접 비교한 연구는 없었다. 쥐를 대상으로 한 연구에 따르면, 장기간 메틸페니데이트에 노출된 청소년기 연령의 쥐의 뇌는 선조체 도파민 전달체의 밀도 감소(Moll 등, 2001), 전두엽에서 D3 수용체의 발현 감소(Andersen 등, 2008), 그리고 기저핵의 도파민 수준의 하향 조절(Jezierski 등, 2007) 등과 같은 신경 적응적 특징이 나타나지만, 성인기 연령의 쥐는 그렇지 않은 것으로 나타났다. 앞서 언급한 대로 인간을 대상으로 아동기와 성인기 때의 장기적인 메틸페니데이트 노출 사이의 뇌 구조에 대한 차별적 영향을 직접 비교한 연구는 없었지만, 영상 연구에서는 회백질 및 피질하부 구조(Shaw 등, 2009; Sobel 등, 2010; Nakao 등, 2011), 그리고 안와전두엽-선미백질 연결성(Schweren 등, 2016)이 아동기부터의 장기적인 자극제 치료 후 정상화된 것으로 나타났다. 하지만 대상 아동이 이미 약물치료를 받고 있었다는 제한점이 있어 공식화하긴 어렵다. 그런데 보다 최근의 연구에서는 메틸페니데이트를 사용한 아동에서 뇌의 회백질 구조(Walhovd 등, 2020) 및 백질 구조(Bouziane 등, 2019), 그리고 수면 효율성(Solleveld 등, 2020)에 대한 효과가 지속되며, 이런 효과는 연령-의존적이라는 것이 밝혀졌다. 이런 현상은 인간의 뇌와 관련, 단기간 메틸페니데이트를 사용한 약물치료의 오래 지속되는 연령-의존적 효과를 의미한다. 이는 발달과정 중에 사용한 메틸페니데이트가, 진행 중인 치료의 일시적 효과를 넘어 근본적으로 변화된 인지기능과 관련된다는 것을 암시한다.

현재까지 필자의 경험으로는 아동기 때는 진단과 치료가 빠르면 빠를수록 좋다. 이것이 잘 이루어지면 성인기 때 ADHD를 진단하고 치료하는 일은 줄어들 것이다. 게다가 중간과정에서 발생하는 신체적 및 정신적 문제로 인한 의료비와 직간접 비용이 획기적으로 줄어들어 개인과 사회에 막대한 이익이 될 것이다. 아동기 때 진단하고 치료를 하면, 그 치료는 성인기 때까지 지속돼야 한다. 왜냐하면 뇌는 20대 중반까지 계속 발달하기 때문이다. 성인기 때 진단받고 치료를 받는 경우는 좀 다르다. 성인기 연령은 뇌가 발달하기는커녕 오히려 퇴행하기 때문에 약물 반응이 더 극적이며, 더 짧은 시간에 목표를 달성하기 쉽기 때문이다.

이 주제와는 다소 거리가 있지만, 연령에 따른 약물 선택의 국제적인 추세를 언급하겠다. 우리나라는 해당하지 않지만, ADHD를 처음 진단하고 치료할 때 맨 처음 선택하는 약물은, 아동과 청소년의 경우 메틸페니데이트이며, 성인기 연령은 암페타민 계열의 약물이다.

### 치료 종료 — 없다, 그러나 필자는 있다

필자는 ADHD와 관련된 논문을 찾아 읽고 해석해서 보관하는 일이 진료 이외의 가장 중요한 업무다. 지금까지 남들이 상상하지 못할 정도로 많은 논문을 찾아 읽어봤는데, 필자가 말하는 '치료 종료'라는 용어는 그 어떤 논문에도 없었다. 치료 종료라는 말은 말 그대로 치료가 종결됐다는 뜻이다. 치료가 끝나 더 이상 약물을 복용할 필요가 없고, 이 상태에서도 약물을 복용했을 때와 같은 효과가 영구적으로 지속되는 상태를 의미한다. 하지만 논문에 나오는 치료 종료라는 용어는, 연구에서 약물을 사용하고 약물을 중단할 때까지의 기간, 즉 연구 기간을 말한다. 대부분의 연구는 이 기간 동안, 연구 시점에 비해 연구 종료점 때의 증상 호전 여부 및 정도 등을 평가한다. 따라서 필자가 언급한 엄밀한 의미의 '치료 종료' 개념이 아니다.

약물을 복용한 이후의 최종 상태, 즉 치료 종료는 과연 어떤 상태일까? 증상이 호전된 상태? 실행기능이 좋아진 상태? 시험에 합격한 상태? 직장에서 일을 잘하는 상태? 일상에서 실수가 없는 상태? 욱하고 충동적이지 않은 상태? 주변 사람과 잘 지내는 상태? 논문을 아무리 찾아봐도 ADHD를 치료한 후 최종적으로 어떤 상태가 됐다는 모습을 보여준 경우는 없었다. 도대체 치료 종료 때는 어떤 상태를 보여야 하는 걸까? 이런 상태는 ADHD를 어떻게 정의하느냐에 따라 다르다. 즉 ADHD에 대한 개념에 따라 다르다는 말이다. 지금까지의 정의는 증상 개수와 증상으로 인한 장애의 정도에 따른 '정상과 비정상'의 개념에 기반한다. 그런데 극단적으로 말해 증상이 5개 있는 비정상인과 4개 있는 정상인과의 차이는 뭘까? 증상을 5개 가진 비정상인은 ADHD 행동인 실수를 하고, 멍하고, 과잉행동 및 충동적인 행동을 하고, 과제를 못하는 등의 행동이 보이고, 증상이 4개 있는 사람은 이런 행동을 전혀 하지 않는다는 말로 해석해도 될까? 정말 그럴까? 더 충격적인 일은 다음과 같다. DSM-5 이전에는 증상이 6개 있으면 비정상, 5개는 정상이었다. 그런데 DSM-5 이후에는 5개 증상을 가진 사람이 갑자기 비정상이 됐다. 뭔 이런 경우가 다 있을까? 그냥 이런 황당한 경우를 다 수용한다고 치자. 그러면 치료해서 최종 상태를 만든다면, 비정상에서 정상이 된 상태를 의미할 수 있다. 정상의 기준은 무엇일까? 증상의 개수가 정상으로 줄어든 상태인가, 증상으로 인한 장애의 심각도가 거의 없는 상태인가? 어떤 객관적인 평가(예, 주의력 검사 혹은 뇌파검사 등)에서 정상 소견을 보이는 상태인가? 아니면 개수, 장애, 그리고 객관적인 평가에서 모두 정상 소견을 보이는 상태를 말하는가? 그렇다면 이런 정상 소견을 보이는 상태가 언제까지 지속되는가? 아니면 다시 재발되는가? 등등 다양한 경우를 가정해야 하는데, 어느 한 가지도 정확히 정의된 것이 없다. 과연 치료 종료를 의미하는 최종 상태는 존재할까?

당연히 필자에게는 치료 종료를 의미하는 최종 상태가 존재한다. 필자는 이 상태를 '졸업'이라고 한다. 필자의 졸업 요건은 다음과 같다. 약물을 복용해도 복용한 것을 느끼지 못하며, 안 먹어도 이전의 상태가 거의 변하지 않고 유지된 상태다. 졸업 요건에 해당되려면 다음과 같은 과정을 거친다. "한 달 이상 기존에 복용하던 약물을 복용하지 않는다. 한 달 후 상태에 대한 평가를 한다. 복용할 때와 같은 상태가 유지되면, 약물을 복용하지 않은 상태에서 3개월 후에 다시 평가한다. 이때도 이상이 없으면 6개월 때 최종적으로 평가한다. 이때도 약물 복용 전과 같은 상태를 보이면 치료를 종료한다." 그렇다면 필자가 말하는 최종 상태는 어떤 상태일까? 단지 증상이나 장애가 없는 상태일까? 혹은 객관적인 검사에서 이상이 없는 상태일까? ADHD로 진단하고 치료약물인 자극제를 복용하게 한다는 것은 이후 증상과 장애 혹은 객관적인 검사에서 정상 소견을 보이게 하겠다는 뜻이다. 환자에게는 지극히 당연한 일이다. 물론 더 장기적으로 자극제를 복용해야 하는 아동이나 청소년을 제외하면, 성인기 연령의 환자는 이런 상태에 도달하는 데 시간이 별로 걸리지 않는다. 하지만 필자는 이런 상태에 도달했다고 약물치료를 중단하지는 않는다. 많은 정신과 의사는 이런 상태에 도달하면 약을 중단한 후 상태를 지켜보다가 재발하면 다시 약물치료를 한다. 필자는 전혀 그렇지 않다. 그래본 적도 없다. 이런 상태를 단지 안정적인 치료의 시작으로 본다. 이후 '졸업'까지는 사람에 따라 걸리는 시간이 다르다. 또 졸업을 하지 못하는 사람도 있다. 그 차이는 아직 모른다.

## 비약물치료는 효과가 있을까?

### 효과가 없다 — 제대로 연구하면

흔히 약물치료는 한계가 있고, 이를 보완하기 위해 비약물치료를 해야 한다고 많은 전문가가 주장한다. 어떤 측면에서 보면 맞는 말이지만, 결론적으로 정확하게 말하자면 효과가 없다. 비약물치료(Safren 등, 2005; Safren 등, 2010; Chandler, 2013; Jensen 등, 2016)에 대해 현재까지 일관된 효능을 주장한 문헌은 없다. 단지 초기에 증상 감소에 효과가 있고 실행기능에 효과가 있다고 주장하거나, 약물치료와 같이 병행하면 효과가 좋다고 주장하는 경우만 존재한다. 특히 일부 정신과 의사를 포함한 전문가와 일반인들이 효과가 있다고 여기는, 성인 ADHD에 대한 인지행동치료는 단독치료법으로써의 효능이 증명되지 않았기 때문에, 인지행동치료는 다중모드 치료 접근법multi-modal treatment approach과 약물치료의 보조적인 치료로만 사용해야 한다는 견해(Mongia & Hechtman, 2012; Philipsen, 2012; Seixas 등, 2012; Arnold 등, 2015)가 지배적이다. 왜냐하면 현재까지 발표된 문헌도 몇 개 없지만, 인지행동치료가 효과가 있다고 주장하는 대부분의 통제 연구는 대상자가 ADHD 치료 약물을 복용 중인 상태에서 시행됐으며(Safren 등, 2005; Safren 등, 2010; Emilsson 등, 2011; Hirvikoski 등, 2011; Mongia & Hechtman, 2012; Young 등, 2015), 현재까지 가장 큰 규모로 통제된 다기관 인지행동치료 연구에서도 약물치료를 하지 않는 환자에 대한 심리학적 개입에 비해 대표적인 약물 치료법 중 하나인 메틸페니데이트 치료를 결합했을 때 더 나은 결과를 보이는 것으로 나타났기 때문이다(Philipsen 등, 2015). 이전의 메타-분석연구에서 심리사회적 개입은 치료 종료점에 부주의와 총 ADHD 증상에 있어 중등도에서 큰 정도의 효과 크기를 보였으며, 또 임상 인상 척도clinical global impression[CGI]와 전반적인 기능에 있어서도 효능을 보였지만, 이런 연구에서 실제적인 대조군이 있었다면 그 효과 크기는 작음에서 중등도로 줄어들었고, 유일하게 효과 크기가 큰 경우는 대상자-내within-subject 자료를 분석할 때뿐이었으며, 또 과잉 행동·충동성 증상에 대해서는 별로 효능을 보이지 못했다는 보고가 있다(Jensen 등, 2016; Young 등, 2015; Knouse 등, 2017; Cairncross & Miller, 2020). 또 이런 비약물치료의 효능을 보고한 연구 결과들은 정보 출처에 따라 달라졌는데, 어떤 문헌에서는 평가자의 맹검blind 상태 여부에 따라 다르며(Knouse 등, 2017), 동일한 비약물치료법이 어떤 문헌에서는 유의한 효과가 없었지만(Jensen 등, 2016), 또 다른 문헌에서는 중등도의 효과 크기가 있는 것으로 나타나는 등 오락가락 행보를 보였다. 궁여지책으로 삼은 심리사회적 개입은 ADHD 증상 및 성인 ADHD 환자에서 다른 임상 관련 변수를 치료 마지막 단계에서 개선시킨다고 주장하고 있지만, 이 문헌 검토들 중 어느 것도 치료 종료 후 수개월 동안 치료를 통한 이익이 유지되는지 여부는 모르는 상태다. 최근의 체계적인 문헌 검토 연구에서 성인 ADHD에 대한 마음 챙김mindfulness(Cairncross & Miller, 2016), 변증법적 행동치료dialectical behaviour therapy(Vidal-Estrada 등, 2012; Chandler, 2013), 그리고 인지행동치료(Chandler, 2013) 등이 어느 정도 긍정적인 효과를 보인 것으로 나타났지만, 이 또한 무작위적인 대조군 연구를 통한 증거는 없거나, 있더라도 재현되는 경우가 드물다. 대부분의 효능을 주장한 연구에서 대조군이 없기 때문에, 효능이 있다는 주장의 근거는 다소 부족하다고 말할 수도 있다.

## 효과가 있다 — 환자만 느낀다

이렇듯 비약물치료 자체의 효능에 대한 타당도가 입증된 연구는 거의 없으며, 심지어는 환자와 정신과 의사가 느끼는 효과도 일치하지 않는다. 성인 ADHD에 대한 최근의 다른 메타-분석연구에서, 인지행동치료가 환자-자체평가에서 증상감소의 효능을 보인 것으로 나타났지만, 임상의사-평가에서는 그렇지 않은 것으로 나타났기 때문이다(Jensen 등, 2016). 쉽게 말해 비약물치료는 환자만 효능을 느낄 수도 있다는 말이다. 또 실제 대부분의 환자들은 비약물치료의 효과는 그때뿐이며, 성인기의 어려움을 극복하는 데 도움이 되지 않았다고 생각한다(Cheung 등, 2015). 비록 효능은 불확실하지만, 비약물치료가 ADHD 치료에 이용 가능하다는 말은 관행적일 뿐이라고 비판한 주장이 실제로 있었다(Sonuga-Barke 등, 2013).

### 전가의 보도인 다중모드 치료(약물치료+비약물치료) — 약물치료보다 효과가 좋지 않다

더 놀라운 사실은 전가의 보도처럼 비약물치료를 언급한 연구에서 많이 사용한, 약물치료와 비약물치료를 혼합하는 다중모드 치료도 별다른 효과가 없다는 것으로 드러났다. 최근 발행된 영국의 국립보건임상연구원[NICE] 보고에서도 다중모드 치료가 아동 및 청소년 ADHD에서 효과적이라는 증거는 매우 미약한 것으로 밝혀졌기 때문이다(NICE, 2016). 실제 체계적인 문헌 검토 연구에서 다중치료가 우세하다는 일관된 증거는 없다(Arnold 등, 2015). 따라서 필자는 정신과 의사가 약물치료에 좀 더 집중하고 다양한 이론과 경험을 쌓는다면, 굳이 비약물치료에 한눈팔 이유가 없다고 생각한다.

## 약물에 대한 반감 — 음모론, 오해

앞서 소개한 대로 ADHD 치료제, 특히 자극제는 다국적 제약회사의 음모론의 중심이 된다. 이로 인한 약물에 대한 반감이 상당해, 약물치료보다 효과가 입증되지 않은 비약물치료를 선택하는 요인이 된다. 또 자극제는 전 세계적으로 높은 수준의 통제 물질로 알려져 마치 마약 같은 위험한 물질로 간주되었다. 이런 오해로 인해 자극제의 가치를 폄하시키는 분위기가 만들어진다. 마약 같은 물질로 오해되는 것은, 국내에서는 사용할 수 없지만, 전 세계적으로 가장 많이 사용되고 효과가 더 좋은 암페타민 계열의 약물에서 기인한다. 실제 암페타민 계열의 약물은 국내에서 사용 중인 메틸페니데이트보다 효능이 훨씬 좋다. 메틸페니데이트는 도파민과 노르에피네프린의 재흡수를 억제하는 기전으로 작용하지만, 암페타민은 재흡수를 억제하는 동시에 배출도 증가시키기 때문에 이중효과를 보인다. 물론 이로 인해 마약과 같은 느낌을 준다. 암페타민 계열의 약물은 다행히 갈아서 흡입하거나 주사하면 효과가 없고, 경구 복용해야만 효과를 보인다. 암페타민 계열 약물이 오래전에 개발돼 전 세계적으로 사용되고 있기 때문에 마약 같은 느낌의 부정적인 견해를 가질 필요는 없다. 오히려 현재 국내에서 사용 중인 메틸페니데이트 계통의 약물(콘서타 제외)은 성분을 추출하기가 쉽다. 추출한 후 갈아서 정맥에 주사하거나 마약같이 코로 흡입할 수 있어 더 위험할 수 있다. 이런 내용도 약물에 대한 반감을 유발할 수 있겠다. 하지만 실제 그렇다는 말이다. 다행히 우리나라는 약물 통제 수준이 높고, 정신과 의사와 ADHD를 가진 사람도 약물 통제에 대한 인식 수준이 높기 때문에, 다른 나라에 비해 잘 조절되며 이로 인한 문제는 거의 없다. 따라서 약물에 대한 반감을 억지로 가질 필요는 없다. 앞서 언급했듯이 실제 자극제는 무척 안전한 약이며, 효능은 비교할 수 없을 정도로 좋다.

## 카페인은 효과가 있을까?

우리는 흔히 집중력을 높이기 위해 커피를 마신다. 커피를 마신 뒤 두근거림, 불면 및 불안정과 같은 부작용이 나타나도 이를 대수롭지 않게 여기는 사람도 적지 않다. 커피로도 부족하다고 느끼는 사람은 카페인이 고농도로 함유된 카페인 음료를 마시기도 한다.

지금까지 ADHD에 대한 카페인 효능 연구는 대부분 아동을 대상으로 했는데, 그 결과는 다음과 같다. 이 주제에 대해 1970~80년대에 수행된 연구를 검토한 결과(Lara, 2010), 카페인이 메틸페니데이트 및 d-암페타민보다 덜 효과적이지만, 일부 대상자에게는 유익한 것으로 나타났다. 스타인 등(Stein 등, 1996)은 아동의 인지와 관련, 테오필린과 카페인의 영향을 조사한 21개의 연구에 대한 메타-분석을 수행했는데, 부모의 평가를 기반해 살펴볼 때 두 메틸크산틴methylxanthine은 모두 아동의 외현화 행동(예, 과잉행동, 문제적 혹은 공격적 행동)을 약간 감소시키는 것으로 나타났다. 또 다른 문헌 검토(Leon, 2000)는 특히 ADHD 아동의 인지, 정신 운동 혹은 정서적 기능에 대한 카페인의 영향을 조사한 연구에 중점을 두었다. 이 문헌 검토에서 부모와 교사의 평가에 따라 카페인이 ADHD 심각도, 실행기능, 과잉행동, 충동성 및 공격성에 대해 무-치료 혹은 위약보다 더 효과적이라는 결론을 내렸다. 하지만 메틸페니데이트와 암페타민은 이런 지표에 대해 카페인보다 더 효과적이었다. 카페인과 다른 자극제의 조합(궁극적으로 각성도가 적당히 증가하는 경우)은 각 화합물을 개별적으로 사용하는 것보다 더 나은 결과를 초래할 수 있다는 견해도 있었다(Leon, 2000).

결론은 자극제에 비해 효과가 너무 없다는 것이다. 따라서 ADHD 증상을 위해 커피를 마시는 것보다 정확히 진단받고 자극제를 복용하는 것이 더 유익할 것이다. 더 좋아지려고 치료약을 복용하면서 커피를 마시면 두근거림 등과 같은 부작용이 심해진다.

## 예술과 자본주의 그리고 ADHD

필자가 앞서 자주 강조했듯이 ADHD 치료의 기본은 자극제를 사용하는 것으로, 아동과 성인기 연령 모두에서 자극제 사용이 전 세계적으로 급격히 증가했다(Raman 등, 2018). 자극제를 사용하면 장 · 단기적으로 긍정적인 결과가 많이 나타나지만(Chang 등, 2020), ADHD를 가진 많은 사람이 여전히 ADHD로 진단받지 못해 발생하는 부정적인 경제적 · 사회적 결과가 광범위하게 지속되고 있다(Sibley, 2018). 하지만 ADHD가 개인과 사회에 반드시 부정적인 결과만 유발하는 것은 아니다. 예술 분야에서는 당연히 ADHD를 가진 것이 유리하다. 예술은 ADHD와 무슨 관련이 있을까? 상대적으로 호기심과 자극이 커야 예술 활동도 활발해진다. 사람들이 현 상태에 만족하고 늘 하던 방식으로 살아간다면 어떤 변화도 없을 것이다. 정도에 따라 다르지만, 사람들은 모두 산만하기 때문에, 늘 하던 방식대로 살면 대부분 지루해하고 답답함을 느껴 무언가 새로운 행동을 시작한다. 산만함이 심한 사람은 더 쉽게 지루해하고 더 많은 답답함을 느끼기 때문에 더 많은 새로운 행동을 시작한다[「ADHD에 대한 새로운 개념 — 그 본질은?」(p. 229) 참고]. 이런 새로운 행동 가운데 기존의 방식을 파괴하고 새로운 것을 만드는 것 중 대표적인 것이 예술 행위다. 더 많은 것을 더 크게 느끼기 때문에, 그 정도가 작은 사람이 보기에는 창의적이고 신기한 결과로 보인다. 따라서 산만함이 심한 정도가 극단에 이른 ADHD는 기본적으로 예술에 특화될 수밖에 없다. 물론 여러 가지 변수가 작용하겠지만, 단순하게 보자면 자신의 산만함을 예술로 승화시킬 수 있는 것이다. 물론 창의성이 특별한지, 손재주가 있는지 등에 따라 더 확실하게 진로가 결정될 테지만 말이다.

그러면 자본주의는 ADHD와 어떤 관련이 있을까? ADHD가 유리할 수 있는 또 다른 분야는 사업 분야다. ADHD로 인해 나타나는 행동이 경제 발전의 핵심으로 여겨지는 기업가 정신과 창업에 있어 어느 정도 장점이 될 수 있기 때문이다. 실제 최근의 연구를 통해 사업체 설립을 포함한 기업가적 행동과 ADHD 진단(Lerner 등, 2019), 그리고 ADHD와 유사한 증상을 보이는 상태 사이에서 유의한 긍정적인 관련성이 발견됐다(Verheul 등, 2015; Thurik 등, 2016; Wiklund 등, 2017). 또 소규모 개인 차원의 자영업 창업과도 긍정적으로 연관된다(Verheul 등, 2015; Wiklund 등, 2017; Lerner 등, 2019). 대부분의 사람들이 잘 알듯이, 자본주의란 생산 수단을 소유한 자본가의 이윤 획득을 위한 생산 활동을 보장하는 사회 경제 체제를 말한다. 간단히 말해 이 체제에 속한 사람은 누구나 이익을 얻기 위한 사업을 할 수 있다. 따라서 자본주의 체제에서는 ADHD를 가진 사람이 유리한 측면이 많다. 그런데 ADHD에 대한 치료 약물 사용이 점차 기하급수적으로 늘고 있는 현재 상황(Raman 등, 2018)이 기업가 정신을 떨어뜨리는, 의도치 않은 결과와 관련이 있는지 여부가 궁금해진다. 즉 ADHD 치료 약물이 자본주의를 약화시키는지 여부가 궁금하다. 결론을 말하자면, 국가와 특정 행정구역을 대상으로 한 연구에서 ADHD 치료약물과 기업가 정신 감소 사이에 관련성이 나타났다(Verheul 등, 2015; Thurik 등, 2016; Wiklund 등, 2017; Lerner 등, 2019). ADHD 치료약물의 효과로 인해 ADHD 약물을 복용한 사람이 창업할 확률이 낮아지며, 약물치료를 통해 ADHD 증상이 완화되면 다른 예비 기업가가 제공할 수 있는 일부 제품과 서비스에 대한 수요도 감소하기 때문이다. 즉 공급 측면에서 ADHD를 가진 사람은 특유의 기질 때문에 사업을 많이 벌이지만, 소비 측면에서는 ADHD를 가진 사람은 충동구매 같은 소비가 더 많아, ADHD에 대한 치료를 하면 결국 공급 및 소비 측면 모두 감소하는 방향으로 간다는 말이다. 이런 기업가적 '공급과 수요' 측면의 기전 모두 ADHD 치료약물과 초기 기업가적 활동에 관여하는 개인 간의 '기회 대 필요성' 비율 사이의 부정적인 연관성과 일치하며, 이는 결국 기업가 정신 주도의 경제 발전에 해를 끼칠 수 있다(Fredström 등, 2020). 따라서 극단적으로 말하자면, 아이러니하게도 ADHD 치료를 적극적으로 하면 개인과 사회에는 비용 절감 등의 이익이 발생하지만, 자본주의 동력은 떨어진다. ADHD로 인한 특징(진단받을 정도로 심하지는 않은)을 가진 사람이 이 세상에 없었다면 과연 자본주의가 탄생할 수 있었을까? 필자는 자본주의와 ADHD는 밀접한 관련성이 있다고 판단한다. 이런 현상은 예술 분야에서도 나타나는 것 같다. 자극제를 투여하면 증상이 좋아지고 장기적으로는 현실적인 감각이 더 정교해지면서 예술에 대한 관심과 흥미가 줄어들어 예술 활동으로부터 멀어지는 것 같다. 하지만 예술 활동을, 소위 말해 조직화하는 능력은 좋아진다. 이를 통해 예술과 관련된 새로운 사업을 하는 경우가 많다.

## 참고문헌


Abikoff H, Hechtman L, Klein RG, Weiss G, Fleiss K, Etcovitch J, Cousins L, Greenfield B, Martin D, Pollack S.(2004) Symptomatic improvement in children with ADHD treated with long-term methylphenidate and multimodal psychosocial treatment. J Am Acad Child Adolesc Psychiatry 43(7):802-811.

Acosta DL, Fair CN, Gonzalez CM, Iglesias M, Maldonado N, Schenkman N, Valle SM, Velez JL, Mejia L.(2019) Nonmedical use of d-amphetamines and methylphenidate in medical students. P R Health Sci J 38(3):185–188.

Agay N, Yechiam E, Carmel Z, Levkovitz Y.(2010) Non-specific effects of methylphenidate (Ritalin) on cognitive ability and decision-making of ADHD and healthy adults. Psychopharmacology(Berl) 210(4):511–519.

American Psychiatric Association(APA).(2013) Diagnostic and Statistical Manual of Mental Disorders, (5th ed.). Washington DC, American Psychiatric Press.

Andersen S.(2005) Stimulants and the developing brain. Trends Pharmacol Sci 26(5), 237–243.

Andersen S, Napierata L, Brenhouse HC, Sonntag KC.(2008) Juvenile methylphenidate modulates reward-related behaviors and cerebral blood flow by decreasing cortical D3 receptors. Eur J Neurosci 27(11), 2962–2972.

Arnett A & Stein M.(2018) Refining treatment choices for ADHD. Lancet Psychiatry 5:691–692.

Arnold LE, Hodgkins P, Caci H, Kahle J, Young S.(2015) Effect of treatment modality on long-term outcomes in attention-deficit/hyperactivity disorder: a systematic review. PLoS ONE 10, e0116407.

Aron AR, Dowson JH, Sahakian BJ, Robbins TW.(2003) Methylphenidate improves response inhibition in adults with attention-deficit/hyperactivity disorder. Biol Psychiatry 54(12):1465–1468.

Arria AM & Wish ED.(2006) Nonmedical use of prescription stimulants among students. Pediatr Ann 35(8):565–571.

Baddeley A.(1992) Working memory. Science 255(5044):556–559.

Balshem H, Helfand M, Schunemann HJ, Oxman AD, Kunz R, Brożek J, Vist GE, Falck-Ytter Y, Meerpohl J, Norris S, Guyatt GH.(2011) GRADE guidelines: 3. Rating the quality of evidence. J Clin Epidemiol 64:401–406.

Barrett SP, Darredeau C, Bordy LE, Pihl RO.(2005) Characteristics of methylphenidate misuse in a university student sample. Can J Psychiatry 50(8):457-461.

Batistela S, Bueno OFA, Vaz LJ, Galduroz JCF.(2016) Methylphenidate as a cognitive enhancer in healthy young people. Dement Neuropsychol 10(2):134–142.

Boland H, DiSalvo M, Fried R, Woodworth KY, Wilens T, Faraone SV, Biederman J.(2020) A literature review and meta-analysis on the effects of ADHD medications on functional outcomes. J Psychiatr Res 123:21-30.

Bolfer C, Pacheco SP, Tsunemi MH, Carreira WS, Casella BB, Casella EB.(2017) Attention-deficit/hyperactivity disorder: the impact of methylphenidate on working memory, inhibition capacity and mental flexibility. Arq Neuropsiquiatr 75(4):204-208.

Bonvicini C, Faraone SV, Scassellati C.(2016) Attention-deficit hyperactivity disorder in adults: A systematic review and meta-analysis of genetic, pharmacogenetic and biochemical studies. Mol Psychiatry 21, 1643.

Bonvicini C, Cortese S, Maj C, Baune BT, Faraone SV, Scassellati C.(2020) DRD4 48 bp multiallelic variants as age population specific biomarkers in attention deficit hyperactivity disorder. Transl Psychiatry 10, 70.

Bourgeois FT, Kim JM, Mandl KD.(2014) Premarket safety and efficacy studies for ADHD medications in children. PLoS One 9, 9(7), e102249.

Bouziane C, Filatova OG, Schrantee A, Caan MWA, Vos FM, Reneman L.(2019) White matter by diffusion MRI following methylphenidate treatment: a randomized control trial in males with attention-deficit/hyperactivity disorder. Radiology 293(1), 186–192.

Bradley W.(1937) The behavior of children receiving benzedrine. Am J Psychiatry 94, 577-585.

Bray CL, Cahill KS, Oshier JT, Peden CS, Theriaque DW, Flotte TR, Stacpoole PW.(2004) Methylphenidate does not improve cognitive function in healthy sleep-deprived young adults. J Investig Med 52(3):192–201.

Brignell CM, Rosenthal J, Curran HV.(2007) Pharmacological manipulations of arousal and memory for emotional material: effects of a single dose of methylphenidate or lorazepam. J Psychopharmacol 21(7):673–683.

Bruxel EM, Moreira-Maia CR, Akutagava-Martins GC, Quinn TP, Klein M, B., F., Ribasés M, Rovira P, Sánchez-Mora C, Kappel DB, Mota NR, Grevet EH, Bau CHD, Arcos-Burgos M, Rohde LA, Hutz MH.(2020) Meta-analysis and systematic review of ADGRL3 (LPHN3) polymorphisms in ADHD susceptibility. Mol Psychiatry 26(6):2277-2285.

Buitelaar J, Asherson P, Soutullo C, Colla M, Adams DH, Tanaka Y, Haynes VS, Escobar R, Upadhyaya H.(2015) Differences in maintenance of response upon discontinuation across medication treatments in attention-deficit/hyperactivity disorder. Eur Neuropsychopharmacol 25:1611-1621.

Cairncross M & Miller CJ.(2020) The effectiveness of mindfulness-based therapies for ADHD: a meta-analytic review. J Atten Disord 24(5):627-643.

Camp-Bruno JA & Herting RL.(1994) Cognitive effects of milacemide and methylphenidate in healthy young adults. Psychopharmacology(Berl) 115(1-2):46-52.

Carlier J, Giorgetti R, Vari MR, Pirani F, Ricci G, Busardò FP.(2019) Use of cognitive enhancers: methylphenidate and analogs. Eur Rev Med Pharmacol Sci 23:3-15.

Castells X, Ramos-Quiroga JA, Rigau D, Bosch R, Nogueira M, Vidal X, Casas M.(2011) Efficacy of methylphenidate for adults with attention-deficit hyperactivity disorder: a meta-regression analysis. CNS Drugs 25(2), 157-169.

Cederlof M, Ohlsson Gotby A, Larsson H, Serlachius E, Boman M, Langstrom N, Landen M, Lichtenstein P.(2014) Klinefelter syndrome and risk of psychosis, autism and ADHD. J Psychiatr Res 48, 128-130.

Chandler ML.(2013) Psychotherapy for adult attention deficit/hyperactivity disorder: a comparison with cognitive behaviour therapy. J Psychiatr Ment Health Nurs 20(9), 814-820.

Chang Z, Quinn PD, O'Reilly L, Sjolander A, Hur K, Gibbons R, Larsson H, D'Onofrio BM.(2020) Medication for attention-deficit/hyperactivity disorder and risk for suicide attempts. Biol Psychiatry 88:452-458.

Chen MH, Pan TL, Wang PW, Hsu JW, Huang KL, Su TP, Li CT, Lin WC, Tsai SJ, Chen TJ, Bai YM.(2019) Prenatal Exposure to Acetaminophen and the Risk of Attention-Deficit/Hyperactivity Disorder: A Nationwide Study in Taiwan. J Clin Psychiatry 80.

Cherkasova MV & Hechtman L.(2009) Neuroimaging in attention-deficit hyperactivity disorder: beyond the frontostriatal circuitry. Can J Psychiatry 54(10):651-664.

Cheung KK, Wong IC, Ip P, Chan PK, Lin CH, Wong LY, Chan EW.(2015) Experiences of adolescents and young adults with ADHD in Hong Kong: treatment services and clinical management. BMC Psychiatry 1, 15(1), 95.

Childress AC, Komolova M, Sallee FR.(2019) An update on the pharmacokinetic considerations in the treatment of ADHD with longacting methylphenidate and amphetamine formulations. Expert Opin Drug Metab Toxicol 15:937–974.

Christensen J, Pedersen L, Sun Y, Dreier JW, Brikell I, Dalsgaard S.(2019) Association of Prenatal Exposure to Valproate and Other Antiepileptic Drugs With Risk for Attention-Deficit/Hyperactivity Disorder in Offspring. JAMA Netw Open 2, e186606.

Clatworthy PL, Lewis SJG, Brichard L, Hong YT, Izquierdo D, Clark L, Cools R, Aigbirhio FI, Baron JC, Fryer TD, Robbins TW.(2009) Dopamine release in dissociable striatal subregions predicts the different effects of oral methylphenidate on reversal learning and spatial working memory. J Neurosci 29(15):4690–4696.

Coghill DR, Seth S, Matthews K.(2014) A comprehensive assessment of memory, delay aversion, timing, inhibition, decision making and variability in attention deficit hyperactivity disorder: advancing beyond the three-pathway models. Psychol Med 44(9):1989-2001.

Coghill D, Chen W, Silva D.(2019) Organizing and delivering treatment for ADHD. In: Rohde LA, Buitelaar JK, Gerlach M, Faraone S(eds) The World Federation of ADHD Guide. World Federation of ADHD, Porto Alegre–Sao Paulo pp 83–109.

Consolidated Federal Laws of Canada.(2019) Controlled drugs and substances act.

Controlled Substance Schedules.(2020) U.S. department of justice, drug enforcement administration, diversion control division.

Cooper NJ, Keage H, Hermens D, Williams LM, Debrota D, Clark CR, Gordon E.(2005) The dose-dependent effect of methylphenidate on performance, cognition and psychophysiology. J Integr Neurosci 4(1):123–144.

Cooper WO, Habel LA, Sox CM, Chan KA, Arbogast PG, Cheetham TC, Murray KT, Quinn VP, Stein CM, Callahan ST, Fireman BH, Fish FA, Kirshner HS, O'Duffy A, Selby JV, Connell FA, Ray WA.(2011) ADHD medications and serious cardiovascular events in children and youth. N Engl J Med 17; 365(20):1896–1904.

Cortese S, Adamo N, Del Giovane C, Mohr-Jensen C, Hayes AJ, Carucci S, Atkinson LZ, Tessari L, Banaschewski T, Coghill D, Hollis C, Simonoff E, Zuddas A, Barbui C, Purgato M, Steinhausen HC, Shokraneh F, Xia J, CiprianiA.(2018)

Comparative efficacy and tolerability of medications for attention-deficit hyperactivity disorder in children, adolescents, and adults: a systematic review and network meta-analysis. Lancet Psychiatry 5(9):727-738.

Cortese S.(2020) Pharmacologic treatment of attention deficit–hyperactivity disorder. N Engl J Med 383(11):1050-1056.

Demontis D, Walters RK, Martin J, Mattheisen M, Als TD, Agerbo E, Baldursson G, Belliveau R, Bybjerg-Grauholm J, Baekvad-Hansen M, Cerrato F, Chambert K, Churchhouse C, Dumont A, Eriksson N, Gandal M, Goldstein JI, Grasby KL, Grove J, Gudmundsson OO, Hansen CS, Hauberg ME, Hollegaard MV, Howrigan DP, Huang H, Maller JB, Martin AR, Martin NG, Moran J, Pallesen J, Palmer DS, Pedersen CB, Pedersen MG, Poterba T, Poulsen JB, Ripke S, Robinson EB, Satterstrom FK, Stefansson H, Stevens C, Turley P, Walters GB, Won H, Wright MJ, Consortium, A.W.G. o.t.P.G., Early, L., Genetic Epidemiology, C., andMe Research, T., Andreassen OA, Asherson P, Burton CL, Boomsma DI, Cormand B, Dalsgaard S, Franke B, Gelernter J, Geschwind D, Hakonarson H, Haavik J, Kranzler HR, Kuntsi J, Langley K, Lesch KP, Middeldorp C, Reif A, Rohde LA, Roussos P, Schachar R, Sklar P, Sonuga-Barke EJS, Sullivan PF, Thapar A, Tung JY, Waldman ID, Medland SE, Stefansson K, Nordentoft M, Hougaard DM, Werge T, Mors O, Mortensen PB, Daly MJ, Faraone SV, Borglum AD, Neale BM.(2019) Discovery of the first genome-wide significant risk loci for attention deficit/hyperactivity disorder. Nat Genet 51, 63–75.

Dickstein SG, Bannon K, Xavier Castellanos F, Milham MP.(2006) The neural correlates of attention deficit hyperactivity disorder: an ALE meta-analysis. J Child Psychol Psychiatry Allied Discip 47(10):1051–2062.

Diller LH.(1996) The run on ritalin: attention deficit disorder and stimulant treatment in the 1990s. Hastings Cent Rep 26(2):12.

Dinis-Oliveira RJ.(2017) Metabolomics of methylphenidate and ethylphenidate: implications in pharmacological and toxicological effects. Eur J Drug Metab Pharmacokinet 42:11–16.

Dodds CM, Muller U, Clark L, Van Loon A, Cools R, Robbins TW.(2008) Methylphenidate has differential effects on blood oxygenation level-dependent signal related to cognitive subprocesses of reversal learning. J Neurosci 28(23):5976–5982.

Dong T, Hu W, Zhou X, Lin H, Lan L, Hang B, Lv W, Geng Q, Xia Y.(2018) Prenatal

Exposure to Maternal Smoking during Pregnancy and Attention-deficit/hyperactivity Disorder in Offspring: A Meta-analysis. Reproductive Toxicology 76, 63-70.

Drijgers RL, Verhey FRJ, Tissingh G, Van Domburg PHMF, Aalten P, Leentjens AFG.(2012) The role of the dopaminergic system in mood, motivation and cognition in Parkinson's disease: a double blind randomized placebo-controlled experimental challenge with pramipexole and methylphenidate. J Neurol Sci 320(1-2):121-126.

Edvinsson D & Ekselius L.(2018) Six-Year Outcome in Subjects Diagnosed with Attention-Deficit/Hyperactivity Disorder as Adults. Eur Arch Psychiatry Clin Neurosci 268(4): 337-347.

Elia J, Borcherding BG, Rapoport JL, Keysor CS.(1991) Methylphenidate and dextroamphetamine treatments of hyperactivity: are there true nonresponders? Psychiatry Res 36(2):141-155.

Elliott R, Sahakian BJ, Matthews K, Bannerjea A, Rimmer J, Robbins TW.(1997) Effects of methylphenidate on spatial working memory and planning in healthy young adults. Psychopharmacology(Berl) 131(2):196-206.

Emilsson B, Gudjonsson G, Sigurdsson JF, Baldursson G, Einarsson E, Olafsdottir H, Young S.(2011) Cognitive behaviour therapy in medication-treated adults with ADHD and persistent symptoms: a randomized controlled trial. BMC Psychiatry 11, 116.

Faraj BA, Israili ZH, Perel JM, Jenkins ML, Holtzman SG, Cucinell SA, Dayton PG.(1974) Metabolism and disposition of methylphenidate-C: studies in man and animals. J Pharmacol Exp Ther 191, 535-547.

Faraone SV.(2005) The scientific foundation for understanding attention deficit hyperactivity disorder as a valid psychiatric disorder. Eur Child Adolesc Psychiatry 14, 1-10.

Faraone SV, Biederman J, Mick E.(2006). The age-dependent decline of attention deficit hyperactivity disorder: A meta-analysis of follow-up studies. Psychological Medicine 36(2), 159-165.

Faraone SV, Asherson P, Banaschewski T, Biederman J, Buitelaar JK, Ramos-Quiroga JA, Rohde LA, Sonuga-Barke EJ, Tannock R, Franke B.(2015) Attention-deficit/hyperactivity disorder. Nat Rev Dis Primers 1, 15020.

Faraone SV.(2018) The pharmacology of amphetamine and methylphenidate:

Relevance to the neurobiology of attention-deficit/hyperactivity disorder and other psychiatric comorbidities. Neurosci Biobehav Rev 87, 255–270.

Faraone SV & Larsson H.(2018) Genetics of attention deficit hyperactivity disorder. Mol Psychiatry 24, 562–575.

Farsad-Naeimi A, Asjodi F, Omidian M, Askari M, Nouri M, Pizarro AB, Daneshzad E.(2020) Sugar consumption, sugar sweetened beverages and Attention Deficit Hyperactivity Disorder: A systematic review and meta-analysis. Complement Ther Med 53, 102512.

Fins JJ.(2007) Mind wars: brain research and national defense. JAMA 297(12):1379.

Fosco WD, Rosch KS, Waxmonsky JG, Pelham WE, Hawk LW.(2021) Baseline performance moderates stimulant effects on cognition in youth with ADHD. Exp Clin Psychopharmacol 29(4):302-307.

Fox SE, Levitt P, Nelson III CA.(2010) How the timing and quality of early experiences influence the development of brain architecture. Child Dev 81(1), 28–40.

Franke B, Michelini G, Asherson P, Banaschewski T, Bilbow A, Buitelaar JK, Cormand B, Faraone SV, Ginsberg Y, Haavik J, Kuntsi J, Larsson H, Lesch KP, Ramos-Quiroga JA, Rethelyi JM, Ribases M, Reif A.(2018) Live fast, die young? A review on the developmental trajectories of ADHD across the lifespan. Eur Neuropsychopharmacol 28:1059–1088.

Fredriksen M, Halmoy A, Faraone SV, Haavik J.(2013) Long-term efficacy and safety of treatment with stimulants and atomoxetine in adult ADHD: a review of controlled and naturalistic studies. Eur Neuropsychopharmacol 23(6), 508-527.

Fredström A, Peltonen J, Wincent J.(2020) A country-level institutional perspective on entrepreneurship productivity: The effects of informal economy and regulation. J Bus Ventur 106002, 106002.

Fuermaier ABM, Tucha L, Koerts J, Weisbrod M, Lange KW, Aschenbrenner S, Tucha O.(2017) Effects of methylphenidate on memory functions of adults with ADHD. Appl Neuropsychol 24(3):199-211.

Giedd JN & Rapoport JL.(2010) Structural MRI of pediatric brain development: what have we learned and where are we going? Neuron 67(5):728–734.

Gross MD.(1995) Origin of stimulant use for treatment of attention deficit disorder. Am J Psychiatry 152, 298-299.

Grunblatt E, Werling AM, Roth A, Romanos M, Walitza S.(2019a) Association study and a systematic meta-analysis of the VNTR polymorphism in the 3'-UTR of dopamine transporter gene and attention-deficit hyperactivity disorder. J Neural Transm(Vienna) 126, 517–529.

Grunblatt E, Nemoda Z, Werling AM, Roth A, Angyal N, Tarnok Z, Thomsen H, Peters T, Hinney A, Hebebrand J, Lesch KP, Romanos M, Walitza S.(2019b) The involvement of the canonical Wnt-signaling receptor LRP5 and LRP6 gene variants with ADHD and sexual dimorphism: Association study and meta-analysis. Am J Med Genet B Neuropsychiatr Genet 180, 365–376.

Habel LA, Cooper WO, Sox CM, K Chan KA, Fireman BH, Arbogast PG, Cheetham TC, Quinn VP, Dublin S, Boudreau DM, Andrade SE, Pawloski PA, Raebel MA, Smith DH, Achacoso N, Uratsu C, Go AS, Sidney S, Nguyen-Huynh MN, Ray WA, Selby JV.(2011) ADHD medications and risk of serious cardiovascular events in young and middle-aged adults. JAMA 306:2673–683.

Hale JB, Reddy LA, Semrud-Clikeman M, Hain LA, Whitaker J, Morley J, Lawrence K, Smith A, Jones N.(2011) Executive impairment determines ADHD medication response: implications for academic achievement. J Learn Disabil 44(2):196-212.

Hammerness P, Wilens T, Mick E, Spencer T, Doyle R, McCreary M, Becker J, Biederman J.(2009) Cardiovascular effects of longer-term, high-dose OROS methylphenidate in adolescents with attention deficit hyperactivity disorder. J Pediatr 155(1):84-9, 89.e1.

Hawk LW, Fosco WD, Colder CR, Waxmonsky JG, Pelham WE, Rosch KS.(2018) How do stimulant treatments for ADHD work? Evidence for mediation by improved cognition. J Child Psychol Psychiatry 59(12):1271-1281.

Hill SL, El-Khayat RH, Sandilands EA, Thomas SHL.(2010) Electrocardiographic effects of methylphenidate overdose. Clin Toxicol 48(4):342-346.

Hirvikoski T, Waaler E, Alfredsson J, Pihlgren C, Holmstro¨m A, Johnson A, Ru¨ck J, Wiwe C, Bothe´n P, Nordstro¨m AL.(2011) Reduced ADHD symptoms in adults with ADHD after structured skills training group: results from a randomized controlled trial. Behav Res Ther 49(3), 175-185.

Huang L, Wang Y, Zhang L, Zheng Z, Zhu T, Qu Y, Mu D.(2017) Maternal Smoking and Attention-Deficit/Hyperactivity Disorder in Offspring: A Meta-analysis. Pediatrics, e20172465.

Husain M & Mehta MA.(2011) Cognitive enhancement by drugs in health and disease. Trends Cogn Sci 15(1):28-36.

Huss M, Duhan P, Gandhi P, Chen CW, Spannhuth C, Kumar V.(2017) Methylphenidate dose optimization for ADHD treatment: review of safety, efficacy, and clinical necessity. Neuropsychiatr Dis Treat 13:1741-1751.

International Drug Control Conventions.(2013) United Nations : Office onDrugs and Crime.

Jensen CM, Amdisen BL, Jorgensen KJ, Arnfred SM.(2016) Cognitive behavioural therapy for ADHD in adults: systematic review and meta-analyses. Atten Defic Hyperact Disord 8, 3- 11.

Jezierski G, Zehle S, Bock J, Braun K, Gruss M.(2007) Early stress and chronic methylphenidate cross-sensitize dopaminergic responses in the adolescent medial prefrontal cortex and nucleus accumbens. J Neurochem 103(6), 2234-2244.

Joseph A, Kosmas CE, Patel C, Doll H, Asherson P.(2019) Health related quality of life and work productivity of adults with ADHD: a U.K. web-based cross-sectional survey. J Atten Disord 23:1610-1623.

Kempton S, Vance A, Maruff P, Luk E, Costin J, Pantelis C.(1999) Executive function and attention deficit hyperactivity disorder: stimulant medication and better executive function performance in children. Psychol Med 29(3):527-538.

Kimko HC, Cross JT, Abernethy DR.(1999) Pharmacokinetics and clinical effectiveness of methylphenidate. Clin Pharmacokinet 37(6):457-470.

Klampfl K, Quattlander A, Burger R, Pfuhlmann B, Warnke A, Gerlach M.(2010) Case report: intoxication with high dose of long-acting methylphenidate(Concerta) in a suicidal 14-year-old girl. Atten Deficit Hyperact Disord 2(4):221-224.

Klein-Schwartz W.(2002) Abuse and toxicity of methylphenidate. Curr Opin Pediatr 14(2):219-223.

Klinge C, Shuttleworth C, Muglia P, Nobre AC, Harmer CJ, Murphy SE.(2018) Methylphenidate enhances implicit learning in healthy adults. J Psychopharmacol 32(1):70-80.

Knouse LE, Teller J, Brooks MA.(2017) Meta-analysis of cognitive behavioral treatments for adult ADHD. J Consult Clin Psychol 85, 737-750.

Kooij JJS, Bejerot S, Blackwell A, Caci H, Casas-Brugue M, Carpentier PJ, Edvinsson D, Fayyad J, Foeken K, Fitzgerald M, Gaillac V, Ginsberg Y, Henry C, Krause J, Lensing MB, Manor I, Niederhofer H, Nunes-Filipe C, Ohlmeier MD, Oswald P, Pallanti S, Pehlivanidis A, Ramos-Quiroga JA, Ra。stam M, RyffelR-awak D, Stes S, Asherson P.(2010) European consensus statement on diagnosis and treatment of adult ADHD: The European network adult ADHD. BMC Psychiatry 10, 67.

Kooij JJS.(2013) Adult ADHD: Diagnostic Assessment and Treatment, 3rd edn. Springer

Kooij JJS, Bijlenga D, Salerno L, Jaeschke R, Bitter I, Balazs J, Thome J, Dom G, Kasper S, Nunes Filipe C, Stes S, Mohr P, Leppamaki S, Casas Brugue M, Bobes J, McCarthy JM, Richarte V, Kjems Philipsen A, Pehlivanidis A, Niemela A, Styr B, Semerci B, Bolea-Alamanac B, Edvinsson D, Baeyens D, Wynchank D, Sobanski E, Philipsen A, McNicholas F, Caci H, Mihailescu I, Manor I, Dobrescu I, Saito T, Krause J, Fayyad J, Ramos-Quiroga JA, Foeken K, Rad F, Adamou M, Ohlmeier M, Fitzgerald M, Gill M, Lensing M, Motavalli Mukaddes N, Brudkiewicz P, Gustafsson P, Tani P, Oswald P, Carpentier PJ, De Rossi P, Delorme R, Markovska Simoska S, Pallanti S, Young S, Bejerot S, Lehtonen T, Kustow J, Muller-Sedgwick U, Hirvikoski T, Pironti V, Ginsberg Y, Felegyhazy Z, Garcia-Portilla MP, Asherson P.(2019) Updated European Consensus Statement on diagnosis and treatment of adult ADHD. Eur Psychiatry 56:14–34.

Kortekaas-Rijlaarsdam AF, Luman M, Sonuga-Barke E, Bet P, Oosterlaan J.(2020) Methylphenidate-related improvements in math performance cannot be explained by better cognitive functioning or higher academic motivation: evidence from a randomized controlled trial. J Atten Disord 24(13):1824–1835.

Kraemer M, Uekermann J, Wiltfang J, Kis B.(2010) Methylphenidateinduced psychosis in adult attention-deficit/hyperactivity disorder: report of 3 new cases and review of the literature. Clin Neuropharmacol 33(4):204-206.

Krinzinger H, Hall CL, Groom MJ, Ansari MT, Banaschewski T, Buitelaar JK, Carucci S, Coghill D, Danckaerts M, Dittmann RW, Falissard B, Garas P, Inglis SK, Kovshoff H, Kochhar P, McCarthy S, Nagy P, Neubert A, Roberts S, Sayal K, Sonuga-Barke E, Wong ICK, Xia J, Zuddas A, Hollis C, Konrad K, Liddle EB, ADDUCE Consortium.(2019) Neurological and psychiatric adverse effects of long-term methylphenidate treatment in ADHD: a map of the current evidence. Neurosci Biobehav Rev 107: 945-968.

Kubas HA, Backenson EM, Wilcox G, Piercy JC, Hale JB.(2012) The effects of methylphenidate on cognitive function in children with attention-deficit/hyperactivity disorder. Postgrad Med 124(5):33-48.

Lam AP, Matthies S, Graf E, Colla M, Jacob C, Sobanski E, Alm B, Rosler M, Retz W, Retz-Junginger P, Kis B, Abdel-Hamid M, Muller HHO, Lucke C, Huss M, Jans T, Berger M, Tebartz van Elst L, Philipsen A, Comparison of methylphenidate and psychotherapy in adult ADHD Study(COMPAS) Consortium.(2019) Long-term Effects of Multimodal Treatment on Adult Attention-Deficit/Hyperactivity Disorder Symptoms: Follow-up Analysis of the COMPAS Trial. JAMA Netw Open 2:e194980.

Lange KW, Reichl S, Lange KM, Tucha L, Tucha O.(2010) The history of attention deficit hyperactivity disorder. ADHD Atten Def Hyp Disord 2, 241-255.

Lara DR.(2010) Caffeine, mental health, and psychiatric disorders. J Alzheimers Dis 20Suppl 1:S239-48.

Larsson H, Chang Z, D'Onofrio BM, Lichtenstein P.(2014) The heritability of clinically diagnosed attention deficit hyperactivity disorder across the lifespan. Psychol Med 44, 2223-2239.

Leon MR.(2000) Effects of caffeine on cognitive, psychomotor, and affective performance of children with Attention-Deficit/Hyperactivity Disorder. J Atten Disord 4:27-47.

Lerner DA, Verheul I, Thurik R.(2019) Entrepreneurship and attention deficit/hyperactivity disorder: A large-scale study involving the clinical condition of ADHD. Small Business Economics 53(2), 381-392.

Linssen AMW, Vuurman EFPM, Sambeth A, Riedel WJ.(2012) Methylphenidate produces selective enhancement of declarative memory consolidation in healthy volunteers. Psychopharmacology(Berl) 221(4):611-619.

Linssen AMW, Sambeth A, Vuurman EFPM, Riedel WJ.(2014) Cognitive effects of methylphenidate in healthy volunteers: a review of single dose studies. Int J Neuropsychopharmacol 17(6):961-977.

Lipari RN.(2018) Key substance use and mental health indicators in the United States: results from the 2018 national survey on drug use and health. Rockville. MD: Substance Abuse and Mental Health Services Administration.

Lohr WD, Creel L, Feygin Y, Stevenson M, Smith MJ, Myers J, Woods C, Liu G, Deborah Davis W.(2018) Psychotropic polypharmacy among children and youth receiving Medicaid, 2012-2015. J Manag Care Spec Pharm. 24(8), 736-

744.

Low AM, Le Sommer J, Vangkilde S, Fagerlund B, Glenthøj B, Sonuga-Barke E, Habekost T, Jepsen JRM.(2018) Delay aversion and executive functioning in adults with attention-deficit/hyperactivity disorder: before and after stimulant treatment. Int J Neuropsychopharmacol 21(11):997–1006.

Lu Y, Sjölander A, Cederlöf M, D'Onofrio BM, Almqvist C, Larsson H, Lichtenstein P.(2017) Association between medication use and performance on higher education entrance tests in individuals with attention-deficit/hyperactivity disorder. JAMA Psychiatry 74, 815–822.

Maher B.(2008) Poll results: look who's doping. Nature 452(7188):674–675.

Mattingly GW, Wilson J, Ugarte L, Glaser P.(2020) Individualization of attention-deficit/hyperactivity disorder treatment: pharmacotherapy considerations by age and co-occurring conditions. CNS Spectr 1–20.

Maul J & Advokat C.(2013) Stimulant medications for attentiondeficit/hyperactivity disorder(ADHD) improve memory of emotional stimuli in ADHD-diagnosed college students. Pharmacol Biochem Behav 105:58-62

Mehta MA, Owen AM, Sahakian BJ, Mavaddat N, Pickard JD, Robbins TW.(2000) Methylphenidate enhances working memory by modulating discrete frontal and parietal lobe regions in the human brain. J Neurosci 20(6):RC65.

Mehta MA, Goodyer IM, Sahakian BJ.(2004) Methylphenidate improves working memory and set-shifting in AD/HD: relationships to baseline memory capacity. J Child Psychol Psychiatry Allied Discip 45(2):293–305.

Misuse of drugs legislation.(2015)

Moll GH, Hause S, Rüther E, Rothenberger A, Huether G.(2001) Early methylphenidate administration to young rats causes a persistent reduction in the density of striatal dopamine transporters. J Child Adolesc Psychopharmacol 11(1), 15–24.

Mongia M & Hechtman L.(2012) Cognitive behavior therapy for adults with attention-deficit/hyperactivity disorder: a review of recent randomized controlled trials. Curr Psychiatry Rep 14(5), 561-567.

Nakao T, Radua J, Rubia K, Mataix-Cols D.(2011) Gray matter volume abnormalities in ADHD: voxel-based meta-analysis exploring the effects of age and stimulant medication. Am J Psychiatry 168(11), 1154–1163.

National Institute for Health and Clinical Excellence.(2016) Attention deficit hyperactivity disorder: diagnosis and management of ADHD in children, young people and adults. NICE clinical guideline 72. Last updated February 2016. National Institute for Health and Care Excellence.

Nilsen M & Tulve S.(2020) A systematic review and meta-analysis examining the interrelationships between chemical and non-chemical stressors and inherent characteristics in children with ADHD. Environ Res 180, 108884.

Nutt D, King LA, Saulsbury W, Blakemore C.(2007) Development of a rational scale to assess the harm of drugs of potential misuse. Lancet 369(9566):1047-1053.

October PS.(2017) Australian government federal register of legislation.

Orban SA, Karamchandani TA, Tamm L, Sidol CA , Peugh J, Froehlich TE, Brinkman WB, Estell N, Mii AE, Epstein JN.(2018) Attention-deficit/hyperactivity disorder-related deficits and psychostimulant medication effects on comprehension of audiovisually presented educational material in children. J Child Adolesc Psychopharmacol 28(10):727-738.

Ozdemir E, Karaman MG, Yurteri N, Erdogan A.(2010) A case of suicide attempt with long-acting methylphenidate(Concerta). Atten Deficit Hyperact Disord 2(3):103-105.

Pan YQ, Qiao L, Xue XD, Fu JH.(2015) Association between ANKK1(rs1800497) polymorphism of DRD2 gene and attention deficit hyperactivity disorder: A meta-analysis. Neurosci Lett 590, 101-105.

Parikh AR & Baker SE.(2016) Adult ADHD: pharmacologic treatment in the DSM-5 era. Curr Psychiatr 15, 18-25.

Park J, Sohn JH, Cho SJ, Seo HY, Hwang IU, Hong YC, Kim KN.(2020) Association between short-term air pollution exposure and attention-deficit/hyperactivity disorder-related hospital admissions among adolescents: A nationwide time-series study. Environ Pollut 266, 115369.

Pettersson E, Lichtenstein P, Larsson H, Song J, Agrawal A, Borglum AD, Bulik CM, Daly MJ, Davis LK, Demontis D, Edenberg HJ, Grove J, Gelernter J, Neale BM, Pardinas AF, Stahl E, Walters JTR, Walters R, Sullivan PF, Posthuma D, Polderman TJC.(2019) Genetic influences on eight psychiatric disorders based on family data of 4 408 646 full and half-siblings, and genetic data of 333 748 cases and controls. Psychol Med 49, 1166-1173.

Philipsen A.(2012) Psychotherapy in adult attention deficit hyperactivity disorder:

implications for treatment and research. Expert rev 12(10), 1217-1225.

Philipsen A, Jans T, Graf E, Matthies S, Borel P, Colla M, Gentschow L, Langner D, Jacob C, Gros-Lesch S, Sobanski E, Alm B, Schumacher-Stien M, Roesler M, Retz W, Retz-Junginger P, Kis B, Abdel-Hamid M, Heinrich V, Huss M, Kornmann C, Burger A, Perlov E, Ihorst G, Schlander M, Berger M, Tebartz van Elst L.(2015) Effects of group psychotherapy, individual counseling, methylphenidate, and placebo in the treatment of adult attention deficit/hyperactivity disorder: a randomized clinical trial. JAMA Psychiatry 72:1199–1210.

Pliszka S.(2007) Practice parameter for the assessment and treatment of children and adolescents with attention-deficit/hyperactivity disorder. J Am Acad Child Adolesc Psychiatry 46(7):894–921.

Pliszka S.(2019) Is there long-term benefit from stimulant treatment for ADHD? Am J Psychiatry 176:685–686.

Posner J, Polanczyk GV, Sonuga-Barke E.(2020) Attention-deficit hyperactivity disorder. Lancet 395, 450–462.

Ragan CI, Bard I, Singh I.(2013) What should we do about student use of cognitive enhancers? An analysis of current evidence. Neuropharmacology 64:588–595.

Raman SR, Man KKC, Bahmanyar S, Berard A, Bilder S, Boukhris T, Bushnell G, Crystal S, Furu K, KaoYang YH, Karlstad Ø, Kieler H, Kubota K, Lai ECC, Martikainen JE, Maura G, Moore N, Montero D, Nakamura H, Neumann A, Pate V, Pottegård A, Pratt NL, Roughead EE, Saint-Gerons DM, Stürmer T, Su CC, Zoega H, Sturkenbroom MCJM, Chan EW, Coghill D, Ip P, Wong ICK.(2018) Trends in attention-deficit hyperactivity disorder medication use: A retrospective observational study using population-based databases. Lancet Psychiatry 5(10), 824–835.

Ramasubbu R, Singh H, Zhu H, Dunn JF.(2012) Methylphenidate-mediated reduction in prefrontal hemodynamic responses to working memory task: a functional near-infrared spectroscopy study. Hum Psychopharmacol Clin Exp 27(6):615–621.

Ramos-Quiroga JA, Chalita PJ, Vidal R, Bosch R, Palomar G, Prats L, Casas M.(2012) Diagnosis and treatment of attention deficit hyperactivity disorder in adults. Rev Neurol 29, 54 Suppl 1, S105-115.

Rapport MD & Denney C.(1997) Titrating methylphenidate in children with attention-deficit/hyperactivity disorder: is body mass predictive of clinical response? J Am Acad Child Adolesc Psychiatry 36(4), 523-530.

Redalieu E, Bartlett MF, Waldes LM Darrow WR, Egger H, Wagner WE.(1982) A study of methylphenidate in man with respect to its major metabolite. Drug Metab Dispos 10, 708-709.

Reed GM, First MB, Kogan CS, Hyman SE, Gureje O, Gaebel W, Maj M, Stein DJ, Maercker A, Tyrer P, Claudino A, Garralda E, Salvador-Carulla L, Ray R, Saunders JB, Dua T, Poznyak V, Medina-Mora ME, Pike KM, Ayuso-Mateos JL, Kanba S, Keeley JW, Khoury B, Krasnov VN, Kulygina M, Lovell AM, de Jesus MJ, Maruta T, Matsumoto C, Rebello TJ, Roberts MC, Robles R, Sharan P, Zhao M, Jablensky A, Udomratn P, Rahimi-Movaghar A, Rydelius PA, Bahrer-Kohler S, Watts AD, Saxena S.(2019) Innovations and changes in the ICD-11 classification of mental, behavioural and neurodevelopmental disorders. World Psychiatry 18:3–19.

Reimherr FW, Marchant BK, Gift TE, Steans TA, Wender PH.(2015) Types of adult attention-deficit hyperactivity disorder(ADHD): baseline characteristics, initial response, and long-term response to treatment with methylphenidate. Atten Defic Hyperact Disord 7(2), 115-128.

Reimherr FW, Roesler M, Marchant BK, Gift TE, Retz, W, Philipp-Wiegmann F, Reimherr ML.(2020) Types of Adult Attention-Deficit/Hyperactivity Disorder: A Replication Analysis. J Clin Psychiatry 17;81(2):19m13077.

Repantis D, Schlattmann P, Laisney O, Heuser I.(2010) Modafinil and methylphenidate for neuroenhancement in healthy individuals: a systematic review. Pharmacol Res 62(3):187–206.

Retz W & Retz-Junginger P.(2014) Prediction of methylphenidate treatment outcome in adults with attention-deficit/hyperactivity disorder(ADHD). Eur Arch Psychiatry Clin Neurosci 264(Suppl 1):S35-43.

Robins E & Guze SB.(1970) Establishment of diagnostic validity in psychiatric illness: its application to schizophrenia. Am J Psychiatry 126, 983–987.

Ross R.(2006) Psychotic and manic-like symptoms during stimulant treatment of attention deficit hyperactivity disorder. Am J Psychiatry 163(7):1149-1152.

Rubio Morell B & Hernandez Exposito S.(2019) Differential long term medication impact on executive function and delay aversion in ADHD. Appl Neuropsychol Child 8(2):140-157.

Safren SA, Otto MW, Sprich S, Winett CL, Wilens TE, Biederman J.(2005) Cognitive-behavioral therapy for ADHD in medication-treated adults with continued symptoms. Behav Res Ther 43, 831-842.

Safren SA, Sprich S, Mimiaga MJ, Surman C, Knouse L, Groves M, Otto MW.(2010) Cognitive behavioral therapy vs relaxation with educational support for medication-treated adults with ADHD and persistent symptoms: a randomized controlled trial. Jama 304(8), 875-880.

Sahakian B & Morein-Zamir S.(2007) Professor's little helper. Nature 450(7173):1157–1159.

Satterstrom FK, Walters RK, Singh T, Wigdor EM, Lescai F, Demontis D, Kosmicki JA, Grove J, Stevens C, Bybjerg-Grauholm J, Baekvad-Hansen M, Palmer DS, Maller JB, Nordentoft M, Mors O, Robinson EB, Hougaard DM, Werge TM, Bo Mortensen P, Neale BM, Borglum AD, Daly MJ.(2019) Autism spectrum disorder and attention deficit hyperactivity disorder have a similar burden of rare protein-truncating variants. Nat Neurosci 22, 1961–1965.

Schoretsanitis G, de Leon J, Eap CB, Kane JM, Paulzen M.(2019) Clinically significant drug-drug interactions with agents for attention-deficit/hyperactivity disorder. CNS Drugs 33:1201–1222.

Schweren L, Hartman CA, Zwiers MP, Heslenfeld DJ, Franke B, Oosterlaan J, Hoekstra PJ.(2016) Stimulant treatment history predicts frontal-striatal structural connectivity in adolescents with attention-deficit/hyperactivity disorder. Eur Neuropsychopharmacol 26(4), 674–683.

Seixas M, Weiss M, Muller U.(2012) Systematic review of national and internationalguidelines on attention-deficit hyperactivity disorder. J Psychopharmacol(Oxford) 26(6), 753-765.

Shaw P, Sharp WS, Morrison M, Eckstrand K, Greenstein DK, Clasen LS, Rapoport JL.(2009) Psychostimulant treatment and the developing cortex in attention deficit hyperactivity disorder. Am J Psychiatry 166(1), 58–63.

Shih P, Huang CC, Pan SC, Chiang TL, Guo YL.(2020) Hyperactivity disorder in children related to traffic-based air pollution during pregnancy. Environ Res 188, 109588.

Sibley MH, Swanson JM, Arnold LE, Hechtman LT, Owens EB, Stehli A, Abikoff H, Hinshaw SP, Molina BSG, Mitchell JT, Jensen PS, Howard AL, Lakes KD, Pelham WE; MTA Cooperative Group.(2017) Defining ADHD symptom persistence in adulthood: optimizing sensitivity and specificity. J Child Psychol Psychiatry

58(6), 655-662.

Smith ME & Farah MJ.(2011) Are prescription stimulants "smart pills"? The epidemiology and cognitive neuroscience of prescription stimulant use by normal healthy individuals. Psychol Bull 137(5):717-741.

Sobel LJ, Bansal R, Maia TV, Sanchez J, Mazzone L, Durkin K, Peterson BS.(2010) Basal ganglia surface morphology and the effects of stimulant medications in youth with attention deficit hyperactivity disorder. Am J Psychiatry 167(8), 977-986.

Solanto MV.(2000) Does-response effects of ritalin on cognitive selfregulation, learning and memory, and academic performance. In: Greenhill LL, Osman BB(eds) Ritalin theroy and practice, 2nd edn. Mary Ann Liebert Inc, Larchmont pp 219-236.

Solleveld MM, Schrantee A, Baek HK, Bottelier MA, Tamminga HGH, Bouziane C, Reneman L.(2020) Effects of 16 weeks of methylphenidate treatment on actigraph-assessed sleep measures in medication-naive children with ADHD. Front Psychiatry 11, 82.

Solmi M, Fornaro M, Toyoshima K, Carvalho AF, Köhler CA, Veronese N, Stubbs B, de Bartolomeis A, Correll CU.(2019) Systematic review and exploratory meta-analysis of the efficacy, safety, and biological effects of psychostimulants and atomoxetine in patients with schizophrenia or schizoaffective disorder. CNS Spectr 24(5):479-495.

Sonuga-Barke EJ, Brandeis D, Cortese S, Daley D, Ferrin M, Holtmann M, Stevenson J, Danckaerts M, van der Oord S, Do¨pfner M, Dittmann RW, Simonoff E, Zuddas A, Banaschewski T, Buitelaar J, Coghill D, Hollis C, Konofal E, Lecendreux M, Wong IC, Sergeant J; European ADHD Guidelines Group.(2013) Nonpharmacological interventions for ADHD: systematic review and meta-analyses of randomized controlled trials of dietary and psychological treatments. Am J Psychiatry 170(3), 275-289.

Spencer TJ, Biederman JE, Ciccone PE, Madras BK, Dougherty DD, Bonab AA, Livni E, Parasrampuria DA, Fischman AJ.(2006) PET study examining pharmacokinetics, detection and likeability, and dopamine transporter receptor occupancy of short-and long-acting oral methylphenidate. Am J Psychiatry 163(3):387-395.

Stein MA, Krasowski M, Leventhal BL, Phillips W, Bender BG.(1996) Behavioral and cognitive effects of methylxanthines. A metaanalysis of theophylline and caffeine. Arch Pediatr Adolesc Med 150:284–288.

Steinbuchel P & Greenhill L.(2020) Stimulants: definition, pharmacology, indications, side effects, and treatment strategies. In: Riederer P, Laux G, Nagatsu T, Le W, Riederer C(eds) NeuroPsychopharmacotherapy 1-29.

Stevenson RD & Wolraich ML.(1989) Stimulant medication therapy in the treatment of children with attention deficit hyperactivity disorder. Pediatr Clin North Am 36(5), 1183-1197.

Strand MT, Hawk LW, Bubnik M, Shiels K, Pelham WE, Waxmonsky JG.(2012) Improving working memory in children with attention-deficit/hyperactivity disorder: the separate and combined effects of incentives and stimulant medication. J Abnorm Child Psychol 40(7):1193-1207.

Strauss J, Lewis JL, Klorman R, Peloquin L-J, Perlmutter RA, Salzman LF.(1984) Effects of methylphenidate on young adults' performance and event-related potentials in a vigilance and a pairedassociates learning test. Psychophysiology 21(6):609–621.

Storebø OJ, Pedersen N, Ramstad E, Kielsholm ML, Nielsen SS, Helle B Krogh, Moreira-Maia CR, Magnusson FL, Holmskov M, Gerner T, Skoog M, Rosendal S, Groth C, Gillies D, Rasmussen KB, Gauci D, Zwi M, Kirubakaran R, Håkonsen SJ, Aagaard L, Simonsen E, Gluud C.(2018) Methylphenidate for attention deficit hyperactivity disorder (ADHD) in children and adolescents—assessment of adverse events in non-randomised studies. Cochrane Database Syst Rev5: CD012069.

Ter Huurne N, Fallon SJ, Van Schouwenburg M, an der Schaaf M, Buitelaar J, Jensen O, Roshan Cools R.(2015) Methylphenidate alters selective attention by amplifying salience. Psychopharmacology(Berl) 232(23):4317–4323.

Thapar A, Cooper M, Rutter M.(2017) Neurodevelopmental disorders. Lancet Psychiatry 4(4):339–346.

Thurik R, Khedhaouria A, Torrès O, Verheul I.(2016) ADHD symptoms and entrepreneurial orientation of small firm owners. Appl Psychol 65(3), 568–586.

Tomasi D, Volkow ND, Wang GJ, Wang R, Telang F, Caparelli EC, Wong C, Jayne M, Fowleret JS.(2011) Methylphenidate enhances brain activation and deactivation responses to visual attention and working memory tasks in healthy controls. NeuroImage 54(4):3101–3110.

Tucha O, Mecklinger L, Laufkotter R, Klein HE, Walitza S, Lange KW.(2006) Methylphenidate-induced improvements of various measures of attention in adults with attention deficit hyperactivity disorder. J Neural Transm 113(10):1575-1592.

Turner DC, Blackwell AD, Dowson JH, McLean A, Sahakian BJ.(2005) Neurocognitive effects of methylphenidate in adult attention-deficit/hyperactivity disorder. Psychopharmacology(Berl) 178(2-3):286-295.

Verheul I, Block J, Burmeister-Lamp K, Thurik R, Tiemeier H, Turturea R.(2015) ADHD-like behavior and entrepreneurial intentions. Small Business Economics 45(1), 85-101.

Vidal-Estrada R, Bosch-Munso R, Nogueira-Morais M, Casas-Brugue M, Ramos-Quiroga JA.(2012) Psychological treatment of attention deficit hyperactivity disorder in adults: a systematic review. Actas Esp Psiquiatr 40, 147-154.

Volkow ND, Wang GJ, Newcorn JH, Kollins SH, Wigal TL, Telang F, Fowler JS, Goldstein RZ, Klein N; Logan J, Wong C, Swanson JM.(2011) Motivation deficit in ADHD is associated with dysfunction of the dopamine reward pathway. Mol Psychiatry 16, 1147-1154.

Volkow ND & Swanson JM.(2013) Clinical practice: adult attention deficit-hyperactivity disorder. N Engl J Med 369:1935-1944.

Vossel S, Geng JJ, Fink GR.(2014) Dorsal and ventral attention systems: distinct neural circuits but collaborative roles. Neuroscientist 20(2):150-159.

Walhovd KB, Amlien I, Schrantee A, Rohani DA, Groote I, Bjørnerud A, Reneman L.(2020) Methylphenidate effects on cortical thickness in children and adults with attention-deficit/hyperactivity disorder: a randomized clinical trial. AJNR Am J Neuroradiol 41(5), 758-765.

Wenthur CJ.(2016) Classics in chemical neuroscience: methylphenidate. ACS Chem Neurosci 7:1030-1040.

Wetzel CD, Squire LR, Janowsky DS.(1981) Methylphenidate impairs learning and memory in normal adults. Behav Neural Biol 31(4):413-424.

White SR & Yadao CM.(2000) Characterization of methylphenidate exposures reported to a regional poison control center. Arch Pediatr Adolesc Med 154(12):1199-1203.

Wiklund J, Yu W, Tucker R, Marino LD.(2017) ADHD, impulsivity and entrepreneurship. J Bus Ventur 32(6), 627–656.

Willcutt EG, Doyle AE, Nigg JT, Faraone S, Pennington BF.(2005) Validity of the executive function theory of attention-deficit/hyperactivity disorder: a meta-analytic review. Biol Psychiatry 57(11):1336–1346.

Wong ICK, Banaschewski T, Buitelaar J, Cortese S, Dopfner M, Simonoff E, Coghill D, European ADHD Guidelines Group.(2019) Emerging challenges in pharmacotherapy research on attention-deficit hyperactivity disorder-outcome measures beyond symptom control and clinical trials. Lancet Psychiatry 6:528-537.

Wu B, Bruns EJ, Tai MH, Lee BR, Raghavan R, dosReis S.(2018) Psychotropic polypharmacy among youths with serious emotional and behavioral disorders receiving coordinated care services. Psychiatr Serv 69(6), 716–722.

Yarmolovsky J, Szwarc T, Schwartz M, Tirosh E, Geva R.(2017) Hot executive control and response to a stimulant in a double-blind randomized trial in children with ADHD. Eur Arch Psychiatry Clin Neurosci 267(1):73-82.

Young S, Khondoker M, Emilsson B, Sigurdsson JF, Philipp-Wiegmann F, Baldursson G, Olafsdottir H, Gudjonsson G.(2015) Cognitive-behavioural therapy in medication-treated adults with attention-deficit/hyperactivity disorder and co-morbid psychopathology: a randomized controlled trial using multi-level analysis. Psychol Med 45(13), 2793-2804.

Ystrom E, Gustavson K, Brandlistuen RE, Knudsen GP, Magnus P, Susser E, Davey Smith G, Stoltenberg C, Suren P, Haberg SE, Hornig M, Lipkin WI, Nordeng H, Reichborn-Kjennerud T.(2017) Prenatal Exposure to Acetaminophen and Risk of ADHD. Pediatrics 140, e20163840.

Zhang M, Wang C, Zhang X, Song H, Li Y.(2020) Association between exposure to air pollutants and attention-deficit hyperactivity disorder(ADHD) in children: a systematic review and meta-analysis. Int J Environ Health Res, 1–13.

Zhu HJ, Appel DI, Peterson YK, Wang Z, Markowitz JS.(2010) Identification of selected therapeutic agents as inhibitors of carboxylesterase 1: potential sources of metabolic drug interactions. Toxicology 270:59–65.

Zhu HJ, Patrick KS, Straughn AB, Reeves OT 3rd, Bernstein H, Shi J, Johnson HJ, Knight JM, Smith AT, Malcolm RJ, Markowitz JS.(2017) Ethanol interactions with dexmethylphenidate and dl-methylphenidate spheroidal oral drug absorption systems in healthy volunteers. J Clin Psychopharmacol 37:419–428.

# PART 2

# ADHD로 진단받고 약을 복용하는 사람을 위한 해설서

CHAPTER 4

# ADHD에 대한 새로운 개념 – 그 본질은?

필자는 정신과 의사를 하면서 두 종의 책을 썼다. 모두 ADHD를 주제로 한 책이다. 제목은 『②번 그게 너야』 그리고 『성인 ADHD의 개념과 진단 그리고 치료를 위한 지침서』였다. 『②번 그게 너야』는 일상에서의 세상에 대한 인식과 판단 및 행동을 ADHD 관점으로 해석한 책이다. ADHD를 가진 사람은 집중을 못 하고 산만하고 충동적이며, 이를 스스로 조절하지 못해 엉뚱하고 남의 눈총을 받는 행동을 보이기 때문에 치료를 받아야 한다는 상투적인 내용이 아니라, ADHD를 가진 사람은 원하든 원하지 않든 간에 물려받은 타고난 뇌 기능의 방향 때문에 세상을 그 방향으로 느끼고 행동한다는 나름 독창적인 관점을 기술했다. 시간이 흘러 2019년 겨울, 필자는 다시 책을 썼다. 『성인 ADHD의 개념과 진단 그리고 치료를 위한 지침서』였다. 이 책에서 필자는 그동안의 임상경험과 관련 문헌을 통해 알게 된 성인 ADHD에 대한 전반적인 내용(개념부터 진단, 양상 및 치료까지)을 상세히 기술했다. 참고문헌을 적지 않았던 『②번 그게 너야』에 비해 상당히 많은 참고문헌도 기술했다. 왜냐하면 일반인을 대상으로 하기보단 전문 의료인과 ADHD를 가진 식견 있는 사람들을 대상으로 한 책이기 때문이었다. 이들을 대상으로 살짝 지식의 향연을 벌였던 것 같다. 그런데 아직도 아쉬움이 많다. 시간이 흘러도 전문가와 일반인이 가진 ADHD에 대한 일반 개념은 여전히 두 종의 책을 썼던 때와 유사하기 때문이다.

여전히 ADHD는 '집중을 못하고 욱하고 충동적이며 실수를 많이 하고 가만히 있지 못 한다'고 묘사되며(초급자), '대학교까지는 어떻게든 졸업해서 나름 좋은 직장에 들어가지만, 대인관계에서 문제를 보이고 업무수행능력이 떨어져 문제가 되는 사람'으로 간주되며(중급자), '불안이나 우울 등과 같은 정신적인 문제가 동반되는 경우가 많아 일상에서 어려움을 보이는 사람'이라고 표현되는 등(고급자) 그 정의와 개념이 제각각이다. 또 여전히 정상과 비정상의 이분법적인 구분을 적용한다. 앞서 언급한 대로 필자가 보기에는 최근까지의 변화는 단지 이전에 비해 증상과 양상을 표현하는 것이 좀 더 다양해졌을 뿐이다. 물론 여기에는 정신과 특유의 진단방식이 관여했다. 현재 사용하고 있는 정신과 진단방식은 그냥 증상과 양상의 나열과 개수를 통해 정상과 비정상을 구분하는 방식이다. 생물학적 특징이나 유전학적 특징 같은 과학적인 근거는 없다. 단지 어떤 증상과 양상이 언제부터 얼마만큼 나타났냐가 진단기준이다. ADHD도 마찬가지다. 몇 살 때부터 증상 리스트 중 몇 개에 해당하며, 일상 여러 영역에서 장애를 유발하는지 여부가 관건이다. 이런 개념이 아직 큰 변화 없이 유지되고 있다. 극단적으로 말하자면, ADHD에 특징적인 원인과 임상 양상은 없다고 볼 수 있다. ADHD라는 기준을 정해놓고 이런 특징을 보이는 사람을 대상으로 유전적인 특성을 포함한 생물학적 본질을 밝힌 것은 아직까지 알려진 게 없으며, 이에 따른 치료법의 본질도 밝혀진 것은 없다. 그냥 이런저런 원인으로 추정되는 연구 결과가 있을 뿐이며, 정확한 기전도 밝혀지지 않고, 심지어

본래의 목적과는 전혀 다른(만성 피로, 기면증, 우울증) 방향으로 사용되는 치료약물 등이 두서없이 나열되는 형편이다. 그래서 서적, 인터넷 그리고 언론 등에서 ADHD의 원인과 치료법에 관해 너무나 다양한 내용을 소개하는 것이 현실이다. 또 ADHD에 대한 개념도 너무 다양하다. 정신과 의사도 헷갈리는데 일반인은 오죽할까.

필자는 오랫동안 ADHD라는 진단을 받은 사람을 접하면서 그들이 실제 느끼고 판단하고 행동하는 양식에 더 관심을 기울였다. 이런 방식은 도대체 왜, 그리고 어떻게 나오며, 그에 대한 정의 혹은 개념은 무엇인지 연구했다. 그리고 진단 후 약물치료를 통해 이전의 모습이 어떻게 바뀌며, 궁극적으로는 그 사람이 세상을 어떻게 느끼며 판단하고 행동하는지에 주의를 기울여 나름대로 체계를 만들었다. 필자가 말하는 체계는 사람이 세상을 어떻게 인식하고 어떤 판단과 행동을 하며, 그 결과 어떤 현상이 나타나는가를 '산만함'을 기준으로 설명하는 방식이다. 그 중심에는 산만함이 있고, 산만함을 따라가다 보면 그 끝에는 ADHD가 있다. 즉 산만함의 끝이 ADHD라는 말이다. 물론 그 반대쪽에는 다른 모습이 존재한다. 산만함이 없다는 말이다. 여기서 필자의 주장은 ADHD가 무엇인가를 설명하는 것이 아니다. 아니 맞기도 하다. ADHD를 설명하는 것도 필자의 체계에 포함된다. 하지만 증상 나열과 집중력과 충동성에 무게를 두는 식으로 ADHD를 설명한 기존의 방식은 따르지 않을 것이다. 산만함을 중심으로 설명할 것이며, 이런 설명 대부분은 일상생활에서 흔히 관찰되는 우리 인간의 다양한 모습이다. 이 중한 극단의 모습이 단지 ADHD일 뿐이다. 따라서 자연스러운 방향으로 ADHD를 설명할 것이다. 이를 위해 처음에는 생소한 그림을 통해 산만함의 개념과 약간 지루한 이론적인 내용을 설명할 것이다. 이후에는 직접 임상에서 적용하고 실행하는 ADHD 진단(필자는 확인이라고 함)과 치료(필자는 변화라고 함)를 통해 얻은 실제적인 변화를 필자가 구성한 개념도에 따라 자세하게 설명할 것이다.

지금부터는 산만함에 대해 설명하고, ADHD와의 관련성을 알아볼 것이다. 필자의 기본적인 생각을 적어놓은 기본개념이다. 이 과정에서 다양한 그림을 사용할 것인데, 이해하려 하지 말고 일단 '그냥 이런저런 생각이 있구나'라는 정도로만 여기기 바란다. 계속 내용을 따라가면 그 이해도가 더 높아질 것이다.

필자는 소위 말하는 심리학에 큰 무게를 두지 않는다. 호소하는 내용을 경청하고, 이에 대한 심리학적인 원인을 살펴보고, 훌륭한 공감과 조언을 통해 긍정적인 결과를 얻는 것에 큰 의미를 두지 않는다는 말이다. 다른 정신과 의사는 어떨지 몰라도 필자는 그렇다는 얘기다. 일상적인 상담은 하지 않는다. 필자가 잘 하지 못해서 그렇겠지만, ADHD를 알게 된 이래 여기에 집중하고 오랜 시간을 투자하면서 얻은 결론은 "사람은 뇌가 바뀌면 변한다"라는 사실이다. 그런데 뇌를 바꾸는 방법이 문제다. 많은 일반인과 전문가들도 "사람은 굳은 의지를 갖고 꾸준히 노력하면 바뀔 수 있어" 혹은 "내 상태에 대해 심리학적인 원인을 잘 파악하는 정신과 의사를 만나 상담하면 문제가 해결될 수 있어"라는 개념을 갖고 살아간다. 맞지만, 틀린 말이기도 하다. 첫째, 어떤 사람은 의지를 갖고 노력할 수 있다. 필자가 보기에 이런 사람은 단지 그럴 수 있을 정도의 뇌 기능을 갖기 때문에 어떤 성취가 가능할 뿐이다. 누가 봐도 그럴 수 없을 것 같은데 소기의 목표를 달성하는 사람은 초인적인 의지나 노력 때문이 아니라는 것이다(가끔 예외도 있겠지만). 하지만 대부분은 의지와 노력을 해도 잘 안 된다. 이런 사람은 의지와 노력이 부족한 것이 아니라, 그럴 수 없을 정도의 뇌 기능을 갖고 있기 때문이다. 둘째, 전문가와 상담하면 문제가 해결될 수 있기도 하다. 심리학적 개입의 의미는 문제가 발생했을 당시의 상황을 하소연하고, 그를 공감해주는 전문가와의 상담을 통해 상황으로부터 발생한 심리학적인 어려움의 정도를 낮추는 것이다. 효과가 있고, 적절한 경우에는 그 사람의 인생에 큰 선물이 된다. 하지만 그 문제가 해결된 후 유사한 종류의 문제가 다시 일어나지 않을까? 맞다. 대부분 인간은 죽을 때까지 반복적인 행태를 보인다. 문제가 해결된 것은 단지 그 순간일 뿐이며, 같은 문제가 계속 반복된다. 뇌가 바뀌지 않으면 동일한 행동이 반복되며, 그로 인한 문제도 되풀이된다. 그때마다 전문가를 찾아야 할 것이다.

필자는 뇌의 기능을 강조한다. 뇌의 기능 중에서도 산만함을 그 기준으로 한다. 산만함의 정도에 따라 크게 두 부류로 나눈다. 심한 경우에 속하는 사람 중 극단에 위치한 사람을 ADHD로 정의한다(물론 정해진 진단기준에 따라). 대부분 사람이 똑같겠지만, 산만함이 심한 사람이 일상적인 생활을 유지하려면 그에 대한 의지와 노력이 더 커야 한다. 이런 모습은 비록 긍정적이라 해도, 필자의 입장에서 보면 참 안쓰럽다. 그 이유는 앞으로 적힌 내용을 보면 알 것이다. 그래도 의지와 노력이 어느 정도 인정받는 삶을 살아가기 때문에 좀 낫다. 하지만 산만함이 심한 사람 중에는 그 정도가 지나쳐(물론 인위적인 구분인 ADHD라는 개념이지만), 어떤 의지와 노력도 먹히지 않는 예가 있다. 그 의지와 노력을 인정받고 칭찬받기는커녕 거절당하고 비난받는 상황에 놓이게 되는 경우다. 이런 사람은 어떻게 해야 할까? 교육과 양육을 통해 초인적인 의지와 노력을 갖게 하거나, 어떤 심리학적인 개입을 통해 지지해 주면 인정받고 칭찬받을 수 있을까? 절망적인 말이지만, 이런 일은 불가능하다(가끔 예외도 있겠지만). 이런 상태의 사람은 뇌의 기능이 그런 것이다. 어떤 의지와 노력을 통해 겉으로라도 변화된 모습을 보이기 어렵기 때문에, 어떤 교육과 상담 혹은 심리학적인 개입이라도 영향을 줄 수 없다. 필자는 이런 극단에 위치한 사람을 보는 데 익숙한 사람이다. 따라서 산만함을 중심으로 뇌의 기능을 중요하게 여기며, 뇌의 기능을 변화시키는 것에 무게를 두는 정신과 의사다. 따라서 산만함으로 인한 어려움을 없애기 원하는 사람(물론 정확한 기준에 맞는 사람만 가능)을 대상으로 의지와 노력을 전혀 하지 않고 뇌의 기능을 변화시킬 수 있는 약물치료를 한다.

이런 방법을 설명하기 위해, 이 장에서는 산만함에 대한 개념을 설명할 것이다. 또 앞서 언급한 다양한 내용을 산만함을 통해 설명할 것이며, 치료를 통한 변화도 함께 설명할 것이다.

## 인간은 100% 산만하다

인간의 본질은 무엇일까? 필자는 '호기심'이라고 답한다. 자연에 대한 호기심으로 인해 인간은 생존할 수 있었고 지금까지 발전할 수 있었다. 호기심을 가졌기 때문에 자연을 살펴보고 자연을 이해하게 됐고, 이를 통해 자연의 법칙을 알게 됨으로써 자연을 이용해 인류가 발전하고 풍요롭게 됐다. 이런 호기심은 인간의 DNA에 각인됐고 지금까지 이어졌다. 그런데 필자는 이런 호기심이 어떤 사람에게는 좀 더 유리하고, 어떤 사람에게는 좀 더 불리했을 것이라고 판단한다. 만일 호기심이 너무 크면 어땠을까? 호기심이 주체할 수 없을 정도로 크면, 그 사람에게는 세상 모든 현상이 다 호기심을 유발할 것이다. 또 너무 많은 일과 현상에 호기심이 생겨 이전에 호기심을 가졌던 일이나 현상에 대한 관심이 떨어지고, 새로운 일이나 현상에 관심이 생길 것이다. 그렇다면 어떤 일이나 현상을 좀 더 자세히 살펴보고 이해하는 일이 쉽지 않을 것이다. 거기서 작동하는 어떤 법칙을 알기란 더 어려울 것이다. 어떤 사람은 호기심이 있어도 적당히 조절을 한다. 먼저 호기심이 생긴 일과 현상에 대해 좀 더 자세히 살펴보고 파악한 후, 새로운 일과 현상에 관심을 갖는다.

그런데 흔히 사람들은 호기심이 많은 사람이 더 유리했을 거라고 판단한다. 그래서 호기심이 많은 것을 덕목으로 인식한다. 하지만 앞서 필자는 「진화론으로 ADHD를 설명할 수 있을까?」(p. 21)에서 이런 현상의 일부를 설명했다. 호기심이 있지만 그 정도가 적당해 새로운 일과 현상을 좀 더 꾸준하게 파악하여 정확한 법칙을 알 수 있어야 위험을 피하고 이익을 얻기 쉬울 것이며, 이를 바탕으로 인류는 더 많은 발전을 해왔다는 말이다. 아주 오래전 문명발달 이전의 사회에서, 과연 주체할 수 없을 정도의 호기심을 가진 사람이 잘 생존할 수 있었을까? 분명 아니었을 것이다. 현상을 꾸준히 관찰하고 정확한 인식을 갖춘 사람이 생존할 수 있었고, 이를 다음 대에 전달했을 것이다. 물론 이런 사람은, 호기심을 주체할 수 없어 위험에 처하거나 그로 인해 죽은 사람을 잘 관찰하여 위험에 대한 인식을 높임으로써 생존력이 훨씬 좋았을 것이다. 이런 사람들이 인류의 발전을 이끌었지만, 그 크기와 다양함의 정도는 호기심이 더 많은 사람들의 몫이었을 것이다. 종교의 탄생, 예술의 발전, 기술의 발전, 그리고 자본주의의 발전 등과 같은 인류 발전의 중심에는 호기심이 있었다. 그리고 호기심의 정도에 따라 발전을 이끈 사람, 크고 다양하게 만든 사람, 그리고 이를 즐긴 대부분의 평범한 사람이 있었을 것이다. 필자는 많은 사람이 언급하는 호기심이라는 단어를 ADHD에 적용해 보려고 다양한 시도와 모색을 해봤다. 하지만 호기심이란 단어만으로 ADHD를 설명하는 것은 무리가 따른다. 따라서 필자는 ADHD를 설명하는 데 있어 호기심을 포함하는 단어를 찾았고, 그 결과 '산만(散漫)함'이란 단어를 사용하게 됐다.

'산만하다'란 말은 사전적인 의미로 '어떤 한 곳이나 일에 관심을 집중하지 못하고 어수선하여 질서나 통일성이 없다'는 뜻이다. 부정적인 뉘앙스가 강하다. 따라서 대부분의 사람은 자신이 산만하다는 말을 듣는 것을 싫어한다. 대신 호기심이 많다는 말은 부정적으로 생각하지 않고, 오히려 긍정적으로 받아들인다. ADHD로 진단받은 사람은 아동과 어른 모두 호기심이 많다. 아니 호기심이 주체할 수 없을 정도로 넘친다. 호기심이 넘쳐 학교 다닐 때 다른 학생의 눈치를 보지 않고 궁금한 것을 질문하고, 사회로 나와서는 다른 사람과 말할 때도 상황에 맞지 않게 자신이 궁금한 것을 질문하는 경우가 많다. 좋게 말하면 호기심, 나쁘게 말하면 산만함이다. 호기심은 궁금한 것에 대한 긍정적인 뉘앙스지만, 산만함은 궁금한 것에 대한 부정적인 뉘앙스가 담긴다. 인간의 본질은 호기심이라고 말했다. 따라서 인간의 본질은 산만함이다.

대부분의 사람들 생각과는 달리 인간은 100% 산만하다. 마찬가지로 인간은 100% 호기심이 많다. 이 내용이 필자 이론의 가장 기본적인 전제다. 앞서 「마음 방랑」(p. 82)에서 언급했듯이 인간은 어느 누구를 막론하고 항상 뜬금없는 생각을 하며 딴짓을 한다. 호기심에 엉뚱한 행동을 하며, 일을 하다가 쓸데없는 잡생각을 하면서 관련된 내용을 인터넷으로 검색하거나, 공부하다가 주제와 벗어난 분야에 관심이 생겨 거기에 빠지거나, 과거에 경험했던 일을 생각하면서 혼자 좋아하거나 화를 내기도 하며, 주변에서 아무 얘기도 하지 않았는데 갑자기 주변 사람을 의식해 불안해하고 필요 이상으로 예민해지며, 밤에 자기 싫어 멀뚱거리다 아침에 일어나기 힘들어하고, 아침에 일어난 뒤에도 뭉그적거리다 지각할 뻔하고, 회의하다 주제에서 벗어난 말을 해 남의 눈총을 사고, 중요한 순간에 갑자기 멍때려 실수를 하는 등등, 인간의 산만함을 얘기하자면 한도 끝도 없다. 모든 인간은 태어나서 죽을 때까지 산만한 행동을 하며 그렇게 살아간다. 아무리 봐도 '산만하다'란 말이 꼭 들어맞는다. "그렇지 않아요, 전 항상 차분하다는 말을 들어요. 우리 식구 모두 다 차분해요"라고 말하는 사람도 많다. 하지만 잘 살펴보면, 말투, 반복적인 내용, 장황한 설명 등이 이어지는데[앞서 소개한 소위 '설명충'(p. 123)], 스스로는 이런 모습을 차분하고 야무지고 똑부러진다고 흥분하면서 말한다. 누가 뭐랬나? 그럼에도 불구하고 우리는 어떤 사람에 대해서는 산만하다고 말하고, 다른 사람에 대해서는 차분하고 침착하다고 말한다. 물론 스스로 차분하고 침착하다고 말하는 사람을 얘기하는 게 아니다. 혹시 세상에는 산만한 사람만 있는 것은 아닐까? 맞다. 인간은 모두 산만하다. 단지 덜 산만하거나 뚜렷하게 산만한 사람으로 분류할 수 있다. 그런데도 눈에 띄게 산만한 말과 행동을 하는 사람도 주변 사람으로부터 산만하다는 말을 들으면 불같이 화를 낸다. 그리고 자신은 산만하지 않고 차분하고 침착한 사람이라고 주장한다. 뭐 틀린 말은 아니다. 그렇다고 화를 낼 만한 일은 아니다. 그냥 그렇게 보이든지, 그렇게 보이는데도 그것을 인식하지 못하든지, 둘 중 하나다. 만일 인식하지 못하는 사람이 산만하다는 말을 듣는다면 전혀 이해하지 못하고 납득이 안 될 것이다. 왜 이런 현상이 나타날까? 우선 '산만하다'는 단어는 부정적인 느낌이 강하다. 앞서 언급한 대로, '산만하다'란 말은 사전적으로 "어수선하여 질서나 통일성이 없다"를 의미한다. 모든 사람에게 나타나는 현상이지만, 아무리 생각해봐도 긍정적인 느낌은 없다. 반면, '차분하고 침착하다'는 말은 "마음이 가라앉아 조용하다"라는 의미로, 산만하다는 말에 비해 긍정적인 느낌이 강하다. 이게 문제다. 인간의 본질을 무시하는 발상이다. 물론 인간 대부분은 태어난 후 부모와 상호 소통이 되는 순간부터 차분하고 침착하게 행동하라는 교육과 양육을 받는다. 이후에는 '차분하고 침착하다'는 말을 듣기 위해 의지를 갖고 스스로 노력한다. 그런데 의지를 갖고 노력한다고 차분하고 침착해질 수 있을까? 혹시 그렇게 믿고 있나? 믿고 있는 사람이 무척 많을 것이다. 우리는 그렇게 생각하고 행동하도록 양육과 교육을 받았고, 지금도 받고 있다. 하지만 아니다. 아무리 노력해도 타고난 대로의 모습(본질)이 나타날 뿐이다. 실제로 일상에서 노력해서 차분하고 침착한 모습을 보일 수는 있지만, 그 모습은 단지 일시적일 뿐이다. 정확히 말하자면 그때 그런 척을 한 것뿐이다. 그렇다면 왜 노력할까? 그냥 생긴 대로 태어난 대로 자신의 본질에 맞게 살아가면 될 텐데. 그런데 인간이 이 세상에 생겨난 후 자기의 산만한 본질을 맘껏 발휘하게 장려한 시절이 있었을까? 당연히 없었다. 고대부터 산만한 행동을 보이면 바로 지적하고 교육에 들어갔다. 인간은 자신의 본질적이고 전반적인 특징인 산만함을 엉뚱하게도 '정상과 비정상'의 개념으로 구분해버렸다. 이를 통해 칭찬하고 장려하거나 비난하며 꺼려했기 때문에, 대부분은 노력을 통해 차분하고 침착한 행동을 하려고 한다. 그렇다고 인간의 본질인 산만함이 없어질까? 결국 있는 그대로의 것을 보고 이에 대한 대책을 세우는 것이 더 편한 방법이다. 어쩌면 역설적으로 그대로 보지 않으려 노력하고, 해도 되지 않는 일을 장려하고 권장해온 게 인류 역사인지도 모른다. 극단적으로 말하자면, 결국 사람을 힘들게 만들고, 반복되는 무한고리의 족쇄를 채우는 것이 양육과 교육의 실체라고 생각할 수 있다. 우리는 이런 허상 속에서 살고 있는 것은 아닐까?

## 산만함의 실제 모습

산만함에 대한 필자의 개념을 알아보자. 다음 내용은 필자의 진료 과정을 요약한 것이다. 실제 그림을 그리고 대화로 진행되기 때문에, 글로 자세히 설명한다는 것이 참 어렵게 느껴진다. 한 번 적어 놓았다가 진료실에서 실제 이루어진 대화를 회상하고, 또 이것저것 생각하다 보면, 글을 잘 못 쓴 것만 같아 다시 썼다 지우기를 반복했다. 그래서 필자가 내린 결론은 "어차피 완벽하게 쓸 수는 없다, 그냥 기본적인 개념만 적어 보자"였다. 이런 결론을 내린 가장 중요한 이유는, 필자가 설명하는 개념은 그림을 통해 설명한 것이기 때문이다. 정확한 진단 후, 필자가 판단할 때 뇌를 최대한 자극해 가장 큰 변화를 이끌 수 있는 최적 용량의 자극제를 투여하는 과정에서 발생하는 변화를 도식화했다.

따라서 ADHD 진단받은 후 자극제를 복용한 적이 없는 사람은 단언컨대 절대 경험해보지 못한 느낌이다. 그래서 2부의 제목을 'ADHD로 진단받고 약을 복용하는 사람을 위한 해설서'라고 했다. 솔직히 여기서 설명하는 내용을 겪어보고 실제 자신의 삶에 녹아든 사람은 필자를 방문해 자극제를 복용한 사람밖에 없다. 또 필자는 자극제를 복용할 정도는 아니기 때문에 필자 자신이 적은 내용을 경험한 적은 없다. 그럼에도 불구하고 필자의 개념이라고 주장할 수 있는 근거는 다른 게 아니다. 필자를 방문한 사람들의 자극제 투여 전후의 시시콜콜한 일상을 자세히 파악했기 때문에, 그 사람들보다 그들을 더 인식하고(물론 ADHD의 개념으로) 자극제 투여 후의 변화를 파악할 수 있었다. 스스로 ADHD가 없다고 여기거나 실제 없는 사람, 그리고 ADHD에 대한 기존의 개념을 가진 사람은 이 내용을 이해하기 어려울 수도 있을 것이다. 어쩌면 이해하려 하지 않을지도 모른다. 하지만 앞으로 기술할 내용은 산만함을 기준으로 인간을 설명하기 때문에, 이를 통해 인간의 인식, 판단, 그리고 그에 따른 행동 등을 포함한 인생의 철학적인 새로운 개념을 이론적으로 알 수 있을 것이다. 다시 한번 말하지만, 앞으로의 내용은 자극제를 복용한 후 나타나는 변화를 묘사했다는 것을 강조한다.

### 개요 — 세상을 인식하는 방향

다소 조잡해 보이는 **[그림 1]**을 첫 내용으로 실었다. 필자가 실제 병록지에 기록하고 설명하는 내용이다. 워낙 글씨도 잘 못 쓰는데, 그림은 더 엉망이다. 하지만 그 내용은 ADHD를 설명하는 가장 기본적이고 중요한 틀이다. 필자를 방문한 사람 중 ADHD로 진단받은 사람들 모두는 이런 유형의 그림을 보면서 설명을 들었을 것이다. 실제 진료상황에서는 그림을 단계적으로 그려 가면서 ADHD에 대한 개념을 설명한다. 이 그림에서 가장 중요한 개념은 방향이다. 정확히 말하자면 방향의 스펙트럼이다. 즉 방향과 그 정도의 개념이란 말이다. 방향과 정도가 '정상과 비정상' 그리고 '옳음과 그름'의 이분법적 분류 개념은 아니다. 대신 어떤 방향과 정도가 '유리한지 혹은 불리한지'의 개념이다. 미리 말하겠지만, 왼쪽 방향은 불리하며, 그쪽으로 심하게 치우쳐 있으면 많이 불리하다. 그림에 적혀있는 '기준'은 유리한 것을 의미한다.

**[그림 1]**

필자는 산만함의 정도를 구분했다. **[그림 1]**을 자세히 살펴보면 30%와 70%로 구분한 것을 확인할 수 있다. 인간의 약 30%는 덜 산만해 보이며, 나머지 70%는 눈에 띄게 산만하다(Arcos-Burgos & Acosta, 2007). 이런 주장을 좀 더 과학적인 근거로 설명하겠다. 현재는 없어졌지만, 2000년대 초반에는 역치하subthreshold ADHD란 개념이 있었다. 필자는 이 개념을 무척 중요하게 생각한다. 앞서 설명했지만 다시 한번 강조하겠다. 실제 유럽의 유명한 ADHD 전문 정신과 의사인 코이Kooij는 자신의 연구를 통해 DSM-Ⅳ의 6개 증상 개수 기준 대신 4개를 기준으로 하는 역치하 ADHD가 특히 성인기의 ADHD 진단에 적합하다고 주장했다(Kooij 등, 2005). 이런 역치하 ADHD는 3~4개의 부주의 증상 그리고/혹은 과잉행동 · 충동성 증상이 만성적으로 지속되지만, 각각 6개 이상의 증상 개수가 필요한 DSM-Ⅳ 진단기준을 충족시켜본 적이 없는 경우를 말한다(Faraone 등, 2009). 보통 증상이 3~4개 나타나며, 이로 인한 장애가 동반되는 경우다. 증상이 있기 때문에 마치 ADHD처럼 보이며, 나타나는 장애는 6개 이상의 증상 때문에 ADHD로 진단된 사람과 거의 같은 수준이다. 이런 모습을 한마디로 표현하자면 다음과 같다. 분명 ADHD 진단기준을 충족하지는 않지만, ADHD처럼 눈에 띄게 산만하고 장애가 나타나 일상에서 어려움을 보이는 사람이다. 즉 ADHD를 제외한 눈에 띄는 70%에 해당한다. 그럼 나머지 30%는 ADHD 증상 중 1~2개를 가진 사람이 될 것이다. 이런 사람에 대해서 ADHD 증상으로 인한 장애 발생 여부를 연구한 것은 없다. 따라서 정확하지는 않지만, 우리는 이런 사람을 '기준'에 해당하는 사람으로 정의할 수 있다. 하지만 여기에 해당하는 사람도 ADHD 증상은 1~2개 가지고 있다는 점을 명심하자. 눈에 띄지는 않지만 산만하다. 어느 누구에게도 마음 방랑, 즉 공상과 상상 그리고 호기심의 현상이 존재한다. 따라서 사회는 덜 산만한 사람의 인식과 판단 그리고 행동을 인간의 기준으로 설정한다. 테오프라스토스Theophrastus의 'The Obtuse Man(둔한 사람)'처럼 이미 고대 그리스 시대부터 덜 산만한 사람을 기준으로 삼았던 것이다. 즉 현대 사회가 아니라, 아주 오래전부터 그래왔다는 것을 알 수 있다.

그런데 문제가 있다. 덜 산만한 30%를 산만함은 전혀 없고 늘 완벽하고 차분하고 침착한 사람으로 설정한다는 것이다. 그 결과는 강박으로 나타난다. ADHD를 포함한 눈에 띄게 산만한 70%는 실제 존재하지 않는 모습을 좇는다. 늘 완벽하고 차분하고 침착한 사람이 되기 위해 노력하며, 많은 경우 아주 강박적으로 이런 모습이 되려고 노력한다. 심지어는 ADHD가 있음에도 불구하고, 이런 노력을 통해 많은 일을 완벽하게 처리한다. 인생이 족쇄 그 자체다. 하지만 이런 사람은 자기 인생의 많은 부분이 족쇄란 인식이 전혀 없다. 오히려 자신의 노력을 통해 뭔가 달성했기 때문에, 자신의 성과와 성취를 남들에게 널리 알리려고 한다. 이 또한 ADHD의 특징일 것이다. 자기계발서가 대표적인 예이다. 아직 성취를 하지 못한, ADHD를 포함한 눈에 띄는 산만한 70%는 강박적으로 자기계발서를 구입하고 내용을 따라 해본다. 또 매스컴 혹은 인터넷이나 오프라인을 통한 강의를 청취하고, 여기에 열광해 강박적인 팬이 되고 팬클럽 회원이 된다. 다 돈이 든다. 정작 자신의 성취는 없지만, 성취한 사람이 마치 자신인 양 느낀다. 그래서 돈이 아깝지 않다. 물론 늘 이런 모습을 보이는 것은 아니다. 하여간 이런 사람은 소위 '설명충'이 된다. 그 당시에는 자기 모습의 전부라고 여기지만, 그 반대로 자신의 모자란 부분으로 인식되는 행동에 대해 스스로 납득시키고, 주변 사람에게 자신의 행동을 설명하고 변명하기 위해 말이 많아진다. 모든 것을 설명하려 하고, 이 모습을 스스로는 합리적이고 논리적인 멋진 모습이라고 착각한다. 이와 반대로 어떤 경우, 자기 기준에 따라 더 강박적으로 어떤 것을 하지 않으려 자신을 억제하고, 이를 유지하려고 스스로 졸라매면서, 겉으로는 차분하고 침착한 모습을 보이며 살아가는 사람도 있다. 앞선 팬클럽 회원에 비해 참 안쓰러움을 느낀다. 팬클럽 회원은 자기가 좋아하는 것을 즐기기라도 하지만, 차분하고 침착한 모습을 보이며 살아가려고 강박적으로 애쓰는 사람은 즐기지도 못하고 마치 수도승처럼 살아간다.

두 모습 다 잘못한 것은 없고, 비정상도 아니다. 심지어 의도하지도 않았다. 그런데 인생을 살아가면서 많이 불리할 것이다. 한쪽은 남의 인생을 자신의 것으로 착각하며 살아가고, 다른 쪽은 실제 존재하지도 않은 인생을 살려고 모든 것을 투자하며 살아간다. 필자가 보기에는 두 인생 모두 너무 힘이 들어간 인생이다. 즉 족쇄다. 필자의 치료 목표는 자극제를 통해 뇌를 변화시켜 그냥 기준에 해당하는 인식, 판단, 그리고 행동을 보이게 하는 것이다. 쉽게 말해, 아무 생각과 의도 없이 한 행동이 주변 사람으로부터 인정받고 칭찬받는 요소가 되는 것이다. 한마디로 말하자면 “날로 먹자!”다. 필자에게 진료를 본 후, 약물치료를 받고 뇌에 변화가 있는 사람은 이 말을 이해할 수 있다. 왜냐하면 그들은 그렇게 살게 됐기 때문이다. 하지만 뇌의 변화가 없는 사람은 이런 현상을 죽을 때까지 이해할 수 없다. 설사 변화가 없는 사람이라 해도, 나름 재밌는 개념이기 때문에 한번 읽어 주길 바란다. 본격적으로 이야기를 시작해보자. 보다 자세한 이해를 돕기 위해 [그림 1]의 내용을 하나씩 살펴보겠다.

## 좋아하는 방향과 세상의 기준 — 만일 서로 다르다면?

**[그림 2]**를 보자. 가운데 뇌를 중심으로 다른 모양의 그림을 그렸다. 이 그림은 이분법적으로 뇌가 더 좋아하는 성질을 도식화한 것이다(물론 본질에 대한 스펙트럼의 개념임). 이게 뇌의 본질을 그림으로 묘사해 산만함을 설명하는 가장 중요한 모형이다. 왼쪽 그림은 변화가 크며 역동적이다. 오른쪽 그림은 변화가 작으며 덜 역동적이다. 실제 필자는 이를 뇌의 특징이라기보다는 "어떤 쪽의 성질을 더 좋아하는 뇌를 가지고 있는가?"라고 정의한다. 이런 개념을 적용하면 기존에 우리가 알고 있는 개념이 좀 달라질 수 있다. 예를 들어, 누가 봐도 산만한 사람이 있다고 하자. 그런데 그는 산만해 보인다는 말을 듣고 "저는 집중을 잘해요", "한 가지에 꽂히면 오래 지속해요"라고 반박하면서 자신은 산만하다고 여기지 않는다. 맞는 말이다. 대개 그런 반응을 보인다. 하지만 확인해야 할 부분이 있다. 그 사람이 어떤 방향으로 집중을 잘하고 꽂히고 오래가는지를 말이다. 실제 이런 경우 왼쪽 그림의 성질을 갖는 일에 집중을 잘한다. 이럴 때 필자는 다시 한번 질문의 내용을 바꿔 물어본다. "어느 쪽으로 집중을 잘해요?"라고.

이 세상 어느 누구라도 자신이 좋아하는 것에는 자기도 모르게 집중하는 게 당연하지 않은가? 지루하고 따분한 것을 좋아하는 사람이 있

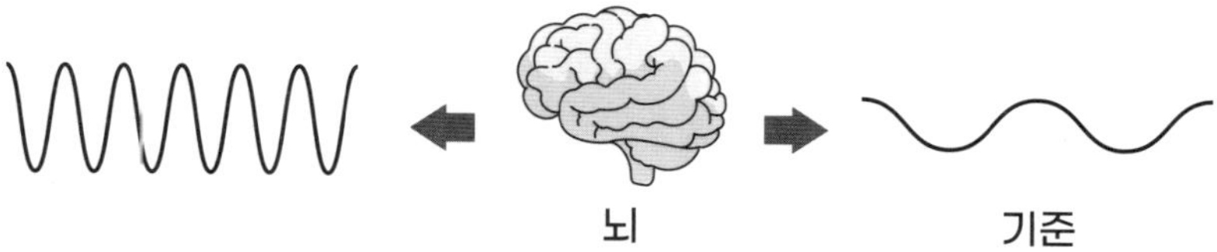


[그림 2]

을까? 앞서 언급했듯이 세상 사람 모두는 산만하다. 따라서 실제 변화가 작고 덜 역동적인(차분하고 침착한) 것을 좋아하는 사람은 없다. 정확히 말하자면, 그런 사람은 존재하지 않는다. [그림 1]에서 설명했듯이 그냥 이상적인 상상 속의 인간일 뿐이다. 필자가 보기에 모든 사람은 기본적으로 왼쪽 그림의 모습을 가진다. 단지 그 정도의 차이만 있을 뿐이다. 거듭 말하지만 산만함은 인간의 기본적인 성질이다. 오른쪽 그림과 같이 일정하며 덜 역동적인(실제로는 지루한, 차분하고 침착하다고도 함) 것을 좋아한다기보다 견디는 힘이 더 좋을 뿐이라고 말할 수 있다. 즉 일정하고 지루한 것을 더 잘 견디는 내구성이 있다고 보면 된다.

여기서 한 가지 생각해 보자. 세상의 기준은 어느 쪽일까? 쉽다면 쉽고 어렵다면 어려운 질문이다. 물론 옳고 그름이나 정상 비정상의 구분은 아니다. 고유의 성질을 말하며, 어떤 성질이 사회의 기준으로 받아들여지고 있는지를 알아보는 것이다. 그냥 쉽게 생각해 보자. 왼쪽 그림은 세상의 모든 일 중에 변화가 많고 역동적인 성질을 가진 일이다. 즉 감정적인 측면이 더 두드러지고, 행동이 많고, 변화의 폭이 큰 성질을 말한다. 반면 오른쪽 그림은 감정적인 측면이 적고, 행동이 적으며, 변화의 폭이 작은 성질을 말한다. 예를 들면, 왼쪽 그림의 성질을 대표하는 것은 예술 활동, 연예 활동, 그리고 최근에는 대표적으로 게임 등이 있을 것이다. 또 이런 활동은 그 진폭이 크면 클수록 더 좋다는 평가를 받는다. 변화가 큰 감정을 반영하지 않고, 변화가 없고, 역동적이지 않은 예술작품이나 연예인에게 열광할 수 있을까? 또, 지루하고 따분한 게임이 성공할 수 있을까? 물론 존재하기는 하겠지만 사람들의 관심에서는 멀어져 대부분 실패할 것이다. 이런 분야의 또 다른 특징은 승자독식이라는 점이다. 누구도 범접할 수 없는 예술가나 연예인 혹은 프로게이머 등을 하고 싶어 하는 사람은 엄청 많다. 그렇게 되고 싶어 수많은 사람이 노력하고 시도한다. 하지만 그중에서 성공하는 비율은 극히 낮고, 또 일상적으로 안정적인 생활을 누릴 정도의 수입을 얻는 경우도 상당히 적다. 빈익빈 부익부가 극명히 드러나는 방향이다.

반면 일상적인 공부(특히 입시를 위한 공부)는 어떤 성질일까? 당연히 일정하고 지루한 성질을 갖는다. 일상적인 공부를 하면서 "난 새로운 것을 아는 게 너무 즐거워 견딜 수가 없어", "내일은 어떤 새로운 것을 알게 될까? 기대감 때문에 잠을 잘 수 없어", 이런 말과 행동을 할 정도로 즐거움을 느끼는 경우는 극히 드물 것이다. 정말 특별한 경우(필자가 보기에는 경조증 등)를 제외하곤 없을 것이다. 일상적인 공부가 좋은 사람이 얼마나 있을까? 하지만 우리는 대부분 이런 쪽으로 강요받는다. 지루하고 재미없어도 다들 그렇게 하고, 주변에서도 그렇게 하라고 한다(일상의 기준임을 반영). 그걸 따라 하면 통계적으로 좋은 결과를 얻기가 쉽기 때문일(일상의 기준임을 반영) 것이다. 즉 승자독식이라기보다는 일상에서 안정적인 생활을 누릴 정도의 수입을 얻을 수 있는 사람의 비율이 상당히 높다는 말이다. 즉 오른쪽 방향이 보편타당하게 더 많은 사람에게 유리하다. 따라서 대부분의 가정과 학교에서는 왼쪽 방향의 행동보다는 오른쪽 방향의 행동을 하길 원하며, 그에 따른 양육과 교육을 한다. 가정이든 학교든, 행동이 많고 감정적이며 변덕이 심한 아이를 좋아하는(참을 수는 있지만) 부모나 교사는 없을 것이다. 가정에서는 이런 아동을 자주 지적하고 혼내고, 심지어 체벌하는 경우도 있다. 학교에서도 마찬가지다. 자주 지적하고 교육을 통해 교정하려 노력한다. 왜? 앞서 언급한 대로 덜 산만한 오른쪽 방향이 내 아이에게 더 유리하다는 것을 부모나 교사는 그동안의 인생을 통해 터득했기 때문이다. 변화가 없으면 가정에서는 갈등이 심해질 것이며, 학교에서는 생활기록부에 이런 모습에 대한 부정적인 내용의 글귀가 적힌다. 고대 그리스 시대의 뛰어난 철학자 테오프라스토스도 산만함을 경계했고, 그 이후의 연구자들도 산만함을 부정적인 것으로 보고 결국 ADHD라는 정신장애로 규정했다. 따라서 아무리 양보해도 세상의 기준은 [그림 2]의 오른쪽 그림이라고 볼 수밖에 없다.

자극제를 복용하면 뇌가 좋아하는 성질이 왼쪽에서 오른쪽으로 점차 변한다. 이런 과정은 왼쪽에서 오른쪽 방향으로의 일방통행이다. 뇌가 이렇게 변하면, 그 사람의 세상에 대한 인식이 변해 판단과 행동이 변한다. 예를 들어 보겠다. 게임을 좋아하다가 어느덧 밤낮없이 몰입하는(실제 불규칙하고 역동적인 게임의 성질을 뇌가 좋아함) 지경에 이른 사람이 있다. 주변 사람도 본인도 스스로 조절할 수 없다고 말하는 상황이다. 그런데 이 사람이 자극제를 먹은 후 뇌의 성질이 변해 게임에 대한 흥미가 줄어들면서 자기도 모르게 게임을 안 하게 된다. 이 과정에서 필자는 게임에 몰입한 것을 알면서도 "게임을 줄여라" 혹은 "이런 방식으로 게임 시간을 조절해 봐라" 등과 같은 말은 일절 하지 않는다. 단지 자극제를 복용하기 전과 후에 게임에 대한 느낌 차이가 있는지 여부에 대해서만 서로 얘기한다. 자극제를 복용하면 이 이상의 면담이 필요 없다. 단지 얼마나 변했고, 이로 인해 어떤 것을 느끼며, 이런 변화가 그 사람에게 어떤 의미가 있는지를 판단하게 하는 것이 필자의 가장 중요한 업무다. 이런 과정을 통해 그 사람 인생에서 무게를 두는 가치가 변한다. 즉 그 사람의 철학이 변한다. 이는 그 사람의 본질의 변화라고 정의할 수 있다.

### 생긴 대로 살면 안 될까? — 물론 된다. 그런데 무척 불리해진다

**[그림 3]**을 보자. 중요한 개념을 이해해야 한다. 좋아해서 잘하는 방향의 행동을 할 때 그 사람은 어떤 계획이나 뚜렷한 동기가 있다고 여긴다. 심지어 그것을 자신의 개성이라고 여긴다. 하지만 뇌는 아무 생각이 없다. 그냥 뇌가 좋아하는 것을 충실히 수행할 뿐이다. 어떤 목적이나 의도는 없다. 그냥 한다. 실제 어느 누구도 행동하기 전에 자신의 행동을 의식하고 멈추거나 수행을 변경하는 경우는 없다(실제 나이가 들면서는 어느 정도 일시적으로 가능하기도 함). 이런 모습은 일정하게 나타난다. [그림 3]의 위에 그린 그림에서 보듯이 이런 현상은 왼쪽이나 오른쪽 방향 모두 마찬가지다. 그런데 왼쪽 방향으로 행동하는 사람은 어떤 일을 겪을까? 앞서 언급한 대로 오른쪽 방향이 기준이기 때문에 왼쪽 방향으로 행동하는 사람은 부정적인 피드백을 받을 확률이 높다. 자신은 그냥 아무 목적이나 의도가 없이 뇌가 시키는 대로 행동했는데, 부정적인 피드백을 받는다. 이때 기분이 어떨까? 단지 아무런 목적이나 의도 없이

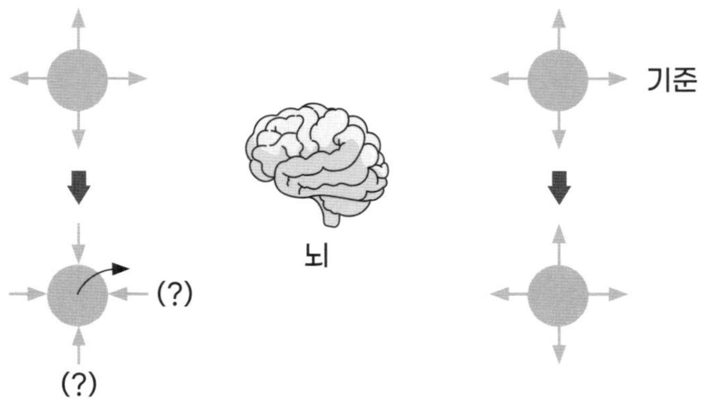


**[그림 3]**

그냥 보이고 느끼는 대로 행동했을 뿐이다. 그런데 주변 사람들은 비난한다. 그러면서 왜 그런 행동을 했냐고 물어보고, 대답하라고 다그친다. 솔직히 이때 무슨 대답을 할 수 있을까? 예전에 「대장금」이란 드라마에서 상궁이 어떤 음식을 놓고 어린 장금이에게 질문하는 장면이 있었다. "너는 어떻게 홍시 맛이 느껴지냐"고 묻자, 어린 장금이는 "홍시 맛이 나서 홍시 맛이 난다 하였는데, 왜 홍시 맛이 나냐 여쭈시니 홍시 맛이 난다 할 수밖에요"라고 대답했다. 그런데 지금 우리 현실에선 "나는 이렇게 생각하고 행동했어요"라고 대답하면, "너는 어떻게 그런 생각을 할 수 있냐!"며 더 심하게 혼난다. 실제 많은 연구에서 ADHD를 가진 아동과 청소년은, 자신은 '둥근 구멍'에 맞추려고 시도하는 '사각 못'과 같은 이질적인 사람이라는 느낌을 설명한다(Gallichan & Curle, 2008; Sedgwick 등, 2018; Nyström 등, 2020). ADHD를 가진 아동 4명을 대상으로 진행한 면담 연구에서는 다른 사람들이 아동을 묘사하면서 썼던 것과 동일한 서술어를 대상자들이 사용했다는 사실이 밝혀져, 자신에 대한 자기평가가 타인의 인식을 중심으로 형성될 수 있음을 보여주었다(Leyland, 2016). 즉 타인의 반응에 예민해지고, 이를 따라 하려고 시도하면서 이런 방향으로 자기 인식이 구성된다는 말이다. 따라서 지금까지 수행된 질적 연구를 통해 '비난'은 ADHD를 가진 성인기 연령, 청소년, 그리고 아동의 공통 주제이며, 이 '비난'이 자기 인식에 해로운 영향을 미칠 수 있다는 것이 확인됐다(Ringer, 2019; Ringer, 2020).

이런 현상이 반복되면서 왼쪽 방향의 뇌를 가진 사람은(실제는 아동) 일련의 생각과 행동에 변화를 보인다. 첫째, 주변을 의식하는 것이다. 자신은 그냥 느끼는 대로 행동했는데 부정적인 피드백을 받는다면, 어느 누구라도 주변을 의식하지 않을 수 없다. 즉 눈치를 본다. 내가 이런 행동을 하면 다른 사람은 어떻게 볼까? 이런 행동을 해도 될까? 혼나지 않을까? 어떻게 하면 칭찬을 받을까? 등의 변화다. 이런 과정을 통해 [그림 3]의 왼쪽 아래 그림으로 변형된다. 이런 변형을 겪은 사람은 나중에 자신 얘기를 할 때, 성장 과정에서 눈치를 많이 보고 자기주장을 잘 못 하며, 그냥 참는 경우가 많았다고 말한다. 또 참다가 느닷없이(정확히는 압력이 높아져 참기 어려워지고 주변에 만만한 사람이 있을 때) 터지기도 한다. 이런 터짐은 시의적절한 경우가 거의 없어 자신에게도 주변 사람에게도, 뚱딴지같고 예측할 수 없는 사람으로 통하게 된다. 그런데 오른쪽 방향으로 작동하는 사람 역시 스스로 어떤 기준을 인식하고 판단해서 기준에 맞는 행동을 하는 것은 아니다. 왼쪽 방향으로 작동하는 사람과 똑같이 그냥 뇌가 시키는 대로 할 뿐이다. 왼쪽 방향과의 차이는, 자기 뇌가 시키는 대로 해도 인정받거나 칭찬받을 확률이 높다는 점이다. 즉 긍정적인 피드백을 받는다. 이런 사람은 자기가 느낀 대로 행동하는 데 주저함이 별로 없을 것이라 자기주장을 기준에 맞게 한다. 따라서 아동기 때부터 지속된 주장의 방향은, 왼쪽과 달리 변화가 없다.

앞서 언급했듯이, 중요한 점은, 왼쪽 방향이든 오른쪽 방향이든 이와 관계없이 아무 생각 없이 행동한다는 것이다. 그런데 왼쪽은 부정적인 피드백이 많아 행동을 주저하게 된다. 반면 오른쪽은 주저함이 별로 없을 것이다. 그냥 한다. 점차 왼쪽 방향의 사람은 오른쪽 사람의 "그냥 해요"라는 개념을 절대로 이해하지 못하게 된다. 아니 이해해서 그대로 하면 큰일 난다. 따라서 그들에게는 기준에 잘 맞게 행동하는 사람은 반드시 어떤 인식과 판단 그리고 계획이 잘 꾸려져 거기에 맞게 행동한다는 상상을 한다. 실제 우리 사회는 이런 이상적인 기준을 충족하는 사람의 모습을 정해놓고 이를 양육과 교육에 활용한다. 따라서 오른쪽 방향같이 정말 아무 생각 없이 기준에 충족된 행동을 하는 사람에게 "너는 의지가 굳은 사람이야", "항상 노력하는 네 모습이 부러워"라고 말한다. 그런데, 아니다. 그쪽은 그냥 생긴 대로 아무 생각 없이 행동하는 사람에 불과하다. 반면 왼쪽 방향의 사람은 기준(실제 한 번도 해보지 못했지만, 교육과 양육을 통해 스스로 인식하고 있다는 착각을 하고 사는 사람의 기준)을 충족하려고 자신의 모습을 변화시키면서([그림 3] 왼쪽 아래 참고) 강박적으로 노력을 한다. 그래서 문제가 발생한다. 왼쪽 방향의 뇌를 가진 사람은 애초에 기준을 인식하지 못하고 상상 속의 기준만이 존재한다. 그래도 이를 달성하려고 노력을 한다. 점점 강박적으로 된다. 따라서 ADHD를 가진 사람 중 많은 비율이 강박 증상을 가진다. '완벽주의자' 혹은 '꼼꼼한 사람' 등으로 통한다. 문제는 스스로 그렇게 여긴다는 점이다. 주변 사람들은 그냥 '허당' 혹은 '쓸데없는 데 신경 쓰는 사람'으로 안다. 인간 대부분은 왼쪽 방향의 정도에 따라 인생이 꼬이는 정도가 결정되고, 이때부터 본격적으로 어려움이 시작된다.

자극제를 사용하면 이 그림과 관련된 여러 가지 변화가 나타난다. 앞서 설명한 대로 왼쪽 그림의 모습을 보이는 사람은 결국 자기주장을 안 하고 참기만 하고 타인의 눈치를 많이 보며(눈치를 본다고 야무진 행동을 하는 것이 아님) 고립된 반응을 보이는 경우가 많다. 그런데 자극제를 사용하면 자기주장이 나타난다. 이런 현상은 주변 사람들의 말소리와 얼굴 표정이 자극제를 투여하기 전과 달리 또렷하게 잘 들리고 잘 보이게 되면서 자신도 모르게 이에 대해 반응한 결과다. 이런 반응을 자기주장이라고 한다. 대부분 이런 현상을 보이는 자신이 굉장히 낯설다고 한다. 당연하지 않겠는가? 맨날 참다가 아무 말도 못 하고 집에 가서야 후회하고 안타까워하면서 "다음에는 꼭 말할 거야"라고 다짐하고 잠을 청해보지만, 오만가지 잡생각(실제 말도 못 하겠지만, 말을 한 후 상대방의 반응, 주변의 상황, 그리고 자신의 감정 등등 오만가지 경우의 수)을 하다 밤늦게 겨우 잠이 들고, 결국 아침에 늦게 일어나 허겁지겁 출근했는데, 간밤의 오만가지 생각은 백지처럼 사라져 버리고, 늘 하던 대로 아무 말도 못 하고 꾹 참고 있는 자신을 본다. 이랬던 사람이 간밤의 다짐도 없었는데, 말할 때 느꼈던 심한 긴장감도 없이 그냥 하고 싶은 말을 그때 바로 해버린다. 얼마나 낯설겠는가? 자기주장을 한 사람은 정말 아무 생각 없이 말을 해버린 자신의 모습을 관찰하고 필자에게 보고를 한다. “참 시원했어요”, “이럴 줄 몰랐어요. 말하면 큰 문제가 생길 것 같았는데, 아무 문제도 없었어요”라고 말한다. 실제 대부분의 경우, 말을 해도 문제가 없다. 그럼 이렇게 말을 잘하는 사람이 왜 그동안 참았고 지금은 말을 할까? 소위 진단을 받고 약을 먹기 전에는 자기 의견을 표출하기만 하면 문제가 생기고 일이 커졌다(물론 부정적인 의미로). 그러나 자극제를 복용한 후에는 뇌의 변화를 통해 주변 상황을 이전에 비해 정확히 인식하고, 이에 대해 자신도 모르게 반응을 한 것뿐이다. [그림 3] 오른쪽 그림의 모습이 조금씩 나타나기 시작한다.

하지만 이런 변화된 모습이 항상 행복한 것은 아니다. 솔직히 행복이란 너무 어처구니없는 개념 아닌가? 주관적인 느낌만 있는 용어다. 그런데 자기주장이란 것은 기본적으로 상대방을 공격하는 것이다. 야구 경기를 보면서 좋아하는 팀을 적극적으로 응원하는 모습을 자기주장이라고 생각하는 사람도 있다. 마치 내가 응원을 통해 자기주장을 하고, 이를 통해 주변 사람과 소통하고 서로 행복해하는 멋진 이상적인 장면이라는 말과 같다. 이 과정에서 무슨 주장이 있었지? 그냥 분위기에 빠져 자기감정을 발산한 것뿐이다. 이런 경우는 자기주장이 결코 아니다. 갈등이 생기고, 눈치를 봐야 하고, 서로 이기고 지는 모습이 복잡하게 얽힌 모습이라야 자기주장이 필요하다. 또 이런 상황에서 말하는 것을 자기주장이라고 한다. 자극제를 먹으면 이런 복잡하고 혼합된 모습이 이전과 비교할 수 없을 정도로 또렷하게 보이고 들린다. 그래서 자기주장을 하게 되는 것이다. 이런 자기주장으로 인해 이전에는 없었던 갈등이 생기기도 하는데, 신기한 것은 막상 당사자는 이런 갈등이 의외로 별거 아니라고 느낀다는 점이다. 이런 느낌은 [그림 2]의 변화와 연결되는데, 자극제는 [그림 2] 왼쪽 그림과 같은 감정반응을 보이는 사람의 반응을 오른쪽 그림과 같이 변화시킨다. 따라서 "처음에는 무척 겁이 났지만, 막상 해보니까 생각보다 괜찮다"고 느낀다. 또 많은 경우, 주로 혼났던 혹은 지적받았던 과거의 사건이 자기도 모르게 계속 생각나서 이에 대한 자기주장을 한다. 이는 대부분 식구들이 연관되기 때문에 가정에서의 갈등이 일시적으로 고조된다. 식구들 사이에서는 자기주장이 금방 해결되기 어렵다. 식구들은 사회에서 만난 사람과 달리 어릴 때부터 내 못난 모습을 계속 지켜본 사람들이기 때문이다. 칭찬도 하지만 비난도 많이 들었다. 솔직히 다른 사람에 비해 식구들로부터 제일 많은 비난을 받았다. 그래서 자극제를 먹고 변화를 보여도 식구들은 다른 사람에 비해 이런 변화를 쉽게 받아들이기 어렵다. 이 외에도 다양한 현상이 나타나는데, 이런 현상은 왼쪽 아랫부분의 그림이 오른쪽 아래의 그림 모습으로 변하는 것이다. 이런 과정이 심화되면 결국 안정을 찾고 [그림 5]의 오른쪽 모습으로 변한다.

중요한 것은 이 과정에서 자기주장으로 인해 갈등이 생기는 것을 두려워할 필요는 없다는 점이다. 필자는 역시 이 과정에서 어떻게 하면 자기주장을 더 잘할 수 있으며, 주변 사람들과 갈등이 생기면 어떻게 해결하는지에 대한 일말의 관심도 없고, 면담에서 이런 내용을 언급하지도 않는다. 단지 열심히 관찰하면서 어떤 현상이 나타나는지 확인한다.

## 노력해도 잘 안 되네 — 그래서 어쩌라고

**[그림 4]**를 보자. 노력은 하지만, 그 어느 누구도 1년 365일 24시간 일정하게 노력할 수는 없다. 어느 순간에는 노력이 먹히지만, 또 어느 순간에는 노력을 해도 먹히지 않는다. 그래서 정작 노력을 했는데도 [그림 4]의 왼쪽 그림이 나타난다. 누가 봐도 일정하지 않고 이랬다저랬다 한다. 다른 사람이 이 모습을 보면 뭐라고 할까? 대부분 일정하지 않은 모습을 비난한다. 노력이 부족하다든지 의지가 없는 나약한 사람이라고 비난한다. 이런 현상만으로도 인생이 더 꼬이고 어려워진다. 반면 오른쪽 사람은 특별히 노력하지 않아도(실제로는 앞서 말한 대로 "그냥 해"라는 대답) 일정하고 꾸준해 보이기 때문에, 다른 사람이 보면 대부분 노력을 열심히 한다거나 의지가 굳은 사람이라는 긍정적인 평가를 한다.

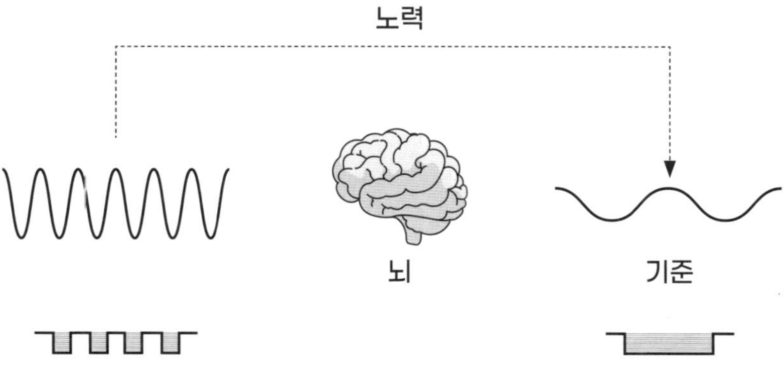


[그림 4]

이렇게 억울한 일이 어디 있을까? 필자가 ADHD에 관해 설명할 때 많은 사람이 눈물을 흘린다. 여러 가지 생각이 든다고 한다. 뭔지 모르겠지만 그냥 눈물이 난다고 한다. 그럴 것이다. 자신은 노력했다고 여겼지만, 결과가 미흡하고 꾸준하지 못했기 때문에 진정 노력을 했다고 생각하기가 어렵다. 계속 그렇게 지내다가 필자가 노력을 인식시켜주고 인정했기 때문에 눈물이 났을 것이다.

이런 노력은 어느 순간까지는 이어진다. ADHD가 아주 심하거나, 심한 학대 속에 놓인 것처럼 기본적인 일상생활을 유지할 수 없는 ADHD 아동을 제외하곤, ADHD를 가진 아동 대부분은 초등학교 혹은 중고등학교 시기까지 노력이 유지된다. 이런 아동은 대개 생활기록부에 조용한 학생인 것처럼 기록된다. 하지만 행동발달 사항에 적힌 내용과 성적 분포는 일치하지 않는다. 당연하지 않을까? 머리가 무척 좋으면서 ADHD가 있는 학생은 성적이 좋은 경우가 많다. 이런 경우, 좋은 성적과 달리 행동발달 사항에는 ADHD 특징적인 소견이 적힌다. 평범한 머리의 ADHD 학생은 성적과 행동발달 사항 간에 큰 격차를 보인다. 즉 행동발달 사항에는 조용하고 차분하다, 심지어는 집중력이 좋고 차분하다고 적힌 경우도 있지만, 그에 걸맞는 성적은 나타나지 않는다. 열심히 노력했지만, 인정받고 칭찬받아본 적이 없는 아동은 자신의 노력을 스스로 인식하지 못해 중학교 혹은 고등학교로 진학하면서 노력의 동력이 사라진다. 이런 청소년은 이때부터 우울증으로 진단받는 경우가 많다. 상담을 받거나 항우울제를 복용해도 크게 호전되지 않는 경우가 대부분이다. 이 시기까지 겉으로는 문제가 없어 보이는 사람도 대학 진학 후에는 억지로 이어온 노력을 안 하게 된다. 칭찬이든 비난이든 주변 사람이 간섭하고 인정을 해주어 동력을 얻었던 것인데, 부모 혹은 가까운 친구의 영향력이 갑자기 사라지면서 그나마 조절해 왔던 힘과 노력의 목표가 없어졌기 때문이다. 이후에는 교복을 입고 다녔던 학창 생활과 너무 다른 모습을 보여 주변 사람을 놀라게 한다. 또 스스로 한계를 느낀다. 남성의 경우, 대학교를 졸업하고 군대까지 잘 마친 후 직장에 들어가서 갑자기 엉망이 되기도 한다.

어쨌든 노력이라는 것은 모든 사람의 인생에서 필수적이지만, 생각보다 너무 부정적인 영향을 미친다. 사람들은 보통 노력과 의지를 강조한다. 마치 노력과 의지가 있다면 세상 모든 일을 다 원하는 대로 할 수 있는 것처럼 현혹한다. 여기에 꿈 혹은 희망이라는 단어를 섞는다. "꿈을 이룰 수 있다는 의지를 갖고 노력한다면, 너는 뭐든지 할 수 있고 뭐든지 될 수 있을 거야"라고 말한다. 심지어는 공익광고에도 비슷한 내용이 있다. 이런 말을 곧이곧대로 믿을 사람은 없겠지만, 이런 말은 특히 ADHD 특징을 가진 눈에 띄게 산만한 사람의 인생에서 엄청난 족쇄가 된다.

ADHD 치료제인 자극제는 노력을 더 유지시켜 주는 작용을 하는 것이 아니다. 더 집중할 수 있고, 주변에서 하는 말이 더 잘 들리고 주변이 더 잘 보이게 되는 것은 노력해서 나타나는 것이 아니다. 그냥 자극제를 먹고 뇌가 변하면 그렇게 된다. 따라서 자극제는 오히려 노력에서 벗어나 그동안 인생을 옥죈 족쇄를 없애버려, 이전에 비해 더 수월하게 살 수 있는 능력을 갖게 해준다. 필자가 주장하는 "노력하지 말자"가 농담이 아닌, 실제가 된다. 이런 개념이 잘 이해가 안 되겠지만, 필자를 방문한 후 자극제를 복용한 사람은 이 말이 뭔지 알게 된다. 그래서 이 책의 2부 제목도 'ADHD로 진단받고 약을 복용하는 사람을 위한 해설서'로 정했다. 필자도 이론적으로는 설명할 수 있지만, 이런 설명을 이론적으로 이해하라고 말하지는 않는다. "알아봐야 뭐 할 건데. 그냥 하면 되지."

## 뭐든지 너무 크게 느껴져 — 감성적인 사람이라서?

**[그림 5]**를 보자. 자극제를 투여한 후 나타나는 가장 중요한 변화 모습이다. 이 그림은 다음과 같이 이해할 수 있다. 왼쪽 방향의 그림은 구분이 없이 한 가지로 구성된 네모 칸이다. 오른쪽 방향의 그림은 세분화된 구분이 명확히 존재한다.

우선 왼쪽 방향의 뇌를 가진 사람은 어떤 자극(내적 및 외적)을 받으면, 아래 그림같이 큰 네모 칸이 전체 한 가지로 채워진다. 반면 오른쪽 방향의 뇌를 가진 사람은 자극받으면, 수많은 칸 중 한 칸만 채워진다. 즉 자극의 인식 크기가 다르다는 말이다. 똑같은 자극에 대해 왼쪽은 크게, 반면 오른쪽은 작게 인식한다는 의미다. 어떤 차이가 있을까? 왼쪽은 감성적이며 더 크게, 오른쪽은 이성적이며 더 작게 인식한다는 말이다. 어떤 방향이 옳고 그르다거나, 정상 비정상의 개념은 아니다. 단지 인식 정도의 크기 차이를 보여줄 뿐이다. 당연한 말이지만, 예술계와 연예계 쪽에 있는 사람은 왼쪽의 모습을 보인 경우가 많다. 어떤 일에 대

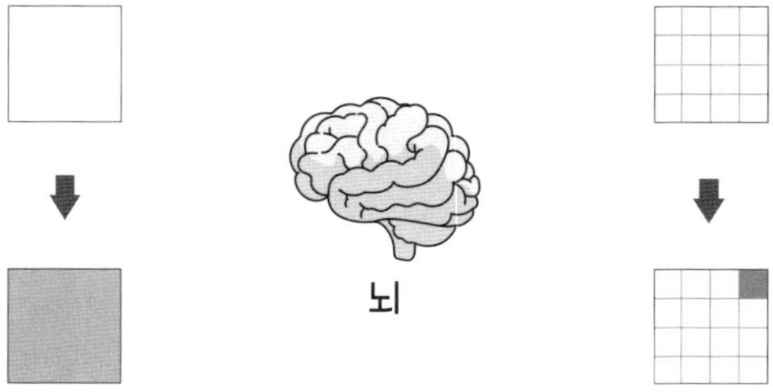


**[그림 5]**

한 느낌이 더 커야 표현도 그에 걸맞게 할 수 있지 않을까? 오른쪽 그림 같이 작고 분할된 느낌은 작고 정교하다. 하지만 재미는 없어 보인다. 또 이런 현상은 일상적인 일에서도 적용된다. 각각의 모습에 따른 인식과 행동은 전혀 다르다. 동일한 수준의 스트레스를 받는다고 가정하자. 왼쪽 사람은 그 스트레스를 그림과 같이 크게 느낀다. 원래부터 그랬지만, 자라면서 주변에서 "너는 왜 그렇게 심하게 스트레스를 받니?", 그리고 스스로는 "난 왜 이렇게 스트레스에 약하지?"라고 여긴다. 그러지 않으려고, 냉정하고 차분하게 처리하려고, 그리고 의젓하게 처리하려고 노력한다. 하지만, 그렇다고 딱히 달라지지 않는다. 반면 오른쪽 사람은 그 스트레스를 오른쪽 그림의 한 칸에 해당하는 정도의 크기로 인식하며 그에 대한 반응을 한다. 원래부터 그렇다. 자신은 그렇게 생각하지 않지만, 남들은 냉정하고 차분하고 의젓하게 스트레스를 처리한다고 느낀다. 실제 그 사람에게도 매우 심한 스트레스란 존재하지 않는다.

다른 측면으로 살펴보자. 왼쪽 그림과 같은 모습을 가진 사람은 한번 좋아한 것에 대해서는 자신의 전부를 투자한다. 왼쪽 그림의 부실한 선이 완전히 없어지고 네모 칸 전체가 하나의 모습이 된다. 소위 꽂힌다고 한다. 이렇게 완전 몰입상태가 되면 장점이 있기도 하지만, 만약 몰입된 방향이 세상의 보편타당한 기준과 어긋나면 어떻게 될까? ADHD에서 다양한 분야에 대한 중독이 더 많이 나타나는 이유다. 중독이란 우리 뇌가 어떤 한 가지에 초집중된 상태를 말한다. 따라서 의지와 관계없이 초집중된 곳에 빠지거나 그런 행동을 하려고만 한다. 게임 중독자는 어떤 상황에 놓이더라도 어떻게 해서든 게임을 하려 하고, 온종일 게임 생각만 한다. 오래 그리고 꾸준히 초집중 상태를 보인다. 그런데 우리는 결코 게임, 알코올 혹은 담배 등, 어느 한 가지에 중독된 것을 긍정적으로 보지 않는다. 감정적으로도 마찬가지다. 한 가지 감정에 꽂히면 물불 안 가린다. 한번 좋으면 모든 것을 건다. 주변의 충고에도 아랑곳하지 않는다. 그러다 갑자기 반대 감정에 꽂히면? 한순간에 다 싫어진다. 기복이 더 커지는 이유다. 인간관계에서 흔히 나타나는 ADHD의 모습이다. 심한 경우, 요즘 지하철 혹은 자동차 블랙박스 영상을 업로드한 사이트에서 흔히 볼 수 있는 문제 장면과 같은 행동을 볼 수 있다. 한편 ADHD가 없는 오른쪽의 모습을 가진 사람은 감정적으로 냉정해 보일 수 있다. 투자하는 양이 상대적으로 적기 때문이다. 하지만 다양하고 정교한 감정표현이 가능하다. 즉 "좋지만 다 좋지는 않지"라는 말을 왼쪽 그림처럼 ADHD를 가진 사람은 이해를 못 한다. ADHD가 없는 사람은 단지 냉정하고 이중인격자 같아 보인다.

감정적인 측면 말고 다른 방향으로 알아보자. 왼쪽 모습을 가진 사람은 집중력이 좋다. 반면 오른쪽 모습을 가진 사람은 무척 산만하다. 아니 이게 뭔 말인가? 분명히 필자는 앞서 왼쪽 모습을 보이는 인간의 70%는 뚜렷하게 산만하고, 오른쪽 모습을 보이는 30%는 덜 산만해 오히려 차분하다고 말하지 않았나? 따라서 필자가 좀 전에 한 말은 거짓말일까? 아니다. 앞서 「마음 방랑」(p. 82)에서도 언급했듯이, '상상과 공상'은 하루 동안 우리의 정신활동 중 약 30~50%를 차지한다(Kane 등, 2007; Killingsworth & Gilbert, 2010). 이런 상상과 공상은 해야 할 일을 할 때도 끊임없이 일어난다. 왼쪽과 오른쪽 모습을 가진 사람의 차이는 다름이 아니다. 왼쪽 모습을 가진 사람은 꼭 해야 할 일을 하다가 한번 상상과 공상에 빠지면, 그림의 크기같이 그 정도와 시간이 그 사람의 뇌 기능의 전부를 차지해버린다. 빠지는 깊이와 시간이 길어서 해야 할 일로 돌아오지 못하고 상상과 공상을 지속하거나, 많은 시간이 흐른

후에야 해야 할 일로 돌아오지만, 앞서 했던 내용을 기억하지 못하기도 해 리셋을 해야 한다. 물론 오른쪽 모습의 사람도 꼭 해야 할 일을 하다가 자주 공상과 상상에 빠진다. 하지만 이 사람은 그림의 한 칸만 사용할 정도로 그 깊이가 얕고 시간도 짧아, 해야 할 일로 바로 돌아올 수 있다. 이런 과정이 끊임없이 반복된다. 하지만 남들이 보기에는 어떤 일을 꾸준히 하는 것으로 보인다. 오른쪽 사람은 앞서 언급했듯이 끊임없이 작은 칸을 움직인다. 그래도 꾸준히 보이는 이유는 네모 칸 중 어떤 작은 칸은 마치 꺼지지 않고 계속 켜있는 것처럼 보이기 때문이다. 필자의 시각으로 보면 무척 산만한 사람이다. 한 칸은 계속 켜져 있는 것 같지만, 큰 네모 칸 안에 있는 작은 LED 등이 계속 점멸하는 것으로 보인다. 산만해서 정신없어 보인다. 달리 말하자면, 유연성이 있는 사고다. 반면 왼쪽은 한 가지 LED 등이 계속 켜져 있는 것으로 보인다. 차분하고 일정해 보인다. 달리 말해, 고집스런 사고다. 이 단계는 자극제가 뇌에서 충분히 작동했을 때 나타나는 모습이며, 이런 모습이 나타나면 필자의 설명을 이해한다. 정확히 말하자면, 이해하는 것이 아니라 언제부턴가 이런 모습을 보인 자신을 필자의 설명을 통해 인식했다는 말이다. 이게 실제 인간의 모습이다.

자극제를 사용하면 왼쪽 모습을 보이는 사람이 오른쪽으로 변해간다. 그 과정에서 대부분 하는 말은 다음과 같다. "이전보다 스트레스를 덜 받아요", "주변에서 차분해졌다고 말해요", "예전에는 집에 가서도 낮에 있었던 일이 생각나 잠을 못 잤는데, 지금은 내일 해결하지, 하고 푹 자요", "생활에 여유가 생겼어요." 이런 상태가 오래 지속되면 안정기에 접어든다. 이 시기에 접어들면, 필자는 "그동안 어땠어요?"보다 "별일 없었죠?"라는 말을 더 많이 한다. 당연히 필자를 방문한 사람도

"별로 기억이 없어요"라고 대답해 그냥 쓸데없는 농담으로 면담 시간이 지나간다. 그래도 별일 없다.

## 집중력과 주의력은 다르다 — ADHD는 집중력이 아니라 주의력

**[그림 6]**을 보자. 흔히 우리는 '집중'과 '주의'를 구분하지 않고 사용하는 경향이 많다. 일상에서는 크게 중요하지 않다고 생각하겠지만, 실제 구분하는 것은 무척 중요하다. 자기 모습에 대한 인식에 중요하기 때문이다. 사전적인 의미로, '집중력(集中力)'은 영어로 'concentration'이라 하며, '마음이나 주의(注意)를 어느 사물(事物)에 집중(集中)할 수 있는 힘'을 말하는 반면, '주의력(注意力)'은 영어로 'attention'이라 하며, '주의(注意)를 돌리는 능력(能力)'을 말한다. 필자의 개념으로 다시 말하자면, 집중력은 그 사람이 가진 뇌가 좋아하는 방향으로 몰입하는 능력을 말한다. 독자 대부분은 산만한 사람은 집중을 못 할 거라고 여긴다. 앞선 그림에서 보듯이 특히 왼쪽 방향의 사람은 산만함이 더 크기 때문에 집중을 더 못 할 거로 생각한다. 물론 그렇기도 하다. 하지만 현실에서는 다르다. 예를 들어, 왼쪽 방향의 대표적인 성질을 지닌 게임에 대해 살펴보자. 게임은 산만함의 정도와 폭이 커야 재밌다. 이 방향을 좋아하

**집중 + 방향 = 주의력**

**[그림 6]**

는 뇌를 가진 사람은 게임에 대한 집중력이 무척 높다. 또 오래 지속할 수 있다. 왜? 그 사람의 뇌가 좋아하니까. 누구든 좋아하는 방향(물론 뇌가 좋아하는)으로는 집중의 정도가 깊고 오래가는 경우가 많다. 당연한 얘기다. 그런데 그 방향으로 집중을 잘하고 오래 하면 유리할까 불리할까? 좋은 얘기를 들을까, 아니면 나쁜 말을 들을까? 칭찬받을까, 아니면 혼날까? 당연히 부정적인 방향으로 피드백을 받을 것이다. 그럼 오른쪽 방향의 대표적인 성질을 지닌 일상적인 공부를 살펴보자. 앞서 이 방향은 재미없고 지루한 것을 더 잘 견디는 내구성을 지닌 뇌를 가지고 있다고 언급했다. 따라서 이 방향으로 좋아하진 않아도, 왼쪽에 비해 상대적으로 집중을 더 잘하고 오래간다. 이런 경우 어떤 얘기를 들을까? 결국 중요한 것은 어떤 방향으로 집중을 하고 더 오래 유지할 수 있냐가 관건이다. 집중력에 방향을 더한 게 주의력 개념이다. 자극제를 통해 이런 개념이 뇌에 장착되면 일상이 더 유리하다.

## 요약

그림을 통해 우리가 알아야 할 것은 다음과 같다. **[그림 7]**을 참고하면 도움이 될 것이다.

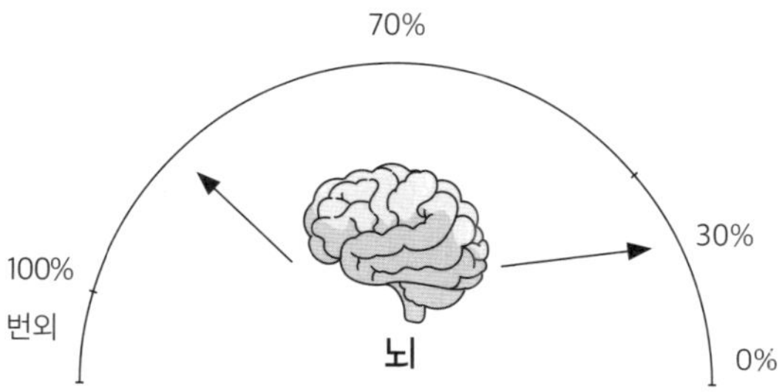


**[그림 7]**

- 인간 모두는 산만하다.
- 산만함의 정도는 스펙트럼의 개념으로, 왼쪽으로 치우칠수록 산만함이 극에 달하고, 오른쪽으로 치우칠수록 산만함이 옅어질 것이며, 때에 따라 오른쪽은 차분하고 침착하게 보일 것이다.
- 통계적으로 산만함이 옅은(차분하고 침착하게 보이는) 사람은 인간 전체의 30% 정도며, 나머지 70%는 눈에 띄게 산만하다.
- 어느 방향도 '정상 혹은 비정상', 그리고 '옳음 혹은 그름'의 개념이 아니라, 유리함과 불리함의 차이다. 하지만 일상에서 오른쪽 30%는 통계적으로 유리한 인생을 살아가며 나머지 왼쪽 70%는 불리한 인생을 살아간다.
- 번외로 표시된 경우는 치우침이 너무 심해 일반적인 틀로는 설명할 수 없는 인간을 말한다(대부분 아동기 때부터 너무 증상이 심해 치료가 잘 안 되며, 성장하면서 더 큰 문제를 일으켜 대부분 법적인 처분을 받아 교도소에 있는 경우가 많음).

솔직히 이런 내용을 보고 그 내용이 이해가 간다면 대부분 거짓말이다. 약을 복용한 후 뇌의 변화가 일어나기 전까지는 경험할 수 없기 때문이다. 경험하지 못한 것을 어떻게 이해할 수 있나? 단지 이전과 같이 아는 척을 할 뿐이며, 또 다른 형태의 상상일 뿐이다. 이건 필자가 억지로 주장하는 게 아니다. ADHD로 진단받아 필자의 설명을 듣고 약을 복용한 후 변화가 나타난 사람은 100% 그렇다고 말한다. "처음 설명 들을 때는 솔직히 무슨 말인지 정확히 몰랐어요. 변화가 생긴 다음에는 알게 됐어요. 실제 변화가 나타나니까 이해할 수 있었어요." 뇌가 변하면 필자가 말한 내용이 현실이 된다.

## ADHD는 산만한 사람이라는 증거

다른 주제로 전환해 보자. 지금까지 필자가 언급한 산만함과 ADHD는 어떤 관계일까? 우리는 많은 경우에 '주의력attention'이라는 단어를 쓰는데, 어떤 경우에는 "상황이 어수선해서 주의를 빼앗겨 버렸어"라는 말을 함으로써 무언가 자극에 대한 초점focus의 역할을 부각시키기도 한다. 그 구분이 학문적으로 중요한 시점은 분명히 있지만, 아무튼 '주의력'이라는 것은 우리가 무엇인가에 '집중'하는 것과 밀접한 관련이 있다. 이렇게 얘기하면 애매해진다. 뭐가 뭔지 구분이 잘 안 된다. 그래서 필자는 집중력의 방향을 주의력이라고 정의한다. 이런 집중력의 방향이 앞선 그림과 같이 왼쪽으로 치우쳐 일상생활에 어려움을 느낄 정도로 어렵다면 분명 문제가 있는 것이다. 그럼에도 불구하고, 그 사람은 왜 그런지 모른다. 이런 경우를 우리는 ADHD라는 용어를 사용하여 정의한다. 진단에 흔히 사용되는 '한국형 성인 ADHD 척도'에서 ADHD를 평가하기 위한 자기-보고 형식 설문들 중 일부를 통해 ADHD 특성을 살펴보면 다음과 같다.

① 일할 때 세부 사항에 세심한 주의를 기울이지 못하거나 부주의한 실수를 한다.
② 일이나 여가 활동을 할 때 지속적으로 주의 집중하는 것이 어렵다.
③ 쉽게 산만해진다.
④ 다른 사람들을 방해하거나 참견을 한다.
⑤ 가만히 앉아 있어야 하는 상황에서 자리를 뜨고 돌아다닌다.

어떤 모습인가? 앞에서 봤던 테오프라스토스Theophrastus의 'The Obtuse Man(둔한 사람)'과 비슷하지 않은가? 산만한 모습이다. 또 다른 예로, 하인리히 호프만(Heinrich Hoffman, 1865)의 꼬마 필립Philip과 조니Johnny의 모습이다. 다시 설명하겠지만, 꼬마 필립은 제발 가만히 있으라는 엄마의 부탁을 무시하고 의자를 마치 흔들 목마처럼 앞뒤로 타고 놀아 결국 엄마를 화나게 했고, 멍때리며 자기 생각에 빠져 주변도 보지 못하고 다른 사람의 경고도 듣지 못한 채 멋대로 뛰다가 개와 부딪혀 넘어진 꼬마 조니는, 현재의 기준으로 보면 각각 과잉행동 · 충동형 그리고 부주의형 ADHD로 볼 수 있다. 하지만 그 당시에는 이런 상태를 의학적 도움이 필요한 질병 개념으로 간주하지 않았다. 이후 이 사례들은 대부분의 전문가 사이에서 보통 일반적인 아동 ADHD 환자를 비유한 것으로 인식된다(Lange 등, 2010).

따라서 일반적으로 산만한 사람은 ADHD가 의심된다. 또 산만하다는 말을 듣는 사람을 자세히 조사해보면 ADHD 진단기준을 충족하는 경우가 많다. 특히 필자가 산만함으로 표현한 부주의만 강조하는 것처럼 보이는데, 반드시 그렇지만은 않다. 왜냐하면 아동기 때의 ADHD, 특히 남자아이의 사례를 제외하면, ADHD를 가진 여자아이와 ADHD를 가진 채 점차 나이가 들어가는 사람은 과잉행동이 거의 사라지며, 부주의가 대부분을 차지한다. 이런 부주의가 산만함으로 표현된다. 그리고 필자가 생각하는 산만함에는 부주의한 특징뿐 아니라, 과잉행동도 포함된다. 즉 생각의 산만함과 행동의 산만함으로 본다. 좀 전에 산만함을 표현한 내용만으로도 일상생활에서 어려움이 발생할 가능성이 크다. 많은 사람이 알고 있듯이 ADHD 진단에는 다음과 같은 조건이 필요하다. 1) 발달학적으로 부적절한 수준의 과잉행동 · 충동 그리고/혹은 부주의 증상이 6개월 이상 지속되어야 하며, 2) 다른 환경(예, 가정 및 학교)에서 발생하는 증상이 존재하며, 3) 증상이 생활에 지장을 주며, 4) 일부 증상과 장애는 아동기 초기나 중기에 처음 발생하며, 4) 증상을 더 잘 설명하는 다른 장애는 없어야 한다(American Psychiatric Association, 2013; Yi & Jing, 2015; World Health Organization, 2018).

산만함의 정도는 앞서 언급한 대로 30%는 덜 산만하고(침착하고 차분해 보이기도 함) 나머지 70%는 눈에 띄게 산만한 것으로 정의할 수 있으며, 그 70% 중 왼쪽으로 심하게 치우친 스펙트럼에 속하는 사람이 ADHD라고 정의하면 여러 가지 현상을 제대로 설명할 수 있다. 게다가 일상에서 스스로 ADHD라고 인식하지 못하는 사람의 양상을 정확하게 판별할 수 있다. 일단 산만함이 뚜렷한 사람이라고 판단될 때 아동기 때의 모습과 현재 ADHD 기준을 적용하면, 성인기 때의 ADHD를 식별하기 용이하기 때문이다. 기존 방식과 같이 양상과 증상의 개수 혹은 일상에 지장을 준다는 개념을 먼저 적용해 진단하면, ADHD를 놓치는 경우가 상당히 발생한다. 나중에 자세히 설명할 예정이지만, 필자가 진료하면서 마주한 안타까운 경우가 많다. 필자가 보기에는 분명히 ADHD로 살아왔고, 이로 인해 여러 어려움이 발생했는데, 다른 병원에서는 양상과 증상의 개수 등이 부족하다는 이유로 그냥 우울증이나 불안증으로 진단받고 치료를 받아온 경우가 너무 많은 것이다. 앞서 여러 그림으로 표현한 내용은 증상의 개념으로 접근한 게 아니다. 뇌의 본질로 인한 특징인 산만함을 기준으로 ADHD를 설명했다. 이 개념으로 ADHD를 설명하면 좀 더 폭넓고 정확하게 ADHD를 판별할 수 있다.

## 뇌와 의지 사이의 치열한 싸움

어떤 사람은 우리 인간의 자아를 이렇게 설명한다. "우리 내부에는 적어도 두 개의 서로 다른 자아가 존재한다. '경험하는 자아'와 '이야기하는 자아'다. 경험하는 자아는 말 그대로 아무 생각 없이(의식하지 않고) 하는 자아를 말한다. 따라서 경험하는 자아는 아무것도 기억하지 못한다. 기억을 끄집어내고 이야기를 하고 중요한 결정을 내리는 것(실제는 행동과 경험에 대한 결정을 내리지는 못하며, 행동하고 경험한 뒤 잘못된 점을 나중에 수정하는 생각과 행위를 말함)은 모두 우리 안에 있는 매우 다른 실체인 이야기 하는 자아다."

필자는 이를 산만함과 ADHD에 적용해 보았다. "우리가 실체라고 여기는 자아는 뇌의 지극히 일부에 불과하다. 인간의 모든 생각과 행동은 자아에 의해 발생하지 않고 뇌의 본질에 따라 우선적으로 발생한다. 자아는 단지 뇌의 본질에 따라 발생한 생각과 행동을 나중에 설명할 뿐이다." 그런데 이렇게 발생한 생각과 행동을 더 많이 설명해야 할 사람은 누굴까? 아무 생각 없이 행동하는 것은 다 같은데, 어쩔 수 없이 더 많은 설명이 필요한 사람이 생긴다. 산만한 사람이다. 산만함은 세상의 기준과 거리가 있어, 산만한 행동을 보이는 사람은 자신의 생각과 행동을 스스로 혹은 주변 사람들에게 설명해야 한다. 물론 그 설명이 다 먹히지 않고 일부만 인용되지만.

필자가 여기서 과거의 정신과적 유물인 무의식이나 자유의지 등을 말하려는 것은 아니다. ADHD는 그런 것과 전혀 관계가 없다. 실제 엄마-자녀 사이의 상호관계로 인해 ADHD가 발생한다는 정신분석학과 행동학을 통해서는 ADHD 발생을 제대로 설명할 수 없다는 것이 밝혀졌다. 그에 따라 정신과 진단의 바이블인 DSM-Ⅱ 이후 어머니 책임론은 설 자리를 잃어, 이후의 DSM 체계에서는 이런 설명이 완전히 자취를 감추고 말았다. 앞으로도 복귀될 가능성은 전혀 없어 보인다. 필자가 말하고자 하는 내용은 다른 게 아니라, 앞선 그림을 통해 언급했던 산만함을 다른 각도에서 부연 설명하기 위함이다. [그림 1]부터 [그림 5]까지를 통해 뇌의 본질을 설명했다. 특이한 점은 인간은 모두 그 사람이 가진 뇌의 본질의 방향(스펙트럼에서의 어떤 위치)만 인식할 수 있으며, 인식한 대로만 행동한다. 놀랍게도 다른 위치에 놓인 사람의 뇌의 본질은 눈곱만큼도 이해하지 못한다. 다른 사람을 이해한다는 말은 양육과 교육을 통해 이해하는 척, 혹은 아는 척을 하는 것에 불과하다. 이런 현상은 특히 30%와 70%([그림 7] 참고) 사이에서 뚜렷하다.

앞서 필자는 자아는 뇌의 일부분이라고 언급했다. 자아는 뇌의 본질을 통한 인식, 판단, 그리고 행동의 결과를 나중에 설명할 뿐이다. 모든 인식은 뇌의 본질에 따라 결정되며, 교육과 양육은 판단 방향과 행동 방식을 알려줄 뿐이다. 교육과 양육을 통해 자아는 스스로의 모습을 규정한다. 하지만 가장 근본적인 뇌의 본질에 대해서는 전혀 알지 못한다. 실제 판단과 행동은, 인식을 하는 순간 바로 이어진다. 따라서 [그림 7]의 30%는 판단과 행동이 나름 차분해 보이지만, 70%는 산만해 보인다. 자아는 자신의 본질을 모르기 때문에 두 집단 모두 자신의 인식이 차분한 방향인지 산만한 방향인지 모른다. 따라서 자신의 인식대로 판단하고 행동한다. 단 70%는 판단과 행동을 한 후 후회하거나 자책하는 경우가 잦다. 자아의 기능 때문이다. 따라서 교육과 양육을 통해 알게 된 기준을 향한 노력을 한다. 70% 중 산만함의 정도가 심하지 않거나(더 오른쪽으로 치우침), 산만함이 심해 ADHD에 해당하는데도 특별한 능력(성격, 지능, 욕심 등)이 있는 경우에는 노력이 결실을 맺는다. 예를 들면, 좋은 학교에 진학하거나 어려운 시험에 합격하거나 대기업이나 공기업에 입사하거나 혹은 사업에서 성공을 거두기도 한다. 그래서 성취를 이룬 70%에 속하는 사람은 그렇지 못한 70%에게 조언을 한다. 대표적인 예가 '나는 이렇게 성공했다', '성공하는 비법', '조직화의 달인', '시간 관리 ABC', '인생 관리를 위한 조언' 등과 같은 내용의 자기계발서를 쓰고 강의를 하는 사람들이다. 매스컴이나 인터넷 사이트에 나와 열심히 강의한다. 많은 사람이 책을 구입해 읽어보거나 강의를 듣고 따라 하려는 열풍이 불지만, 어떤 한 가지 내용이 오래 가는 경우는 없다. 늘 같은 주제에 대한 새로운 저자와 책이 나올 뿐이다. 하지만 맥락적으로는 다 유사하다(예를 들면, 시간 관리 등). 또 이런 유명인들 중에는 다른 분야의 불미스러운 일로 인해 매스컴을 장식하는 사람도 있다. 하여간 70%는 불리한 위치에 놓였기 때문에 불리한 상황에 놓인 경우가 많다. 이런 사람에게 자기계발서나 성공한 사람(어떤 사람인지는 상관없음)의 강의는 그야말로 암담하고 무기력한 현실에서 밝은 등불같이 느껴질 것이다. 왜 사람들이 공감할까? 어떤 사람이 책을 사서 보거나 강의를 들을까? 아쉬운 사람 아닐까? 70%에 있는 사람인 경우가 더 많을 것이다. "성공한 사람의 행동을 따라 하면 나도 저렇게 될 수 있어", 이렇게 아쉬운 사람이 있고, 그런 아쉬움을 더 잘 이해하는 성공한 70%에 속한 사람이 있다. 이 둘은 잘 맞을 것이다. 끼리끼리 통하듯이, 아쉬운 사람은 성공한 사람이 자신을 너무나 잘 이해한다고 여기며, 성공한 사람은 아쉬운 사람에게 해주고 싶은 말이 너무 많을 것이다. 자신이 해준 말이 아쉬운 사람에게 희망이 되고 등불이 된다는 자부심도 가질 것이다. 실제 내용이 잘못된 것이나 이해가 안 되는 부분은 거의 없다. 하지만 아쉬운 사람의 나중 결과가 어떤지 궁금하다. 필자를 방문한 70%에 속하는 사람 대부분이 자기계발서의 독자지만, 읽고 난 후의 결과는 다음과 같다. "하나도 달라진 건 없어요", "처음에는 열심히 따라 하면서 잘 됐는데…", "돈만 아까워요, 제가 의지가 없다는 것을 또 느꼈어요", "된 건 하나도 없는데 아무짝에 쓸모없는 방법만 기억나요." 결국 이들에게는 또 다른 좌절이 됐다. 성공한 사람은 전혀 그럴 의도가 없었음에도 아쉬운 사람들에게 상처를 줬다. 그렇다면 30%는 어떨까? 필자도 실제 병원에서 이런 사람을 본 적이 없어서 잘 모르겠지만, 이들은 이런 행동을 하지 않는 것 같다. 70%는 노력을 통해 변화를 가져오려고 했다. 30%는 별로 그럴 필요를 느끼지 못한다. 하지만 자아가 의지를 갖고 노력을 해도 별로 달라지는 것은 없다. 그래서 극단적으로 말하자면, 필자는 70%가 하고 있는 뇌의 방향을 바꾸려는 '노력'을 권장하지 않는다. 따라서 자아가 관장하는 '의지'라는 용어를 인정하지 않는다. 그냥 "뭔가를 억지로 하려고 노력하지도 말고, 뭔가 억지로 하지 않으려고 노력하지도 마세요. 그냥 뇌가 시키는 대로 하세요"란 말을 한다. 이게 무슨 말인가 이해가 안 될 것이다(아무것도 하지 않는 것은 아님). 자아의 의지를 무시하는 것은 아니지만, 무게를 거의 두지 않는다. 다른 방법으로 자아와 관계없이 뇌를 조절하는 방법을 사용한다.

노력은 항상 왼쪽에서 오른쪽 방향으로 이루어진다. 물론 예외는 있다. 예술가나 연예인 혹은 프로게이머 등과 같은 산만한 성질의 일에 더 집중해야 하는 직업을 가진 사람들이다. 이와 유사한 경우를 제외하고, 오른쪽에서 왼쪽으로 노력하는 경우나 그런 방향으로 양육 혹은 교육을 하는 경우는 없을 것이다. 원래 개발된 목적과는 전혀 달라졌지만, 다행히도 왼쪽에서 오른쪽으로 갈 수 있는 약물이 오래전에 개발돼 사용 중이다. 하지만 그 반대로 향하게 하는 약물은 없다.

간혹 노력을 하지 않는 경우가 있는데, 이런 사람이 필자의 말을 듣고 따라 하는 것은 아니다. 노력을 해도 산만함이 너무 심해 자그마한 성과도 없다 보니 주변의 인정을 받지 못하면서 어쩔 수 없이 노력하지 못하는 경우거나, 이런 과정을 통해 성격 형성에 문제가 생겨 노력 자체에 대한 개념이 형성되지 않은 사람(흔히 반사회적 인격이라고 함) 등이다. 이들은 [그림 7]의 번외에 해당한다. 인생의 대부분을 법무부와 밀접한 관계를 갖고 사는 경우가 많다.

## 노력, 꼭 해야 하나?

필자는 거의 무게를 두지 않지만, 대부분의 사람들은 의지와 노력에 무게를 두고 이를 강조한다. 또 의지와 노력을 통해 어떤 성취를 이룰 수 있게 하는 동기, 계획, 그리고 실천의 중요성을 강조한다. 의지, 노력, 동기, 계획, 그리고 실천을 통해 어떤 성취를 쉽게 이룰 수 있다면, 이 세상 사람 누구도 괴롭고 힘든 일은 없을 것이다. 하지만 앞서 언급했듯이 인간의 70%는 뚜렷하게 산만하여 기준 방향으로 성취를 이루기 어렵다. 따라서 노력을 해야 하며, 노력을 위한 의지를 강조한다. 문제는 70%는 노력을 해도 기준 방향으로 향하는 노력이 일정하고 꾸준하지 않다는 점이다. 하지만 이런 사람도 다른 방향(뇌의 본질이 좋아하는 방향)으로의 노력은 일정하고 꾸준하다. 솔직히 하지 말래도 오랫동안 지속한다. 의지가 충만해 보인다[이런 현상을 어떤 연구자는 '초집중(hyperfocus)'이라는 용어를 사용함 — 앞서 필자가 설명한 [그림 5]에 해당함]. 반면 기준 방향

(뇌의 본질이 좋아하지 않는 방향)으로의 성취는 이루기 어렵다. 노력을 해도 꾸준하지 않아서 오히려 노력을 안 한다는 비난을 받는다. 또 꾸준하지 않아서 원하거나 기대받는 성취를 이루지 못해 노력을 안 한다는 비난을 받게 된다. 그러면 점차 스스로 의지를 포기하게 되면서 자아는 혼란에 빠진다. 이런 일이 반복되면 주변에서는 그 사람을 의지도 없고 노력도 안 하는 쓰레기로 취급한다. 그런데 '해도 안 된다는 것'을 이해할 수 있을까? 솔직히 필자가 ADHD에 대해 몰랐다면, 정신과 의사였더라도 긍정적으로 볼 수 없을 것이다. "도대체 어떻게, 해도 안 된다고 하지? 사람이 그럴 수가 있어? 의지가 없고 노력을 안 하는 거야"라고 비난을 했을 것이다. 대부분은 그럴 것이다. 특히 이런 사람이 내 가족이라면 더 그럴 것이다. 실제 산만한 사람은 가족에게 가장 많은 비난을 끊임없이 받으면서 자란다. 가족이 소중하며 서로 사랑하고 아껴 주어야 한다는 것은 누구나 알고 있고 이해하고 인정하는 보편타당한 기준이다. 그런데 가족 사이에도 산만함의 기준이 적용된다. 이로 인해 지속적인 갈등과 문제가 발생한다. 한 번 살펴보자. 가족은 보통 여러 사람으로 구성된다(물론 최근의 개념은 약간 다르지만). 부부 사이, 부모-자식 사이, 그리고 형제-자매 사이에도 산만함의 정도는 다르다. 가족 구성원 사이에도 30%와 70%에 속하는 사람이 각각 존재하는 경우가 많다. 부부 사이에는 좀 적을 수도 있지만(서로 기질이 비슷한 사람끼리 쉽게 호감을 느끼고 많이 만나 부부가 되기 때문임), 부모-자식 혹은 형제-자매 사이에는 30%와 70%에 속하는 사람이 각각 존재하는 경우가 많다. 이런 경우, 뇌의 본질의 차이에 따라 서로 좋아하는 것이 다르다. 따라서 서로 이해할 수 없는 모습이 점점 늘어날 수밖에 없다. 물론 가족이기 때문에 남에 비해 더 많이 사랑하고 이해하고 잘 견디는 것이 통념적인 기준이다.

그런데 정말 죽었다 깨어나도 이해할 수 없는 모습이 점점 많아지면 문제가 심각해진다. 가족이라는 개념으로도 해결할 수 없어 갈등과 문제가 점점 커져 견디기 어려워지면서 그 사람은 가족에 대한 개념도 무너질 것이다. 어떤 모습인지 상상이 갈 것이다. 30%와 70%의 본질을 가진 사람(가족)들 간에 해결하지 못하고 지속되는 갈등과 문제로 인해 점점 무너지는 가정의 개념. 이런 현상이 누구의 잘못일까? 물론 필자가 설명하는 개념을 이해하지 못하는 것도 문제지만, 설사 필자의 개념을 이해한다 해도 상황이 달라질까? “아! 그렇지, 너는 70%에 속하니까 그렇게 행동하는구나. 내가 다 이해할 수 있어”, “우리는 한 가족이니까 모든 것을 다 이해하고 용서해야 해. 더구나 넌 노력해도 잘 안 되는 사람이라고 하니까 내가 더 널 감싸줘야지.” 필자의 경험상 이런 가족은 거의 보지 못했다. 처음에는 수용적인 태도를 보이며, 책이나 매스컴을 통해 정신과 의사가 가르쳐주는 행동이나 대처 방침을 따라해 보지만, “긴 병에 효자 없다”란 말이 있듯이 서로 점점 지쳐가면서, 실망하고 좌절하면서, 서로를 비난하게 되는 경우가 대부분이다. 서로 떨어지려 하지만 이 또한 쉽지 않다. 또 가정 밖에서는 잠깐의 노력을 통해 안 그런 척하든지 순간을 피하면 되는데, 집안에서는 그런 노력이 통하지 않고 피할 곳도 없다. 이런 순간이 오면 집은 지옥이 되며, 가족은 세상에서 가장 보기 싫은 사람이 된다.

이렇듯 자아가 인식하고 가치를 두는 기준에 대해 어떤 노력을 해도 잘 안 되면서 좌절하고 실망하는 삶이 반복된다면, 심지어 가장 소중한 가치 중 하나인 가족에 대한 개념마저 망가져 버린다면, 그 사람의 의지와 노력은 과연 가치 있는 것일까? 아니 노력을 계속 해야 할까? 그리고 이런 사람에게 희망을 주려고 하는, 다른 70%에 속하는 사람들의 행동

(자기계발서, 강의, 방송 등)이 과연 가치 있는 일일까? 그런 행동을 계속하게 해도 괜찮을까?

## 그럼 어떻게 해야 하나?

산만함의 개념과 그로 인해 발생하는 일상의 일들과 문제, 그리고 의지와 노력을 통해 ADHD에 대한 전반적인 개념을 알아보았다. 필자는 결론적으로 "노력하지 마세요"를 주장한다. 도대체 무슨 배짱으로 대책 없이 노력하지 말라고 하나? 분명 대책은 있다. 그런데 이런 대책을 알기 위해서는 몇 가지 절차가 필요하다. 먼저 ADHD에 대한 정확한 개념부터 알아야 한다. 그리고 그 개념에 따라 ADHD를 정확히 파악하고, 가장 잘 해결할 수 있는 방법을 사용하는 것이다. 그 과정에서 앞서 언급한 내용의 '노력'은 전혀 필요하지 않다. 필자는 이 부분을 강조한 것이다. 왼쪽에서 오른쪽 방향으로 노력하지 말라는 주장이다. 대신 왼쪽에서 오른쪽 방향으로 뇌의 본질을 변화시켜 아무 생각 없이, 아무 의지 없이, 혹은 어떤 동기도 없이 오른쪽 방향으로 인식하고 행동하는 것을 해보자는 말이다. 현재 뇌의 본질을 변화시키는 방법은 단 한 가지밖에 없다. 약물을 복용하는 것이다. 정확하게 말하자면, 치료 약물 중 자극제를 복용하는 것이다. 우리나라에서 사용 승인된 자극제는 메틸페니데이트밖에 없다. 우리나라에서 사용할 수 없는 암페타민 계열의 약물은 ADHD 핵심 증상에 대해 효능 면에서 메틸페니데이트보다 우세하다(Cortese 등, 2018). 그렇지만 유사한 작동 기전을 갖기 때문에, 나중에 암페타민 계열의 약물이 사용 승인된다면 최소한 메틸페니데이트와 유사하거나 더 월등한 반응을 보일 것이라 기대해 본다.

필자가 병원에서 ADHD로 진단받고 약물치료를 시작하는 사람들에게 하는 말은 “날로 먹자”다. 어떤 것을 하려고 노력하지 말고, 어떤 것을 하지 않으려고 노력하지도 말고, 그냥 변화된 뇌가 시키는 대로 관찰하자란 의미다. 이런 이론에 동의하고 약을 복용한 사람은 필자가 주장하는 말을 경험한다. 하지만 안 먹어 본 사람은 죽었다 깨어나도 이게 무슨 말인지 모른다.

문제가 있다. 산만함의 극단에 위치한 ADHD 환자는 필자가 주장하듯이 약물을 복용하면 간단히 해결된다. 하지만 눈에 띄게 산만하면서도 진단기준을 충족하지 못해 일상에서의 어려움이 계속되는 사람은 어떻게 해야 하나? “너는 산만하지만, ADHD가 없는 정상적인 사람이잖아. 긍정적인 생각을 하면서 의지를 갖고 노력하면 잘 될 거야”라는 말이 위로가 될 수 있을까? 단지 ADHD 진단을 정상 혹은 비정상의 개념으로만 생각하면 이런 논리가 통할 수 있다. 하지만 식견을 갖춘 일반인이라면, 그렇지 않다는 것을 쉽게 알 수 있지 않을까? 이런 의문은 의학뿐만이 아니라, 철학적인 영역의 문제다. 인간의 모습과 가치에 대한 영역이기 때문이다. 필자는 아직 이 영역 모두를 침범할 수는 없다. 단지 현재 인정되고 있는 진단기준을 정확하고 엄격하게 지킬 뿐이다. 이런 주제에 대해 좀 더 많은 사람이 관심을 가져 주면 좋겠다는 것이 필자의 바람이다.

## 산만함을 통해 개념을 확장해 보자

ADHD는 일련의 특성 및 유사한 특징과 발달 궤적을 포괄적으로 설명하는 용어이며, 정신장애의 이름이다(Fredriksen 등, 2013; Asherson 등, 2016; Franke 등, 2018). 발달의 문제가 핵심이기 때문에, ADHD로 인한 일상에서의 부정적인 결과는 삶의 다양한 사회적, 학문적, 그리고 직업적 상황에만 국한되지 않는다(Rosello 등, 2020). 진단기준에 포함된 영역에서만 문제를 유발하는 것이 아니라는 말이다. 실제 일생 동안 일상의 모든 영역에서 부정적인 결과를 유발한다. 그런데 ADHD는 부정적인 결과만 유발하지 않는다. 세상을 바라보는 시각, 즉 인식에 유의한 영향을 준다. 이는 필자가 앞서 「ADHD에 대한 새로운 개념 — 그 본질은?」(p. 229)에서 자세히 설명했다. 또 파레오네 등(Faraone 등, 2015)은 "장애는 웰빙에 대한 인식에 직접적인 영향을 미친다"라고 언급했는데, 이는 일상적인 임상 실제의 관점에서 환자에게 생기는 중요한 결과에 대한 스펙트럼 개념으로 해석할 수 있고(Bolte 등, 2018), 필자의 주장대로 어떤 영역에 대한 인식에 영향을 미치기 때문에, 단순히 의학적인 문제가 아니라 철학적인 문제라고 해석할 수 있다. 따라서 핵심 증상에만 영향을 미친다는 이유로 메틸페니데이트를 포함한 ADHD 치료약물의 유용성을 제대로 평가하는 것은 불가능하다. 또 약물치료를 시작하기 위한 '엄격한 적응증'을 미리 정의하는 것도 그럴듯하지 않다. 일반적으로 ADHD 치료 목표는 아동기든 성인기든 간에 일시적인 증상 완화뿐 아니라, 보다 유리한 장기적 발달 궤적을 확립하는 것이어야 한다. 이는 필자가 앞서 설명한 산만함의 개념에서 자극제가 뇌를 어떤 방향으로 변화시키는가를 살핀 것과 일치한다. 또 메틸페니데이트를 포함한 자극제를 사용한 치료가 모든 연령대에서 ADHD 환자의 자살 시도율을 낮추는 것과 관련이 있다는 최근 연구 결과(Chang 등, 2020)는 자극제를 사용한 치료의 중요성을 다양한 측면에서 강조하는 새로운 개념의 확장이다. 한편 메틸페니데이트를 사용한 치료에 대한 근거를 둘러싼 방법론적 논쟁은 주로 결과의 상대적 가중치를 평가하는 최적의 치료 방법에 대한 합의 부족으로 인해 발생한다고 알려졌다(Guyatt 등, 2011; Cortese, 2018). 그럼에도 불구하고 ADHD로 인한 핵심 결과에 대한 연구를 통해 최근에는 개념이 더 발전되고, 점차 개념의 확장까지 진행되고 있는 현실을 고려하면, 이런 제한은 곧 쓸모없게 될 것이다(Bolte 등, 2018). 하지만 아직도 메틸페니데이트를 사용한 치료의 장기적인 결과에 기초한, 이용 가능한 근거는 전체적인 위험 대 이익의 균형 risk-to-benefit balance에 관한 확고한 결론을 도출하기에는 너무 어설프기만 하다(Volkow & Swanson, 2013; Franke 등, 2018; Faltinsen 등, 2019; Cortese, 2020). 흥미롭게도 메틸페니데이트의 치료 효과가 ADHD를 가진 성인기 연령에서 시간이 지남에 따라 상대적으로 안정적일 수 있다는 사실이 최근에 밝혀졌지만, 이런 현상을 유발시키는 정확한 기전은 알려져 있지 않다(Lam 등, 2019). 이런 현상은 '메틸페니데이트와 관련된 신경 발달학적 궤적의 개선' 가설과 일치하지만(Fredriksen 등, 2013), 이를 전문가나 일반인이 기존에 알고 있던 메틸페니데이트의 'ON-OFF 약동학'으로는 설명하기 어렵다(Patrick 등, 2019). 따라서 ON-OFF 약동학 개념으로 약물치료의 효과를 설명한 것을 토대로 현재 사용 중인 ADHD에 대한 개념 및 그 개념을 바탕으로 만든 임상 지침은 메틸페니데이트의 적정 용량과 사용 기간 설정 전략에 도움이 되지 않는다(Bolea-Alamanac 등, 2014a, Bolea-Alamanac 등, 2014b; Huss 등,

2017; Cortese 등, 2018; National Institute for Health and Care Excellence, 2018). 필자가 ADHD에 대한 새로운 개념이 필요하다고 주장하는 이유다. 단지 증상이나 장애 호전 유무에만 관심을 기울이는 것만으로는 개념을 변화시킬 수 없다. 이는 ADHD를 단지 정신장애라고만 생각하기 때문일 것이다. 잘못된 생각이다. 앞서 '산만함'에 대한 필자의 설명에서 언급했듯이, 모든 인간은 ADHD 기질을 가지고 있다. 그래서 모든 인간은 산만하다. 따라서 산만한 사람에게 자극제를 투여하면 차분해진다. 우리는 이런 방향의 변화를 '발달'이라고 정의한다. 따라서 자극제를 투여하면 사람의 뇌는 발달과정을 보인다. 우리나라는 암페타민 계열의 자극제를 사용할 수 없어 메틸페니데이트를 통한 산만함의 변화만을 파악할 수 있지만, 아마 비슷한 결과를 보일 것으로 판단된다. 그럼 이런 자극제를 어느 누구에게, 얼마나, 얼마 동안 투여하고, 그리고 어떻게 변하게 만드느냐에 대한 정확한 정의가 필요하다. 현재의 ADHD에 대한 개념으로는 이런 다양한 요구에 부응할 수 없다. 그러기에는 근거가 너무 빈약하며, 또 효과가 없고 목적도 없다. 그러나 폭넓게 보면 가능하다. 이런 폭넓은 견해는 다른 게 아니다. 산만함이 차분해지는 방향이, 발달이 지연된 사람의 뇌를 전형적인 발달을 보이게 하는 방향과 일치한다는 개념이다.

## 참고문헌


American Psychiatric Association(APA).(2013) Diagnostic and Statistical Manual of Mental Disorders,(5th ed.). Washington DC, American Psychiatric Press.

Arcos-Burgos M & Acosta MT.(2007) Tuning major gene variants conditioning human behavior: the anachronism of ADHD. Curr Opin Genet Dev 17, 234-238.

Asherson P, Buitelaar J, Faraone SV, Rohde LA.(2016) Adult attention deficit hyperactivity disorder: key conceptual issues. Lancet Psychiatry 3:568–578.

Bolea-Alamanac B, Nutt DJ, Adamou M, Asherson P, Bazire S, Coghill D, Heal D, Muller U, Nash J, Santosh P, Sayal K, Sonuga-Barke E, Young SJ, Association B, for Psychopharmacology.(2014a) Evidence-based guidelines for the pharmacological management of attention deficit hyperactivity disorder: update on recommendations from the British Association for Psychopharmacology. J Psychopharmacol 28:179–203.

Bolea-Alamanac BM, Green A, Verma G, Maxwell P, Davies SJ.(2014b) Methylphenidate use in pregnancy and lactation: a systematic review of evidence. Br J Clin Pharmacol 77:96–101.

Bolte S, Mahdi S, Coghill D, Gau SS, Granlund M, Holtmann M, Karande S, Levy F, Rohde LA, Segerer W, de Vries PJ, Selb M.(2018) Standardised assessment of functioning in ADHD: consensus on the ICF Core Sets for ADHD. Eur Child Adolesc Psychiatry 27:1261-1281.

Chang Z, Quinn PD, O'Reilly L, Sjolander A, Hur K, Gibbons R, Larsson H, D'Onofrio BM.(2020) Medication for attention-deficit/hyperactivity disorder and risk for suicide attempts. Biol Psychiatry 88:452–458.

Cortese S, Adamo N, Del Giovane C, Mohr-Jensen C, Hayes AJ, Carucci S, Atkinson LZ, Tessari L, Banaschewski T, Coghill D, Hollis C, Simonoff E, Zuddas A, Barbui C, Purgato M, Steinhausen HC, Shokraneh F, Xia J, CiprianiA.(2018) Comparative efficacy and tolerability of medications for attention-deficit hyperactivity disorder in children, adolescents, and adults: a systematic review and network meta-analysis. Lancet Psychiatry 5(9):727-738.

Cortese S.(2020) Pharmacologic treatment of attention deficit–hyperactivity disorder. N Engl J Med 383(11):1050-1056.

Faltinsen E, Zwi M, Castells X, Gluud C, Simonsen E, Storebo OJ.(2019) Updated 2018 NICE guideline on pharmacological treatments for people with ADHD: a critical look. BMJ Evid Based Med 24:99–102.

Faraone SV, Kunwar A, Adamson J, Biederman J.(2009) Personality traits among

ADHD adults: implications of late-onset and subthreshold diagnoses. Psychol Med 39(4), 685-693.

Faraone SV, Asherson P, Banaschewski T, Biederman J, Buitelaar JK, Ramos-Quiroga JA, Rohde LA, Sonuga-Barke EJ, Tannock R, Franke B.(2015) Attention-deficit/hyperactivity disorder. Nat Rev Dis Primers 1, 15020.

Franke B, Michelini G, Asherson P, Banaschewski T, Bilbow A, Buitelaar JK, Cormand B, Faraone SV, Ginsberg Y, Haavik J, Kuntsi J, Larsson H, Lesch KP, Ramos-Quiroga JA, Rethelyi JM, Ribases M, Reif A.(2018) Live fast, die young? A review on the developmental trajectories of ADHD across the lifespan. Eur Neuropsychopharmacol 28:1059–1088.

Fredriksen M, Halmoy A, Faraone SV, Haavik J.(2013) Long-term efficacy and safety of treatment with stimulants and atomoxetine in adult ADHD: a review of controlled and naturalistic studies. Eur Neuropsychopharmacol 23(6), 508-527.

Gallichan DJ & Curle C.(2008) Fitting square pegs into round holes: The challenge of coping with attention-deficit hyperactivity disorder. Clin Child Psychol Psychiatry 13(3):343–363.

Guyatt GH, Oxman AD, Kunz R, Atkins D, Brożek J, Vist G, Alderson P, Glasziou P, Falck-Ytter Y, Schunemann HJ.(2011) GRADE guidelines: 2. Framing the question and deciding on important outcomes. J Clin Epidemiol 64:395–400.

Huss M, Duhan P, Gandhi P, Chen CW, Spannhuth C, Kumar V.(2017) Methylphenidate dose optimization for ADHD treatment: review of safety, efficacy, and clinical necessity. Neuropsychiatr Dis Treat 13:1741–1751.

Kane MJ, Brown LH, McVay JC, Silvia PJ, Myin-Germeys I, Kwapil TR.(2007) For whom the mind wanders, and when: an experience-sampling study of working memory and executive control in daily life. Psychol Sci 18(7), 614–621.

Killingsworth MA & Gilbert DT.(2010) A wandering mind is an unhappy mind. Science 330(6006), 932.

Kooij JJS, Buitelaar JK, van den Oord EJ, Furer JW, Rijnders CAT, Hodiamont PPG.(2005) Internal and external validity of attention-deficit hyperactivity disorder in a population-based sample of adults. Psychol Med 35, 817-827.

Lam AP, Matthies S, Graf E, Colla M, Jacob C, Sobanski E, Alm B, Rosler M, Retz W, Retz-Junginger P, Kis B, Abdel-Hamid M, Muller HHO, Lucke C, Huss M, Jans T, Berger M, Tebartz van Elst L, Philipsen A, Comparison of methylphenidate and psychotherapy in adult ADHD Study(COMPAS) Consortium.(2019) Long-term Effects of Multimodal Treatment on Adult Attention-Deficit/Hyperactivity Disorder Symptoms: Follow-up Analysis of the COMPAS Trial. JAMA Netw Open 2:e194980.

Lange KW, Reichl S, Lange KM, Tucha L, Tucha O.(2010) The history of attention deficit hyperactivity disorder. ADHD Atten Def Hyp Disord 2, 241-255.

Leyland S.(2016) "I was good when I didn't have it": giving the 'ADHD child' a voice: An interpretative phenomenological analysis. The University of Wolverhampton.

National Institute for Health and Care Excellence.(2018) NICE guideline. Attention deficit hyperactivity disorder: diagnosis and management. National Institute for Health and Care Excellence(UK).

Nyström A, Petersson K, Janlo¨v A-C, Nystr A, Janl A-C.(2020) Being different but striving to seem normal: The lived experiences of people aged 50+ with ADHD. Issues Ment Health Nurs 41(6):476-485.

Patrick KS, Radke JL, Raymond JR, Koller L, Nguyen LV, Rodriguez W, Straughn AB.(2019) Drug regimen individualization for attention-deficit/hyperactivity disorder: guidance for methylphenidate and dexmethylphenidate formulations. Pharmacotherapy 39:677–688.

Ringer N.(2019) Young people's perceptions of and coping with their ADHD symptoms: A qualitative study. Cogent Psychol 1; 6(1).

Ringer N.(2020) Living with ADHD: A meta-synthesis review of qualitative research on children's experiences and understanding of their ADHD. Int J Disabil 67(2):208–224.

Rosello B, Berenguer C, Baixauli I, Mira A, Martinez-Raga J, Miranda A.(2020) Empirical examination of executive functioning, ADHD associated behaviors, and functional impairments in adults with persistent ADHD, remittent ADHD, and without ADHD. BMC Psychiatry 20:134.

Sedgwick JA, Merwood A, Asherson P.(2018) The positive aspects of attention deficit hyperactivity disorder: A qualitative investigation of successful adults with ADHD. ADHD Atten Deficit Hyperact Disord 1; 11:241–253.

Volkow ND & Swanson JM.(2013) Clinical practice: adult attention deficit-hyperactivity disorder. N Engl J Med 369:1935-1944.

World Health Organization.(2018) International statistical classification of diseases and related health problems(11th Revision).

Yi Z & Jing L.(2015) Prevention and treatment guidelines for attention deficit hyperactivity disorder(the 2nd edition). Peking University Medical Press, Beijing.

CHAPTER 5

# 필자의 임상 실제

앞서 언급한 내용은 필자의 임상 실제에서 얻은 결과를 토대로 기술한 게 대부분이다. 자세하지는 않지만, 여기서는 조금 더 구체적으로 설명할 것이다. 너무 자세하게 설명하면 어떤 강요와 경직된 틀이 생겨 변화의 의미가 왜곡될 수 있으며, 정작 변화를 느낀 사람에게 혼란이 발생할 수 있기 때문이다. 또 너무 대충 설명하면 재미가 없어, 굳이 임상 실제를 적을 이유가 없기 때문이다. 필자 생각에 적절한 정도만 적어볼 예정이다. 필자의 임상 실제를 뒷받침할 만한 논문이 존재하지 않아서 그런 것도 있다. 아직 필자가 진행하는 단계에 대한 문헌은 발견하지 못했다.

## ADHD 개념

필자가 성인 ADHD에 집중하던 초기에는 일반인들과 정신과 의사 사이에서도, 특히 성인기 때의 ADHD는 거의 알려지지 않았다. 이전 책에서 언급했듯이 필자도 마찬가지였다. 기존의 아동 ADHD를 진료하던 과정에서 정말 우연한 기회에 성인기 연령의 ADHD를 가진 사람을 처음 마주한 후 이에 대한 관심이 생겼다. 하지만 성인기 연령의 ADHD를 배울 수 있는 곳은 없었다. 그래서 필자를 방문하는 사람을 조금 더 자세히 파악하기 시작했다. 필자가 이전 책에서 이분들을 필자의 스승 중 하나라고 언급한 이유다. 이를 통해 정신과 의사가 흔히 마주하는 우울, 불안, 불면, 그리고 이외의 증상이 실제 그 문제가 아니라 ADHD로 인한 현상이라는 것을 인식하게 됐다. 따라서 그때는 필자를 방문하는 사람이 ADHD를 가졌는지 여부가 관건이었다. 정신과를 방문하는 사람 중 정말 높은 비율의 사람이 ADHD를 가졌다는 것을 확실히 깨달았다(이원익 & 허윤석, 2013).

하지만 당시에는 필자도 자신할 수 없었고, 필자를 찾아오신 분도 ADHD, 특히 성인기 때의 ADHD를 알지 못하는 상황이었다. 그 때문에 더 장황한 설명이 필요했고, 이를 설명하기 위해 전 세계에서 발표된 관련 논문을 읽고 해석해 자료로 보관하는 것을 병행했다. 이것이 필자의 또 다른 스승이다. 여러 가지 어려움도 많았지만, 이 과정을 통해 ADHD에 대한 개념이 생기기 시작했다. 이런 개념이 앞서 소개한 내용이다. 필자는 운이 좋아 아동기부터 전체 성인기 연령의 ADHD를 비교적 많이 접한 정신과 의사 중 하나일 것이다. 이런 경험을 통해 만들어진 개념은 결국 인간의 가치에 대한 문제로 귀결됐다. 실제 필자는 진료할 때 "좋아졌어요?"라는 질문을 거의 하지 않는다. "어땠어요?"란 질문을 한다. 그리고 "어떤 것이 좋아졌다는 말은 하지 마세요. 그냥 그동안 있었던 일을 얘기해 주세요" 이렇게 주문한다. 정신분석이나 정신치료의 개념을 절대 사용하지 않는다. 이런 분야는 전혀 관심이 없다. 그냥 일상적인 일과 그에 대한 약물치료 이전과 이후의 차이점에 대해서만 관심을 둔다.

DSM 진단체계와 필자의 차이는 명확하다. 핵심 증상 호전 유무에 대해 관심을 두는지 여부다. 필자는 핵심 증상 호전에 관심이 없다. 왜냐하면 관심을 기울일 필요가 없기 때문이다. 그동안의 연구 결과를 통해 자극제는 핵심 증상을 유의한 수준으로 호전시킨다는 것을 잘 알고 있다. 이렇게 잘 알려진 사실과 증거가 있는데, 굳이 여기에 관심을 가질 필요가 있을까? 증상 호전에 관심을 갖게 되는 순간, 족쇄에 빠진다. 증상이 호전되면 그 다음엔 뭘 해야 할까? 증상의 호전은 어느 한계까지만 가능하다. 물론 그 한계는 사람마다 다르고, 사용하는 약물 용량에 따라 다르다. 최적 용량에 대한 개념도 없이 단지 체중에 따른 용량만 고집하는 등, 이것밖에 경험해보지 못한 정신과 의사는 증상 호전 이외의 현상에 대한 관심을 갖기 어렵다. 부작용에 대한 관심은 있겠다. 보통 이 단계에 이르면, 정신과 의사를 포함한 대부분의 전문가들은 이 상태가 약물의 한계라고 규정하며, 약물이 아닌 인지행동치료 등을 포함한 비약물치료가 필요하다고 말한다. 대부분이 약물치료 종료 이후 혹은 약물치료를 하는 도중에 비약물치료를 시행할 것을 권고한다. 그리고 이런 치료법을 사용해 나온 결과에 대해서도 같은 말을 되풀이한다. 약물치료만으로는 치료 효과에 한계가 있고, 반드시 비약물치료를 병행해야 한다고. 이에 대해 궁금한 점이 있으면 「비약물치료는 효과가 있을까?」(p. 198)를 참고하면 좋겠다.

필자의 경험상(물론 100% 맞지 않지만) 약물치료만으로도 비약물치료에서 주장하는 효과는 충분히 나타난다. 아니 비약물치료는 약물치료로 나타나는 메타인지의 변화를 가져올 수 없다고 단언한다. 단 약물치료는 최적의 용량을 제대로 사용한 경우에 한한다. 최적의 용량을 장기간 사용하면 증상 호전을 필두로 궁극적으로 뇌가 변하며, 이는 그 사람의 세상에 대한 인식의 변화를 가져온다. 이런 변화된 모습이 그 사람에게 유리한지 불리한지, 이것이 중요한데, 자극제는 유리한 방향으로, 즉 세상의 기준 방향으로 그 사람의 뇌를 변화시킨다. 따라서 자극제를 복용한 사람은 아무 생각 없이 자신의 뇌 기능의 방향대로만 행동하면 별문제 없이 유리한 생활을 하게 된다. 또 그 사람은 이런 행동의 방향을 가치 있는 것으로 여긴다. 이 과정에서 필자는 별로 하는 것이 없다. 많은 시간을 투자해 면담하거나(물론 필요에 따라서는 하기도 함), 어떤 교육을 하거나, 조언을 하지 않는다. 단지 약을 시간 맞춰 잘 먹고 관찰하라는 말만 한다. 이 과정에서 본의 아니게 부작용이 심해 약물을 복용할 수 없거나, 의도적으로 복용하지 않는 사람은 필자를 계속 방문할 수 없다. 필자가 중요하게 여기는 것은 첫째, 검사 결과를 보면서 ADHD의 개념을 설명하고 이해시키고(솔직히 이해는 못 하지만), 이를 통해 약물 복용의 중요성을 알게 하는 것이다. 또 이후의 진료에서도 약물을 복용한 후의 변화(만일 변화가 있다면)를 얘기하고, 변화를 최대한 이끌어내기 위한 약물 용량의 조절이 두 번째로 중요한 일이다. 이런 과정에 대해 살펴보자.

## 진단과 설명

진단에서 가장 중요한 것은 생활기록부다. 물론 진단기준 중 하나인 발병 연령이 예전에는 7세 이전이었고, 지금은 12세 이전으로 바뀌어 기준의 타당성을 의심할 수밖에 없다. 현재 ADHD 진단기준은 아동기 때의 발병이 가장 기본적인 조건이기 때문이다. 어쨌든 이를 따라야 하기에 필자는 생활기록부를 중요하게 여긴다. 아동기 때 ADHD 유무를 판단할 수 있는, 이용 가능한 가장 훌륭한 근거이기 때문이다. 아동기 때 ADHD가 확인되면 몇 가지 검사를 통해 ADHD를 소위 '확진'한다. 필자는 이를 '확인'이라고 한다. 이때 앞서 「ADHD에 대한 새로운 개념 — 그 본질은?」(p. 229)에서 선보였던 그림과 개념을 바탕으로 ADHD를 설명하며, 약물 복용의 중요성을 강조한다. 이 과정에서 ADHD 핵심 증상에 대한 질문은 거의 하지 않는다. 아니 해본 적이 없는 것 같다. 질문을 하지 않는 이유는 설문지나 검사 결과를 통해 알 수 있고, 이런 질문을 하면 본의 아니게 핵심 증상에 집착하게 되기 때문이다. 검사 결과에 대한 설명을 마친 후 필자는 딱 두 가지만 요구한다. '① 투약 시간 준수, ② 관찰'이다. 미리 정해진 시간에 정확히 약을 복용하고, 약을 복용하기 전과 후의 차이를 포함해 자신의 일상생활을 관찰하라고 얘기한다. 왜냐하면 그림과 개념을 통해 설명한 ADHD가 그 당시에는 절대 이해하지 못할 내용이기 때문이다. 설명에 대한 이해는 투약 시간 준수와 관찰을 통해서만 가능하다. 그래야 스스로 느끼고 표현할 수 있다. 실제로 대부분이 나중에 이런 반응을 보인다. "검사 결과를 설명들을 때는 그림을 기억했지만, 그 뜻은 이해하지 못했어요. 나중에 약 먹고 변화된 것을 느끼면서 이해가 됐어요." 그렇다. 자극제를 복용하지 않고 그 변화를 체험하지 못하면 절대로 그림의 뜻을 이해하지 못한다. 물론 아는 척은 할 수 있겠지만, 그 사람의 인생에서 아는 척이 중요할까?

나름 괜찮은 방법이긴 하지만, 이런 방법에는 문제가 있다. 정상 지능을 가진 대부분의 사람에게는 전혀 문제 될 게 없지만, 지능이 떨어지는 사람에게 적용하기에는 무리가 있다. 그런데 지적장애가 동반된 아동과 성인 ADHD 환자에게서 ADHD 증상점수가 더 높게 나타나는 것이 지적장애 때문인지에 대해서는 논란의 여지가 있지만, 많은 연구에서 대체로 일치하기 때문에 정설로 받아들여지고 있다. 따라서 연령과 상관없이 ADHD와 지적장애를 모두 지닌 사람은 주의력과 행동 억제 측면에서 '이중 취약성double vulnerability'에 직면한다는 것을 알 수 있다. 따라서 필자의 개념 적용과는 상관없이 지적장애가 동반된 경우에도 적극적으로 약물치료를 해야 한다.

## 변화 과정

이 단계에서 가장 중요한 것은 최적의 약물 용량을 사용하여 뇌의 변화를 최대한 유도하는 것이다. 이 과정에서, 앞서 「산만함의 실제 모습」(p. 239)에서 그림을 통해 자세히 설명했던 모습의 변화를 필자와 약물을 복용하는 사람 모두가 느낀다. 필자의 역할은 이 단계에서도 마찬가지다. "약 잘 먹고 자세히 관찰해요"라는 말만 강조하는 것에 그친다. 초기에는 처음으로 자신의 모습을 관찰하는 것이 어색하고 그 내용과 방식도 변변치 않지만, 변화가 심화되면서 관찰의 수준도 향상된다. 그리고 변화의 모습도 일관되게 심화한다. 관찰한 내용도 점점 풍부해진다. 필자가 하는 일은 단지 이런 변화된 모습을 해석하고 설명해주는 것뿐이다. "여기 처음 왔을 때는 저랬는데, 지금은 이렇게 행동하네요"라는 말로 대표할 수 있다. 이럴 땐 이렇게 하고, 저럴 땐 저렇게 하란 조언과 숙제는 전혀 없다. 그냥 해석하고 설명해준다. "이런 모습이 예전에 설명했던 그림 중 어디에 해당하는 거 같아요?"라고 물어보는 것도 중요하다. 필자의 해석과 설명을 강요하진 않는다. 스스로 자신의 변화된 모습에 의미를 부여하게 도움을 줄 뿐이다. 진단과 설명 이후 단계에서도 마찬가지지만, 특히 이 과정에서 중요한 것은 앞서 언급한 대로, "노력하지 말고 날로 먹자", "잘 하려고 노력하지 말고 안 하려고 노력하지도 말자"다. 이게 필자의 진료 모토다. 그냥 자기 생각대로 살아도 별문제가 없는 삶을 만드는 것이 궁극적인 목표다. 그 내용에는 일정한 규칙이 없다. 대신 앞서 그림으로 설명했던 한쪽 방향의 모습이다. 자극제를 통한 변화의 방향은 일방통행이다. 하지만 그 과정이 한 가지 모습만으로 이루어지는 것은 아니다. 실제 약을 복용하는 사람들은 같은 그림을 보고도 다양하게 해석하며, 필자와 전혀 다른 개념의 말을 할 때도 있다. 이를 통해 필자는 또 새로운 개념을 배운다. 어쨌든 그들은 다양한 단계의 변화와 그를 설명할 수 있는 그림의 이해를 통해 새로운 모습으로 변해간다. 새로운 행동을 하면서 점차 새로운 가치체계를 갖는다. 그런데 모습은 다양하지만, 매우 유사한 양상을 보인다.

## 안정기

이 시기에는 별다른 노력 없이도 꾸준하고 규칙적인 모습이 나타나며 유지된다. 주변에서도 원래 이랬던 사람으로 통한다. "날로 먹자"가 실현된 것이다. 이쯤 되면 면담이 산으로 간다. 자극제를 통한 ADHD의 특별한 변화는 없고, 각각의 변화가 심화되는 과정이라 관찰한 내용의 변화를 인식하기 어렵기 때문이다. "그냥 별일 없었어요", "하루하루가 똑같았어요." 이런 방식의 관찰이 언급된다. 이럴 때 필자는 "진짜 아무 일 없었을까요?"라고 물어본다. 그러면, "아니 꼭 그렇지는 않고 블라블라…" 말이 이어진다. 들어 보면 여러 사건 · 사고가 있었다. 이때 필자가 "그렇게 많은 일이 있었는데, 왜 별일 없었다고 얘기할까요?"라고 물어보면, 이런저런 일을 얘기한다. 대부분의 정신과 의사는 이런 얘기를 들으면 반응을 하고 어떤 조언을 하려고 할 것이다. 그런데 필자는 이런 반응을 보인다. "○○씨, 약 먹기 전에는 그럴 때 그냥 넘어가지 않았잖아요. 그런데 지금은 별일 아닌 것처럼 반응했네요. 그때 기억이 나요?" 그러면 "기억은 나는데 별로 대수롭지 않게 여겨져요. 당시도 그랬고 지금도 그래요"라는 대답이 돌아온다.

이제 이런 단계에 있는 사람은 일상 대부분의 일을 큰일로 여기지 않는다. 그냥 적당히 해결할 수 있는 일로 느껴 적당히 처리하고 적당히 기억한다. 이 단계에 도달한 사람은 일상의, 즉 인생의 가치가 달라진다. ADHD를 가졌을 때 좋아했거나 가치가 있다고 판단하고 행했던 일들에 대한 무게가 사라지면서 새로운 가치가 생긴다. 또 이전에 비해 자신의 가치를 크게 주장하고 고집하지 않고, 내면에 충실한 모습을 유지하며, 이런 자세와 태도가 일상 전반에서 잔잔히 드러난다.

이런 단계에 이르면 필자의 기록에는 다음과 같이 적히는 경우가 많다. "일상적인 직장인의 모습이 보임." 그 사람의 직업 상황이나 신분은 다 다르기 때문에, 다른 직업이나 신분을 직장인으로 대체한다. 어쨌든 '일상적인' 모습을 보인다. 필자를 비롯한 대부분의 사람이 착각하는데, 여기서 '일상적'이라는 단어의 뜻은 필자가 그림을 통해 앞서 설명한 [그림 1](p. 241)에서와 같이 우측 30%에 해당하는, 즉 세상의 기준을 충족하는 뇌를 가진 30%의 인간을 의미한다. 따라서 일상적인 사람이 됐다는 것은 말 그대로의 일상적인 평범한 사람이 아니라, 침착하고 차분한 사람이 됐다는 것을 의미한다.

## 종료기

안정기에 접어든 사람은 임계점을 넘어선 경우가 많다. 여기서 말하는 임계점이란 자극제를 복용하는 사람이 더 이상 복용하지 않아도 이전의 ADHD로 돌아가기가 불가능한 지점을 말한다. 그렇다고 자극제를 복용하지 않아도 복용한 상태를 유지하는 것은 아니다. 안정기에서 종료기로 접어든 사람은 자극제를 복용하지 않아도 이전의 상태가 유지된다. 이런 사람은 몇 가지 단계를 거쳐 자극제 복용을 종료한다. 보통 1개월, 3개월, 그리고 6개월 동안 약물치료 없이 추적 관찰한다. 이때까지 마지막으로 약물 복용을 했을 때와 같은 상태가 유지되면 치료를 종결한다. 이 단계를 '졸업'이라고 명명한다. 이런 단계가 오는 사람과 오지 않는 사람을 구별할 수 있는 방법은 아직 존재하지 않는다.

## 요약

솔직히 이런 단계의 구분이 공식적으로 인정된 것도 아니며, 근거를 댈만한 문헌도 존재하지 않는다. 필자의 경험을 통해서 얻어진 것뿐이다. 따라서 지금까지 언급한 '필자의 임상 실제'는 단지 앞서 설명한 방식과 단계의 존재에 의미를 두어야 할 것이다. 하지만 필자는 적어도 약을 잘 복용하는 사람이라면 '안정기'까지의 변화는 대부분 나타나는 것으로 판단한다. 약을 복용하지 않거나 새로운 부작용이 나타나는 것과 같은 특별한 이유만 없다면 말이다. 종료기는 그렇지 않다. 아직 잘 모르겠다는 게 솔직한 고백이다. 다만 한 가지는 확실하다. 적어도 안정기에 도달하면 그 사람의 인생이 달라질 수 있다는 것이다. 약물을 복용하고 어떤 변화가 있는지 관찰한 것 말고는 특별히 한 게 없는데도, 그 사람의 인생은 노력하지 않아도 전반적으로 수월해진다. 확실히 말할 수 있다.

## 참고문헌

이원익 & 허윤석.(2013) 정신건강의학과 외래에서 성인 주의력결핍 과잉행동장애로 진단받은 환자들의 특징. 여성정신의학 제11권 제1호, 10-19.

CHAPTER 6

# 미래세계와 ADHD

믿을 수 없겠지만, 21세기에 들어서면서 인류는 기술을 통해 '자기 자신보다 자신을 훨씬 더 잘 아는 외부 알고리즘'을 만들 수 있게 됐다. 스마트폰을 살펴봐라. 검색하다 보면 갑자기 '○○○님 추천 상품 혹은 음식점' 등이 화면에 뜬다. 스스로 한 번도 생각해 본 적이 없고 검색도 해 본 적이 없었던 것으로 기억하는 그 사람에게는 뜬금없는 것이겠지만, 인공지능(AI) 시스템은 그 사람이 했던 모든 것을 기억하고 무엇을 했는지도 안다. 심지어는 자신도 모르는 취향도 완벽히 분석해 그 사람에게 추천한다. 그 사람은 나중에 추천 상품 혹은 음식점을 방문하거나 배달앱으로 주문하는 자신을 발견할 것이다. 이런 현상이 나타나는 이유는 다음과 같다. 인간은 자신이 인터넷상에서 언제 어떤 것을 했는지 다 기억하지 못하지만, 인공지능은 모든 행위를 초 단위로 기억하고 분석하기 때문이다. 이를 통해 그 사람의 특성을 분석하고 예측한다.

이번에는 아이들을 살펴보자. 요즘 아이들은 태어나서부터 기계가 익숙하다. 생후 6개월부터 강아지나 고양이처럼 인공지능 청소기 위에 업혀 다닌다. 청소를 마친 청소기가 알아서 제자리로 돌아갈 때는 기어서 뒤따라가며 술래잡기 놀이를 한다. 2살 때부터는 스마트폰을 혼자주물럭거리며 클릭만으로 원하는 영상을 찾고 즐긴다. 어린이집 친구네 집에서는 게임을 한다. 현실 세계가 아닌 가상의 숲에서 공룡을 손으로 잡고 만지는 경험을 한다. 이렇게 기계에 둘러싸여 자란 아이는 지금까지와는 전혀 다른 세상에서 산다. 기계와 온 · 오프라인에서 끊임없이 소통하고 협력하는 세상에 살게 된다. 이들의 소통과 협력은 나이 든 사람과는 전혀 다른 방식으로 진행된다. 나이 든 사람에게 기계는 단지 인간이 조정하는 금속으로 만들어진 사물에 불과하지만, 이들은 기계란 볼 수 있는 눈, 들을 수 있는 귀, 말할 수 있는 입, 생각할 수 있는 두뇌, 그리고 느낄 수 있는 감정을 가진 생명체다. 또 기계는 대하기 편안한 상대며, 마치 친구에게 대하듯 기계를 배려해야 한다고 느낀다.

이렇듯 과학기술의 발달로 유발된 큰 변화는 수천 년간 인류를 지배해온 공동체 의식을 바꾸어놓고 있다. 마이크로칩의 성능이 2년마다 두 배로 늘어난다는 '무어의 법칙'과 기술 발전은 점진적인 성장이 아니라 기하급수적 발전을 이뤄내고 있다. 이러한 '수확 가속의 법칙'은 이미 증명됐다. 기술이 기하급수적으로 발전하면서 결국 인공지능이 인류의 지능을 초월하는 '특이점'이 도래할 전망이다. 즉 공상과학 영화에서나 보던 장면들이 점차 현실이 되어가고 있다. 이런 수많은 기술 발전 중에서도 알고리즘을 기반으로 한 인공지능의 발전을 통해 인간은 인공지능을 지시하기도, 도움을 받기도, 혹은 감독을 받기도 할 것이다. 특히 인공지능은 현실을 대체할 수 있는 3차원 가상 세계이자 현실 공간을 뛰어넘는 '초세계'인 메타버스를 만들 수 있다. 메타버스는 기술 발전의 일부이면서 기술 발전의 집약체로 볼 수 있다. 이로 인해 현실과 가상공간의 경계가 점차 무너지고 있다. '무엇이든 할 수 있고 어디든 갈 수 있는 세상'이라는 메타버스는 기술적 진보뿐 아니라, 사회 관계성에까지

대대적인 변화를 예고하고 있다. 그동안 공동체와 집단으로 살아온 인류는 메타버스에서 자신의 정체성을 찾고, 집단보다는 개인적인 목표와 만족을 위해 살아가는 새 인류가 될 전망이다. 또 인간은 깨어있는 시간 대부분을 메타버스에서 지낼 것이다. 즉 인류는 아날로그 세계와 이별하고 디지털 세계에서 살아갈 것이다.

우리보다 우리를 더 잘 아는 인공지능, 그리고 메타버스를 포함한 디지털 세계가 더 익숙하며 기계를 마치 사람처럼, 혹은 사람보다 더 편하게 느끼는 신인류, 과연 신인류를 포함한 우리는 앞으로 디지털 세계에서 어떤 가치를 느끼며 어떻게 살아가야 하나? 가치가 변화면 모든 사회의 기준도 달라진다. 우리가 그동안 '정상과 비정상'의 이분법적 구분만으로 가치를 두었던 ADHD는 어떤 가치가 있을까? 지금처럼 정상과 비정상의 이분법적 개념이 지속될 것인지, 아니면 ADHD의 본질이 새로운 디지털 세계에서 빛을 발할 것인지 궁금하다.

아직 미래에 대한 그럴듯한 예측은 없다. 매우 긍정적이거나, 매우 부정적이다. 필자도 이 분야에 대한 전문가는 아니라 미래를 예측하고 이를 논하는 데는 무리가 따른다. 하지만 궁금하기도 하고 걱정되기도 하고 이런저런 생각이 많아진다. 나중에 보면 엉뚱한 글이 될 가능성도 있지만, 이런 걱정은 미래를 예측하는 글을 쓴 모든 사람에 해당될 것이라고 스스로 합리화하면서, 본 장에서는 앞으로의 세상의 변화와 이런 변화 속에서 ADHD는 어떤 개념으로 세상에 존재할까에 대해 얘기해보려 한다. 현재의 변화와 아주 가까운 미래만을 언급할 것이다. 가까운 미래라는 것은 디지털 세계의 알고리즘, 메타버스, 인공지능, 그리고 기계가 인간의 능력을 넘어서지만, 인간을 지배하지 못하고 인간에게 큰 도움을 주는 좋은 친구 정도로 인식되는 디지털 세상을 말한다. 필자가 이 분야의 전문가는 아니지만, 상식적으로 생각해 보면, 디지털 세상의 근거가 되는 인공지능이라는 것은 인간이 만든 알고리즘과 인간이 지금까지 만들어 놓은 것을 데이터로 전환하여 입력한 후 학습시킨 결과물로 알고 있다. 따라서 당연히 인간이 생각한 알고리즘을 가지며, 이런 알고리즘은 조작이나 조절이 가능하며, 인간이 만들어 놓은 것을 입력하기 때문에, 당연히 이를 근거로 입력된 데이터의 정확성 혹은 진실성이 의심되며, 실제 아날로그 인간 세계에서 생기는 편향성 문제가 발생한다. 이런 문제가 해결됐다는 얘기를 들은 적이 없기 때문에, 여기서는 가까운 미래에 대해서만 언급하겠다.

## 변화 혹은 통제

19세기 산업혁명 이후 현대화가 급격히 진행됐고, 중간에 사회주의와 자본주의의 다툼도 있었지만, 사회는 더욱 급격한 변화를 거쳐 지금까지 인류가 겪어보지 못했던 새로운 세상이 펼쳐지고 있다. 이런 변화는 어떤 개인이 자신의 가치관과 맞지 않는다고 거부하거나 투쟁한다고 해서 멈춰지지 않는다. 아니 그런 적이 없었다. 불편하게 들릴 수도 있겠지만, 역사적으로 혁신적인 기술로 유발된 사회의 변화는 개인에게 적응을 요구할 뿐, 거스를 수 있는 선택권은 주지 않았다. 19세기 영국 노동자들이 러다이트Luddite 운동이라는 기계 파괴 운동에 나섰지만, 결국 산업혁명의 흐름을 되돌리지 못했던 것처럼 말이다. 따라서 불편하다는 이유로 받아들이지 않으려 애쓰지 말고, 잘 파악해서 현명한 취사선택을 하는 것이 앞으로의 생존 가능성을 키우는 기성세대의 모습일 것이다.

하지만 현재의 변화를 그냥 세상의 전부로 인식하는 아이들은 이런 현상이 전혀 불편하지 않고 오히려 당연할 것이다. 따라서 미래세계를 예측할 때 흔히 말하는 알고리즘을 통한 디지털 세계의 핵심이 무엇인지, 또 인공지능이 무엇이고, 알고리즘이 그동안 어떤 과정을 거쳐 왔고, 앞으로 어떤 현상이 나타날까에 대해서는 설명하지 않을 것이다. 필자가 이 분야의 전문가가 아니기 때문이다. 새로운 세상에 대한 정의는 다양할 것이며, 이를 설명한 정보는 지금도 넘쳐흐른다. 하지만 많은 관점 중 가장 많이 언급되고, 현재 많이 사용되는 알고리즘을 근거로 한 디지털 세계가 ADHD와 어떤 관련성을 가지는지 알아보려면, 알고리즘에 대한 어떤 관점이 필요할 것이다. 이에 대한 필자의 견해는 다음과 같다. 알고리즘 세계가 인간 중심적 사고에 따른 인류 사회의 존엄, 가치를 중시한다는 소위 '인본주의'에 대한 믿음을 해체시킨다는 것이다. 필자는 이 관점을 지지한다. 그동안 인류를 지배했던 존재론적 존재로서, 그리고 철학 사유 체계의 근원으로서 인간의 존재를 중요시하는 한편, 인간의 능력과 성품 그리고 인간의 실제적 소망과 행복을 귀중하게 생각하는 정신이 인본주의라고 할 수 있다. 그런데 디지털 세상이 도래하면서 점차 이 인본주의가 퇴색하고 있다. 뒤로 밀려나고 있는 것이다. 필자가 이런 관점을 지지하는 데는 또 다른 이유가 있다. 필자가 앞서 임상 실제에서 보여줬듯이, 필자는 원래 인본주의에 무게를 두지 않았기 때문이다.

인본주의에 대한 믿음은 다음과 같은 세 가지 중요한 가정에 기초한다. 첫째, 나는 분리할 수 없는 존재다. 즉 나는 부분이나 하위 시스템들로 분리할 수 없는 단일한 본질을 갖는다. 내 안의 깊숙한 곳에서 단 하나의 분명한 내적 목소리를 발견할 것이며, 바로 그것이 진정한 자아다. 둘째, 진정한 나는 완전히 자유롭다. 셋째, 앞의 두 전제로부터, 다른 누구보다 내가 나 자신에 대해 잘 안다고 주장할 수 있다. 왜냐하면 나의 내면에 있는 자유의지에 접근할 수 있는 사람은 나뿐이고, 진정한 자아의 목소리를 들을 수 있는 사람도 나밖에 없기 때문이다. 우리가 교육을 받으면서 지금까지도 사회의 기준으로 생각했던 가치다. 19세기와 20세기를 거치고 현재까지 이런 인본주의적 믿음이 통했던 이유는, 사람을 효과적으로 관리 · 감독할 수 있는 방법이 없었기 때문이라고 한다. 그래서 어떤 방향으로의 기준을 정해놓고 교육과 계몽을 통해 인간이 그 방향을 지향하게 해온 것이다. 이를 마치 자신의 자유의지인 양 가치를 부여하고 강요했다. 지금까지 인간에 대한 교육과 계몽은 이런 방식이었다.

앞서 소개한 필자의 '산만함' 개념은 기존의 인간에 대한 가치를 인본주의에서 뇌로 옮겨왔다. 필자는 실제 존재하지도 않는 자유의지를 강조하지도 않고, 어떤 노력, 즉 계몽과 교육에 근거한 힘겨운 노력 없이도 그냥 쉽게 세상의 기준을 충족하는 방식을 소개했다. 따지고 보면 필자도 인본주의를 해체시키는 사람 중 하나다. 그렇지만 역설적으로 인본주의를 강조하는 사람이기도 하다. 단지 방법에서 차이가 있을 뿐이다. 교육과 계몽과 같은 억지춘향 방식이 아니라, 아쉬운 사람이 자극제 복용을 통해 자연스럽게 기준을 향하게 하는, 방법의 차이다. 약물을 통해 방향을 '변화'시키는 것으로 요약할 수 있다. 물론 이런 방법은 외부 알고리즘의 영향을 받지 않는다. 하지만 인본주의에 대한 무게와 상관없이, 인본주의에서 기준으로 설정한 방향으로 필자가 본의 아니게 통제하는 것으로 비춰질 수 있다. 하지만 필자가 강조하는 변화는 통제 개념이 아니다. 단지 그 사람이 살아가는 세상에서 약물을 통해 뇌를 변화시켜 우리한 삶을 살게 만드는 것뿐이다. 따라서 '통제'의 개념과는 거리가 멀다.

하지만 기존의 교육과 계몽은 유리한 삶을 살게 만든다기보다는 오히려 통제의 개념이다. 필자는 인간 본질의 변화에 무게를 두었지만, 기존의 교육과 계몽은 통제에 무게를 두었다고 볼 수 있다. 결국 미래의 세계는 기존의 교육과 계몽이 아닌, 알고리즘을 통한 통제다. 교육과 계몽, 알고리즘은 모두 인간 본질의 변화 없이 외부에서 인간을 통제하는 것을 목적으로 한다는 것이 공통점이다. 하지만 교육 및 계몽과 알고리즘은 그 방식에서 차이를 보인다. 교육과 계몽은 인간의 인식을 기반으로 한다. 따라서 이론적으로는 외부의 통제를 받지 않는다. 자신의 의지로 이를 수용한다고 여긴다. 반면 알고리즘은 이와 반대다. 인간은 자신이 인터넷상에서 언제 무엇을 했는지 다 기억하지 못하지만, 알고리즘은 모든 행위를 초 단위로 기억하고 분석한다. 이를 통해 그 사람의 특성을 분석하고 예측한다. 말이 좋아 예측이지 '통제' 혹은 '감시'로 바뀌는 것은 시간문제다. 통제나 감시가 아니더라도 이런 현상은 자신이 자기 소망에 따라 인생을 운영하는 자율적인 존재라는 인간의 믿음을 깬다. 즉 인간 자신의 통제권은 인간 내부에 있다는 믿음이 점차 사라지며, 외브의 알고리즘이 그것을 대신한다는 개념의 변화가 싹튼다. 외부의 알고리즘을 기반으로 한 신기술들은 이렇게 인본주의를 뒤집어, 인간에게서 권한을 박탈하고 비인간 알고리즘들의 권한을 강화할 것이다. 앞으로 이런 현상이 인간에게 희극이 될지 비극이 될지 아직은 모른다. 현재 기준에서의 희극과 비극에 대한 개념은 새로운 세상에서는 전혀 다른 모습으로 나타날 것이기 때문이다.

그런데 왜 인간을 통제하려 하는 걸까? 이 주제를 언급하려면 사회의 가치를 논해야 한다. 현재까지 인간은 차분하고 안정된 모습을 삶의 기준으로 삼았고, 이를 교육과 계몽을 통해 관철시키려고 했다. 과학이 발전하면서 약물이 개발됐고 이를 사용할 수 있게 됐는데, 결국 이 약물도 차분하고 안정된 모습을 보이게 하는 물질이다. 즉 차분하고 안정된 모습이 사회적 가치였다. ADHD는 차분하고 안정된 모습과는 상반된 본질을 가졌기 때문에, ADHD를 가지고 이 세상을 살아가는 데는 엄청난 고통이 따른다. 마치 이 세상이 지옥처럼 느껴질 수 있다. 그럼 차분하고 안정된 모습을 가진 사람은 이 세상이 천국일까? 또 ADHD 환자를 제외한 모든 사람이 차분하고 안정된 사람에 해당할까? 아니다. 모든 인간은 산만하다. 산만하기 때문에 어떤 방향으로 기준을 제시하지 않으면 그 방향으로 전진할 수 없다. 중구난방으로 자기 멋대로 해 어떤 방향으로 진행하기 어려운 인간의 비율이 전체 인간의 70%를 넘는다. 이런 모습을 자유의지라고 주장하고, 이를 믿고 있는 이런 인간들을 과연 통제할 수 있을까? 특히 심한 산만함을 보이는 ADHD를 교육과 계몽을 통해 통제할 수 있을까? 통제하기가 거의 불가능할 것이다. 그래서 오래전부터 뇌 기능의 어느 한쪽을 기준으로 설정한 채 그 방향으로 인간이 인식하고 판단하고 행동하길 기대했다. 만일 그러지 못하면, 이미 고대 그리스 시대부터(물론 그 이전에도 그랬겠지만) 이런 행동을 비난하고 조롱하고 무시했다. 여러 가지 방법으로 통제를 시도했지만, 그 결과는 변변치 않았는데, 20세기 초 전까지만 해도 통제할 수 있는 기술이 존재하지 않았기 때문이다.

20세기 초 우연한 기회를 통해 자극제라는 물질이 특효약으로 밝혀졌다. 이후 지금까지 자극제가 산만한 사람을 통제하기 위해 사용됐다.

필자가 말하는 통제란 현재까지 기준이 된 방향으로의 인식, 판단 및 행동을 보이게 하는 교육, 계몽, 그리고 진단과 치료를 말한다. SF 영화에서 보았던, 약물을 사용하여 인간을 통제하는 것과는 다르다. 영화와 현실을 혼동하면 안 된다. 그런데 점점 영화에서 봤던 모습이 현실로 다가온다. 지금까지 교육과 계몽 그리고 약이라는 물질을 사용하여 인본주의의 기준을 달성하려 한 게 현실이다. 본질의 변화를 추구했더라도, 겉으로는 통제를 해 왔다고 볼 수 있다. 하지만 본질의 변화라는 개념은 정신과 의사를 포함한 대부분의 사람이 인식하지 못한다.

결국 산만함이 본질인 인간을 통제하려는 방식이 교육과 계몽으로부터 약물을 거쳐 외부 알고리즘으로, 순서가 바뀔 것이다. 많이 달라질 것이다. 알고리즘을 바탕으로 진행되는 디지털 세상에서는 과연 어떤 모양의 기준에 무게를 두고 어떤 방식으로 통제를 하려고 시도할까? 의사인 필자가 조금 더 익숙한 과학을 통해 앞으로의 세상을 상상해 보겠다. 지금도 계속 엄청난 속도로 발전하고 있는 분야가 생명과학이다. 이를 통해 발전된 알고리즘은 다음과 같은 개념으로 인본주의의 세 가지 기준 모두를 파괴한다. 첫째, 인간을 포함한 유기체는 알고리즘이고, 인간은 분리할 수 없는 존재가 아니다. 즉 인간은 여러 알고리즘의 집합으로, 단일한 내적 목소리나 단일한 자아는 없다는 개념이다. 둘째, 인간을 구성하는 알고리즘들은 자유롭지 않다. 이 알고리즘들은 유전자와 환경의 영향을 받으며, 자유의지가 아니라 결정론적으로 혹은 무작위적으로 결정을 내린다. 셋째, 앞의 두 전제로부터, 이론상으로 외부의 어떤 알고리즘이 나에 대해 나보다 훨씬 더 잘 안다는 결론을 이끌어 낼 수 있다. 뇌가 그 사람의 본질이라는 필자와 달리, 현대의 생명과학은 내 몸과 뇌를 구성하는 시스템 각각을 관리 · 감독하는 알고리즘이 따로 존재한다는 개념을 가진다. 이런 알고리즘이 개발되면 관리의 주체가 변한다. 즉 외부 알고리즘을 통해 인간을 통제한다는 개념이다. 인본주의는 철저히 분해돼서 소멸된다. 인간은 산만함 때문에 여러 문제가 있었음에도 불구하고, 본질이었던 자아가 없어진다. 물론 기존의 자아 개념이 없어진다는 말이다. 새로운 세상에서는 새로운 개념이 탄생한다. 단지 우리가 그 새로운 개념을 아직 정확하게 모르기 때문에 자아 개념이 없어진다고 호들갑을 떠는 것이다. 역시 인간은 산만하다. 그렇다면 새로운 세상에서의 새로운 개념이란 무엇일까? 이게 관건이다. 새로운 개념이 무엇에 무게를 두느냐에 따라 ADHD를 가진 사람의 가치는 달라질 것이다.

## 새로운 가치

미래세계는 영화 「데몰리션 맨」에서 펼쳐졌던, 자율주행 자동차, 항상 건강하고 노화가 없는 신체, 일을 안 해도 되는 세상, 나를 대신할 수 있는 로봇, 욕하면 키오스크에서 벌금 고지서가 나오고, 서로 배려하면서 안정되고 차분하며 매우 긍정적으로 발전된 모습의 세상이 될지도 모른다. 반면, 「블랙 미러」나 「레디 플레이어 원」에 등장하는 장면처럼, 현재의 노숙자나 극빈층이 그렇듯이 성냥갑 같은 작은 방이나 컨테이너로 만든 집에 살면서, 게임을 통해 생활비를 벌어 겨우 연명하는, 부정적인 세상이 도래할 수도 있다. 필자는 미래세계의 모습을 그린 이런 부류의 영화를 '교육 영화'라고 정의한다. 왜냐하면 이런 영화를 통해 인간이 앞으로 다가올 미래의 모습을 너무 낯설어하지 않고, 거기에 저항하지 않게 만들 가능성이 크다고 보기 때문이다. 필자는 영화를 잘 보지 않는 편이지만, 앞서 언급한 영화 이외에 기억나는 이런 부류의 영화로는 「이퀼리브리엄」, 「엘리시움」, 「발레리안: 천 개 행성의 도시」, 「트랜센던스」, 「소스 코드」, 「마이너리티 리포트」, 「가타카」, 「인 타임」, 「써로게이트」 등이 있다. 앞으로 과학이 더 발전하면서 상상할 수 있는 다양한 미래의 모습이다. 물론 차분하고 안정되고 발전된 미래의 모습이 가장 좋은 결과겠지만, 영화를 그렇게 만들면 망할 것이다. 안정됐지만 다른 문제가 있고, 항상 암울하고 갑갑한 세상에서 살다가 이에 저항하고 투쟁해 새로운 이상적인 세상을 만드는 역동적인 영상을 보여줘야 관심을 끌고, 제작비를 건지고, 큰돈을 벌 수 있기 때문에, 영화에서 묘사된 미래와 실제 미래의 모습은 다를 것이다.

어쨌든 미래의 모습은 과학의 발전을 통해 계속 변화한다. 미래를 만드는 과학의 발전 중 중요한 개념은 알고리즘이다. 엄청난 규모의 데이터가 모이고, 이를 통해 과학은 이전과 달리 상상할 수 없을 정도로 더 쉽고 빠르게 발전한다. 알고리즘은 이렇게 인간의 생활에 적극적으로 개입하고 있으며, 이를 통한 새로운 세상으로의 변화는 현재도 진행 중이다. 앞서 소개한 영화의 한 장면같이 실제 인간의 일상에서 외부 알고리즘은 스마트폰, 컴퓨터, 그리고 인터넷 등과 같은 디지털 미디어를 통해 새로운 디지털 세계를 만든다. 대표적인 것이 '메타버스'다. 그런데 디지털 세계인 메타버스에 들어가려면, 이전의 아날로그와는 다른 방식을 이용해야 한다. 이전의 아날로그 세계에서도 어떤 단체나 회사에 가입하려면, 거기에서 요구하는 수준에 따라 자신의 신상 정보를 제공해야 했다. 이는 디지털 세계와 동일하다.

하지만 아날로그 세계의 개인정보는 그 단체나 회사에 한정해 사용된다. 만일 다른 단체나 회사에서 그 사람의 개인정보가 필요하다면, 기존의 단체 및 회사 그리고 당사자에게 동의를 구하고 난 후에야 겨우 얻을 수 있었다. 물론 가입할 때 다른 단체나 회사에도 자신의 개인정보가 전달될 수 있음을 알고 이에 동의한다면, 상황은 약간 다를 것이다. 그렇지만 아날로그 세계에서는 이런 절차가 상당히 복잡하고 번거롭다. 다른 곳에서 사용하려면, 그 단체나 회사에서 사용하기 용이하게 기존의 아날로그 정보를 복사하고 다시 정리해서 사용해야 하기 때문이다. 만일 먼 곳이거나 외국에 있다면, 혹은 다른 언어를 쓰는 회사라면 이 과정이 더 어렵거나 불가능할 것이다.

반면, 디지털 세계에서는 이런 과정이 너무나 손쉽다. 모든 정보가 디지털 데이터로 저장됐기 때문이다. 어느 한 곳의 단체나 회사에 개인정보를 입력하더라도, 디지털 데이터로 저장된 그 자료는 전 세계(물론 디지털 데이터를 사용할 수 있는 현대사회) 어디에서나 사용할 수 있다. 그리고 가입할 때 넣은 이메일, 스마트폰 번호, 소셜 미디어 계정 등이 연동돼 다른 단체나 회사에서 그 사람에 대한 모든 정보를 실시간으로 입수할 수 있다. 쉽게 말해 한 번 어디에 가입하면, 그 순간 내 개인정보가 전 세계적으로 퍼지며 내 모든 것이 탈탈 털릴 수 있다는 말이다.

이런 현상이 문제가 될까? 기존 아날로그 세계에서 태어나 성장하면서, 그런 방향의 가치에 대해 양육과 교육을 받고, 그에 따른 신념과 믿음이 생긴 사람은 디지털 세계에서 일어나는 일이 상당히 불편할 것이다. "인간의 자유를 속박하고 통제하려는 시도다", "인간의 자유의지가 무시돼 인간의 존엄성이 사라질 것이다", "인간의 자아는 상실될 것이다"라는 등등의 표현을 한다. 필자도 어느 정도 여기에 해당한다. 아날로그 세계에서 오래 살았기 때문이다. 하지만 디지털 데이터가 가치의 전부인 디지털 세계에 더 익숙한 세대는 이런 현상을 어떻게 해석할까? 많이 다를 것이다. 반감이 없이 당연한 것으로 받아들이고, 오히려 적극적으로 행동할 것이다. 왜? 이런 인식과 행동이 자신에게 더 유리하기 때문이다. 이런 차이는 세상의 기준에 대한 가치의 변화로 이어진다. 가까운 미래에는 대부분의 인간이 직업과 연애를 포함한 모든 일상적인 활동을 디지털 세계에서 펼쳐야 할 것이다. 그렇다면, 지금의 아날로그적인 가치 기준은 쓸모가 없는 것이 돼버리고 말 것이다. 어쩌면 아날로그적인 것이 오히려 반사회적인 것으로 낙인찍혀 처벌까지 받게 될지도 모른다. 그럼 디지털 세계에서는 어떤 가치가 새로운 기준으로 자리매김할까? 또 이런 변화된 가치 기준을 갖는 세상에서 ADHD를 가진 사람의 삶은 어떻게 변할까 궁금하다. 필자는 미래학자가 아니기 때문에 아주 먼 미래를 예측하고 이를 논하는 것은 불가능하다. 그래도 일반적인 상황은 말할 수 있다. 현재는 아날로그와 디지털 세계가 공존하는 시대다. 지금도 디지털이 아날로그를 대체하고 있고, 아날로그는 사라질 것이다. 따라서 아직 두 세계가 공존하는, 현재 상태와 아주 가까운 미래세계에 대해 ADHD를 중심으로 얘기해 보겠다.

### 소통방식의 변화 — 이전과는 너무 달라 낯선 세상

언제부턴가 사람들이, 걸어가거나 지하철 혹은 버스를 타고 가면서, 식구들이 모여 식사를 하는 자리에서도, 연인이 데이트하는 장소에서도, 중요한 회의를 하면서도, 심지어는 운전을 하면서도 고개를 숙인다. 대인공포가 생겨 상대방과 눈을 마주치는 것이 무서워서 그렇다거나, 아니면 무척 겸손해서가 아니다. 단지 스마트폰을 보기 위해서다. 앞서 언급했듯이 실제 우리는 현재 기존의 아날로그 세상에 살면서도, 일상생활의 상당 부분은 새로운 디지털 세상에서 산다. 또 정신적으로나 육체적으로나 디지털 세상에 들어가 있는 시간이 점점 더 늘어나고 있다. 이런 현상은 나이가 어릴수록 더 심하다. 일상에서 스마트폰으로 하는 일은 여전히 게임이 대부분이지만, 그 활동이 믿을 수 없을 정도로 확대되고 있다. 먹고 자고 놀고 일하고 공부하는, 심지어 옷을 갈아입는 자신의 일상을 온라인에 올려 서로 공유한다. 온라인을 통해 자기 방을 공개하거나 같이 여행도 한다.

이렇듯 문명사회의 현대인이 가장 많이 사용하는 도구는 스마트폰이다. 솔직히 스마트폰 이란 명칭은 정확하지 않은 용어다. 필자처럼 나이 든 아날로그적인 사람을 제외하곤, 젊은 사람들은 스마트폰을 전화기의 용도로는 거의 사용하지 않는다. 전화 통화가 아니라, 카카오톡이나 트위터 등과 같은 SNS를 통해 다른 사람과 소통한다. 이런 현상은 기존의 가치체계를 아주 간단히 붕괴시킨다. 전화 통화란 실시간의 개념이라, 상대방의 감정과 상태 및 의도를 목소리만 듣고 순간적으로 파악하고 대응해야 한다. 몇 초만이라도 대화가 중단되면 분위기가 어색해진다. 친한 사이라면 크게 긴장하지 않겠지만, 그렇지 않은 사이라면 전화 통화 자체가 큰 부담이 된다. 결국 순발력 있고 주의력이 좋은 사람이 전화 통화를 더 원활하게 할 가능성이 있고, 긍정적인 사람으로 인정받을 것이다. 또 그 사람에게도 전화 통화가 크게 어려운 일은 아닐 것이다. 그런데 요즘 젊은 사람들은 전화 통화를 별로 안 하는 것 같다. 필자도 주변에서 전화 통화를 하는 젊은 친구들의 목소리를 들은 적이 거의 없는 것 같다. 나이 든 사람들만 여전히 스마트폰을 전화 통화의 용도로 사용한다. 이들을 제외한 많은 사람이 대부분 스마트폰의 다른 기능을 이용해 서로 연락하고 소통하는 것 같다.

그러면 이런 상황에서 세상의 기준은 무엇일까? 순발력과 주의력이 예전과 같이 중요한 덕목으로 유지될까, 아니면 새로운 덕목이 탄생할까? 디지털 세계에서는 전화 통화를 순발력 있게 잘하는 사람보다 다른 방식의 감정표현을 더 잘하는 사람이 인기다. 이모티콘과 그 세대에서 유행하는 말투, 혹은 줄임말 등과 같은 기존과는 다른 방식을 사용하는 것이 소통이 더 잘되게 하는 방법이다. 이를 어떻게 해석해야 할까? 단지 시대의 변화를 통한 소통방식의 변화만을 의미할까? 아니다. 방식의 변화가 아니라 가치의 변화다. 앞서 언급한 대로 기존의 전화 통화는 실시간 주의력이 중요하다. 하지만 전화 통화가 아닌 방식은 실시간은 아니다. 또 표현방식도 다르다. 중요한 것은 무얼까? 디지털 세계에서는 스마트폰을 주로 사용하는 계층의 표현방식이 대세가 되면서, 이런 대세를 이끄는 사람들의 인식과 판단 및 행동이 가치판단의 기준이 된다. 즉 가치판단의 기준이 변한다는 말이다. 이제는 전화 통화를 순발력 있게 잘하는 사람이 아니라, 기존과는 다른 표현방식을 잘 구사하는 사람이 기준이 된다. 이런 변화는 ADHD에게 어떤 영향을 줄까? 필자는 유리하다고 본다. 인터넷에서는 다양하고 새로운 이모티콘들이 하루 종일 비처럼 쏟아져 내린다. 새롭고 재밌는, 그리고 실시간적인 압박과 눈치가 덜 필요한 표현방식은 ADHD를 가진 사람에게 압도적으로 유리할 것이다. 따라서 이런 방식의 소통을 잘하는 것이 사회적 기준이 될 수도 있다. 또 이런 방식의 변화를 인식하지 못하고 기존의 방식만을 고집하는 사람은 주변 사람들에게 불통의 아이콘인 '꼰대'로 통하면서 점차 고립될 것이다.

이번에는 실시간으로 다른 사람과 만나는 상황에 대해 알아보자. 현재까지는 현실 세계에서 누군가와 마주치면 서로 긴장하면서 상대방을 파악하려고 애를 쓴다. 현실 세계에서는 실시간으로 상대방의 모습을 서로 관찰한다. 나이와 행동을 보면서 그 사람의 특징을 파악하려고 한다. 남자인지 여자인지, 몇 살이고 어떤 외모를 가졌으며, 친절해 보이는지 아니면 무섭게 보이는지, 혹은 무서웠던 아버지를 닮았는지 아니면 다정했던 어머니를 닮았는지 등등 다양한 측면을 살펴본다. 이런 다양한 정보를 종합해서 그 사람을 판단한다. 물론 이런 판단은 극히 주관적이다. 왜곡되기 쉽다. 하지만 스스로는 무척 합리적으로 판단을 했다고 여긴다. 왜냐하면 나도 상대방도 서로 나쁜 인상을 주기 싫기 때문에, 의도적이든 아니든 자신의 본질을 감추려 하고, 사회적인 기준에 따른 좋은 모습을 보이려고 노력하기 때문이다. 심지어는 성형수술도 받고 학원에서 대화법을 배운다. 이런 행동이 현재까지의 현실 세계에서의 기준이다.

그러면 디지털 세계에서는 어떨까? 대표적인 디지털 세계인 메타버스에서 마주하는 상대방의 모습은 실제가 아니며, 그 사람의 본질과는 거리가 멀다. 상대방에 대한 시각 정보는 이미지나 아바타로 대체된다. 또 성별과 연령도 정확하지 않다. 따라서 메타버스에서는 행동과 글을 통해 전달되는 느낌만으로 상대방을 파악하게 된다. 이 때문에 상대방의 인구통계학적 정보와 본질을 현실 세계에서보다 더 정확하게 예측하기는 불가능하다. 또 이런 모호한 상태를 불편하게 여기는 것이 현재까지의 가치 기준이었다. "어떻게 얼굴도 모르고 이름도 모른 채 처음 본 사람과, 그것도 서로 마주 보지도 않고 얘기를 할 수 있어?" 그렇다면 메타버스 세계에서도 상대방의 나이와 이름과 성별을 물어보면 되지 않을까? 하지만 디지털 세계의 주축인 Z세대는 그 안에서 서로의 신상정보를 묻지 않는다. 그게 그 세대와 그 세계의 문화다. 즉 가치의 기준이다. 이런 문화는 Z세대가 사용하는 용어에서 나타난다. Z세대의 용어 중 '후렌드'란 말이 있다. 'Who(누구와)+Friend(친구가 되다)'의 의미다. 그들은 메타버스뿐 아니라, 현실 세계에서도 친구 삼을 때 상대방의 나이, 성별 그리고 국적 등을 따지지 않는다. Z세대는 나이, 성별 그리고 국적 등에 관한 선입견 없이 다양한 사람과의 만남을 즐긴다. 새로운 만남을 성장의 기회로 인식한다. 나이, 성별, 외모 그리고 국적과 상관없이 소통이 잘 된다고 느끼면 그것으로 만족한다. 따라서 실제 현실 세계에서 만나는 것도 즐겨하지 않는다. 이런 것을 더 당연하게 생각하고 좋아해서 즐기는 사람은 ADHD에 더 가까운 사람이다. 아날로그 세계의 기준과는 달라도 너무 다르다. 게다가 다양한 아바타를 통한 '멀티 페르소나'로의 무한변신이 가능하며, 이를 통해 다양한, 심지어는 아날로그 세상에서는 만나기조차 어려워하고 꺼렸던 사람과도 소통을 할 수 있다. 즉 이전의 가치로는 모호하고 심지어 위험하기도 한 낯선 사람과의 만남에 대해 새로운 가치가 싹트고 있는 것이다. 디지털 세계에서의 대인관계는 이렇듯 ADHD를 가진 사람이 더 선호하는 방식으로 진행되기 때문에, 역시 ADHD가 있는 사람들에게 더 용이한 세계가 될 것으로 판단한다.

### 현실에서 상상과 공상의 세계로의 변화
### — 역동적이고 재미가 넘치는 세상 혹은 정신없는 세상

메타버스란 용어는 초월 혹은 가상을 의미하는 '메타'와 세계 혹은 우주를 뜻하는 '유니버스'의 합성어다. 즉 현실을 초월한 가상의 세계를 의미한다. 웹을 기반으로 현실 세계와 같은 사회, 경제, 그리고 문화 활동이 이루어지는 3차원의 가상 세계다. 이런 가상 세계는 도대체 어떤 모습일까? 현실 세계와의 차이점을 살펴보자. 다양한 차이점이 있겠지만, 현실 세계와 다르게 메타버스 세계는 큰 장점이 있다. 만일 재미를 못 느꼈거나 원하는 목표를 달성하지 못했다면, 처음부터 다시 시작할 수 있게 손쉽게 리셋re-set이 가능한 것이다. 현실에서는 상상만 할 수 있었지, 실제로는 불가능한 일이다. 또 메타버스 세계는 현실 세계보다 몰입이 더 쉽고, 원하는 반응과 재미를 다양한 방법으로 추구할 수 있다. 마치 영화나 게임처럼 화려하고 환상적인, 그리고 상상을 초월한 세계를 현실에서 실제로 구현하기는 불가능하다. 많이 들어본 말 아닌가? 리셋은 ADHD를 가진 사람이 자주 하는 행동 중 하나다. 게다가 그 세계는 현실보다 더 다양하고 변화가 심하다. 앞서 보여준 [그림 2]의 왼쪽 모습 아닌가? 이런 방향의 성질을 좋아하는 ADHD는 이런 성질의 극단의 모습을 가진 메타버스 세계에 더 잘 적응할 것으로 보인다. 앞서 언급한 대로 메타버스는 거대한 모방의 공간이기 때문이다. 상상 속의 이야기를 모방한 증강현실 세계, 서로의 삶을 기록으로 모방하는 라이프로깅lifelogging 세계, 현실의 구조물과 관계를 모방하는 거울 세계, 자신이 살아온 세상에 상상력을 더해 모방한 가상 세계로 대표되는 메타버스는 모방의 산물이다. '공상과 상상', 어디서 들어본 말 아닌가? 앞서 「마음 방랑」(p. 82)에서 설명한 바와 같이 공상과 상상은 ADHD의 뚜렷한 특징 중 하나다. 메타버스는 결국 모방을 통한 놀이의 공간이다. 메타버스를 만든 이의 목적이 무엇이건 그 속에서 살아가는 이들은 놀이와 재미를 원한다. 이는 놀이를 좋아하는 인간의 속성이 변하지 않는 이상 더 다양한 메타버스가 끝없이 등장하며 그 영역을 넓혀갈 것이다.

특히 이런 성질을 유독 더 좋아하는 ADHD를 가진 사람에게는 천국이 될 가능성이 크다. 매일 똑같고 리셋할 수 없는, 일상적이고 지루하고 따분한(차분하고 안정적인 것으로 해석할 수 있지만) 세상에서 더 큰 무게를 갖는 가치는 많이 달라질 것이다. 무한대의 시공간과 끝을 알 수 없는 무한변신의 캐릭터 설정, 그리고 간단한 리셋. 이것이 가능한 세상에서 가장 유리한 덕목은 무엇일까? 공상과 상상을 할 수 있는 능력이 남다른 게 ADHD를 가진 사람들이다. 현실 세계보다 상상할 수 없을 정도로 이런 기질을 충족시켜 줄 수 있어, 높은 몰입도와 함께 끝없는 재미를 추구하고 쉽게 바꾸는 것이 가능한 메타버스 세계에서는 ADHD를 가진 사람들이 더 잘 생활하지 않을까? 결국, 이런 기질이 메타버스 세계에서 더 유리할 것이다. 현재 필자는 현실 세계에서 약물을 통해 더 유리한 방향으로 뇌 기능을 변화시키는 작업을 해오고 있다. 이를 통해 더 유리한 기질을 가진 사람을 차분하고 안정된 본질을 가진 사람으로 변화시킨다. 이런 사람은 메타버스 세계에서는 어떻게 적응할까? 만일 차분하고 안정된 기질이 별 도움이 안 된다면, 세상의 기준은 달라질 것이다. 단순하게 생각해 보자면, 오히려 ADHD 기질이 사회의 기준이 될 수 있지 않을까?

### 보상체계의 변화 — 더 빠르고 커야 인정받는 세상

현실 세계에서 인간의 뇌는 보상과 처벌에 서로 다르게 반응한다. 보상받으면 보상중추인 측좌핵이 활성화되어 기쁨을 느끼고, 처벌받으면 통증을 담당하는 뇌섬엽이 활성화되어 고통을 느낀다. 같은 크기의 보상과 처벌을 가지고 실험해보면, 인간은 동일한 크기의 보상과 처벌에 대해 같은 크기로 반응하지 않고, 오히려 처벌에 대해 2배 강하게 반응한다. 이렇듯 현실 세계에서 인간은 처벌에 더 민감하다. 디지털 세계에서 보상과 처벌은 어떻게 다를까? 디지털 세계와 현실 세계는 특히 보상이라는 측면에서 큰 차이를 보인다. 왜냐하면 디지털 세계를 구성하는 시스템 대부분은 처벌을 강조하지 않고 보상 위주로 설계됐기 때문이다. 현실 세계에서는 무언가 실패하면, 실패에 따라오는 처벌이 우리를 깊은 좌절에 빠지게 한다. 반면 디지털 세계에서는 실패해도 처벌을 하지 않는다. 오히려 한 번 더 해보라고 부추긴다. 앞서 언급한 리셋을 할 수 있는 세계다. 리셋을 부추긴다. 이를 통해 어떤 상황에서의 실패에 대한 경험은 더 강력한 도전 동기를 제공한다. 게임을 좋아하는 사람은 공감할 것이다. 그래서 어떤 사람은 디지털 세계의 이런 방식의 상호작용을 더 좋아한다. 누가 더 좋아할까? 답은 이미 나왔다.

그렇다면 어떤 보상이 만족감을 높일까? 변동과 고정에 관한 실험이 있었다. 예를 들어 페이스북에 글을 하나 올리면, 항상 30분 안에 10개의 알림이 오는 경우와 몇 시간 안에 몇 개의 알림이 올지 모르는 경우가 있다고 하자. 과연 둘 중 무엇이 우리를 더 설레게 할까? 답은 후자다. 우리는 불규칙한 방식의 보상에 더 빠져든다. 연리가 2.3%로 확정된 예금상품보다 원금을 다 잃을 수 있는 주식 상품에 끌리는 이유도 같은 맥락이다. 라이프로깅 메타버스인 페이스북에 새로운 글을 올린 후 사람들은 어떤 기대를 할까? 올린 글에 대해 많은 사람이 '좋아요'를 눌러주기를 기대한다. 글을 올리고 회의에 들어갔는데 30분 정도 지나니 스마트폰에 페이스북 알림이 30개나 뜬다. 평소에는 내가 글을 올리면 댓글과 좋아요가 5개 남짓인데, 이렇게 빨리 알림이 30개나 뜨다니, 누가, 어떤 반응을 보였는지 몹시 궁금해진다. 라이프로깅 메타버스는 이런 불규칙한 보상 형태로 우리를 자극한다. 실제 디지털 세계에서의 피드백은 현실 세계보다 매우 빠르다. 이런 세계에서 우리가 사람들과 소통하는 방식, 시스템과 소통하는 방식은 매우 빠른 피드백과 불규칙한 보상 구조로 설계됐다. 소셜 미디어에 글을 올린 뒤, 이런 생각이 드는 경우가 많다. 왜 댓글이 빨리 안 올라올까? 이전보다는 반응이 좋아야 하는데, 이 정도 반응이 다야? 이렇듯 우리는 현실 세계에서의 소통보다 디지털 세계에서의 소통에 더 큰 기대감을 갖는 측면이 있다. 하지만 큰 기대 뒤에는 큰 실망이 따라오기 마련이다. 이렇듯 디지털 세계는 기대감과 만족감을 주는 동시에 실망감과 피곤함을 만든다. 그런데 이런 형태는 어떤 기질을 가진 사람이 더 좋아할까? 이 역시 답은 이미 나오지 않았을까?

### 규칙의 변화 — 언제든 다시 시작할 수 있는 세상

사전적인 의미로 규칙이란 '여러 사람이 다 같이 지키기로 작정한 법칙 혹은 제정된 질서'라고 정의한다. 따라서 그 사회에서 정해진 규칙을 어기면 처벌을 받는다. 현실 세계에서는 규칙을 어기면 이에 상응한 벌을 받는다. 디지털 세계도 그 자체로 하나의 세계다. 현실 세계와 비슷하게, 각 디지털 세계에서도 지켜야 하는 규칙이 있다. 현실 세계에서 법을 지키지 않는 사람이 존재하듯이 여기에도 무법자는 존재한다. 따라서 디지털 세계의 규칙을 어기면 처벌을 받는다. 현실과 디지털 세계, 양쪽 다 똑같이 처벌을 받는데, 차이가 크다. 정도에 따라 다르지만, 현실 세계에서는 처벌을 받으면 주변 사람이 다 알게 되고, 심지어는 내가 모르는 사람도 나를 알아볼까 두려워 다른 사람의 시선을 피하고 도망

다니는 예도 있다. 때에 따라 스스로 고립되기도 한다. 게다가 벌금 등으로 인해 경제적인 손실도 크다. 하지만 디지털 세계에서의 처벌은 좀 다르다. 대부분의 디지털 세계에서 규칙을 어긴 사용자에게 내릴 수 있는 최고의 처벌은 계정을 영구 차단하는 밴ban이다. 밴은 무엇을 금지한다는 뜻의 단어인데, 디지털 세계에서 사용자의 계정을 삭제하고 영원히 돌아오지 못하게 하는 처벌을 밴이라고 한다. 개인 사용자 입장에서 밴은 디지털 세계 안에서의 영구 추방 혹은 사망 선고에 가깝다. 하지만 이것은 현실 세계에서 무기징역이나 사형을 당하는 경우와 다른 측면이 있다. 왜냐하면 어떤 디지털 세계는 주민등록번호를 확인하지 않고 이 메일이나 전화번호 정도를 확인하고 가입할 수 있어서, 설사 밴을 당해도 바로 다른 정보로 새롭게 가입할 수 있기 때문이다. 물론 원래 사용했던 계정과 연동은 안 된다. 하지만 그 디지털 세계에서 새로운 신분으로 사는 것은 가능하다. 이렇게 쉽게 새로운 신분을 만들 수 있기 때문에, 디지털 세계에서는 규칙을 어기는 행위를 대수롭지 않게 여기게 된다. 밴을 당해도 다시 계정을 만들고 같은 행동을 반복한다. 이런 상황을 막기 위해 밴을 당한 사용자가 갖고 있던 하드웨어 정보를 추적해서, 해당 하드웨어가 그 디지털 세계에 접속하지 못하게 차단하는 경우가 있다. 또 디지털 세계에서 한 행위가 현실 세계의 법에 위배된다면, 현실 세계의 법으로 처벌할 수도 있다. 소셜 미디어에 음란물을 올리는 경우가 이에 해당한다. 하지만 게임에서 자동실행으로 게임을 돌리는 경우라면, 현실 세계의 법으로 처벌이 불가하다. 이는 실제 디지털 세상의 경제를 크게 교란하는 행위지만, 현행법에서는 디지털 세계 안에서 자동실행으로 게임을 돌려서 디지털 아이템을 얻는 행위를 금지하지 않는다. 결국 디지털 세계의 내부 규칙으로 통제하는 방법밖에 없다. 하지만 이런 사람들은 변경된 규칙의 맹점을 파악하여 다시 문제를 일으킨다. 그렇다고 해서 당사자에게 현실 세계처럼 문제가 되는 것은 아니다. 같은 문제를 반복적으로 일으키기 쉬운 게 ADHD다. 따라서 현실 세계보다 문제를 일으켜도 다시 리셋할 수 있는 디지털 세계가 더 어울리고, 지내기도 더 손쉬울 것이다.

## 고용과 직업의 변화 — 학벌이 필요 없는 세상

세계경제포럼은 「2020 일자리의 미래」라는 보고서에서, 2025년까지 85,000개의 직업이 사라지며, 인간과 기계가 일하는 시간이 같아질 것이라고 언급했다. 특히 정보처리분야에서는 기계가 일하는 시간이 더 많을 것으로 예측했다. 또 미래학자 토머스 프레이Thomas Frey는 현재의 초등학생 중 65%는, 지금은 존재하지 않는 새로운 직업에 종사할 것으로 예측했다. 앞으로 대체될 것으로 우려하는 직업의 특징은 주로 정형화되고 반복적인 업무를 수행하는 직군이다. 그 대표적인 직종은 번역가, 은행원, 텔레마케터, 계산원, 생산직 종사원 등이다. 인공지능을 통한 자동번역 서비스가 확대되면서 번역 업무는 점차 감소하고, 은행의 출납창구 사무원 역시 핀테크 서비스 이용의 증가로 영업지점 축소와 함께 감소할 것으로 전망된다. 컴퓨터와 인공지능으로 인해 텔레마케터도 챗봇chatbot이 대신하면서 빠른 속도로 사라지고 있다. 무인결제나 셀프결제의 증가와 스마트 공장의 등장으로 계산원과 생산직 종사원도 점차 사라질 전망이다. 위험하고 고된 반복 작업을 하는 3D형 일자리는 사람들이 거부하는 경향이 있다. 사람들이 거부하는 그곳이 로봇으로 채워지고 있다. 특히 코로나19로 인해 이런 변화의 속도가 점차 빨라지고 있다. 이렇듯 인공지능 기술이 발전하면서, 단순한 기능을 요구하는 일자리뿐 아니라, 의사, 변호사, 펀드 매니저, 요리사 등 다양한 전문 영역에서도 기계가 인간을 대체하는 시대가 올 것이다. 심지어 기사를 작성하는 로봇 기자가 현재 많은 언론사에서 활동 중이다.

코로나19로 인해 비대면 · 자동화가 점점 가속화하면서 인간의 노동 가치를 바라보는 시각에 근본적인 변화가 일어나고 있다. 통계청에 따르면, 2020년 실직자가 400만 명으로 최대치를 기록했는데, 그 가운데 강제퇴직으로 인한 실직자는 1년 전 144만 명보다 50%가 늘어난 216만 명이다. 강제퇴직으로 인해 생겨난 실직자의 일자리의 상당수가 키오스크나 로봇 등 무인화 기기 및 비대면 서비스로 대체됐을 가능성이 크다. 편의점에서 시작된 무인점포는 편의점, 스터디 룸, 빨래방, 커피숍 등 혼자서 이용이 가능한 상점에 도입되다가 최근 가구업계와 백화점 등 유통업계 전반으로 확대되고 있다. 통계적으로 고용과 직업 유지에 어려움을 보일 가능성이 있는 ADHD는 이 분야의 급격하고 적응하기 어려운 변화에 취약할 가능성이 더 커 보인다. 그래도 하늘이 무너져도 솟아날 구멍이 있다고 하지 않았던가. 새로운 변화에 걸맞은 직업군이 떠오르고 있다는 점은 ADHD를 가진 사람에게 큰 희망이 된다.

이렇게 변화된 새로운 직업군을 정의하는 용어가 있는데, '뉴칼라 new-collar'라고 한다. 뉴칼라란 이전 아날로그 세대에서 구분했던 화이트칼라와 블루칼라 대신에 인공지능, 빅 데이터, 사물 인터넷, 로봇, 그리고 가상현실 등과 같은 직종에 종사하는 새로운 직업군을 말한다. 이는 학력은 상관없이 기술 수준이 중요하며, 기존의 교육체계에서는 배울 수 없고 직업 훈련을 통해 배울 수 있다. 따라서 기존의 학력을 중시하는 가치는 변화될 것이다. 우리는 많은 연구를 통해 ADHD를 가진 사람은 기존 아날로그 방식의 교육에서 상당한 취약점을 보인다는 것을 확인했다. 다행히도 뉴칼라 직업군의 교육 · 훈련 과정은 기존의 교육체계와 많이 다르다. 한 가지, 특히 자기가 좋아하는 것에 집중을 잘하는 ADHD를 가진 사람은 사실 기존의 교육체계에서는 약점을 많이 드러낸다. 하지만 뉴칼라 직업군은 학력이 큰 의미가 없고, 실제 전혀 중요하지도 않다. 한 가지만 들이파는 본질을 가진 ADHD인이 만약 뉴칼라 직업군에 흥미를 갖고 소질을 보인다면, 그 결과를 예측할 수 없다.

실제 필자는 뉴칼라 사례를 많이 경험했다. 이런 사례의 대부분은 유사한 인생 궤적을 보였다. ADHD 때문에 기존의 가치판단 기준으로 지방대학을, 그것도 취직이 어려운 문과를 졸업한 뒤 그야말로 인생이 바뀐 사례도 적지 않았다. 학력도 별로고 성적도 엉망이라 취업도 안 됐고, 취직하더라도 낮은 수준의 일을 담당하고 수많은 실수와 업무수행 부족으로 인해 잦은 이직이나 퇴직을 했던 사람, 할 게 없어 공무원 시험 준비를 했지만, 이마저도 여의치 않았던 사람, 이런 사람들이 마지막 수단으로 국가에서 보조해준 6개월 컴퓨터 학원 과정을 통해 인생이 뒤바뀐 사례들이다. 그 과정에서 약간의 차이는 있지만, 유사한 양상을 보였다. 예전에는 무엇을 해도 흥미가 없고 꾸준하지 못해 실패를 거듭했지만, 컴퓨터를 배운 후 인생 처음으로 적성에 맞는 일을 찾았다고 느낀 사람들, 머리털 나서 처음으로 공부에 흥미를 느껴 자발적으로 꾸준하고 규칙적으로 공부해서 취업을 한 사람들, 그들 가운데는 더 많은 발전을 위해 퇴근 후에도 스스로 공부하는 모습을 보인 사람도 있었다. 이런 사람 더부분은 더 높은 연봉을 받는 회사로 이직했고, 삶의 질은 더 좋아졌다. 또 자신의 가치를 찾아 자존감도 높아져 대인관계에서도 편안하고 안정적인 사람이 됐다. 전형적인 '뉴칼라'다.

필자는 이들을 통해 자신이 근무하는 회사에는 자기와 비슷한 모습, 즉 ADHD를 보였었고 현재도 보이는 사람이 많다는 것을 확인했다. "IT업계에는 ADHD가 많아요", "대부분 저 같은 사람들이에요" 이런 유형의 언급은 한결같다. 당연하지 않을까? IT 관련 업무는 기존 아날로그 방식의 교육과 업무와는 큰 차이를 보인다. 차분하고 안정적인 것을 추구하는 게 기존 방식이다. 반면, 새롭고 역동적인 변화를 추구하는 새로운 방식에 있어 ADHD를 가진 사람의 인식과 판단, 그리고 행동은 확연히 다른 것이다. 100%는 아니지만, 새로운 방식은 ADHD를 가진 사람이 적응하고 자신의 능력을 펼치기가 더 용이해 보인다.

### 판단과 결정 주체의 변화 — 내 판단이 필요 없는 세상

인공지능과 센서 등의 기술 발달로 우리가 운전하는 거의 모든 것이 점차 무인화되고 있다. 미래를 배경으로 한 영화에는 자율주행을 하는 자동차가 빠짐없이 등장한다. 이제 영화에서나 보던 무인 자동차 시대가 본격적으로 우리 앞에 다가올 전망이다. 자동차뿐 아니라 선박이나 오토바이 등과 같은 이동체에도 자율주행 기술이 점차 적용되고 있다. 자율주행이란 이동체에 설치된 각종 센서, GPS, 카메라 등을 사용해 주행에 필요한 정보들을 수집하고 분석해 운전자의 조작 없이 이동체 스스로 목적지까지 주행하는 것을 뜻한다. 미국 도로교통 안전국에서 정의한 자동차의 자율주행 레벨은 크게 4단계이다. 1단계는 긴급제동시스템[AEB]과 선행 차량과의 차간 거리를 일정하게 유지하면서 달리는 적응식 크루즈 컨트롤adaptive cruise control을 이용한 부분적 자율주행 기술 단계다. 이 기술은 이미 대중화 단계에 접어들었고 많은 차에 탑재

되어 있다. 2단계는 1단계 기능에 더해 핸들 조작까지 일부 자동화되는 단계다. 고속도로 같은 제한된 조건에서의 자율주행이 이 단계에 해당한다. 3단계는 사실상 운전자의 조작이 거의 필요 없는 핸즈프리hands free 단계다. 최종 4단계는 아이즈 프리eyes free 단계다. 목적지만 입력하면 운전자의 조작 없이 출발지에서 목적지까지 완전한 자율주행이 가능하다. 안전에 대한 책임은 모두 자동차의 몫이다.

ADHD, 특히 성인기 연령에 대한 ADHD 연구 발전은 교통사고에 대한 연구가 시발점이었다. 운전과 관련된 문제는 여러 연구에서 ADHD를 가진 사람에게 특히 심각하다. 이로 인해 경제적 및 신체적 어려움이 생기고, 비용 또한 많이 발생한다. ADHD를 가진 사람의 운전은 전반적으로 위험한데, 과속, 욕설, 흥분, 그리고 시비 및 싸움 등이 흔하고, 주차를 잘 못 하고 좁은 길에서 옆 차를 긁는 등 다양한 문제가 많다. 앞서 언급한 1, 2단계의 자율주행은 운전에 문제를 보이는 ADHD인에게 큰 도움이 된다. 하지만 3, 4단계는 ADHD 여부와는 상관없을 것이다. 굳이 여기서 언급할 필요는 없겠지만, 흥미로운 내용이라 간단히 언급하겠다. 실제 3, 4단계의 자율주행은 안전과 윤리적인 문제로 인해 일상생활에 적용되기 어려울 수 있다는 지적도 있다. 특히 4단계 자율주행은 인공지능이 사람을 대신해서 판단과 결정을 내리는 세상이 된다는 것을 의미한다. 어떤 사람은 이를 '인공지능의 종의 기원'이라고 말한다. 즉 새로운 탄생이 시작된 것이다. 이 주제에 대해 중요한 논쟁거리가 되는 인용 사례가 있다. 다음과 같다. 성인 남자 2명을 태운 자율주행 자동차가 도로를 달리는데, 갑자기 초등학생 여자아이 2명이 뛰어든 경우, 자율주행 자동차의 인공지능은 과연 어떤 선택을 할 것인가? 차를 계속 달리게 하거나 급정거를 하면 초등학생 여자아이 2명이 죽고, 우측으로 핸들을 돌리면 보행 중이던 여자 노인 2명이 죽고, 좌측으로 틀면 낭떠러지로 떨어져 차에 탄 성인 남성 2명이 죽는다. 앞으로 살아갈 날이 많은 초등학생을 살리고 성인들을 죽게 할 것인가? 사고원인을 제공한 초등학생을 죽게 할 것인가? 살아갈 날이 가장 적은 노인들을 죽게 할 것인가? 아니면 여성들을 살리고 남성들을 죽게 할 것인가? 참으로 복잡한 문제다. 물론 이런 상황에서 인간은 어떤 판단을 내릴까? 솔직히 판단을 내리기는커녕 단지 결과만 존재한다. 인간의 뇌는 이처럼 빠른 순간에, 앞서 언급한 내용을 체계적으로 판단해 결정을 내리는 것이 불가능하기 때문이다. 이런 극단적으로 첨예한 사례는 현재 판단하기 어렵다. 하지만 완전한 자율주행이 이루어지면, 적어도 현재 진행 중인 ADHD로 인한 수많은 교통사고는 없어질 것이다.

## 경제활동의 변화 — 격식이 필요 없는 세상

기술 발전을 통해 인간의 경제활동은 규모도 커졌지만, 그 방식도 크게 달라졌다. 예전에는 반드시 일대일로 만나 물물교환을 했고, 규모가 커지면서 시장에서 물물교환을 하다가 화폐가 생기면서 이를 통한 경제활동이 이루어졌는데, 상대방을 마주한 상태로 거래를 진행했다. 그리고 상대방을 마주했기 때문에 거래의 성격, 규모 및 상황에 따라 겉모습을 맞추어야 한다는 기준이 있었다. 동네 재래시장에 가면서 명품 옷을 입지는 않을 것이다. 큰 사업거래를 하는데 반바지에 슬리퍼를 신고 나가지는 않을 것이다. 가장 중요한 것은 상대방을 마주하지 않고서는 결제가 이루어지지 않았다는 점이고, 이런 방식이 예전 경제활동의 원칙이었다. 이렇듯 경제활동의 성격에 따라 거기에 맞는 어떤 기준이 있었고, 그것을 지키지 않으면 거래에 문제가 발생하거나 거래가 성사되지 않았다.

하지만 디지털 세계에서 이-커머스e-commerce라고 불리는 전자상거래가 생겨나면서 상대방을 마주한 상태로만 이루어지던 경제활동이 변하기 시작했다. 기존의 절차와 기준이 파괴됐다. 굳이 상대방을 마주하지 않아도 거래를 할 수 있게 됐고, 절차를 위한 귀찮은 서류작업이 사라졌으며, 심지어 가장 중요한 결제도 상대방을 마주하지 않고도 적법한 절차에 따라 이루어진다. 거래에 잘 맞는 옷차림도 필요 없다. 전자상거래가 활성화되면서 거래의 기준은 달라졌다. 작동이 잘 되는 스마트폰과 주문과 결제에 필요한 앱이 필수적인데, 기준 같지 않은 기준이다. 이런 기준만 갖추면 화장실 변기에 앉아 볼일을 보면서도, 샤워를 하면서도, 심지어는 운전을 하면서도 거래를 할 수 있다. 상대방의 눈치를 안 봐도 되고, 상대방을 만나느라 차려입고 거래 장소에 나갈 필요도 없다. 정신적인 그리고 물질적인 부담과 비용, 그리고 시간이 절약된다. 이런 식의 경제활동은 기존 아날로그 방식의 기준을 맞추기 어려운, 소위 귀차니스트라고 표현되는 ADHD인에게 적합한 방식이다. 또 충동적인 구매도 이전 아날로그 방식에 비해 너무나도 수월해졌다. 다행인 것은 반품도 수월하다는 점이다. 물론 사회적 비용은 증가하겠지만.

## 동전의 양면

하루 일상을 살펴보니 과거와는 분명히 다른 몇 가지 특징이 있다. 혼자 있는데도 끊임없이 무언가와 연결되는 세상이다. 인공지능이 끊임없이 나에 관한 데이터를 수집하기 때문이다. 다양한 자극을 받았지만 거슬리는 자극은 적었는데, 인공지능이 수집한 데이터를 기반으로 나에게 맞춤형 상품과 서비스를 제공했기 때문이다. 많은 결정을 했지만 스스로 결정한 것은 거의 없었는데, 나는 어느새 인간의 한계를 인정하고 삶의 모든 영역에서 인공지능을 믿고 의지하게 됐다. 디지털 세계에서 인공지능을 기반으로 현재 실제로 일어나고 있는 일들은 의료, 교육, 쇼핑, 직장, 교통, 금융, 엔터테인먼트, 예술, 그리고 심지어는 종교 분야에 영향을 미친다. 간단히 몇 가지를 살펴보면, 의료 분야에서는 24시간 챗봇chatbot 진료가 가능하며, 인공지능이 질병을 진단하고 로봇이 단독으로 수술을 한다. 교육 분야에서는 수준별 학습으로 학업 성취도를 높인다. 쇼핑 분야에서는 인공지능이 각 개인의 취향에 맞는 제품을 선별해서 추천한다. 이 외에도 기술 발전을 통해 인간은 이전에 누리지 못했던 혜택을 누리고 있다. 기술의 발전, 무궁무진한 변화, 과다한 편안함, 손쉬운 일상 등등, 얼핏 보면 디지털 세계는 참 좋은 세상이다. 또 앞서 언급한 대로 ADHD를 가진 사람이 더 유리할 수도 있는 새로운 세상이다. 그런데 세상은 어떤 한 가지 측면만 갖지 않는다. 이면에 존재하는 세상은 참 나쁜 세상일 수 있다. 특히 ADHD인에게 더 불리할 수 있는 새로운 세상일 수 있다.

### 새로운 방식의 감시 — 도망갈 구멍이 없는 세상

첫 번째로 제시하는 내용은 교육 분야다. ADHD를 가진 사람에게는 아날로그 세계의 학교 수업 시간이 그다지 좋은 기억으로 남지 않는다. 지루하고 답답한 수업 내용, 답답한 공간에서 멍때리거나 공상과 상상을 하면서 수업 시간을 때웠다. 그 당시는 수업을 담당하는 교사가 이런 학생을 찾아내 지적을 하거나 혼을 내 수업에 집중하게 만들었다. 디지털 세계에서는 교사에게 지적받거나 혼나지 않는다. 그렇다고 지적하거나 혼내는 사람이 없는 것은 아니다. 아니, 사람은 아니다. 인공지능이다. 학생이 수업 시간에 딴짓을 하거나 멍때리면, 인공지능이 바로 지적하고 혼낸다. ADHD를 가진 사람은 새로운 디지털 세계에서도 여전히 수업 시간에 혼난다. 어떤 일인지 살펴보자. 코로나19로 인해 원격 수업을 받을 수밖에 없는 상황에서 2020년 홍콩의 한 기독교 사립 여자 고등학교가 시행한 일이다. 원격 수업의 수업 효과를 보장하기 위해, 모든 학생이 집에서 컴퓨터로 수업을 들을 때 카메라를 통해 인공지능의 감독을 받게 했다. 학생들은 각자 가지고 있는 원격 수업용 태블릿이나 컴퓨터의 카메라를 인공지능에 연동시키는데, 이 인공지능은 카메라에 잡힌 학생들의 얼굴 근육 움직임을 실시간으로 분석해 행복, 슬픔, 분노, 놀람, 그리고 피곤함 등과 같은 다양한 상태를 파악한다. 인공지능 카메라는 학생들의 미세한 표정과 작은 몸짓을 포착해 '수업 몰입도'와 '감정 상태'를 분석했다. 딴짓하는 학생들에게는 "집중하세요"라며 경고 메시지를 보냈고, 교사에게는 학생들의 수업 태도 보고서를 실시간으로 제공했다. 이를 통해 원격 수업의 효율성이 높아지자 홍콩의 많은 학교가 이를 도입했다.

두 번째는 직장 분야다. 아날로그 세계의 직장에서는, 극단적으로 말하면, 직장인 대부분이 하루 업무 시간의 절반 이상은 농땡이를 친다. 흡연이 손쉬웠던 시절에는 그 비율이 더 높았다. ADHD를 가진 사람은 이런 행동을 하는 비율이 더 높다. 그렇지만 그 당시에는 상사의 눈에 띄면 혼났지만, 적당히 얼버무리고 넘어갈 수도 있었고, 그로 인해 불이익을 당하지 않았다. 왜냐하면 직원의 농땡이를 감시하는 수단이 부족했고, 이런 행동에 대한 자료가 정확하지 않았기 때문이다. 결과만 좋으면 큰 문제는 없었다. 그러면 새로운 디지털 세계에서는 어떨까? 중국 항저우의 한 사물인터넷 기업에서는 2020년 1월에 자체 개발한 '스마트 방석'으로 직원들의 근무태도를 감시했다고 한다. 직원이 앉아서 근무하는 의자에 놓인 방석을 통해 수집한 데이터를 인공지능 시스템을 이용해 분석했고, 이를 직원들이 얼마나 오래 자리를 지키고 어떤 패턴으로 일하는지 파악하는 데 사용했다. 또 중국 상하이의 한 게임회사는 직원들의 컴퓨터에 '제3의 눈'이라는 감시 소프트웨어를 설치했다. 이를 통해 직원들의 컴퓨터 화면을 실시간으로 감시했다. 결과만 좋으면 되는 세계가 아니다. 평소에도 자신의 행동이 다 수집되고, 그에 따른 책임을 져야 하며, 또 결과에도 신경 써야 한다.

이렇듯 예전의 아날로그 세계보다 더 편할 것으로 생각했던 디지털 세계가 오히려 인간을 더 촘촘하고 정확하게 감시한다. 어느 누구라도 힘들겠지만, ADHD를 가진 사람은 학교와 직장에서 더 큰 어려움을 보일 가능성이 크다. 왜냐하면 예전과는 다르게 지적을 받는 행동이 초 단위의 데이터로 기록되어 변명하거나 피할 곳이 없기 때문이다. 새로운 세상에서는 더 편하게 살 수 있을 것으로 기대하지만, 꼭 그렇지는 않을 것 같다.

### 소유권의 변화 — 내 것이라는 개념이 없는 세상

현실 세계와 달리 디지털 세계는 대부분 디지털 데이터로 만들어진 환경으로 구현되어 운영된다. 따라서 디지털 세계 안에서 우리가 만든 수

많은 정보와 소유하고 있는 아이템 등은 모두 디지털 데이터로 기록된다. 그럼 이런 데이터는 누구 것일까? 내가 활동하며 내가 만든 데이터니까 내 것일까? 아닐까? 결론부터 말하자면, 특수한 일부 경우를 제외하고, 디지털 세계에서 만들어진 디지털 데이터는 대부분 내 것이 아니다. 대략 세계 인구의 1/3 정도가 하나 이상의 소셜 미디어를 사용하고 있다고 알려졌다. 소셜 미디어에 자신의 일상이나 생각과 글, 그리고 사진을 올린다. 그런데 여기에 올린 글과 사진을 포함한 데이터는 올리는 순간 플랫폼을 운영하는 기업의 소유가 된다. 이상한 일이다. 내가 열심히 노력해서 사이트에 올렸는데, 그게 왜 내 것이 아니란 말인가. 사실 쉽게 이를 수긍하기는 어렵다.

하지만 대다수의 소셜 미디어 플랫폼에 가입할 때는 약관이란 게 있고, 이에 동의하지 않으면 가입이 안 돼 이용할 수 없다. 이런 동의 약관에는 사용자가 올린 글, 사진의 사용, 재사용, 그리고 라이선스 권한 등을 플랫폼 사업자가 갖는다는 내용이 포함된다. 약관을 자세히 읽는 사람도 드물지만, 설사 자세히 읽고 부당하다고 생각되거나 이해가 되지 않는 항목이 있어도 실제 약관에 동의하지 않는 경우도 드물다. 동의하지 않으면 디지털 세계에 들어갈 수 없다. 이런 약관은 대부분의 플랫폼에서 동일하다. 정말 울며 겨자 먹기다. 게다가 내가 올린 글과 사진을 삭제해도 플랫폼 사업자가 가진 권리는 사라지지 않는다. 심지어 계정을 삭제해도 이전에 올린 글과 사진을 플랫폼 사업자가 가진다. 글을 올린 사람이 죽어도 마찬가지라고 한다. 많은 국가에서 유족에게 사망자의 계정에 접근하는 것을 허용하고 있어서 사망자가 남긴 내용을 삭제할 수 있지만, 플랫폼 사업자가 백업하거나 다른 사람이 공유해간 데이터까지 다 지우기는 어렵다.

소셜 미디어와 ADHD의 연관성은 이미 알려졌다. ADHD를 가진 사람은 기본적으로 인터넷에 중독될 가능성이 높은데(Carli 등, 2013; Ho 등, 2014), 특히 ADHD와 경계성 인격장애를 가진 여성은 소셜 미디어 사용에 중독될 가능성이 가장 크다(Przepiorka & Blachnio, 2016). ADHD로 진단받은 소셜 미디어 사용자는 다른 사람의 의견에 별로 동의하지 않고, 더 개방적인 문구를 사용하며, 자기 의견을 더 자주 올리는 특징을 보인다. 또 다른 사람의 의견 혹은 자기가 작성한 의견을 부정하거나 얼버무리며, 어떤 맹세 같은 것을 더 많이 사용한다. 다른 사람의 말에 동의하지 않고 자신이 옳다고 고집을 부리며, 충동적으로 자기 의견을 자주 올리며, 자기 의견을 부정하거나 얼버무리는 등의 반복적인 리셋을 하는 것이다.

그런데 역동적이고 변화가 많은 디지털 세상은 이런 특징을 가진 ADHD인을 더 적극적으로 수용하는 경향성을 띤다. 이에 호응하여 ADHD를 가진 사람은 인터넷을 포함한 소셜 미디어에 앞뒤 생각하지 않고 몰입하기 쉽다. 플랫폼 사업자는 이런 사람들, 특히 ADHD를 가진 사람이 올린 콘텐츠의 소유권을 가지며, 이를 통해 큰 수익을 얻는다. ADHD를 가진 사람은 인터넷 디지털 세상에서 자신의 특징을 한껏 뽐냈다고 여기고(이 중 일부는 많은 돈을 벌지만), 발전에 큰 기여를 하지만, 정작 재주 부리는 사람과 돈을 챙기는 사람은 따로 있는 것이다. 그리고 중요한 사실 하나가 더 있다. 이런 과거 유물적인 기준으로 보지 않아도, 잘못 올렸거나 문제가 된 콘텐츠조차 디지털 세계가 멸망하는 그날까지 영원히 남아 지속된다는 사실이다. 한번 잘못된 일을 영원히 수정할 수 없는 무서운 세상일 것도 같다.

## 인공지능은 항상 옳을까?
## — ADHD를 공정하고 긍정적으로 판단할 수 있을까?

미국의 파이메트릭스가 개발한 인공지능 채용 프로그램은 온라인 게임과 비슷하다고 한다. 이 게임과 유사한 프로그램에서 높은 점수를 받은 지원자만 면접을 볼 수 있다. 이 프로그램을 만든 회사는 "우리가 만든 프로그램은 짧은 시간 동안 지원자의 인지 능력과 성격을 공정하고 정확하게 측정한다"고 자랑한다. 국내 기업도 인공지능을 활용한 면접을 도입했다. 코로나19 때문이기도 하지만, 모니터 속 직원 역량을 평가하는 일은 인공지능이 더 잘할 것이란 기대도 반영됐다.

인공지능을 활용한 면접이 가능해지려면, 먼저 회사 임직원 중 우수한 성과를 내는 이들의 성격과 성향을 측정하고 분석해야 한다. 즉 인공지능이 '이상적인 직원'의 데이터를 수집하는 것이다. 이렇게 수집된 정보를 바탕으로 인공지능이 화상으로 진행되는 1차 면접에서 직군별 입사 지원자의 성향을 평가한다. 이 관문을 뚫고 최종 면접에 올라와야 지원자는 실제 면접관과 대면할 수 있다. 인공지능 프로그램은 지원자의 표정과 동작, 목소리와 억양을 분석한다. 답변 내용의 키워드를 분석해 '공감성, 성찰성, 관계 대응력' 등과 같은 개별 항목의 점수를 매긴다. 이렇게 진행한 인공지능 활용 면접의 효과가 뛰어났다고 기업은 밝혔다. 이렇듯 인공지능 면접이 보편화되면서 인공지능이 선호하는 태도와 답변을 배우는 구직자들도 늘고 있다. 의외로 요즘 구직자들은 인공지능 면접을 긍정적으로 평가한다. 최소한 면접관의 주관적인 감상 때문에 떨어지는 일은 없을 테니 그나마 공정한 방식이라고 느낀다. 과연 그럴까?

인공지능은 갑자기 하늘에서 떨어진 것이 아니다. 인간이 데이터를 입력해야 만들어진다. 앞서 언급한 채용 면접에서 사용된 인공지능도 사람이 판정하고 입력한 이상적인 직원의 데이터를 사용할 뿐이다. 문제는 이런 이상적인 직원의 데이터가 공정하고 윤리적이며 정확한 것인지, 이에 대한 의문이 싹트는 데 있다. 인공지능은 태생적으로 편향성을 갖는다. 인공지능은 입력된 데이터를 학습해 탄생하는데, 입력된 모든 데이터는 사실상 편향적일 수밖에 없다. 예를 들면, 인공지능 채용 시스템을 자체적으로 도입한 아마존은 여성 지원자를 많이 배제하고 주로 남성 지원자를 뽑았다. 이런 현상이 나타난 이유는, 아마존의 인공지능이 학습한 이상적인 구직자에 대한 데이터는 아마존 직원의 성비 특성상 대부분 남성 직원에 관한 것이었고, 최종적으로 인공지능은 남성을 유능한 구직자의 조건과 연결시켰기 때문이다. 또 다른 예로, 미국 여러 주의 법원에서 사용하는 인공지능 판결 시스템인 컴퍼스가 흑인을 차별한 것으로 나타났다. 컴퍼스는 피고의 죄질, 생활방식, 성격, 태도, 가족, 사회 활동 등을 종합해 재범 가능성을 점수로 매기는 시스템으로, 인공지능 판사는 컴퍼스의 재범 가능성 점수를 참고해 판결을 내린다. 컴퍼스가 분석하는 항목에는 인종이 포함되지 않았지만, 분석 결과에서는 흑인의 재범 가능성이 백인보다 2배나 높다고 판단하고 있었던 것으로 드러났다. 이런 흑인 차별은 최초에 습득한 데이터 때문이라는 사실을 발견했다. 알고리즘을 의도적으로 수정하지 않아도 편향성의 문제가 생길 수 있다는 것을 보여준 대표적인 사례다.

인공지능의 학습에 활용되는 데이터량이 적거나 공정하지 않을수록 얻어지는 결과는 편협해지고, 이로 인해 앞서 언급한 성차별과 인종차별처럼 인공지능의 판단에 편견이 생길 수 있다. 또 다른 예를 들어보

자. 챗봇chatbot이란 인간과 대화를 나누며 정보를 제공하고 처리하는 인공지능을 말한다. 사람이 말하거나 텍스트를 입력하면 학습한 데이터를 분석해 답변을 한다. 챗봇 기술의 발달에는 인공지능 기술이 큰 기여를 하고 있다. 인공지능 분야의 딥 러닝 기술이 적용되면서 진화를 거듭하고 있다. 챗봇은 시뮬레이션 기법을 통해 사람의 질문에 가장 적절한 답변을 찾아낸다. 시뮬레이션 기법이란 사람들이 실제로 대화할 때 주고받는 대화 내용을 정리해서 활용하는 것이다. 우리가 자주 접하는 구글이나 네이버 같은 포털 사이트나 유튜브, 페이스북 같은 SNS들은 사용자 개인의 취향에 의존해 콘텐츠를 추천한다. 인공지능 알고리즘이 개인의 성향을 분석해 개인이 좋아하는 콘텐츠를 중심으로 추천을 해주는 것이다. 인공지능이 추천하고 답하는 것은 객관성이 확보된 콘텐츠나 답변이 아니고, 사용자 개인에 맞추어진 결과들의 산물이다. 인공지능은 개인에게서 나온 데이터를 통해 학습함으로써 그 개인이 듣고 싶은 답이나 원하는 답을 전달하는 충실한 임무를 수행하고 있는 것뿐이다. 훈련에 의해 인공지능의 인식률을 높이는 것은 왜곡된 결과를 도출할 수 있다. 이로 인해 편향된 정보에 대해 다른 생각을 가진 사람들 사이의 사회적 갈등은 더 커지고 있다. 왜냐하면 많은 사람이 적어도 인공지능은 사람보다 더 객관적으로 더 좋은 판단을 할 것이라고 믿기 때문이다.

불완전한 인간을 모방한 알고리즘의 편향성은 예견된 것이지만, 이를 바로잡기란 쉽지 않다. 가장 큰 문제는 알고리즘을 수정할 수 있는 권한은 극소수의 개발자 손에 있고, 어떻게 수정하는 것이 옳은지도 불분명하다. 케이트 크로퍼드Kate Crawford는 자신의 저서 『AI 지도Atlas of AI』를 통해 인공지능의 공정성에 대한 회의적인 견해를 밝히면서, 최악의 사고를 막기 위해 인공지능 학습 과정에서 정교하게 필터링이 된 데이터를 사용해야 한다고 주장했다. 특히 인공지능을 활용한 감정 인식 분석 등에 대해서는 "심리학 분야에서도 완전한 답을 찾지 못한 논쟁적인 내용을 정답인 것처럼 기계에게 가르치는 것은 큰 오류"라고 비판했다. 원래 심리학을 포함한 정신의학 분야에서 문제점에 대한 원인은 전혀 밝혀지지 않은 상태다. 따라서 문제점에 대한 정의(진단)와 해결책(치료)은 동일한 현상에 대해서도 각각의 정의와 해결책이 다르다. 인공지능은 ADHD에 대한 정의와 해결책, 그리고 개념과 사회적인 측면 등과 같은 다양한 측면을 어떻게 인식하고 판단할까? 가지고 있는 특질 때문에 디지털 세계의 발전에 많은 기여를 하는 ADHD지만, 실제 인공지능을 위해 인간이 입력한 ADHD란 어떤 모습일까? 아마 일반적으로 알려진 대로 전전두엽의 도파민과 세로토닌의 이상 기능으로 인해 부주의와 과잉행동 및 충동성이 나타나는 만성적인 정신장애로 규정하고, '정상과 비정상'의 이분법적 개념으로 입력할 것이다. 이런 데이터를 바탕으로 인공지능은 일상 여러 영역에서 생기는 문제를 ADHD와 연결시킬 것이다. 디지털 세계 구축에 막대한 기여를 하는 ADHD의 고마움은 전혀 고려되지 않을 것이다. ADHD와 디지털 세계와의 관계를 긍정적인 측면으로 연결하는 데이터를 입력하지 않는 한, 인공지능은 앞으로도 계속 ADHD를 비정상인 정신장애로 인식하고 판단할 것이다. 아날로그 세계에서는 설사 ADHD를 가져도 비록 일시적이지만, 극복할 수 있는 방법이 있다. 이를 통해 차별 없는 기회를 가질 수 있다. 하지만 인공지능이 계속 ADHD에 대한 편향성을 지닌다면, 인공지능이 선도하는 디지털 세계를 반길 수만은 없다. 아동기 때 ADHD를 진단받은 사람은 인공지능이 채용에 관여하는 세상에서는 늘 실업 상태에 머무를 수밖에 없을 것이다. 또 일상의 여러 영역에서 ADHD로 인한 제약과 편견이 지속될 것이다. 만일 이런 세상이 된다면, 아동기 때 ADHD가 있더라도 어떤 부모도 절대로 자진해서 자기 아이를 진단받게 하지 않을 것이다.

## 참고문헌

Carli V, Durkee T, Wasserman D, Hadlaczky G, Despalins R, Kramarz E, Wasserman C, Sarchiapone M, Hoven CW, Brunner R, Kaess M.(2013) The association between pathological Internet use and comorbid psychopathology: a systematic review. Psychopathol 46, 1-13.

Ho RC, Zhang MW, Tsang TY, Toh AH, Pan F, Lu Y, Cheng C, Yip PS, Lam LT, Lai CM, Watanabe H, Mak KK.(2014) The association between Internet addiction and psychiatric co-morbidity: a meta-analysis. BMC Psychiatry 14, 183.

Przepiorka A & Blachnio A.(2016) Time perspective in internet and facebook addiction. Comput Hum Behav 60, 13-18.

# Epilogue

ADHD를 가진 사람은 쉽게 주변의 영향을 받아 거기에 꽂히고, 나타나는 반응도 더 크고 빠르다. 이로 인해 어떤 문제에 있어서는 정의롭고 깨어있고 행동하는 사람으로 보일 수도 있다. 세상의 변화를 이끌 수 있는 사람으로 주목받는 경우도 많다. 그런데… 오래 못 간다. 또 다른 새로운 것을 찾고 거기에 꽂혀 열중한다. 옳고 그름, 정상 비정상… 필자는 관심 없다. 단지 그냥 그렇다는 것을 설명했다. 또 약을 먹으면 어떻게 변하는지 설명했다. 일상이 그냥 단조롭고 일정하지만, 노력하지 않아도 차분하고 안정된 모습으로 변한다. 필자는 전문의라는 면허증을 가진 사람으로서 허가받은 권리를 사용하여 약을 처방한다. 어떤 것을 하라고 조언하지도, 강요하지도 않는다. 단지 약을 처방하고 그 변화만 관찰한다. 그런데 쉽게 주변의 영향을 받고 그 반응이 더 크고 빠른 사람이 차분하고 안정된 모습으로 바뀐다. 어떤 일에 꽂히지 않는다. 이게 필자가 하는 일의 전부다. 필자를 방문하여 약을 처방받아 변화를 경험했다면, 필자가 하는 말을 너무 당연히 여길 것이다. 하지만 이런 경험이 없다면, 미안한 말이지만, 죽었다 깨어나도 필자의 말을 전혀 이해할 수 없을 것이다. 필자의 바람은 단순하다. "아쉬우면 진단받고 약을 복용하라. 그러면 지금까지 느끼지 못한 새로운 세상을 경험할 것이다."

# 저자 소개

## 이원익

· 중앙대학교 의과대학 졸업

· 정신건강의학과 전문의, 의학박사

· 마음누리 정신건강의학과 의원 원장

방송출연

· SBS, KBS, MBC TV

· EBS 생방송60분 부모

· MBC FM 라디오

· EBS 라디오

· YTN, MBN, TV N

· 중앙일보, 동아일보, 한국일보 등 다수

논문

1. 대한민국 학생들의 학업능력(성적)에 미치는 다양한 요인에 대한 연구결과
2. 학령기 아동 및 청소년의 주의력평가를 위한 AX형 연속수행검사 및 순음을 이용한 청각조건 연속수행 검사의 개발과 표준화
3. 중학생 학습기술 및 태도, 지능과 학업성적간의 관계

4. 성인 ADHD의 약물반응 효과와 성격 유형과 ADHD 하위 유형 간의 연관성에 대한 예비 연구
5. 주의력을 중심으로 본 직장인의 업무와 스트레스, 감정기복, 실행기능, 삶의 질 및 음주에 대한 기초 연구
6. 과거에는 진단되지 않은 ADHD, Subthreshold ADHD
7. 정신과 외래에서 처음으로 성인 ADHD로 진단받은 환자들의 역학적 양상
8. 한국판 감정조절장애(Emotional Dysregulation-K: EDS-K) 척도개발 및 표준화 연구
9. 정신과 외래에서 처음으로 성인 ADHD로 진단받은 환자들의 역학적 양상(2012년 이후의 양상)에 대한 비교 연구
10. 성인 ADHD 의 지능검사 상의 특징, 대조군과의 비교 연구
11. 성인 ADHD 환자의 성별에 따른 증상차이 비교 연구(진행 중)
12. DSM-5 성인 ADHD 선별검사 표준화 연구(진행 중)
13. 성인 ADHD에 대한 서방형 자극제를 통한 약물치료 반응의 차이 비교 연구(진행 중)

저서

· ②번 그게 너야(청 출판)
· 성인 ADHD의 개념과 진단 그리고 치료를 위한 지침서(하나의학사)

# 성인 ADHD 해설서

**초판 1쇄 발행** 2022년 12월 2일
**초판 2쇄 발행** 2024년 6월 14일

**지은이** | 이원익
**펴낸이** | 소정영

**펴낸곳** | 도서출판 하나의학사
**출판신고** | 1988년 4월 1일 제2022-000082호

**주소** | 서울특별시 송파구 동남로 159, 302호(한흥빌딩)
**전화** | 02-730-2555, 2556 **팩스** | 02-730-2557
**이메일** | hanampc1@naver.com
**홈페이지** | www.hanampc.co.kr

ISBN 979-11-91658-19-4 03180